T0346560

La production du corps

La Production du corps

Approches anthropologiques et historiques

Textes rassemblés et édités
par
Maurice GODELIER
et
Michel PANOFF

Routledge
Taylor & Francis Group

LONDON AND NEW YORK

First published 1998 by éditions des archives contemporaines

Published 2021 by Routledge
2 Park Square, Milton Park, Abingdon, Oxon OX14 4RN
605 Third Avenue, New York, NY 10017

Routledge is an imprint of the Taylor & Francis Group, an informa business

ISBN 13: 978-90-5709-002-8 (pbk)

ISSN : 0294–1945

Ordres Sociaux

Les sciences sociales proposent une compréhension renouvelée du monde contemporain. Dans le social, elles s'efforcent de mettre en valeur des ordres, des rapports, des niveaux d'organisation qui définissent en même temps des systèmes d'intelligibilté. Elles ne le font pas de façon péremptoire, mais cherchent à les construire peu à peu, par approximation et tâtonnements. Pour comprendre les ordres sociaux, les sciences sociales mobilisent des savoirs et des pratiques venus de préoccupations diverses : l'anthropologue, l'historien, l'économiste, le sociologue se rassemblent ici autour d'objets construits en commun. C'est ce travail de laboratoire que la collection Ordres Sociaux voudrait introduire en présentant les résultats actuels de la recherche en cours.

Sommaire

Liste des Participants au Colloque intitulé "Le Corps comme instrument et expression de l'ordre et du désordre"

Catherine ALES	Chargée de recherche au C.N.R.S.
Cécile BARRAUD	Chargée de recherche au C.N.R.S.
Alban BENSA	Directeur D'Etudes à l'E.H.E.S.S.
Maurice BLOCH	Professeur, Directeur du Département d'Anthropologie à la London School of Economics.
Pascale BONNEMERE	Chargée de recherche au C.N.R.S.
Elisabeth COPET-ROUGIER	Sous-Directeur au Collège de France
Daniel DE COPPET	Directeur d'Etudes à l'E.H.E.S.S.
Brigitte DERLON	Maître de conférences à l'E.H.E.S.S.
Hildegard DIEMBERGER	Chargée de recherche à l'Université de Vienne, Autriche.
Barbara GLOWCZEWSKI	Chargée de recherche C.N.R.S.
Maurice GODELIER	Directeur d'Etudes à l'E.H.E.S.S.
Georges GUILLE-ESCURET	Chargé de recherche au C.N.R.S.
Alan HOWARD	Professeur à l'Université de Hawaï.
André ITEANU	Chargé de recherche au C.N.R.S.
Christiane KLAPISCH-ZUBER	Directeur d'Etudes à l'E.H.E.S.S.
Pierre LEMONNIER	Directeur de recherche au C.N.R.S.
Françoise MARSAUDON	Détachée au C.N.R.S.
Michel PANOFF	Directeur de Recherche au C.N.R.S.
Nicole REVEL	Directeur de Recherche au C.N.R.S.
Jan RENSEL	Professeur à l'Université de Hawaï

Jean-Claude SCHMITT   Directeur d'Etudes à
                                      l'E.H.E.S.S.
Sabine STRASSER   Chargée de Recherche à
                                      l'Université de Vienne, Autriche.
Andrew STRATHERN   Professeur, Directeur du
                                      Départment d'Anthropologie de
                                      l'Université de Pittsburgh.
Anne Christine TAYLOR   Chargée de Recherche au
                                      C.N.R.S.
Francis ZIMMERMANN   Directeur d'Etudes à
                                      l'E.H.E.S.S.

Introduction

Maurice Godelier et Michel Panoff

Ce livre rassemble et présente une partie des matériaux d'un colloque qui s'est tenu en novembre 1992 à Paris à la Maison des Sciences de l'Homme et dont le thème était : *Le Corps Humain : Expression et Instrument de l'Ordre et des Désordres qui règnent dans la société*. Ce titre exige un commentaire. En invitant un certain nombre d'anthropologues et d'historiens à comparer des sociétés distinctes dans l'espace et dans le temps, l'objectif des organisateurs, Maurice Godelier et Michel Panoff, était précis et double. C'était d'abord de chercher à comprendre comment les sociétés se représentent la production du corps humain, sa conception, son développement *in utero*, sa croissance ensuite, après la naissance, son modelage, à la fois physique, social et mental, dans l'intention de fabriquer un homme ou une femme qui prennent leur place dans un certain ordre social et cosmique. Par ordre social on entendait à la fois l'inscription des individus dans des rapports de parenté, ainsi que dans des rapports de pouvoir politico-religieux qui, nécessairement, renvoient à une vision de l'ancrage des hommes et de leurs sociétés dans le cosmos.

Mais d'autre part le corps n'est pas seulement l'expression et l'instrument de la reproduction d'un ordre social, il peut être également utilisé pour contester cet ordre, le subvertir. Le corps est alors agressé, possédé, dévoré, sacrifié. Or un sacrifice humain peut être aussi une manière de rétablir un ordre, social et cosmique. Les matériaux concernant ce second thème sont présentés dans un autre ouvrage, compagnon de celui-ci, et intitulé précisément : *Le Corps Humain : Supplicié, Possédé, Cannibalisé*. Il ne fut pas facile de faire le partage, car un certain nombre d'anthropologues disposaient de données qui leur permettaient de traiter des deux axes de la comparaison. Il fallut choisir dans quel ouvrage ils allaient se retrouver. Au total vingt-trois anthropologues et deux historiens répondirent à l'invitation de se réunir pour examiner ces problèmes.

La moitié des anthropologues sont des spécialistes de l'Océanie, ce qui s'explique par le fait que les deux organisateurs du colloque, eux-mêmes océanistes, désiraient fouiller plus à fond la comparaison entre des sociétés de cette partie du monde qui leur était plus familière. Les débats sur le corps avaient déjà fait rage dans leur discipline. Que l'on se souvienne des thèses avancées au début du siècle sur l'ignorance prétendue ou réelle des aborigènes de l'Australie ou des habitants des Iles Trobriand du rôle du sperme dans la conception des enfants et même de la nécessité d'avoir des rapports sexuels pour les concevoir. Un demi-siècle plus tard, Edmund

Leach avait remis le feu aux poudres dans sa célèbre conférence sur la
"Virgin Birth" dans laquelle, au contraire, il émettait des doutes sur cette
prétendue ignorance.

Mais en 1992 le contexte était encore différent. Depuis les années
quatre-vingts le thème du corps avait pris une place encore plus grande
dans les recherches anthropologiques pour des raisons diverses, les unes
tenant à l'anthropologie elle-même, les autres à l'évolution des sociétés
occidentales d'où provient la majorité des chercheurs travaillant dans cette
région. L'anthropologie rencontrait de nouveau le thème du corps dans la
mesure où elle privilégiait désormais l'étude des rapports entre les sexes,
des différences entre les genres, et des rôles réels que les hommes et les
femmes jouent dans la production et la reproduction des sociétés. Une telle
préoccupation débordait l'anthropologie. Elle renvoyait à une évolution
des sociétés occidentales où les statuts traditionnels accordés aux femmes
étaient de plus en plus contestés et où des prises de position, féministes ou
autres, pour abolir ou modifier cet état de fait, pesaient profondément sur
les choix faits par les anthropologues de leurs thèmes de recherche et de
leurs approches. C'est pourquoi jamais la conférence ne fut pensée comme
une réunion d'Océanistes.

Les non-Océanistes qui formaient l'autre moitié des participants, sont
venus apporter des matériaux et des perspectives qui proviennent de sociétés
du Sud-Est Asiatique, de l'Inde, de l'Afrique, de Madagascar, d'Amérique
du Sud, du Proche Orient et, finalement, de l'Europe médiévale. On ne
verra pas là une quelconque volonté de rechercher des universaux culturels,
dont on aurait à priori postulé l'existence, mais celle de découvrir quels
problèmes posent à la pensée humaine les processus de construction des
rapports sociaux et d'inscription de ces rapports dans le corps. Et l'un de
ces problèmes est par exemple de savoir jusqu'à quel point le corps fait
l'identité d'un être humain et pour combien de temps, puisqu'il est destiné
à mourir.

En fait, privilégier l'analyse des représentations du corps humain, est
une manière de réanalyser tous les aspects de la définition de l'individu et
de la personne qui ont cours dans une société. Mais c'est le faire à partir
d'une approche qui impose dès le départ de prendre en compte le domaine
des émotions, des passions et les formes de rencontre de l'inconscient et de
la conscience. C'est aussi chercher comment l'imaginaire contenu dans les
institutions d'une société et donc trame nécessaire de sa culture et de ses
rites, s'inscrit dès la naissance dans l'intimité de chacun, dans les profondeurs inconscientes mais aussi dans les formes explicites de la conscience
de soi et de celle des autres. Et c'est, bien entendu, prendre au sérieux le
fait que tous les corps humains sont sexués et que la différence entre les
individus est immédiatement une différence entre les sexes qui fait destin.

C'est par la sexualité d'abord que tous les corps ne sont pas les mêmes.
Certains ont un pénis mais pas de vagin, d'autres un vagin mais pas de

pénis. Certains émettent du lait et du sang menstruel, d'autres du sperme.
Toutes ces différences renvoient en dernière analyse au sexe des individus
et en témoignent, du moins à première vue. Car certaines de ces différences
peuvent être en partie effacées et même niées par une culture. Par exemple
le lait des femmes peut être pensé comme une transformation du sperme de
l'homme (Nouvelle-Guinée). Mais ailleurs (Palawan) on considère que le
lait vient du sang de la mère qui lui-même provient des nourritures qu'elle
ingère. Mais à côté du lait et du sang il y a les os et la chair. Chez les
Khumbo du Népal, comme dans une grande partie du Sud-Est Asiatique,
les os viennent du père, de sa semence, la chair de la mère, de son sang.
Mais quoi qu'il en soit de ces manières différentes de penser les substances,
solides ou liquides, qui composent un corps humain sexué, le corps suffit-
il pour faire un être humain ? Suffit-il que ces substances se rencontrent et
se combinent dans le ventre des femmes pour qu'un individu nouveau
apparaisse ?

Ce qu'il faut ajouter au corps humain pour faire un être humain

Il semble que toutes les cultures évoquées dans cet ouvrage répondent plutôt
négativement à cette question. Toutes nous disent d'une manière ou d'une
autre qu'en plus de ces substances et de ces organes il faut ajouter une ou
plusieurs choses au corps humain pour qu'il soit le corps d'un être humain.
Il faut que quelque chose y pénètre, vienne s'y loger et mette l'individu en
marche vers son destin. Quelle est cette chose pensée comme indispensable pour qu'un être humain se mette à vivre ?
    Dans la culture occidentale, depuis l'Antiquité gréco-latine, donc bien
avant le Christianisme, on appelle cette chose une "âme" (latin : "anima",
grec : "psyche"). Cette âme était pensée comme associée au souffle (lat. :
"spiritus", gr. : "pneuma"), mais associée de telle sorte qu'elle pouvait
s'en dissocier temporairement ou durablement. Car l'âme était censée pouvoir pour un temps quitter le corps (lat. "corpus", gr. "soma") alors que
celui-ci continuait à respirer, à se "montrer en vie" et même à se mouvoir.
Or "spiritus" veut dire non seulement le souffle, mais aussi l'esprit, c'est-
à-dire la partie de l'être humain qui réfléchit, qui raisonne. Mais on peut
aussi agir en ayant perdu l'esprit, soit parce que celui-ci est submergé par
les émotions, les passions, soit qu'il est possédé par des forces, des êtres
qui l'envahissent et le soumettent à leur volonté. Et à travers l'esprit c'est
aussi du corps que ces forces prenaient possession. Mais l'esprit est-il
différent de l'âme ? L'âme pourrait-elle exister sans réfléchir, raisonner,
manifester "de l'intelligence" ? Il semble que quelque part le souffle, l'âme
et l'esprit se retrouvaient profondément liés et dans la langue française ce
lien est manifeste dans les expressions utilisées de façon équivalente pour

dire de quelqu'un qui est mort qu'il (ou elle) a "rendu son dernier souffle", ou a "rendu l'âme", ou a "rendu l'esprit".

Ces distinctions gréco-latines furent reprises et réélaborées par le Christianisme. Elles durent se mettre au service de l'idée que l'humanité a commis vis-à-vis de Dieu, son créateur, un péché mortel dès l'origine, et que ce péché est né de ses désirs, de sa convoitise de s'emparer de la connaissance divine. Le corps est devenu "la chair" et est apparu de plus en plus comme la prison de l'âme, comme la source de toutes les incitations à pécher et à se dresser contre Dieu. Ces distinctions qui sont culturellement familières en Occident ont peu de chance d'être apparues également, spontanément, hors de l'aire culturelle occidentale. Si on les retrouve ailleurs, c'est souvent parce que l'Europe a emmené avec soi le Christianisme dans son expansion mondiale.

Cependant la comparaison avec d'autres cultures montre que des convergences peuvent apparaître à un autre niveau. Les Melpa de l'intérieur de la Nouvelle-Guinée distinguent le *noman*, qui est le siège de la pensée, de la volonté, de l'action, des désirs et des émotions, mais qui est aussi le souffle, et le *min*, qui est un esprit ancestral qui vient s'implanter dans le foetus et fournit au corps, sa vie durant, l'énergie qui le fait vivre et se mouvoir. Le *noman* est invisible mais situé quelque part dans la cage thoracique, près de la trachée. Il contrôle donc la pensée mais aussi la parole, le langage. Il guide l'action des humains pendant leur vie, mais ne leur survit pas après la mort. Le *min* par contre survit à la mort et se transforme en un esprit (*kor*) qui peut de nouveau pénétrer dans le corps d'un vivant ou réapparaître sous la forme d'un fantôme. Quant au corps, devenu cadavre, il retourne à la terre et contribue à l'engraisser et à produire la nourriture des vivants.

Mais la question n'est pas de trouver des similarités plus ou moins étroites entre les représentations de sociétés aussi différentes. La question est de savoir pourquoi l'humanité, dans toutes ces cultures, semble avoir été amenée à se représenter l'être humain comme composé de deux parts, une part périssable et une part qui continue à exister et à agir bien au-delà de la mort, même si elle n'est pas nécessairement immortelle. Car dans toutes les cultures comparées, l'individu poursuit son destin au-delà de sa propre mort. Il devient un ancêtre au nom mémorisé, connu, ou bien il se fond dans une masse d'ancêtres anonymes qui pourtant continuent à être présents et actifs quelque part. Quand nous parlons de deux parts dans l'être humain, nous ne réduisons pas cette dualité à celle d'*un* corps et d'*une* âme. Chez les Yanowamï tout individu a deux corps : son corps humain et un double animal qui vit très loin dans la forêt, invisible des humains et inconnu de son possesseur. Ce double porte, comme le premier corps, la marque de la domination masculine, puisque le double des femmes est un chien sauvage qui vit près des rivières et défend férocement ses petits, alors que le double des hommes est parfois un aigle, un jaguar ou d'autres animaux redoutables et agressifs. On peut donc avoir plusieurs corps de son vivant, mais chez les Yanowamï, à la mort du corps humain visible, disparaît à jamais le corps de son double animal invisible. L'âme, elle, continue à vivre.

On peut avoir plusieurs corps, mais c'est rare, alors qu'il est plus fréquent que l'on ait plusieurs âmes. Chez les Maenge tout individu a deux âmes, une âme extérieure qui épouse la forme du corps et une âme intérieure qui après la mort ira rejoindre ses ancêtres dans le monde souterrain ou sera condamnée à errer près des villages des vivants sous la forme d'un fantôme. Ou l'on peut avoir une âme principale qui imprègne toutes les parties du corps mais qui est aidée dans sa tâche par plusieurs âmes ou esprits qui viennent gérer et renforcer les points faibles de ce corps, ses articulations. Chez les Kei, l'âme est composée de sept parties, qui, à la mort, retournent vers les sept catégories d'esprits auxquelles elles appartenaient. Chez les Ashuar (Jivaro) l'individu possède une grande âme, l'âme de la forme globale de son corps, de son apparence, de son visage qui est complétée par plusieurs petites âmes qui commandent les organes. On voit aussi dans beaucoup de cultures un corps abriter provisoirement plusieurs esprits différents de l'âme de ce corps. C'est ce qui se passe chez les chamanes lorsqu'avant de traiter un malade ils appellent les forces de certains esprits ou de leurs ancêtres pour qu'elles pénètrent en leurs corps et ajoutent leurs pouvoirs à leurs pouvoirs propres.

C'est pour toutes ces raisons que les concepts de "corps humain" et "d'âme humaine" et l'idée d'une association entre un seul corps et une seule âme font problème. Chez les Kei, semble-t-il, le corps humain (*itumun*) est classé dans une catégorie qui comprend également le corps, matériel et social, des "maisons", comparées à un corps de femme, et celui des voiliers, considérés comme des êtres à la fois masculins et féminins. Plus encore la corporéité humaine n'est jamais pleinement garante de l'humanité d'un corps. Pour s'expliquer la disparition sans trace d'un des leurs, les Ashuars pensent qu'il a été victime de mauvais esprits qui lui étaient apparus sous forme humaine et l'avait entraîné avec eux. Mais de fait, disent-ils, ces esprits sont des êtres monstrueux, velus, sans forme humaine. Cette relative incertitude que ressentent les hommes à propos de la relation qui existe entre l'apparence humaine et l'essence humaine d'un être trouve sa racine dans la croyance en l'existence d'êtres surnaturels qui peuvent prendre toutes les apparences y compris celles de l'homme. Ceci soit pour lui venir en aide, soit pour l'agresser et le détruire.

Que l'âme survive à la mort ne signifie pas nécessairement qu'elle soit totalement immortelle mais ceci n'implique pas que l'humanité se représente toujours la mort comme la conséquence nécessaire du fait que nous ayons un corps. Pour les Ashuar, l'humanité première était dotée de corps immortels, pour les Maenge de Nouvelle-Bretagne, il en était de même, pour les Khumbo du Népal également. Dans toutes ces cultures la mort apparaît comme la conséquence imprévue mais irréversible d'un accident ou d'un incident, par exemple de l'inceste d'un fils avec sa mère, comme chez les Khumbo. On pourrait dire d'une certaine manière que l'humanité ne s'étonne pas de l'immortalité de l'âme mais s'étonne de l'absence d'immortalité du corps.

Le corps est-il matériel et l'âme immatérielle ?

Plusieurs sociétés semblent ignorer cette opposition. Les Maenge, qui distinguent une âme extérieure et une âme intérieure, considèrent la première comme une forme graisseuse, dont l'individu se dépouillera après la mort, du moins s'il va au paradis, et la seconde comme une sorte de pulpe intérieure au corps, qui le quittera après la mort pour se rendre sur les sites d'émergence des ancêtres du matri-clan auquel l'individu appartient. Les Warlpiri d'Australie considèrent que chaque individu est composé d'un corps et de trois esprits, un esprit-enfant, un esprit-totémique, et un esprit souffle-rêve. Or l'esprit-enfant est un parmi les milliers d'êtres, invisibles certes, mais possédant chacun une réalité physique subtile, et qui sont présents sur les sites où les ancêtres du temps des rêves les ont semés. De temps en temps l'un d'entre eux pénètre dans le corps d'une femme pour se transformer en enfant. L'esprit-souffle, lui, est un peu de vent qui vient animer l'esprit du foetus et est en même temps le souffle du vent du "Rêve", dont l'existence renvoie aux aventures de deux hommes primordiaux qui se sont transformés en vents d'est et d'ouest. Chez les Aborigènes australiens on peut dire d'ailleurs que tout l'univers est "corps" et tout l'univers est "âme", car les montagnes, les lacs, les végétaux, les animaux, sont tous des parties ou des produits des Grands Etres qui ont parcouru la surface de la terre au temps du Rêve et l'ont modelée par leurs actions avant de disparaître dans ses profondeurs ou de s'élever à jamais dans le ciel.

Mais qu'il y ait quelque chose de matériel dans l'âme n'est pas non plus étranger à la spiritualité chrétienne. Au XIIè siècle dans l'Europe chrétienne, Hildegard de Bingen, l'une des plus grandes mystiques de l'Occident, décrivait de la façon suivante dans le "Liber Scivias" la manière dont l'âme peut se joindre au corps. Le foetus, disait-elle est "comme une forme complète de l'homme qui par l'ordre secret et la volonté cachée de Dieu reçoit l'esprit dans le ventre maternel, à l'instant adapté et justement fixé par Dieu. Une apparence de sphère de feu, ne présentant aucun trait du corps humain prend possession du coeur de cette forme" (J. C. Schmitt). Bien entendu, cette vision d'une moniale mystique, n'est pas plus scientifique ni moins imaginaire que celle des Khumbo du Népal ou des Maenge de Nouvelle-Bretagne.

Suffit-il de deux êtres humains pour en faire un troisième ?

Car la vision de Hildegard de Bingen de "l'animation" d'un foetus par Dieu pose aussi la question générale de savoir si un être humain, qu'il soit fait d'un ou plusieurs corps, d'une ou plusieurs âmes, qu'importe ici, n'existe que par le rapport d'autres êtres *humains*, l'homme et la femme qui ont participé à sa naissance et à travers eux les groupes sociaux auxquels ils appartiennent et qui se trouvent liés par cette naissance. La réponse est claire. Aucune société analysée ici ne pense que la naissance d'un être humain soit le produit seulement d'êtres humains. Chez les Baruya de Nouvelle-Guinée le père fabrique les os et la chair avec son sperme et en nourrit le foetus qui se développe dans l'utérus. Mais l'embryon ne sera jamais un être humain si le Soleil n'intervient pas dans le ventre de la femme pour en achever les mains et les pieds et lui ajouter le nez, la face, c'est-à-dire le siège du souffle et de l'intelligence. Or c'est le nez que l'on va percer pendant les initiations, lorsqu'on va séparer les garçons du monde des femmes et d'abord de leurs mères.

Chez les Mandak de Nouvelle-Irlande chaque enfant est pensé comme le produit de l'intervention de deux couples, le couple humain du père et de la mère, le père fabriquant le sang de l'enfant, la mère le nourrissant, mais leur action est doublée par l'intervention d'un couple surnaturel, Moroa et Sigirigum, intervenant également comme père et mère et représentant les deux parts associées et complémentaires du cosmos et de la société, puisque les Mandak appartiennent à une société divisée en deux moitiés matrilinéaires. L'appartenance de l'enfant à l'une ou l'autre moitié est d'ailleurs marquée dans son corps dès sa naissance puisque pour les Mandak chaque moitié imprime sur la paume des mains d'un enfant qui en fait partie des lignes différentes et donne à la démarche de son corps une allure propre : les membres d'une moitié commençant toujours à marcher du pied gauche, les autres du pied droit (ceci à l'encontre même de l'évidence sensible).

On aboutit donc non seulement à l'idée que ni "le corps" ni "l'âme" ne suffisent chacun à faire un être humain, mais aussi à l'idée que les humains ne suffisent pas non plus à faire un autre être humain. Il faut que d'autres acteurs que leurs pères et mères, interviennent pour leur donner des descendants dont ils sont avec eux les co-auteurs.

Ainsi s'interroger sur le corps humain c'est paradoxalement s'engager sur une voie qui devrait mener à prendre la vue la plus complète du destin de l'être humain, car c'est prendre en compte pleinement son existence visible, sa présence sensible, matérielle, ses actes manifestes pour les autres, tout autant que son contenu invisible, ses actes cachés, secrets. C'est donc prendre la mesure de la trajectoire d'un être humain aussi bien dans le monde matériel et social que dans le monde imaginaire qui est l'objet des croyances de sa société et en constitue une part essentielle. C'est comprendre son destin dans la vie et au-delà de la mort.

Cette idée d'une trajectoire de chaque être humain qui le ferait se déplacer dans plusieurs mondes à la fois, ou plutôt dans plusieurs plans de la réalité telle qu'on la conçoit dans sa société, qui illustre la pratique Ashuar d'une quête mystique, soutenue par des hallucinogènes puissants, de la vision d'un(e) mort(e) célèbre, d'une âme, *wakan*, devenue un *arutam*, qui annonce à celui qui le voit son destin et lui fournit la force pour l'accomplir. Et ceci est d'autant plus paradoxal que les Ashuar, dans leurs rites funéraires, déploient d'immenses efforts pour se séparer de leurs morts, et en effacer à jamais de leur mémoire le visage et l'image.

Comprendre le divisible et l'indivisible dans l'individu

On voit donc que pour comprendre le corps il faut combiner deux approches. Analyser comment une société se représente la nature et l'origine des substances, des organes et des fonctions qui composent un corps, mais en même temps analyser ce qui est supposé exister dans ce corps derrière l'enveloppe de la peau, qui l'anime et surtout en contrôle les actes. Car l'individu est plus que la combinaison de ses parties. Il n'existe pas vraiment avant d'être reconnu par les autres comme responsable de ses actes, comme ayant à rendre compte devant lui-même et devant la communauté à laquelle il appartient. C'est cette idée qu'avance fortement A. Strathern lorsqu'il souligne que tout individu est à la fois divisible et indivisible, que les représentations des substances concernent le divisible en lui, le composé, mais que l'indivisible est ce qui en lui le rend capable de contrôler les usages de son corps, ce qui est en même temps contrôler ses rapports sociaux, harmonieux ou antagonistes, avec les autres.

Mais si l'individu comporte en lui-même nécessairement des parties qui viennent d'autres que lui, et pas seulement d'autres humains, mais d'autres qui sont des dieux, des esprits, et ont contribué à sa production, la question se pose de déterminer sa part de responsabilité dans ses propres actes. A chaque fois la réponse sera différente puisque l'être humain n'est jamais représenté de la même manière. Chaque société est donc amenée logiquement à construire une théorie de la responsabilité, et des normes de justice, des châtiments, des peines, des principes de vengeance, qui s'accordent avec sa représentation de la pluralité intérieure de l'individu dans son unité et dans son identité et avec sa vision des liens que cet individu entretient avec l'ensemble de la société et avec le cosmos. C'est l'existence de ces représentations des attaches de l'individu à sa société et au cosmos tout entier qui explique que la violation d'un interdit sexuel peut être pensée et vécue comme entraînant la sécheresse dans les jardins, donc la famine dans la société, ou comme devant provoquer le courroux des ancêtres et la colère des esprits qui se vengeront en envoyant une maladie qui décimera tout un village. Toutes les sociétés ont une vision holiste de l'individu, ce qui n'empêche pas l'existence dans la même société de plusieurs visions de l'individu.

C'est ainsi qu'un spécialiste de l'Inde, comme F. Zimmermann, déclare "ne parlons plus du cosmos", refusant de se sentir obligé à tout instant pour comprendre des faits de l'Inde, comme le mariage, de faire le saut de l'individu au système social considéré comme une totalité socio-cosmique dont l'architecture se trouve entièrement décrite dans les textes brahmaniques. Il montre qu'un texte comme le *Kama-Sutra* doit être pris tout autant au sérieux que les textes du *Dharma*. Or ce qui apparaît dans le *Kama-Sutra* comme mariage idéal n'est pas le *Kanya Dan*, le don d'une fille vierge par son père à un mari qui en la recevant devient l'équivalent d'un Dieu auquel on fait un sacrifice, mais le mariage *Gandharva*, par consentement mutuel des futurs époux où le désir amoureux et le plaisir sont beaucoup plus valorisés.

Quoi qu'il en soit de ce débat sur la nature des ordres socio-cosmiques qui s'inscrivent dans le corps humain et du caractère plus ou moins mécanique ou flexible de cette inscription, la question se pose de savoir quelles relations s'impriment dans l'individu lorsqu'il les subit. Or, semble-t-il, ces relations sont doubles. D'une part ce sont des relations d'appropriation car un être humain nouveau, un enfant, est avant même sa naissance déjà approprié par des adultes et des groupes qui prétendent avoir des droits sur lui et des devoirs envers lui en leur qualité de parents. D'autre part, ce sont des relations de subordination et de domination qui se justifient du fait que l'enfant est un garçon ou une fille, un(e) aîné(e) ou un(e) cadet(te). Et ces relations de subordination ne sont pas seulement un aspect du fonctionnement des rapports de la parenté. C'est aussi une subordination politique, économique et religieuse qui peut exister entre des individus du fait qu'ils appartiennent à des castes ou à des clans différents. Or, tout ceci se marque dans le corps et c'est pour cela que le contrôle des corps et leur appropriation sont un enjeu dans toutes les sociétés.

En effet, ces substances concentrées ou cachées à l'intérieur du corps ne sont pas seulement supports de la vie et/ou de la personnalité, elles sont aussi, et pour cette raison même, symboles et véhicules des solidarités les plus intenses établies entre les membres du groupe. En parculier, le sang est ce qui lie les enfants à leurs géniteurs, et dans les cultures évoquées ici il ne s'agit pas d'une simple façon de parler, mais de la désignation d'une réalité concrète. De là il suit que faire couler le sang, mêler des sangs différents, laisser le sang devenir impur sont autant d'actes graves. Les tueurs le savent et les sorciers, tout comme les gardiens de la loi qui veillent aux risques d'inceste. E. Copet-Rougier le montre excellemment[1], qui souligne la permutation des fonctions de tous les personnages mkako ayant une responsabilité symbolisée par le sang. Et quand il arrive qu'un même individu cumule les divers pouvoirs qu'il tire du sang, alors il devient cette figure d'exception qu'est le chef dans une société sans chefferie. Pareille concentration, au demeurant fort rare dans l'histoire du Cameroun, agit comme révélateur en faisant comprendre que, par-delà le langage de la parenté et des prohibitions matrimoniales, par-delà les habitudes alimentaires et les recettes de sorcellerie, c'est de politique qu'il s'agit. Ainsi, par exemple, le sorcier mkako n'est pas seulement un homme qui joue avec des forces surnaturelles, il est surtout un homme qui domine les autres, notamment ses agnats les plus proches, parce qu'il leur fait peur. Et il en va de même du grand guerrier. D'ailleurs ces deux personnages échangent fréquemment leurs rôles respectifs, quand ils ne sont pas incarnés par un même individu.

Les substances et les organes du corps sont non seulement polysémiques, mais surchargés de sens, parce qu'ils sont en quelque sorte "surdéterminés" par un certain nombre de fonctions sociales. Le sperme dans une société patrilinéaire comme celle des Baruya est représenté comme l'origine des os et de la chair de l'enfant. Et il est par là chargé de la mission de légitimer l'appropriation exclusive des enfants par une partie seulement de leurs ascendants, ceux rangés du côté du père. Et on se souvient qu'à l'inverse, chez les Trobriandais, société matrilinéaire étudiée par Malinowski au début du siècle et plus récemment par Annette Weiner, le sperme est représenté comme ne jouant aucun rôle dans la conception de l'enfant. Mais il est la nourriture indispensable pour faire croître le foetus dans le ventre de la mère, foetus qui est né du mélange d'un esprit du clan de la mère et de son sang menstruel. Mais le sperme fait plus que nourrir, il modèle les formes de l'enfant et fait que, selon les Trobriandais, les enfants ressemblent à leur père qui pourtant n'est pas leur géniteur.

Le sperme chez les Baruya est chargé également d'une autre mission qui est d'affirmer la légitimité de la subordination des femmes aux hommes, de la domination masculine. Le sperme circule alors comme une nourriture pure entre les garçons et jeunes gens initiés qui vivent séparés du monde des femmes, une substance vierge de toute pollution féminine qui fournit la preuve que les hommes peuvent ré-engendrer les garçons sans les femmes. Cette substance du corps est donc surdéterminée, parce qu'elle est porteuse à la fois de la légitimation des rapports de pouvoir au sein de la parenté et de la légitimation de la domination générale des hommes sur l'ensemble des femmes. Elle appartient ainsi simultanément aux deux registres de la parenté et du pouvoir politico-religieux. Et en face du sperme, on trouve

---

1. E. Copet-Rougier "Tu ne traverseras pas le sang. Corps parenté et pouvoirs chez les Kako du Cameroun", in Maurice Godelier et Michel Panoff (ed.), 1997, *Le corps Humain : Supplicié possédé, cannibalisé*, chapitre 6.

une substance qui joue un rôle inverse, le sang menstruel, dont le contact détruirait la force des hommes et leur supériorité. Mais l'opposition n'est pas seulement entre une substance positive et une autre négative, car le sang menstruel est également signe de la fécondité des femmes, donc de leur capacité à mettre au monde des enfants et à permettre ainsi la continuité des lignages et des clans. C'est donc une substance ambivalente, et pour maîtriser cette ambivalence il faut ségréguer les femmes, dans l'espace et dans le temps, lorsqu'elles ont leurs règles.

Et, juste retour des choses, il n'est pas rare qu'une femme baruya qui ne peut plus supporter les violences qu'exerce sur elle un mari, s'empare de son sperme après le coït et le jette dans le feu sous ses yeux en murmurant une formule. La chose est jugée ; l'homme se sait ensorcelé et, poussé par cette idée, il ira se pendre.

Le corps nourri, paré, glorifié, sacrifié

L'analyse débouche donc sur l'ensemble des pratiques destinées à construire dans le corps la supériorité ou la subordination des individus. C'est tout le domaine des rites de passage, des nourritures obligées ou interdites, des corps initiés, parés, devenus glorieux. Les Orokaiva décrits par A. Iteanu en sont un exemple superbe. Les jeunes, garçons et filles, sont séparés et reclus pendant des années, engraissés, lavés, parfumés, jusqu'au moment où ils se présentent devant toute la société, le corps entièrement couvert de parures qui les rendent anonymes, sauf pour certains qui portent sur le front le *Otohu*, un coquillage qui apparaît comme un absolu de beauté et qui jamais ne sera à nouveau porté ni donné. Jamais l'individu ne sera plus beau qu'à ce moment de la fin de sa réclusion initiatique.

Avec les Orokaiva nous sommes devant un exemple de société qui a, semble-t-il, peu élaboré une théorie des substances et des composantes internes du corps, et qui n'a guère développé une représentation des mécanismes de la conception d'un enfant. A Rotuma cette abstention est poussée plus loin encore. Ce qui importe est de présenter un corps aussi beau, aussi parfumé et autrefois aussi tatoué que possible, et de le mouvoir avec la plus grande retenue. Ce qui passe au premier plan ce sont les surfaces du corps, son apparence extérieure. Et la discipline qu'on exerce sur lui a pour but d'empêcher l'individu de développer des sentiments d'envie, de jalousie et surtout de manifester de la colère. Bref, le corps doit par sa beauté et son harmonie témoigner en permanence de l'harmonie des rapports que chacun entretient avec les autres, l'harmonie d'une communauté non-divisée. Il est intéressant de noter qu'à Rotuma la substance interne de la personne semble tout autant le produit des nourritures tirées de la terre, d'une terre travaillée par les anciens, que des substances héritées des ancêtres par des voies généalogiques.

Correspondances, mais jusqu'à quel point ?

Il y a donc bien correspondance entre les représentations du corps qui caractérisent une société et la nature des rapports de parenté et des rapports politico-religieux qui lui sont propres. Mais cette correspondance n'est jamais mécanique du fait qu'elle prend en charge à la fois plusieurs domaines de la vie sociale. Des comparaisons précises entre des populations de même culture le montrent clairement. C'est ainsi que dans ce livre la comparaison entre les Baruya et les Ankave, deux populations patrilinéaires issues du même stock culturel et qui se sont différenciées au cours des siècles, montre comment un même code, les mêmes symboles, peuvent servir à tenir des discours différents et à organiser des pratiques différentes. Chez les Ankave il n'y a pas d'homosexualité masculine ritualisée et il est intéressant de constater que deux pièces de l'édifice culturel des Baruya n'y ont pas place, d'une part le sperme, de l'autre le Soleil. Or ce sont les deux acteurs imaginaires qui chez les Baruya interviennent lorsqu'il faut expliquer l'appropriation des enfants par le lignage paternel et la subordination générale des femmes aux hommes. Le Soleil complète le corps de l'enfant dans le ventre de sa mère, mais c'est aussi Lui qui se rapproche au plus près des hommes au moment des initiations, leur communiquant à tous sa chaleur et sa force. Or chez les Ankave, qui mettent l'accent sur l'importance du sang maternel dans la fabrication des enfants, le sperme et le Soleil n'ont pas de présence importante. La couleur rouge qui chez les Baruya est la couleur du Soleil, devient chez les Ankavé la couleur du sang, de deux sangs, du sang des femmes et du sang de l'ancêtre primordial de tous les groupes Anga auxquels appartiennent les Ankave et les Baruya, ancêtre qui dans le mythe avait été mis à mort et dont le corps avait été partagé entre tous les anga. C'est aux Ankave que son sang était échu.

Nous ajouterons deux exemples pour prévenir toute tentation de rechercher des correspondances mécaniques entre les représentations du corps et la nature des systèmes de parenté. Chez les Maenge et chez les Mandak, deux sociétés matrilinéaires, le sperme est conçu comme jouant un rôle essentiel dans la conception des enfants. Chez les Maenge il s'enroule autour de la substance féminine et provoque la formation de l'embryon. Chez les Mandak le sperme fabrique le sang de l'enfant et dans cette société les donneurs de sang sont supérieurs aux donneurs de femmes. Deux exemples où l'on voit à nouveau que la nature du système de parenté ne suffit pas à expliquer les théories du corps et de la conception qui existent dans une société. Intervient également et parfois de façon plus importante la nature du système de pouvoir. Chez les Maenge, société matrilinéaire où les statuts se transmettent à l'intérieur du clan, nul ne peut devenir big man si ne convergent en sa faveur le soutien d'un père influent et la préférence marquée par l'oncle utérin.

Si le symbolisme de chaque culture a sa logique propre que l'ethnographe doit certes déchiffrer dans les pratiques rituelles, c'est à une autre logique, sociologique celle-là, qu'il faut recourir pour comprendre de quoi il retourne. Montrer la compatibilité ou l'articulation des diverses représentations au sein d'un système idéologique donné est assurément une importante tâche préliminaire puisqu'elle dévoile le fonctionnement de la "pensée sauvage", mais la sagacité des auteurs de ce volume permet d'aller sensiblement plus loin.

A l'évidence différentes grilles de lecture peuvent donc être employées. Or si chacune peut séduire l'analyste qui aura l'embarras du choix, il en est une néanmoins qui est susceptible de s'appliquer à toutes les descriptions ici réunies et qui donne finalement le plus de sens aux faits rapportés. C'est celle qui s'attache à leur aspect politique, c'est-à-dire aux jeux et enjeux de pouvoir que poursuivent ces diverses sociétés. Là où le rubbish man de Nouvelle-Bretagne se trouve désavantagé, disgracié par rapport à tous les autres hommes, parce qu'il lui manque de l'âme (*kanu*), les descendants d'esclaves Malgaches[2], quant à eux, tentent de se hausser au niveau des classes supérieures en acquérant un peu plus d'âme, ou du moins l'âme des rois Imérina qui ont conquis leurs ancêtres, et ceci par le mécanisme de la possession. Cela doit bien vouloir dire quelque chose, mais quoi donc ? Une réponse pourrait être que les sociétés qui affectionnent cette "imagerie" et qui pratiquent les rites correspondants (supplices de l'initiation, transes de la possession, pérégrinations chamaniques), partagent une commune répugnance à s'avouer que des inégalités entre les hommes résultent pour une grande part de rapports de force. Il s'agirait de taire cette dynamique qui combine la séduction, le chantage, la conviction et la violence pour déterminer les positions des individus et des groupes. Inscrire le destin de ses membres dans leur corps charnel, l'imputer aux imperfections de ce corps ou à ses manques (y compris l'insuffisance d'âme, fluide intérieur), c'est tout à la fois ramener les privations et les humiliations à une biologie, disons plutôt à une ethnobiologie, et aussi proclamer qu'il est impossible de rien y changer. C'est naturaliser le phénomène, c'est occulter l'ordre de la culture au profit de l'ordre de la nature.

Qu'est-ce qui fantasme dans le corps ?

Ce n'est donc pas seulement la sexualité qui pousse un individu à travers les pulsions du désir à fantasmer sur la société et dans la société. C'est la

---

2. M. Bloch, "La pénétration Directe : La Roi, les Esclaves et la Vierge Marie dans les quartiers pauvres de Tananarive", in Maurice Godelier et Michel Panoff (ed.), 1997, *Le Corps Humain : Supplicié, possédé*, chapitre 4.

société qui partout fantasme dans le corps, et parle d'elle-même en parlant de lui et à travers lui. Mais qui parle ? Avons-nous affaire à la part inconsciente de chacun, à un inconscient singulier ? Mais comment l'inconscient de chacun peut-il produire des mythes, de l'imaginaire partagés par tous ? Car ces représentations du ou des corps, de l'âme ou des âmes et de cette part intelligente de nous qu'on appelle de l'esprit, parfois de la raison, ces représentations au sein d'une culture sont largement partagées par tous les membres de cette culture. Et quand elles ne le sont pas nous sommes renvoyés à des enjeux et à des contestations qui débordent le corps et le traversent. Dans toute société l'enfant naît et grandit avec ces représentations. Il apprend à se découvrir et à se penser à travers elles, avec leur aide. Elles précédaient sa naissance mais elles s'enfouissent en lui dès qu'il est né et qu'il s'est montré garçon ou fille, homme ou femme. Les représentations du corps constituent un ensemble d'idées, d'images, de symboles, d'émotions et de jugements de valeur qui dans toute culture servent non seulement à le penser mais à le contrôler. Ces représentations forment comme une sorte d'anneau de réalités idéelles et émotionnelles, donc physiques aussi, qui sont autant de contraintes qui s'exercent à l'intérieur de l'individu, comme à l'extérieur de lui, dès qu'il est né.

Cet anneau de représentations contraignantes constitue la forme même de l'intimité de chacun, une forme paradoxalement impersonnelle, puisque partagée par tous. Et c'est à travers ces représentations que chacun s'avance vers les autres et vers soi-même. Finalement le corps se trouve partout au point d'arrivée d'une double métamorphose : des réalités sociales qui n'ont rien à voir avec le corps comme être sexué se transforment en attribut obligatoire de l'individu parce que c'est un homme ou parce que c'est une femme. La terre des ancêtres par exemple ira aux garçons. Mais elle peut leur être transmise soit par les hommes soit par les femmes, soit des deux côtés. A chaque fois cette attribution passera par la place des individus dans des rapports de parenté. Peut-être la plus belle démonstration de cette double métamorphose du social en du parental et du parental en du corporel et du sexuel est l'exemple du sacrifice d'un enfant chez les Mandak matrilinéaires. Lorsqu'un clan n'a plus de terres et a trouvé refuge sur les terres d'un allié, d'un beau-frère, qui lui permet d'en user, ce clan pour consolider ses droits d'usage sur ces terres, sacrifiera à la mort de cet allié son plus jeune fils, et déposera le cadavre auprès du corps de son père, qui lui est enterré dans la terre de son clan, donc de sa propre mère. L'enfant sacrifié devient alors dans l'imaginaire un membre du clan maternel de son père et sa mort donne ainsi à sa propre mère vivante une autre identité, celle qu'avait son père et qui sera désormais transmise à ses frères et à ses soeurs. C'est le sacrifice de son corps qui permet de surmonter la différence des identités entre le père et le fils, et de fondre deux clans en un seul. Une fois encore, on a la preuve ici qu'on peut parfois faire plus par sa mort que par sa vie.

Et avec cette conjonction de deux corps qui en viennent à s'identifier dans la même substance imaginaire, c'est tout le domaine des substituts des corps humains qui s'ouvre à l'analyse. A Kei, on donne au moment du mariage un canon pour le tronc d'une femme, un gong et des monnaies pour sa tête et ses membres. Mais on donne aussi ces mêmes biens pour "se procurer" un voilier. Et chez les Aré'Aré ce sont toutes les relations sociales et toutes les parties de l'être humain qui finalement peuvent se métamorphoser et en quelque sorte être transposées en monnaie de coquillages. Celle-ci en vient à jouer un peu le même rôle que les espèces du pain et du vin dans lesquelles s'est transsubstancié le corps du Christ dans nos sociétés.

Remerciements

Les questions, les domaines explorés au cours d'un colloque le furent grâce au soutien financier de plusieurs institutions, le Centre National de la Recherche Scientifique, Le Ministère de la Recherche et de la Technologie d'alors, l'Ecole des Hautes Etudes en Sciences Sociales et la Fondation de la Maison des Sciences de l'Homme. Qu'elles en soient toutes ici profondément remerciées. Mais leur soutien financier a permis la tenue du colloque et non la publication de ses résultats. Il fallut attendre et aujourd'hui, si nous pouvons la faire, c'est grâce à l'aide des Editions O. P. A. Nous en sommes particulièrement heureux car il eut été très dommage, comme nous l'espérons les lecteurs le penseront également, que ces textes d'une grande richesse n'aient pas été connus du public.

Mais nos derniers mots seront pour remercier Héléna Meininger et Eric Wittersheim qui non seulement nous ont aidés pour toute l'organisation matérielle du colloque, mais qui ont ensuite rassemblé, examiné et corrigé avec nous chaque contribution pour en faire converger la forme et en améliorer la présentation.

1

Corps, parenté, pouvoir(s)
chez les Baruya de Nouvelle-Guinée

Maurice Godelier

Ce texte se propose de développer un thème qui était apparu en conclusion d'un travail antérieur concernant les rapports entre les sexes et les formes de pouvoirs et de hiérarchies existant chez les Baruya, une population des hautes terres de l'intérieur de la Nouvelle-Guinée (Godelier, 1982: 345–360). Ce thème était celui du corps sexué, du corps en tant que machine ventriloque constamment sollicitée de parler de et de témoigner pour (ou contre) l'ordre qui doit régner dans une société. L'idée était que les représentations du corps impriment dans la subjectivité la plus intime de chacun l'ordre ou les ordres qui règnent dans la société et qui doivent être respectés si celle-ci doit se reproduire.

Un corps c'est de la chair, du sang, des os, un souffle, un ou plusieurs esprits que chacun possède, qu'il soit homme ou femme, mais c'est aussi des organes, pénis, clitoris, vagin, seins et des substances, sperme, sang menstruel, lait, que tous ne possèdent pas et qui font la différence ou la ressemblance entre les individus. Dans toutes les cultures on propose des réponses à la question de savoir d'où proviennent les os, la chair, le sang, le souffle ou l'esprit d'un individu : du père ? De la mère ? Des deux, ou d'aucun des deux ? Et dans ce dernier cas, quelle en serait l'origine ? Mais toutes les cultures ne se préoccupent pas de rendre compte de tout ce dont est fait un corps et certaines font silence sur le sperme, d'autres sur le sang ou les os et ces silences sont éloquents.

En fait parmi les représentations du corps celles qui concernent la fabrication des enfants, leur conception, leur croissance *in utero* et leur développement après la naissance occupent une place stratégique parce qu'habituellement, semble-t-il, elles remplissent deux fonctions socialement importantes. D'une part elles légitiment l'appropriation de chaque enfant qui naît par un groupe d'adultes qui se considèrent comme ses parents. D'autre part elles assignent à l'avance à cet enfant un destin et une place dans sa société selon le sexe, masculin ou féminin, qu'il possède à la naissance. C'est précisément de ce genre de représentations dont nous traitons par la suite. Nous avons ainsi laissé de côté toute une série de données concernant le corps qui permettent aux Baruya de s'expliquer la nature et l'origine des maladies, de la mort, des accidents etc., bref, de

1

s'expliquer le mal, le malheur, la maladie et l'infortune, la plupart du temps interprétés comme des effets de mauvais esprits ou des conséquences des pratiques de sorcellerie entre Baruya ou entre tribus ennemies. Dans ce registre il faudrait analyser ce que pensent les Baruya du sang vomi, de l'urine, des matières fécales, de la morve, des rognures d'ongles, des bouts de peau. des cheveux, etc. Nous ne le ferons pas ici. Il va de soi que tout ce que les anthropologues conviennent d'appeler les "substances corporelles" n'est qu'une série d'idées et d'images fantasmées et fait référence à des concepts, à des causes ou à des effets imaginaires mais qui importent dans la conduite des gens et dans la marche de la société. Notre analyse s'insère donc dans le vaste effort déployé par les anthropologues depuis deux décennies pour appréhender les rapports entre les sexes, les formes de parenté, les pratiques initiatiques, la sexualité ritualisée, (l'homo-comme l'hétérosexualité), existant dans les multiples configurations sociales que l'on rencontre en Nouvelle-Guinée, ou plus généralement en Océanie[1].

Comment allons-nous procéder ? En deux temps. Dans une première partie nous allons tenter de mettre sous les yeux du lecteur un aperçu de l'ensemble des données dont nous disposons sur ces thèmes pour pouvoir dans une deuxième phase faire apparaître analytiquement les relations d'appropriation, les relations de domination ou tout simplement les relations d'appartenance tribale et ethnique qui sont signifiées à travers les représentations baruya du corps et s'enfouissent dans le corps de chaque Baruya dès sa naissance. Nous avons donc été contraints de rappeler dans la première partie un grand nombre de données qui figuraient déjà dans des publications antérieures. Mais nous les avons résumées en renvoyant pour plus de détails à ces publications. Et nous avons ajouté un certain nombre d'éléments nouveaux concernant le sang, les os et également les noms propres que portent les Baruya.

Nous commencerons donc directement par la question:

---

1. Parmi d'autres citons les noms de D. Battaglia (1986. 1990). A. Bensa (1990), A. Biersack (1983). P. Bonnemère (1990). B. J. Clav (1977). D. A. Counts (1983), P. Errington and D. Gewertz (1987). D. S. Gardner (1987). G. Gillison (1983). M. Godelier (1982. 1991). G. Herdt (1982. 1984. 1987). P. Hinton and G. McCall (1983), A. Itéanu (1983), L. Josephides (1991). B. Juillerat (1986), B. Knauft (1987). D. Kulick (1985). E. Lipuma (1988). E. Mandeville (1979), A. Meigs (1984). M. Mosko (1983). M. Panoff (1968, 1976). P. J. P. Poole (1981, 1985), L. Serpenti (l984). A. Sorum (1984). A. Strathern (1981. 1982). M. Strathern (1987. 1988. 1991), J. Van Baal (1984), R. Wagner (1983), J. Weiner (1982. 1980). A. Weiner (1978. 1980). M.W. Young (1987).

1 Qu'est-ce qu'un enfant pour les Baruya ?

Pour les Baruya les enfants sont le produit de l'union sexuelle d'un homme et d'une femme et de l'intervention du Soleil, puissance cosmique qui en se disjoignant de la Terre avec laquelle il se trouvait mêlé et en s'élevant au-dessus d'elle, suivi de Lune, a mis fin aux premiers âges de l'Univers et établi l'ordre de l'univers tel qu'il a régné jusqu'à nos jours. Lune, selon les versions ésotériques du mythe baruya, est l'épouse de Soleil mais, dans les versions ésotériques du maître des shamanes, Lune est le jeune frère de Soleil. Tous deux sont à l'origine de la succession des saisons et du succès ou de l'échec des cultures. Si le Soleil descend trop près de la Terre, tout ce qui pousse brûle et se dessèche ; si c'est la Lune; le monde devient froid et humide.

A l'origine, l'homme et la femme avaient chacun un sexe et un anus qui n'étaient pas percés et ne pouvaient servir. Un jour le Soleil s'en est ému et a jeté une pierre à silex dans le feu. La pierre en explosant a percé les sexes et les anus de l'homme et de la femme qui depuis copulent et ont des enfants. Au cours d'un des rituels qui ouvrent les cérémonies d'initiation masculine, tous les feux allumés dans les villages sont éteints et on allume le "premier feu" de la "tsimia", la grande case cérémonielle, en faisant jaillir des étincelles du choc de deux silex sacrés. Ces silex étaient la possession d'un clan particulier dont l'ancêtre les reçut du Soleil lui-même avec la formule pour s'en servir. Dans la vie quotidienne, les Baruya produisaient du feu par frottement, jamais par percussion.

Dans une autre version, ce n'est pas le Soleil mais la femme qui a – indirectement – percé le pénis de l'homme. Elle enfonça un os de l'aile d'une chauve-souris dans le tronc d'un bananier à la hauteur du sexe de l'homme et celui-ci, par mégarde, vint s'y empaler. Fou de douleur et devinant que c'était elle qui avait placé là cet os, l'homme s'empara d'un morceau de bambou au bord coupant et d'un coup fendit le sexe de la femme. Aujourd'hui quelques vieilles femmes baruya portent encore ce genre d'os, très fin – qui normalement sert de poinçon ou d'aiguille – enfoncé dans leur nez comme un dard.

C'est aussi Lune qui perce les filles au moment de leur puberté et fait couler leur premier sang menstruel. Selon certains informateurs le Soleil coopère dans cette tâche avec la Lune. Lorsque les filles ont leurs premières règles, un homme, en général leur oncle maternel, leur perce le nez sans cérémonie, en plein jour et dans le village. Le sang menstruel est dangereux pour les hommes. Il est une menace permanente pour leur force, leur santé et les femmes l'utilisent parfois pour tuer leur mari par sorcellerie en le mélangeant secrètement à sa nourriture.

Quand un jeune homme et une jeune fille se marient, les hommes du lignage du mari fabriquent le foyer qui occupe le centre de la hutte et où seront cuits les aliments. Pendant plusieurs jours, voire quelques semaines, jusqu'à ce que les parois de la hutte soient noircies par la fumée du feu, le jeune couple ne doit pas faire l'amour. Le jeune homme caresse les seins de la femme et lui donne son sperme à ingérer. Le sperme est supposé nourrir la femme et lui apporter la force (aussi bien pour avoir des enfants que pour travailler dans les champs) mais surtout il est mis en réserve dans les seins de la jeune fille et se transformera en lait lorsqu'elle deviendra enceinte et donnera naissance à un enfant. Le sperme est donc nourriture de la femme et, transformé en lait maternel, nourriture des enfants, garçons et filles, auxquels elle donnera naissance.

Puis quand le temps est venu, l'homme et la femme ont des rapports sexuels. La copulation est pratiquée l'homme allongé au-dessus de la femme. La position inverse est interdite car dans ce cas les liquides vaginaux de la femme couleraient sur le ventre de l'homme et détruiraient sa force et sa santé. Les rapports sexuels prennent place dans l'espace de la maison réservé aux femmes, entre le foyer central et la porte. De l'autre côté du foyer l'homme couche seul ou avec ses garçons quand il en a. Une femme ne doit jamais enjamber le foyer où elle cuit la nourriture de la famille. Les liquides de son sexe ou les impuretés de son pagne pourraient tomber dans le feu et souiller la nourriture qui va dans la bouche de l'homme. Si elle le faisait, elle serait accusée de sorcellerie contre son mari, battue par lui, éventuellement même tuée.

On ne fait pas l'amour quand la femme a ses règles. Pendant les quelques jours que durent celles-ci la femme n'habite pas avec son mari mais dans une hutte à une dizaine de mètres de la maison ou plus souvent au dehors du village dans un lieu interdit aux hommes et où toutes les femmes viennent accoucher. Il lui est interdit de préparer la nourriture de son mari et ce dernier est nourri par l'une de ses soeurs ou de ses filles, ou bien se fait cuire lui-même des patates douces.

On ne fait pas l'amour quand on va tuer des cochons ou distribuer leur viande, quand on défriche la forêt pour ouvrir les grands champs de taro, quand les hommes se préparent à la guerre, quand on cristallise le sel, quand commencent les cérémonies d'initiation, etc. Bref, on ne fait pas l'amour n'importe où, n'importe quand (et avec n'importe qui) car l'acte sexuel met en cause non seulement la reproduction de la société mais la marche de l'univers (rien ne pousse dans les jardins, la chair des cochons tourne en eau, etc.). Les rapports sexuels sont donc pensés et vécus comme dangereux *par essence* et ils le sont encore plus quand ils sont illégitimes, pratiqués en cachette, dans des lieux interdits, jardins, brousse, etc.

Un enfant est conçu quand le sperme de l'homme pénètre dans une sorte de sac, "*tandatta*", qui est dans le ventre de la femme et s'y trouve enfermé. Le sperme produit les os de l'enfant, son squelette. Le sang, normalement, provient de l'homme et "grandit" au fur et à mesure que l'embryon se développe. Cependant, dans certains cas, disent les Baruya, du sang de la mère passe dans l'enfant et celui-ci ressemble à sa mère ou à l'un des membres de son lignage. Au cours de la grossesse le Soleil intervient dans le ventre de la femme pour donner à l'embryon sa forme définitive. Il l'achève en faisant pousser les doigts des mains et des pieds et en fabriquant le nez, la bouche et les yeux. Il complète donc les quatre membres et la tête. Le Soleil en Baruya est appelé *"nila"*, dans le langage courant mais on l'appelle plus familièrement *"noumwé"*, le terme affectueux par lequel on s'adresse à son père et aux frères de son père[2].

Le nez et la partie du front qui le surplombe sont pour les Baruya le siège de l'intelligence et de la "sagesse". C'est en même temps par là que passe le souffle de la vie. Le nez est percé au moment des initiations et le trou percé va ensuite être élargi chez les hommes au fil des années pour recevoir les objets qui symbolisent les changements de statut de l'individu (les signes des différents stades d'initiation, les insignes de shamane, de guerrier, de chasseur de casoar. etc.

Le corps c'est aussi le foie. Le foie est le siège de la force et de la vie. Le coeur, par contre, n'a pas cette importance aux yeux des Baruya. Le foie est gonflé de sang. Les shamanes-sorciers des tribus ennemies des Baruya s'en repaissent. Les Baruya pensent que leurs propres shamanes ne leur dévorent pas le foie intentionnellement (ce qui serait un acte de sorcellerie). Quand ils le font, ce serait poussés par leur faim et sans s'en rendre compte (*witchcraft*).

Autrefois, en temps de guerre, les Baruya suppliciaient certains de leurs ennemis, principalement des guerriers réputés qu'ils avaient réussi à cap-

---

2. Il existe dans la "mythologie" baruya un personnage, Djoué, l'ancêtre des chiens sauvages qui est une sorte d'anti-Soleil ou de Soleil au négatif. Son existence me fut révélée par Inamwé, le maître des initiations des shamanes qui, en 1974. me confia ce qu'il considérait comme son savoir le plus secret. Cf. Godelier *La Production des Grandes Hommes*, pp. 243–245.

On trouve dans son récit, que les Baruya appellent une "parole brève" et que nous appelons "mythe", quelques – uns des schémas fondamentaux de la pensée baruya quand elle cherche à expliquer les assises cachées de l'ordre social et cosmique : les femmes sont apparues avant les hommes. Elles pouvaient alors mettre au monde des enfants sans les hommes. Le chien sauvage a interrompu cette pratique en dévorant les enfants de la femme dans son ventre : la femme accoucha ensuite d'un enfant normal et eut des rapports incestueux avec son fils. De leur union naquit une fille et le frère eut ensuite des rapports incestueux avec sa soeur. L'humanité est née d'un double inceste mais l'inceste est désormais interdit entre mère et fils, frère et soeur. bien que – selon les Baruya – les hommes ont toujours l'envie de se retourner vers leurs soeurs. Le chien est devenu l'aigle. l'oiseau du Soleil et l'oiseau des shamanes. Le chien sauvage est resté au service des shamanes. qui l'envoient secrètement parmi les hommes quand ceux-ci font la guerre ou partent à la chasse. Le chien est aussi a l'origine de tous les gibiers que les hommes offrent aux initiés et aux femmes, gibiers qui, à la différence du cochon domestique. ne doivent rien au travail des femmes ni à la culture des plantes.

turer. Ils les paraient des plus belles plumes après leur avoir brisé les bras et les jambes. Puis des jeunes guerriers descendaient en courant du haut d'une colline, brandissant un couteau de bambou cérémoniel, entouré d'une bande d'écorce peinte en rouge, couleur du Soleil et ils venaient plonger les couteaux dans la poitrine du prisonnier. On recueillait dans des bambous le sang qui coulait des blessures et on en peignait les spectateurs, hommes, femmes, enfants, qui assistaient au supplice. Finalement. quelqu'un ouvrait le ventre de la victime et lui arrachait le foie qui était partagé entre les hommes de l'assistance et dévoré cru ou cuit. De nos jours, au cours des initiations masculines on tue un marsupial aux dents très longues, très dangereux à attraper à mains nues puis on incise le ventre de l'animal avec un couteau cérémoniel et on en extrait le foie. Celui-ci est alors découpé en fines lamelles que l'on insère dans des noix de bétel fendues en deux et données a mâcher aux initiés des troisième et quatrième. On ne leur révèle pas la nature de ce qu'ils mâchent.

Enfin un corps humain est habité par un esprit (ou par plusieurs). Pour les Baruya, l'esprit est quelque chose qui se trouve logé dans la tête, sous le sommet du crâne. L'esprit d'un individu se loge, semble-t-il, assez tardivement dans son corps. Cet esprit est souvent celui d'un(e) ancêtre qui reprend corps dans l'un(e) de ses descendants. Un an environ après la naissance d'un enfant, lorsqu'on est plus assuré qu'il survivra et que le père a fait un don rituel aux maternels de l'enfant, donc au lignage de son épouse, on donne alors à l'enfant un premier nom tout en gardant encore caché son deuxième nom, le grand nom qu'il ou qu'elle portera après avoir été initié(e). Ce nom est celui que portait son grand-père ou un grand oncle, sa grand-mère, ou une grande tante selon qu'il s'agit d'un garçon ou d'une fille. Il y a donc transmission des noms entre individus du même lignage appartenant à des générations alternes.

Arrêtons-nous pour examiner de plus près la nature des noms propres chez les Baruya puisque après tout c'est quand il reçoit son nom qu'un Baruya commence à véritablement faire partie de la société. L'analyse de plus de quatre cents noms fait apparaître que la moitié d'entre eux (49,5 %) font référence à des noms d'arbres ou de plantes sauvages, des fleurs en particuliers, et auxquels il faut ajouter les noms qui font référence à des plantes cultivées (8 %) ainsi que ceux qui désignent différentes espèces de sols ou des corps célestes, étoiles, et des phéno-mènes météorologiques, pluie, vent, etc. (10 %). On trouve également un nombre important d'espèces d'oiseaux et quelques variétés d'insectes. Au total, 67,5 % de tous les noms Baruya concernent des éléments de la nature et il est remarquable de constater à la fois l'extrême importance des plantes sauvages, de la forêt, et en même temps l'absence pres-que complète de références à des animaux sauvages à part les oiseaux et les insectes, mais rien sur les serpents, les marsupiaux, le casoar, etc. Les serpents ne sont pas du gibier. Les Baruya en ont peur même lorsqu'ils ne sont pas venimeux. Ils pensent que les serpents gâtent le ventre des femmes et les rendent stériles. Mais en même temps le grand serpent python est associé à l'origine du sang menstruel. Par contre les multiples espèces de marsupiaux constituent le gibier par excellence des Baruya et un objet d'échange privilégié entre les hommes et les femmes ou les jeunes initiés. Il est intéressant de noter que les Baruya ne portent pas de noms de marsupiaux alors qu'ils donnent aux jeunes garçons du foie de marsupial à avaler cru faisant de l'animal l'équivalent en quelque sorte du corps des ennemis dont on consommait rituellement le foie dans des repas cannibales. Le casoar, lui, représente la femme sauvage, dont la chair est interdite aux femmes. Comme le sang du casoar ne doit pas couler d'une blessure, on le capture à l'aide d'un piège qui l'étrangle. Le chasseur qui a posé le piège ne mange pas sa victime. Celle-ci est réservée exclusivement aux jeunes initiés qui la consomment rituellement.

La seconde grande catégorie de noms fait référence à des toponymes, particulièrement ceux de rivières et de territoires dans la forêt, qui sont de bonnes terres pour le taro ou sont plantés d'aréquiers ou de pandanus (25,8 %). Toutes ces terres et ces rivières sont appropriées par les lignages et ce sont des descendants ou des descendantes de ceux qui s'en sont approprié les premiers qui portent leurs noms. La plupart de ces lieux se trouvent dans la vallée de Marawaka où les ancêtres des Baruya s'étaient réfugiés après avoir dû fuir la tribu des Yoyué à laquelle ils appartenaient. On trouve aussi quelques noms de rivières qui coulent dans les vallées qui furent autrefois le territoire des Yoyué. Au total 93,3 % des noms baruya désignent des éléments de la nature ou des lieux cultivés ou revendiqués par les Baruya. Le reste, soit 6,7 % désigne des réalités les plus diverses, une caverne dans la falaise, le toit plat d'une maison, un piège à oiseaux, le manche d'une hache, des œufs de lézard, des noms de cochon, la corde d'un arc, la sueur, le fait que quelqu'un soit fille d'un père qui était mort à sa naissance, etc.

Donc le premier grand trait qui se dégage de cette manière de nommer les humains est qu'on les identifie pour un très grand nombre d'entre eux avec des éléments de la nature, mais surtout avec le monde végétal, sauf pour les oiseaux et les insectes.

Mais tout ceci qui décrit la nature des noms propres baruya ne nous dit pas comment ces noms sont distribués entre les lignages et entre les individus. On constate que les hommes ont tendance à porter plutôt des noms d'arbres et des toponymes de territoires, alors que les femmes portent plus souvent des noms de fleurs et des noms de rivières qui coulent sur le territoire de leurs ancêtres. Les rivières marquent souvent en effet les limites des étendues de montagnes et de forêts appropriées par un clan. Dans le cas des individus qui portent ce genre de nom on sait déjà en l'entendant prononcer à quel lignage ces individus appartiennent, puisque chaque Baruya sait à quels lignages appartiennent les différentes parties du territoire de la tribu.

Cependant le fait essentiel est que chaque lignage possède un stock de noms (de plantes, de montagnes. etc.) qui lui sont propres et qui se transmettent de génération alterne à génération alterne, du grand-père au petit-fils, de la grande-tante paternelle à la petite nièce etc. Aucun nom n'est hérité en ligne maternelle (alors que les femmes transmettent à leurs filles des noms à donner à leurs cochons et des formules magiques pour les élever).

Plusieurs lignages peuvent se référer à la même plante pour construire un de leurs noms propres. Chacun dans ce cas ajoute un élément pour distinguer son propre nom de ceux des autres lignages. Le mot *"Mayé"* qui désigne "les fleurs" en général et plus particulièrement les fleurs magiques utilisées pour orner les corps des initiés et des initiateurs, est utilisé comme nom propre par le lignage des Kwarandariar, qui fait partie du clan des Baruya, clan qui a donné son nom à la tribu. Méyaoumwé est un nom construit à partir de la même racine mais qui désigne des membres d'un autre clan, les Bakia.

Aussi le nom propre d'un individu le distingue nettement, puisqu'il indique son lignage et son clan tout en l'inscrivant dans la nature sauvage ou domestique qui entoure les Baruya. Le nom enveloppe donc l'individu comme la peau enferme le corps et il scelle en lui des réalités qui composent sa personne mais ne s'y logent que pour la durée de sa vie. Il arrive cependant que deux individus du même clan portent le même nom en même temps, ce qui ne devrait pas se passer. Cela vient de ce que la tribu s'est divisée en deux sous-groupes dont l'un vit dans la vallée de Marawaka et l'autre dans la vallée de Wonenara, ce dernier étant constitué de descendants de Baruya qui avaient quitté Marawaka à la fin du dix-neuvième siècle pour conquérir un nouvel espace. Il arrive aussi que le même nom soit donné à des individus appartenant à des clans différents. En général cela crée problème et l'un des clans accuse l'autre de l'avoir volé. Il y a donc dans toutes ces pratiques une forte volonté de distinguer les individus tout en pensant l'individu comme la reproduction, la réincarnation d'une même entité (esprit, ancêtre etc.) qui fait partie d'un stock propre à chaque lignage. Car en fait l'esprit quitte le corps des humains aussi bien pendant leur vie qu'après leur mort. Il peut donc aller s'établir dans un autre individu vivant à la même époque ou franchir une génération et se réincarner à une époque ultérieure.

Enfin rappelons que tout individu s'il survit assez longtemps pour être initié reçoit deux noms, un petit nom qu'il ou qu'elle porte avant l'initiation, et un grand nom qu'il prend soit quand on lui perce le nez si c'est un garçon, soit au moment de ses premières règles si c'est une fille. Il est interdit de continuer à appeler par son petit nom un homme ou une femme qui a été initié(e). C'est lui faire honte. Mais nous entrons là dans un tout autre chapitre. celui des interdits sur les noms. Un initié, par exemple, ne peut pas appeler un co-initié par son nom propre, une épouse ne peut prononcer le nom de son mari et réciproquement etc. Enfin, un très grand nombre d'individus porte un sobriquet qui est utilisé beaucoup plus fréquemment que leur nom propre, par exemple Koummaineu, un homme du clan des Nounguyé est appelé familièrement "tsinnamé", "sale-nez", parce qu'il a un gros nez écrasé.

L'esprit quitte le corps pendant le sommeil, que ce soit la nuit ou le jour. Les esprits volent comme des oiseaux et parcourent le territoire des Baruya. Beaucoup franchissent par mégarde les frontières de ce territoire et se retrouvent chez les ennemis où des sorciers s'efforcent de les capturer. Les shamanes baruya-hommes et femmes-veillent donc constamment et leurs esprits forment une sorte de barrière magique autour du territoire de la tribu pour arrêter les esprits baruya au moment où ils s'apprêtent à en franchir la frontière. Ils les repoussent vers l'intérieur, les renvoient à leurs corps où ils se réinstallent avant l'aube ou avant la fin d'une sieste. Mais il arrive qu'un esprit ne rejoigne pas son corps. L'individu continue à vivre mais se comporte alors de façon bizarre jusqu'à ce qu'un shamane découvre qu'il est sans-esprit et entreprenne le voyage qui le mènera jusqu'à l'endroit où un sorcier ennemi le garde prisonnier. Après un combat victorieux, le shamane baruya revient avec le prisonnier qu'il a délivré et replace cet esprit dans son corps.

Tels sont les éléments principaux des représentations que les Baruya se font du processus qui donne naissance à des enfants. Avant d'analyser les rapports que ces représentations semblent entretenir avec les structures, le mode d'organisation de la société baruya, je voudrais compléter ces données ethnographiques par d'autres représentations et pratiques concernant la peau, la chair, les os et le sperme, qui ne sont pas associées directement à la conception et l'engendrement des enfants.

II La chair et les os : mort, cannibalisme et initiations

Avant l'arrivée des Européens, lorsqu'un homme (ou une femme) important(e) ou estimé(e) de beaucoup de gens, parents et amis, mourait, la coutume était de garder plusieurs jours le cadavre, tous orifices bouchés, en position assise, près d'un feu qui brûlait en permanence. Le défunt recevait la visite de multiples gens qui se pressaient autour de son corps, le caressaient, le pleuraient, l'insultaient pour les avoir quittés, etc. Au bout de quelques jours, quand le corps commençait à se décomposer, on l'écorchait et on mettait les morceaux de peau dans une cape d'écorce qu'on plaçait ensuite dans la brousse du défunt ou dans les feuilles des arbustes de cordyline qui poussaient près de sa maison. Puis on peignait les chairs avec de l'argile bleue, couleur qui barre la route aux mauvais esprits, et on procédait aux premières funérailles. Selon le clan et selon le statut du défunt, on l'enterrait ou on le plaçait sur une plate-forme.

On enterre, en effet, ou on expose les morts dans une sorte de *no man's land* au flanc d'une montagne, la tête tournée vers leurs territoires de chasse et leurs rivières. La plupart du temps, les corps des grands guerriers étaient exposés sur une plate-forme avec leur arc et leurs flèches, et on entourait la plate-forme d'une barrière, créant ainsi une sorte de petit jardin. On plantait au-dessous de la plate-forme des taros sur lesquels coulaient les jus du mort à mesure qu'il se décomposait. Lors des secondes funérailles les taros étaient récoltés et transportés dans les jardins cultivés par les membres de la famille du mort et par ses descendants.

La terre nourrit les hommes mais les hommes engraissent de leur chair la terre qu'ils laissent à leurs descendants. C'est ici l'occasion de rappeler que pour les Baruya et d'autres tribus Anga comme les Watchakes, l'origine des plantes cultivées s'explique par le meurtre d'une femme, assassinée et enterrée dans la forêt par son mari. De son cadavre sont sorties toutes les plantes que les hommes aujourd'hui cultivent et consomment (Godelier, 1982: 119).

Remarquons ici que si les Baruya conçoivent l'agriculture comme une sorte de passage de la sauvagerie à la civilisation, ils font du meurtre d'une femme la condition de ce passage. En même temps qu'ils reconnaissent aux femmes dans leurs mythes une puissance et une fécondité dont les hommes sont dépourvus, ils affirment que c'est en faisant violence aux femmes que cette fécondité, cette puissance créatrice peut être libérée et mise, *par les hommes,* au service de tous, de la société.

Enfin, toujours à propos du corps et de sa chair, il est important d'insister sur le fait que les Baruya étaient cannibales, qu'ils mangeaient leurs ennemis et pas seulement les guerriers ennemis les plus valeureux morts au combat. Les Baruya coupaient sur le champ de bataille les bras et les jambes d'un certain nombre de cadavres. C'était, disaient-ils, plus facile à transporter que les corps entiers. Ils les mangeaient soit sur le chemin du retour si l'expédition guerrière les avait entraînés très loin de chez eux – et dans ce cas ils les faisaient rôtir, soit ils les amenaient dans leurs villages et les faisaient cuire dans des fours de terre comme du cochon. Les doigts des mains était une "délicatesse" particulièrement goûtée. Il serait faux de croire que les Baruya ne mangeaient que les grands guerriers ennemis dont ils voulaient absorber la force. Au bout de quelque années, quand mes informateurs pensèrent pouvoir me faire confiance, ils me firent la confidence que leurs ancêtres tuaient et mangeaient aussi des femmes et des enfants des tribus ennemies quand ils en avaient surpris un groupe dans la forêt ou dans des jardins. Leur chair était très appréciée. Donc pour les Baruya le corps humain n'est pas seulement fort et beau. Il est également bon à manger.

Quelques mois après l'enterrement ou l'exposition du corps d'un grand guerrier sur une plate-forme, on récupère soigneusement les os de son squelette. Les os de la main gauche ainsi que le crâne sont placés dans des arbres (aréquiers). Les os longs des bras et des jambes sont placés dans des trous d'arbres ou de rochers qui se dressent sur les territoires de chasse et la brousse du défunt. Les phalanges de la main droite sont réparties entre les parents du défunt, paternels et maternels, ou donnés à des jeunes garçons dont on pense qu'ils seront de futurs grands guerriers, des "*aoulatta*". Par exemple, il y a quelques années mourut Inaaoukwé, un grand guerrier qui, avant l'arrivée des européens en 1951, avait tué de sa main "des dizaines" d'ennemis des Baruya. Bien que, plus de 25 ans se fussent écoulés depuis l'instauration de la paix australienne, les proches d'lnaaoukwé, aussitôt le décès constaté, lui coupèrent la main droite – celle qui tuait – et la firent sécher pour la conserver. Ils déclarèrent qu'ils voulaient que ses descendants puissent, de génération en génération, la montrer chaque fois qu'on allait raconter et célébrer ses exploits. Autre exemple. Jusqu'en 1960–1961, soit deux ans après l'installation du premier "patrol-post" australien à Wonenara et les débuts de la pacification des tribus de la région, les Baruya avaient conservé précieusement la main d'un héros légendaire, Bakitchatché. Malheureusement, les doigts de Bakitchatché disparurent en fumée quand un officier australien incendia le village où ils étaient conservés pour punir ses habitants d'avoir pris les armes contre un autre village Baruya.

Ces faits témoignent de l'importance qu'ont les os de certains ancêtres dans les cérémonies d'initiation où ils sont utilisés pour percer le nez des jeunes garçons qu'on vient de soustraire à leur mère et au monde féminin.

Les os sont un élément essentiel des "Kwaimatnié", les objets sacrés des Baruya qui sont dans la possession des quelques clans qui ont le pouvoir exclusif d'initier les garçons, les hommes. Deux d'entre eux servent aussi à l'initiation des shamanes et dans ce cas ils servent à initier aussi bien des hommes que des femmes.

Les Kwaimatnié se présentent sous la forme d'un paquet oblong, d'une quarantaine de centimètres de long et d'une douzaine de large, fait d'écorce battue et entouré d'un "ypmoulié", le bandeau frontal de couleur rouge que portent les hommes, rouge, c'est-à-dire pour les Baruya de la couleur du Soleil. A l'intérieur quelques os longs et pointus, des "noix" de forme plate, entourent une pierre noire et lisse. Les os, à l'exception d'un seul, sont des os d'aigle. L'aigle est l'oiseau du Soleil. C'est lui que les Baruya chargent de transporter leurs prières, leurs souffles, leurs esprits jusqu'au Soleil. Mais à côté des os d'aigle qu'on peut toujours remplacer, il est un os irremplaçable, considéré comme sacré, un os (de l'avant-bras) d'un ancêtre prestigieux celui qui a transmis le Kwaimatnié à ses descendants qui en gardent le nom dans leur mémoire.

"Kwaimatnié" vient de "*kwala*", hommes, et de "*yimatnia*", soulever la peau, faire croître, faire grandir. Le "Kwaimatnié" renferme donc le pouvoir surnaturel de faire croître les enfants, et les Baruya rapprochent ce mot d'un autre, "nymatnié" qui signifie "foetus", "apprenti-shamane", ou "novice". Seuls certains clans et lignages ont hérité de leurs ancêtres de tels pouvoirs et ces ancêtres les avaient eux-mêmes reçus directement du Soleil à l'époque où les hommes n'étaient pas encore comme maintenant mais étaient des "Wandjinia", des esprits.

A côté des os humains et des os d'aigle un Kwaimatnié contient habituellement aussi des noyaux d'un fruit incomestible de la forêt, noyaux qui se présentent sous forme de petits disques plats. de couleur mauve ou brune, portant sur le côté une sorte de dessin ressemblant à l'iris d'un œil et que les Baruya appellent "œil de bébé". Quand l'œil est "ouvert" c'est signe de vie. Ces objets sont sucés par les hommes pour se purifier la bouche quand ils ont parlé des femmes ou évoqué des sujets se rapportant aux rapports sexuels, aux enfants, etc. Ces "noix" quand ils les sucent, leur communiquent la force du soleil qui se répand "de la racine de leurs dents jusqu'à leur pénis".

Enfin, au coeur du Kwaimatnié on trouve une pierre longue, noire et lisse. Tous les Kwaimatnié existent par paires, fonctionnent par couples : L'un est mâle, l'autre femelle. Le plus puissant des deux, le plus "chaud" est le Kwaimatnié-femelle. Seul le représentant du lignage qui possède ces Kwaimatnié peut s'en servir. L'autre, le mâle, est laissé à ses frères ou aux autres hommes du lignage qui l'assistent dans ses fonctions rituelles. L'existence de ces "couples" de Kwaimatnié et la nature femelle du plus puissant d'entre eux sont des choses tenues totalement secrètes pour les femmes et pour les jeunes. même initiés.

Au début des rituels d'initiation le groupe des porteurs de Kwaimatnié et de leurs aides fait plusieurs fois le tour des garçons alignés puis les hommes aux Kwaimatnié commencent à frapper la poitrine de chaque enfant de deux coups, l'un à gauche, l'autre à droite avec les Kwaimatnié. En même temps, ils invoquent en eux-mêmes, silencieusement, le nom secret du Soleil et la formule magique que leurs ancêtres leur ont transmise avec les Kwaimatnié. La force du Soleil pénètre alors dans le corps des garçons et les illumine. Puis le maître du rituel repasse devant chaque enfant et serre dans chaque main les coudes, puis les genoux de l'enfant et les étreint fortement en les tordant. Finalement, il lui tire violemment les deux bras vers le ciel. Bref, sans aller plus loin dans le détail des pratiques rituelles sur les corps des initiés, on peut dire que littéralement ces hommes aux Kwaimatnié *font grandir* les garçons et renforcent les points faibles de leur corps, leurs articulations. Bien entendu, pour les Baruya ces gestes *ne sont pas* "symboliques". Ils sont tout simplement efficaces parce qu' agissant en accord avec une réalité invisible aux non-initiés.

On constate donc que pour les Baruya le pouvoir des hommes est fait de l'addition et de la conjonction des pouvoirs des hommes et des pouvoirs des femmes, une part essentielle du pouvoir des hommes est dans leur sperme qui fait les os et donne la force. Mais c'est dans le ventre des femmes que croissent les enfants et c'est elles qui les mettent au monde et les élèvent. Les Baruya reconnaissent aux femmes le droit absolu de tuer leurs enfants à la naissance et beaucoup d'entre elles le font. Les hommes refusent, en général, quand leur épouse revient sans enfant de la maison d'accouchement, de croire que l'enfant était mort-né ou mort quelques jours après la naissance. Ils accusent leur femme de l'avoir supprimé surtout s'ils apprennent que c'était un garçon.

Les hommes s'efforcent de ré-enfanter les garçons lorsque ceux-ci sont assez grands pour se passer de leur mère. Ils le font en les séparant brutalement du monde féminin pour les initier aux secrets des hommes. Les jeunes initiés sont alors nourris régulièrement avec la semence de leurs ainés, les initiés des troisième et quatrième stades, des jeunes hommes déjà, mais qui n'ont pas encore eu de rapports sexuels avec une femme, qui ne sont pas encore mariés. Ainsi circule de génération en génération, entre hommes, la substance qui engendre la vie, la nourrit et la fortifie. Mais elle circule entre des jeunes gens et des garçons vierges de tout contact avec les femmes et est donc pure de toutes les souillures qu'entraînent nécessairement les rapports sexuels avec les femmes.

Ces dons se font donc à sens unique : ceux qui reçoivent la semence ne peuvent donner la leur en retour à leur donneurs. Les preneurs ne doivent pas être à leur tour des donneurs à la différence de ce qui se passe dans l'échange des femmes entre deux hommes. Sont exclus de ces dons de sperme tous les hommes mariés car ce serait pour un Baruya la pire des violences et des humiliations que de mettre dans la bouche d'un garçon qu'on vient de séparer de sa mère et du monde des femmes un sexe qui a pénétré une femme. Mais sont exclus également ceux des jeunes gens en âge de donner leur semence qui sont apparentés à l'initié, soit en ligne paternelle soit en ligne maternelle[3]. En fait c'est au-delà des rapports de parenté, au-delà du cercle des parents, que les hommes agissent collectivement pour produire et reproduire leur force, leur identité, leur supériorité sur les femmes[4]. L'échange généralisé de sperme commence au-delà de la sphère de l'échange restreint des femmes. Ce travail collectif

---

3. Par contre chez les Sambia, une tribu de l'ethnie Anga étudiée par Gilbert Herdt. Les maternels donneraient leur semence aux initiés nés de femmes de leur lignage. G. Herdt. 1987, pp. 145–159.
4. Il est fondamental de rappeler que, lors des initiations féminines qui rassemblent pour plusieurs jours et nuits des centaines de femmes de tous les villages autour des jeunes filles qui viennent d'avoir leurs premières règles. L'un des rites les plus importants – ignoré des hommes – est, m'a-t-on dit, le don de leur lait aux jeunes initiées par des jeunes femmes de la vallée qui viennent d'accoucher de leur premier enfant et ont les seins gonflés de lait.

des hommes ne suffirait pas cependant s'il n'y avait pour le mener à son terme la force du Soleil, médiée par les Kwaimatnié des lignages qui ont le droit d'initier les garçons et de fabriquer des shamanes.

C'est seulement par cette addition, cette conjonction de forces humaines et surhumaines que les hommes peuvent réussir à disjoindre les femmes de leurs puissances créatrices et à les en exproprier. Le pouvoir des hommes est donc nécessairement ambivalent puisqu'il repose à la fois sur le dénigrement explicite des pouvoirs des femmes et sur la reconnaissance implicite de l'existence de ces pouvoirs. Les hommes ne peuvent exercer le pouvoir qu'en maintenant les femmes dans l'ignorance de leurs propres pouvoirs.

Ces pouvoirs féminins pour la plupart, nous l'avons vu, n'existent que dans la pensée et par la pensée des Baruya et la violence qui aurait permis aux hommes de se les approprier est une violence qui s'est accomplie en pensée, une violence conceptuelle, idéelle. Mais celle-ci est, en fait, à la source de la violence idéologique réelle que les hommes font subir quotidiennement aux femmes. Cette violence originaire par laquelle fut instituée la suprématie des hommes est rappelée sans cesse à leur mémoire dans les récits qu'ils entendent lors des cérémonies d'initiation.

On leur raconte qu'autrefois les femmes avaient inventé l'arc et les flèches mais s'en servaient en tenant l'arc du mauvais côté. Elles tuaient à tort et à travers et surtout trop de gibier, ceci jusqu'au jour où un homme s'empara de l'arc et le tourna de l'autre côté. Depuis les hommes tuent comme il faut (ce qu'il leur faut) et on interdit aux femmes de se servir des arcs. On leur raconte aussi que les femmes, autrefois, possédaient les flûtes qu'on utilise aujourd'hui au cours des cérémonies d'initiation et dont la vue leur est totalement interdite sous peine de mort.

Or, le nom secret des flûtes, révélé aux initiés, est "*namboula-mala*" ; "*namboula*" veut dire têtard, "*mala*" combat. Selon un autre "mythe" baruya les femmes existaient avant les hommes et ceux-ci leur apparurent un jour sous la forme de têtards pour lesquels elles confectionnèrent des pagnes et des arcs miniatures et qui. plus tard, se métamorphosèrent en hommes. Mais "*namboula*" est utilisé aussi par les hommes pour designer le vagin des femmes. Il semblerait que les flûtes représentent pour les hommes baruya le pouvoir contenu dans le vagin des femmes et associé aux têtards qui ressemblent aux enfants tels qu'ils existent sous leur première forme, inachevée, de fœtus. Ce que disent par contre les hommes baruya aux femmes c'est que le son qu'elles entendent dans la forêt au moment des initiations est la voix d'esprits qui conversent avec eux. Bien entendu il est interdit sous peine de mort aux jeunes initiés de révéler aux femmes que ce sont des hommes qui produisent ces sons avec des flûtes.

Mais en plus des flûtes, les Baruya utilisent des rhombes pour produire des sons terrifiants qu'on ne peut comparer à aucun son qu'on entend dans la nature. Or, pour les Baruya les rhombes sont un don des "Yimaka" – les esprits de la forêt – aux hommes, des "flèches" que les ancêtres des Baruya trouvèrent fichées dans le tronc de certains arbres. Ces "flèches" sont l'une des sources de la force guerrière des hommes, de leur pouvoir de mort. Quand on joue des rhombes au cœur de la forêt, les parrains des initiés vont recueillir la sève (semence-lait) d'un arbre et viennent la déposer dans la bouche des jeunes initiés.

Dans cette combinaison de deux pouvoirs opposés, pouvoir de vie, pouvoir de mort, dont l'un fut originairement en la possession des femmes qui en furent expropriées et dont l'autre fut dès l'origine un don des esprits aux hommes et donc leur propriété exclusive, on retrouve la formule même de la domination masculine chez les Baruya qui est le *cumul* entre les mains des hommes de pouvoirs qui leur sont propres et de ceux qu'ils ont ravis aux femmes.

Bref, la femme, pensée par les Baruya comme à l'origine de l'arc, des plantes cultivées, des flûtes, de la vie, des initiations, etc., apparaît comme possédant une puissance créatrice supérieure à celle des hommes. Mais cette puissance, laissée à elle-même, engendre le chaos. Les hommes ont été contraints d'y mettre de l'ordre et pour cela il leur a fallu faire violence aux femmes, les tuer, les voler, etc. En somme, il a fallu séparer par la force ou la ruse les femmes de leurs sources de pouvoir pour que les hommes puissent s'en emparer et les mettre enfin au service de tous.

Mais pour les Baruya la suprématie des hommes n'est jamais totalement acquise, car les pouvoirs des femmes n'ont *pas* été détruits par les actes de violence commis dans les temps originaires. Même s'ils sont entre les mains des hommes ces pouvoirs n'ont point cessé d'exister. C'est pourquoi le chaos surgirait de nouveau si les hommes venaient à relâcher leur emprise. Leur lutte contre les femmes est donc sans cesse à recommencer. L'ordre de la société (et celui de l'univers, comme en témoigne le rite de rallumer le feu primordial au début des initiations) pour être conservé, doit être en quelque sorte recréé à chaque génération. Et c'est ce que font les Baruya quand ils initient leurs garçons et édifient pour les accueillir la "*tsimia*", la grande maison cérémonielle.

Chacun des poteaux de la "*tsimia*" plantés par les hommes mariés représente un initié. Chacun, disent les Baruya, est comme "un os" et toute la charpente de l'édifice est comme un gigantesque "squelette" que l'on recouvre de chaume, que les Baruya appellent "la peau" de la "*tsimia*", chaume qu'apportent des centaines de femmes de tous âges, et que mettent en place et attachent au squelette de la maison les hommes, debout sur le toit et protégés par les shamanes contre la pollution des femmes qui ont récolté et transporté les bottes. La "*tsimia*" disent-ils, est "le corps" des Baruya, qui les contient et les représente tous, hommes et femmes. jeunes et vieux, villages et lignages confondus. Et l'immense poteau qui se dresse en son centre et soutient tout l'édifice, les Baruya l'appellent "Grand-Père".

Il est le lien entre les ancêtres morts et les nouvelles générations de leurs descendants.

Et tout ceci se déroule sous les yeux d'une foule de visiteurs des tribus amies (provisoirement) qui mesurent la force et la puissance des Baruya et comprennent le message qu'on leur adresse sans qu'on ait à prononcer un seul mot.

Les Baruya et leurs voisins se comprennent non pas seulement parce qu'ils parlent la même langue ou des langues proches mais parce qu'ils partagent la même culture, les mêmes représentations, les mêmes symboles. Leurs voisins et eux se combattent ou se font la paix mais tous savent qu'ils portent les mêmes ornements, et qu'ils n'ont pas besoin. pour que leur corps soit beau, de s'enduire de graisse de porc fondue comme les tribus d'au-delà de la rivière Lamari les Awa, les Tairora etc. Car, à cause de cette graisse, leur corps pue et après quelques heures il est encore plus sale qu'avant. Avec de tels gens on ne se marie pas.

III L'enfouissement dans le corps (intimité) de la manière d'exister ensemble des Baruya.

Le non-Baruya que je suis, peut-il, sans trop les trahir, interroger les représentations et les pratiques baruya sur le corps à partir des catégories analytiques élaborées par les anthropologues et leur trouver un sens qui permette de les comparer à d'autres cultures, de Mélanésie ou d'ailleurs. Je le crois, bien que pour quelques – uns de nos collègues, tel David Schneider, l'entreprise soit condamnée d'avance à nous renvoyer indéfiniment, à travers celles des autres, l'image que nous avons de nous-mêmes en tant qu'occidentaux et anthropologues (Schneider, 1984).

Auparavant et pour aller dans le sens de D. Schneider, je ferai cette remarque triviale qu'il faut prendre garde que beaucoup de choses qui nous apparaissent comme des symboles et des pratiques" symboliques" chez les Baruya ne le sont pas pour eux. Si un symbole est un *signe* (de quelque nature qu'il soit, un son, un geste, un objet naturel ou artificiel, une substance, etc.) qui désigne et rend présente à travers lui une chose, une réalité autre que lui-même, alors les Baruya savent comme nous ce qu'est un symbole et ils en font grand usage. Les parures qui distinguent les initiés des différents stades, les objets enfilés à travers le nez et qui nous informent que l'homme est un shamane ou un chasseur de casoar, les scènes jouées devant les initiés par deux hommes dont l'un est accroupi devant l'autre, la tête baissée et représente une femme, tout cela est un monde de signes, de symboles qui désignent des statuts, des pouvoirs, des règles de conduite qui sont ainsi constamment mis sous les yeux et rappelés à la pensée.

Mais pour les Baruya, c'est, m'a-t-il semblé, tout autre chose qui se passe quand l'homme au "Kwaimatnié" frappe la poitrine des jeunes initiés de cet objet sacré, quand il tire sur leurs bras, quand il serre et tord les points faibles de leurs membres, quand il leur fait ingérer des nourritures où il a secrètement glissé des feuilles de plantes magiques qu'il est allé lui-même récolter sur le territoire des ancêtres à Bravégareubaramandeuc. Tous ces gestes, toutes ces pratiques sur le corps des initiés ne sont pas "symboliques", ne sont pas des images, une mise en scène. Ces gestes font *réellement* passer dans le corps des initiés les pouvoirs réels contenus dans le "Kwaimatnié", la force des ancêtres, celle du soleil, etc. Ils font de l'officiant un médiateur indispensable entre les hommes et les puissances qui gouvernent l'univers.

Ces gestes pleins de sens et de puissance sont accomplis au milieu du plus profond silence. C'est ensuite que le maître de la cérémonie autorise les parrains à poser sur la tête des initiés du troisième stade, un casque fait d'un bec de "calao" qui surplombe un cercle de jonc terminé par deux défenses de cochon sauvage qu'on enfonce dans les chairs du front des jeunes gens. C'est alors qu'il leur révèle ce que *signifient* ces objets : le bec est le pénis de l'homme, les dents le vagin de la femme et la position de l'un au-dessus de l'autre symbolise leur supériorité en tant qu'hommes sur les femmes, en même temps que les souffrances, les peines qu'ils doivent s'attendre à subir du vagin des femmes, de leurs futurs rapports hétérosexuels. Cette révélation s'accompagne de longues harangues sur les devoirs futurs des initiés envers leurs aînés, leurs épouses, leurs enfants, le tout assorti de rappels de hauts faits de l'histoire des Baruya. On leur promet — s'ils se comportent selon les normes de l'éthique baruya — la victoire sur les ennemis, l'abondance, etc.

On voit donc que, dans la mesure où ces conceptions de la vie et du pouvoir forment un tout relativement cohérent et sont partagées par tous, du moins pour la part que chacun en a à connaître selon son sexe, son âge et ses fonctions, dans la mesure où ces idées sont devenues gestes, actions, manières d'organiser les rapports entre les individus, bref "ordre" social, la force la plus forte qui maintient cet ordre n'est pas la violence, sous toutes ses formes, que les hommes exercent sur les femmes et les jeunes. Cette force c'est la croyance partagée, l'adhésion subjective de tous à ces représentations, adhésion qui est à la source des divers degrés de consentement plus ou moins profond et sincère, et des diverses manières dont les initiés coopèrent plus ou moins volontairement à la reproduction d'un ordre qui les humilie, les ségrègue provisoirement (les jeunes) ou définitivement (les femmes), voire les opprime.

Dans la mesure où ces représentations — qui dessinent une sorte de schéma abstrait de "l'individu" selon la culture Baruya — s'enfouissent en chaque individu réel, concret, dès sa naissance, elles deviennent en chacun la condition objective, l'*a priori* social de l'expérience de soi et des autres, la forme culturelle, paradoxalement impersonnelle, de son intimité. Une forme qui enferme et enserre cette intimité dans un anneau de contraintes et de normes "baruya" qui font que l'individu ne peut exister et se développer qu'en reproduisant à travers ses rapports à autrui et à lui-même, les modes d'organisation et de pensée sur lesquels est fondée sa société.

Quels sont donc les principes d'organisation de la société baruya qui se trouvent exprimés à travers leurs représentations du corps et enfouis, dès la prime enfance, dans celui-ci ?

a) Les relations d'appropriation, d'appartenance et de domination impliquées dans les représentations baruya du processus de la conception d'un enfant.

Le père chez les Baruya se présente donc comme le géniteur de l'enfant et la mère comme sa génitrice. Le premier contribue à la conception de l'enfant par son sperme, *'lakala alyeu'*, l'eau du pénis. La seconde y contribue par son utérus, son ventre. Le sperme produit les os, la charpente de l'individu, ce qui subsiste du corps longtemps après la mort. Le sperme nourrit également le foetus dans le ventre de la femme. Ce que nous disent ces représentations c'est que l'union sexuelle d'un homme et d'une femme est nécessaire pour faire un enfant mais que la part de l'homme y est de beaucoup la plus importante.

Le double rôle prêté au sperme dans la fabrication du foetus semble légitimer le fait que l'enfant à sa naissance appartient potentiellement au père et aux parents du père par le sperme (son lignage patrilinéaire). Bref, ces représentations du sperme sont, semble-t-il, à mettre en rapport avec le principe qui règle la descendance, le principe patrilinéaire. En fait, si l'on prête en même temps attention au silence relatif des Baruya sur le rôle de la femme dans la conception d'un enfant, c'est à un véritable primat du sperme que l'on a affaire. La mère n'est que le ventre dans lequel le sperme est déposé et va se développer. Parfois cependant son sang pénètre dans le foetus et le modèle en partie à son image ou à celle de tel ou tel membre de son lignage. Mais, sans l'apport répété de sperme par l'homme et sans l'intervention de Soleil dans le ventre de la femme, celle-ci serait incapable de mettre au monde un enfant normal, complet, vivant.

Ce primat accordé au sperme *ne* semble *pas* cependant fondé *seulement* sur le principe patrilinéaire qui règle les rapports de parenté. Car le sperme chez les Baruya est en même temps au service d'une autre cause, celle de construire et de légitimer la domination à la fois collective et individuelle, des hommes sur les femmes et sur les jeunes et cette cause prend source au-delà des rapports de parenté. Là se trouvent les raisons à la fois de l'emphase positive mise sur le sperme de l'homme et de l'emphase négative mise sur le sang menstruel de la femme. Deux façons opposées mais complémentaires d'instituer la même chose : la domination masculine.

Tout ceci n'empêche pas les Baruya d'accorder une grande importance aux rapports qu'un individu entretient avec sa mère et ses parents maternels. Les sœurs de la mère sont considérées comme d'autres mères et ses frères sont appelés" *api aounié* ", "oncles du sein" pour les distinguer des oncles maternels "classificatoires", "*api*". Toute sa vie un(e) Baruya peut compter sur l'affection et la protection de ses oncles et de ses tantes maternels. On pourrait presque parler à ce propos de l'existence d'une sorte de principe de "filiation complémentaire" pour nous exprimer comme Meyer Fortes. La coutume voulait qu'après la naissance d'un enfant sa mère devait, pendant une année environ, en cacher le visage à son père si celui-ci était présent au moment où elle lui donnait le sein ou le nettoyait. Elle enveloppait alors le visage de son bébé dans un filet à larges mailles. Mais elle n'avait pas à prendre de telles précautions en présence de ses propres frères qui pouvaient voir le visage de leurs neveux et nièces à découvert. Cet interdit était levé au moment où l'enfant semblait pouvoir survivre et que le père devait lui donner son premier nom, le nom d'avant les initiations. On procédait alors à une cérémonie au cours de laquelle le père offrait aux maternels de l'enfant, à ses alliés, de la viande de porc, du sel, parfois même des coquillages. Les droits du père sur l'enfant, qui depuis la naissance n'étaient encore que potentiels, devenaient "réels" sans jamais faire disparaître les liens privilégiés ni les droits des maternels vis-à-vis de l'enfant. Il est d'ailleurs à noter que si l'enfant mourait avant d'avoir atteint cet âge, il était enterré par sa mère sans cérémonie non loin du village dans un endroit inculte et non pas sur l'une des terres du lignage de son père.

Ces liens très forts entre un Baruya et ses oncles maternels s'étendent également aux enfants de ceux-ci, aux cousins croisés matrilatéraux. Mais il lui est interdit d'épouser ses cousines croisées matrilatérales avec lesquelles il entretient cependant des relations à plaisanterie fortement teintées d'allusions sexuelles.

En fait, la règle chez les Baruya est qu'un homme ne peut reproduire le mariage de son père et prendre femme à nouveau dans le lignage de sa mère. De plus, deux frères ne peuvent épouser deux sœurs, prendre femmes dans le même lignage. Les alliances sont donc soumises à deux principes qui font obligation à chaque génération de nouer et de multiplier de nouvelles alliances. Deux frères épousent donc dans des directions différentes et sont amenés très souvent à se retrouver dans des camps opposés par solidarité avec leurs propres beaux-frères. Ce qui signifie aussi que leurs enfants, qui sont des cousins parallèles, peuvent s'opposer entre eux par solidarité avec leurs lignages maternels. C'est pour cette raison selon moi, que les rapports maternels perdent de leur force à mesure que l'on s'éloigne du cercle des frères et des sœurs directs de la mère et que l'on a affaire à des oncles et tantes "classificatoires". Finalement cette politique d'alliance bien loin de renforcer la solidarité interne des lignages patrilinéaires qui composent la société baruya, les mine et les fragilise.

Mais de cette politique rien à ma connaissance n'est dit dans le corps ou n'est légitimé par lui.

Par contre, c'est au nom du fait que les filles du frère de son père sont issues du même sperme que lui, et sont ses sœurs, qu'un Baruya ne peut les épouser. Une telle union est considérée comme incestueuse et punie de mort. En revanche, il peut épouser les filles des sœurs de sa mère, parce qu'elles sont issues d'un sperme différent que celui qui a conçu leur mère et la mère d'Ego, alors même que dans la terminologie de parenté baruya (de type iroquois) il les appelle également "sœurs".

Quant aux filles de la sœur de son père, ses cousines croisées patrilatérales, un Baruya les considère comme des épouses potentielles. Elles sont issues comme ses cousines parallèles matrilatérales d'un sperme différent du sien. Elles sont donc épousables. Mais en plus, il a des droits sur elles, parce qu'elles sont issues du ventre d'une femme de son lignage. Et ces droits il les exerce si le lignage qui a épousé la sœur de son père n'a pas encore donné une femme en échange. Dans ce cas le jeune Baruya réclame comme épouse l'une des filles de sa tante paternelle et on la lui donne. Bref, parmi les femmes qu'il appelle "sœurs" toutes ne sont pas interdites au mariage, et parmi celles qu'il appelle "cousines" toutes ne sont pas épousables.

Cependant, pour les Baruya, un enfant n'est pas seulement le produit de l'union d'un homme et d'une femme et le résultat de l'échange de femmes entre deux lignages. Il a besoin, pour naître avec une forme humaine achevée, de l'action du soleil qui, dans le ventre de la mère, fabrique les pieds, les mains, les yeux, la bouche et le nez de l'enfant. Bref, un enfant est le produit d'un homme, d'une femme et d'une puissance surnaturelle, Soleil, qui combine son pouvoir à celui de Lune, épouse/frère cadet de Soleil. Il est donc le produit d'un échange entre deux groupes humains et d'un don de la part du couple Soleil-Lune sans contrepartie, semble-t-il, du côté des humains, sauf peut-être les nombreuses prières que ceux-ci leur adressent au cours des rituels. Cette représentation du rôle du soleil dans la conception d'un enfant exprime une relation d'appartenance s'exerçant sur l'enfant, distincte des relations de descendance et de filiation qui passent par son père et sa mère. Elle le fait appartenir à l'ethnie Anga ou, plus exactement, parce que tous les groupes Anga n'ont pas les mêmes représentations ou les mêmes institutions que celles des Baruya et de leurs voisins, elle le fait appartenir à un groupe de tribus dont l'univers culturel est caractérisé précisément par l'accent mis sur le sperme et sur l'importance du soleil, par la ségrégation stricte des garçons qui vivent séparés du monde féminin pendant des années, à l'écart des villages, par la construction à l'occasion des initiations d'une grande maison cérémonielle, la *Tsimia*, qui représente l'union de tous les villages et de tous les lignages de la tribu pour initier ses garçons, par la pratique généralisée de l'échange direct de leurs sœurs entre les hommes, enfin, mais ce dernier trait est moins répandu, par l'existence d'initiations féminines. Dans d'autres groupes Anga, tels les Ankave qu'ont étudiés Pierre Lemonnier et Pascale Bonnemère, le mode de descendance tout en étant patrilinéaire a un caractère bilatéral beaucoup plus prononcé, les garçons sont initiés mais ne sont pas systématiquement disjoints du monde féminin, etc. Dans cette société l'on ne trouve au niveau des représentations du corps aucun accent particulier mis sur le rôle du sperme. Le Soleil n'est pas mentionné dans la fabrication de l'enfant. La couleur rouge, couleur du Soleil chez les Baruya, est celle du sang menstruel pour les Ankave[5]. L'étude de ces transformations dans l'organisation sociale et dans les représentations est en cours.

J'appelle tribu un groupe local fait de l'association provisoire d'un certain nombre de lignages résidant côte à côte en villages ou de façon dispersée, et qui se sont unis pour occuper et défendre en commun un territoire qu'ils se sont réparti et pour pratiquer entre eux plutôt qu'avec d'autre tribus l'échange de femmes, bref, unis provisoirement pour se reproduire ensemble. Ces groupes locaux ont chacun un nom propre – un "grand nom" – par lequel ses membres se désignent eux-mêmes et sont désignés par les membres des tribus voisines. Les Baruya, les Andjé, les Usarumpia, etc. Ces groupes locaux sont divisés en lignages qui portent des noms distincts, mais les mêmes noms de lignages se retrouvent dans des tribus différentes, voisines ou non, amies ou ennemies, résultat et témoignage du mouvement permanent de dissolution et de recomposition qui les travaille souterrainement.

L'existence de lignages portant le même nom au sein de tribus différentes témoignerait en effet d'une origine lointaine commune qui aurait été suivie de nombreuses scissions et dispersions. Mais en aucun cas les membres de ces lignages ne se réunissent pour agir en commun. Par là ces lignages ne forment jamais un clan comme on pourrait le supposer du fait qu'ils portent le même nom.

La référence à l'intervention du soleil dans la conception d'un enfant témoigne donc que cet enfant appartient à telle ou telle tribu Anga par l'intermédiaire du lignage de son père. Si le père est un Ndélié appartenant à la tribu Baruya, l'enfant sera un Baruya, s'il est un Ndélié appartenant à la tribu des Andjé, l'enfant sera un Andjé et un ennemi des Baruya. Mais quelle que soit leur appartenance tribale, tous les enfants de ces tribus savent qu'ils portent les mêmes décorations corporelles et partagent les mêmes secrets, la même "culture".

Pour résumer : les représentations du processus de la conception d'un enfant se présentent d'abord comme une "explication", mais *relativement peu élaborée,* de ce processus : le sperme fait les os, le sang est celui

---

5. Pierre Lemonnier. Communication personnelle.

du père mais parfois vient de la mère, etc. La "théorie" baruya de la conception des enfants semble en fait avoir moins pour but d'expliquer ce processus que d'énoncer et de "légitimer" deux types de relations qui s'exercent sur les enfants – des rapports d'appropriation et des rapports de domination.

Il est très important de noter que, dans cette vision Baruya du monde, les rapports dits "de parenté" *ne suffisent pas* à faire un enfant. L'enfant est dès avant sa naissance inscrit dans un univers qui déborde ses rapports avec son père et sa mère et leurs groupes d'appartenance, un univers qui montre (et surmonte) les limites de la parenté à constituer la société comme telle et à la reproduire. Ceci devient encore plus évident lorsqu'on analyse les représentations baruya du processus non plus de la conception, mais de la *croissance in utero* et du développement d'un enfant, d'avant sa naissance à sa maturité et à son mariage.

b) Les représentations baruya de la croissance in utero et du développement d'un enfant.

Bien entendu, c'est ici que prend tout son poids le fait que l'enfant soit un garçon ou une fille. Au yeux des Baruya, une fille pousse plus facilement et plus vite qu'un garçon. La preuve en est, disent-ils, que, lorsqu'une fille a ses premières règles, son corps est déjà épanoui alors que les garçons de son âge sont encore petits et maigres. Il existerait comme une sorte de "course" entre garçons et filles et ce sont les filles qui la gagnent. Pour cette raison on n'épouse pas une fille de son âge et deux co-initiés échangent toujours entre eux des sœurs cadettes (ou deux de leurs cousines parallèles patrilinéaires), celles qui les suivent immédiatement dans l'ordre des naissances.

A la différence des filles qui donnent aux Baruya l'impression de pousser presque toutes seules auprès de leur mère et au sein de la famille, les garçons ont besoin pour devenir des hommes et être finalement plus forts que les femmes, d'être séparés de leur mère et de recevoir une énorme quantité de soins et de forces qui leur sont prodigués par l'ensemble des hommes et, grâce à l'intercession des hommes à Kwaimatnié, par le Soleil et les autres puissances surnaturelles, Lune, les Pléiades, etc. En fait les garçons doivent être littéralement "ré-enfantés" par les hommes. Ce processus de ré-enfantement est considéré par les Baruya comme un *"waounié naanga"* un grand travail (*"waounié"*) qui débute quand les hommes prennent le garçon à sa mère pour lui percer le nez et commencer à l'initier. Cela va durer plus de dix ans.

Cependant, que l'enfant soit un garçon ou une fille, on peut dire que chez les Baruya les conditions de sa croissance se mettent en place avant même qu'il ne soit conçu. Son futur père a tout de suite après le mariage commencé à accumuler dans le corps de sa jeune épouse la nourriture qu'elle donnera à l'enfant après la naissance, son sperme qui se transformera alors en lait. Ce sperme nourrit également la future mère et la rend plus forte pour mettre au monde des enfants[6].

– Dès que la femme découvre qu'elle est enceinte[7], elle en fait part à son mari et le couple multiplie alors les rapports sexuels pour que le sperme de l'homme nourrisse le fœtus et le fasse croître dans le ventre de la mère[8].

– Vers deux ans, lorsque l'enfant commence à être sevré, il est nourri avec des taros et des patates douces récoltés dans les jardins que cultivent ses parents soit sur les terres du lignage du père soit sur celles du lignage de la mère, terres fécondées par le travail de leurs ancêtres et par la graisse de leurs corps après leur mort.

– Quand on tue un cochon on le cuit dans un four de terre et on donne la graisse à manger en priorité aux enfants. Le foie est cuit dans un bambou et partagé entre les hommes après qu'une part ait été envoyée à la maison des hommes pour être consommée par les jeunes initiés. Les femmes n'y ont pas droit.

Mais les soins, le travail, les dons nourriciers du père, de la mère et des autres membres de leurs lignages ne *suffisent pas* cependant à faire grandir un enfant. Il faut que des forces supplémentaires viennent s'ajouter aux leurs, celles de *tous* les hommes et toutes les femmes de la tribu baruya qui coopèrent pour initier leurs enfants et celles du soleil et de la lune qui se répandent sur tous par l'effet des rites et le travail des hommes à "Kwaimatnié".

Il y a d'abord, si l'enfant est un garçon, la force que lui apportent les dons répétés de sperme des *initiés plus âgés* que lui, qui le nourrissent dans

---

6. Malgré l'importance de la représentation du sperme comme nourriture des hommes et des femmes, il m'a semblé plusieurs fois qu'il existait chez les Baruya une certaine ambiguïté autour de l'idée du lait maternel comme sperme métamorphosé. Certaines femmes qui insistaient sur les nourritures qu'il faut prendre quand on allaite un bébé ne m'ont pas semblé entièrement convaincues que leur lait devait tout à leur mari et rien à elles-mêmes. Les représentations du corps au service de la domination masculine ne recouvrent peut-être pas *toute* l'expérience des individus. Dans cette fissure – si fissure il y a – peuvent "s'accrocher" les tensions et conflits qui règnent dans cette société entre les deux sexes.

7. Si une femme n'a pas d'enfant, c'est toujours de sa faute car un homme, chez les Baruya, ne peut par principe être stérile.

8. Dès qu'une femme a accouché, son mari, ses beaux frères, ses frères. ses cousins partent chasser et lui rapportent quelques jours plus tard une grande quantité de gibier dont elle redistribue une partie parmi les petites filles et petits garçons du village et dont elle consomme le reste pendant les deux ou trois semaines qu'elle reste à la maison d'accouchement. Ce don de viande est pour qu'elle se "refasse le sang" qu'elle a perdu pendant l'accouchement. Au terme de cette période de réclusion, quand la femme revient au foyer avec son enfant au sein, son mari lui donne de son sperme pour qu'elle retrouve toute sa force et nourrisse bien l'enfant.

la maison des hommes. Et si l'enfant est une fille cette force lui viendra du lait que lui donnent des jeunes femmes qui viennent d'être mères. Il y a aussi la sève (semence-lait) des arbres que *les parrains* de chaque initié aspirent dans leur bouche pour la donner à boire à l'enfant. Cette sève apporte au garçon la force des grands arbres dont la cime s'élève vers le soleil. Notons au passage que tout initié Baruya a deux parrains d'âge différent pris en général dans son lignage maternel et dont l'un est dit être "comme sa mère" et l'autre "comme sa sœur". Les fonctions maternelles se retrouvent donc transférées et transposées dans le monde des initiations, mais masculinisées.

Il y a enfin toutes les nourritures magiques récoltées sur le territoire, aujourd'hui abandonné, de leurs ancêtres que donnent secrètement à ingérer aux initiés *les hommes à "Kwaimatnié"*. Mais ceux-ci communiquent surtout toute la force du soleil et de la lune aux garçons lorsqu'ils les frappent avec le "Kwaimatnié", leur tirent les bras, leur serrent fortement les articulations. La force du soleil et celle des nourritures sacrées envahissent le corps et donnent à la peau sa beauté, sa lumière. Ces forces se concentrent dans le foie et on comprend pourquoi pendant les cérémonies, à de multiples occasions les hommes à "Kwaimatnié" inspectent avec des torches de bambou les ventres des initiés. C'est pour détecter si leur foie est noir, si des maladies ou des forces malignes les rongent, s'ils vont mourir trop tôt. L'homme à "Kwaimatnié", sans en rien dire à l'intéressé, avertit alors les shamanes qui accompliront ensuite les rites propres à lui redonner force et santé.

Mais les hommes à "Kwaimatnié" font beaucoup plus. Pendant tout le temps que durent les cérémonies, et seulement pendant ce temps-là, ils ont le don de "voir", en inspectant les corps, *ce que deviendra* chaque initié, un shamane, un grand guerrier, un chasseur de casoar ou un rien du tout, un *"wopai"*, une patate douce. C'est eux qui, au cours des cérémonies cherchent et trouvent les signes que les esprits ont envoyés aux hommes pour leur indiquer quel sera le destin de chaque initié. Un éclat de bois de palmier noir dont on fait les arcs et les flèches signifiera que l'enfant sera un grand guerrier alors qu'un fragment de plume d'aigle sera le signe d'un futur shamane. Il en informera alors le père et le frère de l'initié ainsi que les shamanes. Ce don de "voir" vient du Soleil qui l'a conféré à l'un de leurs ancêtres en même temps qu'il lui confiait un "Kwaimatnié" et les formules magiques qui doivent être prononcées quand on en use.

L'inégale distribution des "Kwaimatnié" entre les clans témoigne d'une histoire passée, militaire, "politique", qui se prolonge jusqu'à nous, celle d'un rapport entre réfugiés devenus conquérants et autochtones soumis. Ainsi par la conjugaison de toutes ces forces se reproduit la structure de la société baruya et de ses hiérarchies, celle entre les hommes et les femmes, comme celle entre les grands hommes et les autres et cette structure s'inscrit dans le corps de chaque Baruya.

Mais la formidable différence idéelle, la barrière idéologique qui est édifiée entre les sexes ne suffit pas à mesurer toute la distance qui sépare les destins d'un garçon et d'une fille chez les Baruya. Les filles, en effet, parce qu'elles sont femmes, vont être exclues de la propriété de la terre de leurs ancêtres (mais non de son usage). Elles n'auront pas le droit de posséder ni d'utiliser des haches d'acier comme auparavant elles n'avaient pas le droit d'utiliser les outils de pierre. Elles n'auront pas le droit de fabriquer ni d'utiliser des armes, et par là elles seront exclues de la chasse, de la guerre et du recours à la violence armée. Elles n'auront pas le droit de fabriquer du sel et d'organiser les échanges commerciaux avec les tribus voisines. Elles dépendront donc des hommes pour obtenir des barres de sel dont elles disposeront cependant à leur gré pour acheter vêtements, parures, etc. Surtout elles seront exclues de la propriété et de l'usage des "Kwaimatnié", c'est-à-dire des moyens de communiquer avec les forces surnaturelles qui contrôlent la reproduction de l'univers et de la société. Enfin, elles seront expropriées de leurs enfants, bien qu'elles participeront toujours aux décisions prises par le mari et son lignage concernant leur destin matrimonial ou autre.

Qu'est-ce qui justifie finalement aux yeux des Baruya une telle différence de statut et de destin entre hommes et femmes ? Les raisons qui me furent données sont doubles : les femmes n'ont pas de sperme et de leur corps s'écoule régulièrement le sang menstruel. Deux raisons négatives, mais différentes. L'absence de sperme est négative par privation, la présence du sang menstruel est négative par son action même. De cette substance corporelle propre à la femme nous avons peu parlé. Dans la langue baruya le sang se dit "*tawe*" mais le sang menstruel est désigné par un mot spécifique "*ganié*". Les hommes baruya ont vis-à-vis du sang menstruel, lorsqu'ils en parlent, une attitude presque hystérique, faite d'un mélange de dégoût, de répulsion et surtout de peur. C'est une substance qu'ils comparent au sang vomi, uriné, ou défèqué par ceux condamnés à une mort prochaine ou ceux qui sont victimes de sorciers dont l'esprit leur dévore le foie. Le sang menstruel cependant, au lieu d'entraîner la mort de la femme ne fait que l'affaiblir temporairement. Son pouvoir de mort (sa force destructrice) semble en fait dirigé contre les hommes. Il constitue une menace permanente contre leur force, leur puissance vitale, contre ce qui fonde leur supériorité. Le sang menstruel c'est d'une certaine manière le rival du sperme, *l'anti-sperme*. C'est en même temps le signe que la femme a été percée par Lune, et est désormais prête à l'action fécondante de l'homme, qu'elle peut porter la vie, d'où l'ambivalence des Baruya vis-à-vis du sang menstruel.

Cependant, c'est surtout sur le caractère dangereux pour eux du sang menstruel que les hommes baruya mettent l'accent. Ils accusent les femmes de les tuer par sorcellerie en mélangeant du sang menstruel à la nourriture qu'elles leur préparent. Et c'est vrai que les femmes utilisent parfois délibérément le sperme de leur mari pour le pousser au suicide. Après avoir fait l'amour la femme prend du sperme de l'homme et, sous ses yeux, elle le jette intentionnellement dans le feu. Devant un tel geste l'homme doit, selon les Baruya, se suicider. Il se pend.

Les représentations du sang menstruel jouent donc un rôle clé dans la légitimation du pouvoir masculin chez les Baruya. A travers elles, les femmes, qui sont manifestement traitées en êtres inférieurs au sein de la société baruya, sont transformées finalement en coupables. Une anecdote en témoignera. Alors que je demandais pourquoi les femmes étaient exclues de la propriété de la terre, des armes, du sel, etc., un vieil homme exaspéré par mon incompréhension (volontaire), s'exclama : "Mais tu ne comprends donc pas, tu n'as donc pas vu le sang qui coule entre leurs cuisses !" On peut donc supposer que plus ces représentations du corps sont partagées entre hommes et femmes, moins celles-ci trouvent dans leur pensée des raisons et des moyens pour contester l'ordre social qui pèse sur elles et qui s'est enfoui dans leur corps. A la limite, plus cet ordre est enfoui dans le corps, plus le consentement débouche sur le silence. Il suffit à chacun ou chacune de vivre son corps et de se voir pour savoir ce qu'il ou qu'elle peut faire ou ne pas faire, peut désirer ou doit s'interdire de désirer.

Cette analyse nous met en présence d'un fait fondamental. Chez les Baruya, comme probablement dans toutes les cultures, les différences entre les corps de l'homme et de la femme, différences anatomiques et physiologiques, présence ou absence de pénis, de vagin, de sperme, de lait, de sang menstruel, bref, toutes les différences d'organes et de substances liées à la sexualité et aux rôles distincts des sexes dans la reproduction de la vie servent à énoncer et à sceller le destin social de chacun.

Le corps sexué est sollicité non seulement de témoigner *de* mais de témoigner *pour* l'ordre qui règne dans la société et dans l'univers, puisque l'univers comme la société, se divise en deux parties, masculine et féminine. Le corps fonctionne donc comme une machine ventriloque qui tient en permanence un discours muet sur l'ordre qui *doit* régner dans la société, un discours qui, entre autres, non seulement légitime l'appropriation des enfants par des adultes considérés comme leurs parents, mais également la place dans la société que le sexe d'un enfant lui prédestine.

*

Pour conclure, j'aimerais faire plusieurs remarques qui nous ramèneront à des débats théoriques en cours dans notre discipline. Comme nous l'avons vu, chez les Baruya, selon qu'on est un homme ou une femme, circulent ou non entre les individus et entre les générations des terres, des statuts, des pouvoirs. Cette transmission s'accomplit pour l'essentiel au sein des rapports de parenté qui en constituent le support et le canal privilégiés. J'avancerai ici l'idée que tout ce qui pénètre ainsi dans la parenté pour y circuler se *métamorphose* en *attributs* de la parenté, en normes qui "caractérisent" certaines relations de parenté : celles entre père et fils, par exemple, distinctes de celles entre père et fille, celles entre deux frères ou entre frère et soeur, etc. Et j'avancerai l'idée complémentaire que tout ce qui se métamorphose en attributs de la parenté se métamorphose finalement en attributs des sexes, en droits accordés ou refusés à un individu *à cause de son sexe*. C'est donc à travers une série de métamorphoses que se connectent et agissent les unes sur les autres, les unes dans les autres, les structures du pouvoir, celles de la parenté et enfin celles des représentations du corps.

Mais s'il en est ainsi, si des réalités (économiques, politiques ou autres) qui n'ont pas nécessairement de lien direct avec tel mode de descendance ou tel mode d'alliance, bref, tel système de parenté, si ces réalités, pénètrent dans ce système et circulent le long de certains des rapports que le système privilégie (entre père et fils, entre oncle maternel et neveu par exemple), on peut alors imaginer qu'elles y apparaissent sous des formes qui les travestissent ou en transfèrent le sens dans un autre code. Des problèmes de terres deviennent des problèmes de parenté et des difficultés de production apparaissent finalement comme des manifestations de sorcellerie entre alliés ou entre consanguins. Nous touchons ici le redoutable problème d'expliquer le mode de conscience que les sociétés ont de leur propre réalité, le problème de la genèse des formes autochtones de conscience (l'analyse émique des représentations). Car pour dépasser les limites des analyses dites émiques et étiques des représentations autochtones il faudra bien qu'un jour nous soyons capables de reconstituer le processus qui a engendré ces représentations chez les autochtones, processus en grande partie inconscient des acteurs eux-mêmes.

Un autre débat théorique pourrait s'ouvrir concernant les rapports qui existent entre les caractéristiques d'un système de parenté et les représentations du corps, et particulièrement les représentations du processus de la conception et de la croissance des enfants que l'on rencontre dans la même société. Ces représentations ne sont pas des pièces rapportées, ajoutées après coup à un système de parenté qui donc aurait pu émerger antérieurement à elles et sans elles. A nos yeux un système de parenté inclut toujours parmi ses composantes une série de représentations sur le corps et ses substances et les processus de genèse des enfants. Il ne saurait émerger, se cristalliser sans elles. Mais un problème naît de ce que, comme le montre clairement l'exemple baruya, les représentations du corps ne sont pas seulement liées au système de parenté qui règne dans une société mais aussi à bien d'autres rapports sociaux qu'elles sont également chargées d'exprimer et de légitimer. D'où le caractère polysémique des représentations du corps qui ne sont pas "surdéterminées", car il n y a rien de trop dans leurs significations, mais comme certains théoriciens le suggèrent, sont pluri-déterminées par différents champs de la pratique sociale. D'où la difficulté de leur analyse.

Mais s'il en est ainsi, si des réalités agissent les unes sur les autres en se métamorphosant partiellement les unes dans les autres, si les représentations que les acteurs en ont sont elles-mêmes polysémiques, on voit qu'il n'est pas possible qu'existent des rapports de causalité linéaire, uni-directionnelle, entre les différentes composantes matérielles, institutionnelles et idéelles d'une société.

Comment penser ces rapports ? Par exemple si les représentations du sperme expriment à la fois quelque chose des rapports de parenté (le principe patrilinéaire de descendance) et quelque chose des rapports de pouvoir (la machinerie des initiations), qui existent chez les Baruya, alors on doit poser la question de savoir quels rapports peuvent exister entre parenté et initiation. Est-ce que leur co-occurence dans la même société est le fruit du hasard ? Ou y a-t-il une certaine nécessité à leur co-présence ?

Je voudrais ici affiner l'hypothèse présentée dans *La Production des Grands Hommes* qui suggérait un lien de causalité assez direct entre le principe de l'échange des femmes et l'existence de la machinerie initiatique. Celle-ci a pour effet chez les Baruya de construire une force collective de tous les hommes, solidaires au sein de leur génération au-delà de ce qui peut les diviser, i.e. leur appartenance à des lignages et à des villages distincts dont les intérêts peuvent parfois s'opposer. Cette force collective masculine est manifestement tournée à la fois vers l'intérieur de la société baruya, vers les femmes et les jeunes, et vers l'extérieur – les tribus voisines, les ennemis et les étrangers. On peut donc supposer que plusieurs raisons ont pu concourir, sans s'exclure, à l'existence de ces initiations masculines, cette pluralité expliquant leur poids dans le fonctionnement de la société baruya. Une première raison aurait été la nécessité de constituer une force militaire commune pour conquérir et défendre un territoire commun. Et, de fait, les Baruya étaient à la fin du siècle dernier et au début de celui-ci encore en pleine expansion territoriale. Après être parvenus à chasser ou à repousser deux groupes locaux qui résidaient dans la vallée de Wonenara qu'ils avaient peu à peu envahie, les Baruya se retrouvaient pratiquement former l'une des frontières de l'aire d'expansion des Anga.

Mais on peut édifier une force militaire commune, organiser la défense ou l'attaque sans nécessairement passer par des initiations collectives pour préparer les jeunes à la guerre. Donc les impératifs militaires ne me semblent avoir joué un rôle dans l'organisation en classes d'âge et dans l'apparition des initiations qu'en s'articulant à autre chose, à l'organisation des rapports hommes-femmes.

Et d'abord pour répondre à des nécessités issues du système de parenté. Le raisonnement serait le suivant : dans une société sans classes ou castes, donc relativement égalitaire, où l'alliance entre deux lignages repose presque exclusivement sur l'échange direct des femmes, les hommes auraient besoin de construire une sorte de force collective qui se trouve derrière chacun d'eux, toujours présente et potentiellement menaçante lorsqu'ils disposent du destin personnel de leurs sœurs ou de leurs filles. A cela s'ajoute chez les Baruya le besoin de faire respecter un autre principe d'organisation de la société qui est d'exclure, au bénéfice des hommes, les femmes du contrôle des terres, des armes, de la monnaie de sel et des moyens de communication avec le surnaturel. En ces domaines toutes les femmes sont face aux hommes sur le même pied d'inégalité.

Mais là encore, il faut pondérer l'hypothèse, car il y a des sociétés où l'on pratique l'échange direct des femmes et qui n'ont pas de système d'initiation. Mais c'est souvent le cas lorsque l'échange direct des femmes n'est qu'un principe parmi d'autres pour régler les alliances, nouer des mariages. Par contre là où en Nouvelle-Guinée le "bridewealth" est le principe dominant des échanges matrimoniaux, on ne rencontre pas en général de rites d'initiation très élaborés.

Il semble que le lien qui a pu enchaîner la parenté au système d'initiation, en passant par les nécessités de la guerre, ait été l'existence d'une idéologie représentant les femmes comme la source permanente d'un danger pour les hommes et surtout d'un danger pour la reproduction de la société comme telle, et cela par l'écoulement régulier de leur sang menstruel. C'est cette représentation de la pollution féminine qui légitime la ségrégation imposée aux deux sexes et particulièrement aux garçons, qui entraîne le dénigrement systématique des femmes, le "vol" de leurs pouvoirs etc. C'est autour de ce noyau culturel que se sont cristallisées peut-être et enchaînées les unes aux autres les institutions qui co-existent dans la société baruya.

Bref, ces remarques nous mènent à conclure que malgré le poids que peut avoir dans cette société un système de parenté fondé sur l'échange direct généralisé des femmes entre les hommes, il serait tout à fait erroné de considérer les Baruya comme une société dont l'organisation est "kin-based", repose sur la parenté. Un homme, une femme n'y sont tels que lorsqu'ils ont été initiés, et l'initiation les inscrit dans une communauté qui déborde, et de loin la famille, le lignage et le cercle des rapports de parenté que chaque individu entretient avec un certain nombre d'autres membres de la tribu et des tribus voisines.

Il me semble donc que pour répondre à nos interrogations sur les raisons d'être des diverses formes d'organisations sociales que l'on rencontre en Mélanésie il serait utile de poursuivre systématiquement les comparaisons sur les rapports entre les représentations du corps, les systèmes de parenté et les formes de pouvoir dans ces sociétés. Je crois, à la différence de Leach (1957: 50–55) qui se demandait avec ironie si l'idée qu'une société est "plus patrilinéaire qu'une autre" avait le moindre sens, qu'il existe de grandes variations dans l'exercice et la signification d'un principe de descendance, patrilinéaire ou autre. Et je pense que les représentations du corps révèlent de façon assez explicite ces variations. Je renvoie par exemple à l'article très suggestif de Éric Schwimmer (1969:132–133) lorsqu'il a versé l'exemple des Orokaiva dans le débat ouvert par le texte de Leach (1966) sur "Virgin Birth".

Selon Éric Schwimmer les Orokaiva pensent qu'un enfant est conçu quand l'esprit d'un ancêtre désire se réincarner dans un nouveau corps humain. Si l'enfant est un garçon les Orokaiva croient qu'il est le résultat de l'union sexuelle du père et de la mère qui lui ont, chacun, apporté de leur sang. Si l'enfant est une fille, on croit que l'esprit est entré dans le fœtus quand la femme était seule. A ce moment, le père n'a pas encore transmis le "sang fort" qui permet aux garçons de transmettre, à leur tour, le sang clanique aux générations futures. Il contribue cependant au développement de ses enfants, garçon ou fille, dans le ventre de leur mère puisque son sperme est censé nourrir le fœtus et le couple multiplie les rapports sexuels quand la femme se rend compte qu'elle est enceinte. Mais dans tous les cas, l'homme, s'il a payé le *bridewealth* à la famille de son épouse, est considéré comme ayant des droits prioritaires sur les enfants qu'elle met au monde.

L'élément clef de cette théorie de la conception des enfants est l'idée qu'un esprit pénètre dans une femme pour s'y réincarner. Le sang – et non le sperme – joue un rôle essentiel pour justifier la supériorité des hommes sur les femmes, car le sang d'un homme contient un pouvoir spécial <*Ivo*> qui ne se trouve pas dans le sang des femmes. Les filles, privées à l'état fœtal du "sang fort" de leur père, sont donc incapables de reproduire le clan. Leur sang est "faible". Chez les Baruya les femmes sont privées de sperme, ici elles sont privées du sang de leur père. Le sperme dans les deux sociétés joue un rôle nourricier[9] mais chez les Orokaiva il est privé de rôle fécondant. La fécondation est le fait de la volonté d'un ancêtre qui choisit de se réincarner. Chez les Baruya le sperme féconde et relie l'enfant à ses ancêtres patrilinéairement mais il ne suffit pas à fabriquer l'enfant. Il faut l'intervention d'un Esprit plus puissant que celui des ancêtres, le Soleil, pour que l'enfant ait sa forme définitive, soit viable. Mais d'être le fils ou la fille du Soleil rend tous les enfants Baruya semblables sans égard à leur appartenance à tel ou tel lignage, à leur descendance à partir de tel ou tel ancêtre.

Chez les Orokaiva, par contre, l'identité de l'enfant n'est pas aussi facilement assurée que chez les Baruya. Si c'est une fille, il n'y a pas de

---

9. L'accent mis en Mélanésie sur le rôle nourricier du sperme semble étranger aux représentations occidentales traditionnelles de cette substance corporelle. Il faut prendre garde à distinguer en les *opposant* le rôle fécondant et le rôle nourricier du sperme peut occulter le fait que, pour certaines cultures *ce qui nourrit engendre, que ce* que l'on ingère vous *fait ce* que vous *êtes et* détermine finalement à quoi on appartient (à un lignage et à la terre qui vous nourrit etc.) Bref, la distinction nature/*nurture* est très délicate à manier.

problème. C'est une ancêtre de la mère qui s'est réincarnée en elle. Mais s'il s'agit d'un garçon il y a toujours un doute sur l'identité de l'esprit qui s'est réincarné en lui : ce peut être aussi bien un ancêtre du côté du père qu'un ancêtre du côté de la mère. Il y a doute et il faut donc consulter un shamane <*sivo embo*> pour déterminer de quel côté vient l'esprit de l'enfant. C'est à partir de ce moment que l'enfant recevra son nom qui lui est donné soit par ses paternels, soit par ses maternels selon l'identité de l'esprit qui l'habite. Ces pratiques sont impensables chez les Baruya comme il y est impossible pour un jeune homme de revendiquer de la terre appartenant au clan de sa mère et cultivée par le frère de sa mère et ses enfants. Or, à Orokaiva ceci est possible et les fils d'un oncle maternel vivent dans la crainte que les fils de la sœur de leur père ne leur demandent de partager leurs terres avec eux.

Si on voulait dépasser les limites de la Mélanésie et comparer les Baruya et les Orokaiva avec les habitants de Yap, on verrait – sans entrer dans les polémiques suscitées par les thèses "radicales" de Schneider – qu'un pas de plus y avait été franchi dans la direction déjà empruntée par les Orokaiva quand ils pensent que les filles reçoivent leur esprit de leur mère sans que l'union sexuelle de leur mère avec leur père y soit pour quelque chose. A Yap, où la descendance est matrilinéaire, ce sont les hommes du domaine <*tabinau*> où vit un couple récemment marié qui prient les ancêtres des matrilignages qui, dans le passé, se sont succédés sur cette même terre pour qu'ils intercèdent auprès de Marialang, un Esprit considéré comme le maître de la fécondation des femmes, afin qu'il donne un enfant à cette femme en récompense du dévouement qu'elle a dépensé pour maintenir fécondes les terres du *tabinau*.

A Yap les rapport sexuels ne seraient donc plus du tout censés jouer un rôle dans la conception d'un enfant qu'il soit fille ou garçon. Mais là encore cette idée rapportée par Schneider (1984) a été contestée par d'autres anthropologues tels David Labby et S. Lingenfelter, qui ont travaillé à Yap deux décennies environ après Schneider.

Quoi qu'il en soit de Yap, il est possible de conclure du résumé des représentations du corps chez les Orokaiva que le caractère "patrilinéaire" de la descendance et de l'appartenance à un seul groupe de parenté y est beaucoup moins nettement établi que chez les Baruya. Ceci est probablement à l'origine des débats, parfois vifs, qui opposent les anthropologues qui ont observé cette société depuis que Williams nous en avait fait la première description, Schwimmer, Rimoldi, Iteanu et plus récemment Lanoue. Les Orokaiva sont-ils une société à tendance "patrilinéaire" ou est-ce là une idée d'anthropologue plaquée sur la réalité observée ? Peut-être la réponse est-elle dans une analyse plus poussée encore des représentations Orokaiva du processus de la conception d'un enfant et sur les indications qu'elles contiennent sur les droits que des adultes qui s'en disent le père et la mère et les groupes de parenté auxquels ceux-

ci appartiennent, ont de s'approprier cet enfant – et ceci "idéologiquement" c'est-à-dire dans leur pensée et par la pensée avant même qu'il ne
naisse.

Il faut prendre garde, cependant, que si le corps parle, témoigne pour
ou contre l'ordre social, il le fait aussi par *ses silences*. Par ailleurs, qu'on
ne dise presque rien du sperme chez les Orokaiva ou les Ankave, qu'en
Nouvelle-Calédonie on n'en dise rien dans certains groupes étudiés par A.
Bensa (1990) où le nom et la terre viennent du père, où la chair et les os
viennent de la mère et où pourtant l'enfant, finalement, appartient au groupe
de son père, nous rappelle qu'il y a beaucoup de façons de manipuler et de
légitimer le même principe de descendance quand on est confronté à des
problèmes qui au fond n'ont pas leurs origines dans la parenté
(l'appropriation de la terre, d'un statut religieux, d'une fonction politique,
etc . . .).

Peut-être quand le sperme n'entre plus dans la fabrication de l'enfant et
que la société "se veut patrilinéaire", la pensée doit faire jouer un rôle plus
important à des esprits, à des forces spirituelles ancestrales, qui peuvent
elles-mêmes exister disjointes ou mêlées à la terre où vivent leurs descendants et qui les nourrit. Mais jusqu'où va la logique dans le jeu et la variété
des "logiques", symboliques, sociales et maternelles que sont les sociétés ?

BIBLIOGRAPHIE

BATTAGLIA, DEBBORA.
1986 "We feed our Father": Paternal Nurture among the Sabarl or Papua New Guinea". *American Ethnologist* 12(3): 427–41.

1990 *On the Bones Of the Serpent. Person, Memory and Mortality in Sabarl Isand Society.* Univ. Of Chicago Press.

BENSA, ALBAN.
1990 "Des ancêtres et des hommes", in *De Nacre et de Jade. Art Canaque.* Réunion des Musées de France.

BIERSACK, ALETTA.
1983 "Bound Blood: Paiela Conception Theory Interpreted". *In Mankind* 14(2): 85–100.

BONNEMERE, PASCALE.
1990 "Considérations relatives aux représentations des substances corporelles en Nouvelle-Guinée". In *L'Homme.* 114: 101–120.

CLAY. B. J.
1977 *Pinikindu: Maternal nurture, paternal substance.* Chicago, University of Chicago Press.

COUNTS. D. A.
1983 "Fathers water equals mothers milk: The conception of parentage in Kaliai, West New Guinea", In *Mankind* 14(1).

ERRINGTON. P. and D. GEWERTZ.
1987 *Cultural Alternatives and a feminist anthropology: An analysis of culturally constructed gender interests in Papua New Guinea*, Cambridge University Press.

FEIL, D. K.
1981, "The bride in bridewealth: a case from the New Guinea Highlands", in *Ethnology*, 20(1): 63–75.

GARDNER, DON.
1987 "Spirits and Conceptions of Agency among the Mianmin of Papua New Guinea". *Oceania*, 57(3): 161–177.

GEWERTZ, DEBORAH.
1982 "The father who bore me : the role of Tsambunwuro during Chambri initiation ceremonies", in G. Herdt (ed), *Rituals of Manhood. Male Initiation in Papua New Guinea.* Berkeley, University of California Press.

GILLISON, G.
1983 "Cannibalism among women in the eastern Highlands of Papua New

Guinea", in P. Brown and D. Tuzin (eds), The *ethnography of cannibalism*, Washington, the society for psychological anthropology: 33–50.

1986   "Le pénis géant. Le frère de la mère dans les hautes terres de Nouvelle-Guinée", in *L'Homme*, 99(3): 41–69.

GODELIER, M.
1982   *La Production des Grands Hommes*. Paris, Fayard.

1991   "Sociétés à Big Men, Sociétés à Grands Hommes, figures du pouvoir en Nouvelle-Guinée", in *Journal de la société des océanistes* 91, 2.

GODELIER, M., and M. STRATHERN (eds.).
1991   *Big Men, Great Men: Personifications of Power in Melanesia.* Cambridge, C.U.P.

HAGE, PER AND FRANK HARARY.
1981   "Pollution Beliefs in Highlands New Guinea". *Man*, N.S. 16: 367– 50.

HERDT, G.H.
1981   *Guardians of the Flutes. Idioms of Masculinity – A Study of Ritualized Homosexual Behavior.* McGrawHill Book Company.

1982   *Rituals of Manhood. Male Initiation in Papua New Guinea.* Berkeley, University of California Press.

1984   *Ritualized Homosexuality in Melanesia.* Berkeley, University of California Press.

1987   *The Sambia. Ritual and Gender in New Guinea.* New York, Holt, Rinehardt, Winston.

HINTON, P. AND G. MCCALL (eds).
1983   "Concepts of conception: procreation ideologies in Papua New Guinea", in *Mankind* 14(1), special issue.

HOGBIN, I.
1943   "A New Guinea infancy: from conception to meaning in Wogeo", in *Oceania*, 13(4): 285–309.

ITEANU, A.
1983a. *La Ronde des Echanges. De la circulation aux valeurs chez les Orokaiva.* Paris, M.S.H. – C.U.P.

1983b. "Idéologie patrilinéaire ou idéologie de l'anthropologue?", in *L'Homme* 23(2), pp. 37–55.

JOSEPHIDES, LISETTE.
1983   "Equal but different ? The ontology of gender among Kewa". *Oceania* 53(3): 291–307.

1985 *The production of inequality: gender and exchange among the Kewa.*
      London. Tavistock.

1991 "Metaphors, metathemes. and the construction of sociality: A cri-
      tique of the new Melanesian ethnography, in *Man* 26 (1): 145-161.

JUILLERAT, B.
1986 *Les enfants du sang. Société, reproduction et imaginaire en
      Nouvelle-Guinée.* Paris, Ed. de la Maison des Sciences de l'Homme.

KNAUFT, B. M.
1987 "Homosexuality in Melanesia", in *Journal of Psychoanalytic An-
      thropology,* 10 (2): 155–191.

KULICK, D.
1985. "Homosexual behavior, Culture and gender in Papua New Guinea",
      in *Ethnos* 50 (1–2): 15–39.

LABBY, D.
1976 *The Demystification of Yap: Dialectics of culture on a Micronesian
      island.* Chicago, Chicago University Press.

LANGNESS, L.
1967 "Sexual antagonism in the New Guinea Highlands: A Bena Bena
      example". in *Oceania* 3: 161–177.

1974 "Ritual, power and male dominance", in *Ethnos* 2 (3): 189–212.

LANOUE. G.
1990 "One name, many grounds: Land marriage and social structure among
      the Orokaiva of Papua New Guinea". In *Oceania.* 60 (3): 199–215.

LEACH, EDMUND.
1966 "Virgin Birth". The Henry Myers Lecture 1966. In *Proceedings of
      the Journal of the Royal Anthropological Institute:* 39–49.

LANGENFELTER, S. G.
1975 *Yap: Political leadership and culture change in an island society,*
      Honolulu. University Press Of Hawaii.

LIPUMA, E.,
1988. *The gift of kinship structure and practice in Maring social organiza-
      tion.* Cambridge, Cambridge University Press.

MANDEVILLE, E.
1979. "Sexual pollution in the New Guinea Highlands", in *Sociology of
      Health and Illness* I (12): 226–241.

MCCORMACK, C. AND M. STATHERN (eds).
1980 *Nature, Culture and Gender.* Cambridge, Cambridge University Press:
      143–173.

MEGGITT. M. J.

1964 "Male-female relationship in the highlands of Australian New Guinea", in *American Anthropologist* special publication. 66 (4) 204–224.

MEIGS A.

1976 "Male pregnancy and the reduction Or sexual opposition in a New Guinea Highland society". In *Ethnology* 15 (4): 393–407.

1984 *Food sex and pollution. A New Guinea religion.* New Brunswick. NJ, Rutgers University Press.

MEYER FORTES.

1969 *Kinship and the Social Order.* London. Routledge and Kegan Paul.

1972 "Kinship and the Social Order: The legacy of L. H. Morgan". in *Current Anthropology* 13 (2): 285–296.

MOSKO. MARK.

1983 "Conception, de-conception and social structure in Bush Mekeo culture". in *Mankind* 1.1 (1): 21–33.

PANOFF. MICHEL.

1968 "The notion of double-self among the Maenge", in the *Journal of the Polynesian Society.* Vol. 77; pp. 275–295.

1976 "Patrifiliation as Ideology and Practice in a Matrilineal Society" in *Ethnology. Vol. XV,* n° 2, pp. 175–188.

POOLE, P. J. P.

1984 "Symbols of substance: Bimin-Kuskusmin models of procreation. death and personhood" in *Mankind* 14 (3): 191–216.

1984 "Cultural images Or women as mothers: Motherhood among the Bimin-Kuskusmin of Papua New Guinea", in *Social Analysis* 15: 73–101. Special issue.

1985 "Coming into social being: Cultural images of infants in Bimin-Kuskusmin folk psychology". In *Person, sex, and experience: Exploring Pacific ethnopsychologies,* ed. G. M. White and J. Kirkpatrick. Berkeley, University of California Press.

READ, K. E.

1982 "Male-female relationships among the Gahuku-gama: 1950 and 1981", in G. Herdt, F. J. P. Poole (eds), "Gender and social change in Papua New Guinea", in *Social analysis* 12: 66–78. Special issue.

RIMOLDI. M.

1966 "Land tenure and use among the Mount Lamington Orokaiva". *New Guinea Research Bulletin.* n°11.

SCHNEIDER, D.
1984 *A critique of the study of kinship.* The University of Michigan Press.
SCHWIMMER. E.
1969 "Virgin Birth" in *Man,* 4: 132–133.
1970 "Alternance de l'échange restreint et de l'échange généralisé dans le système matrimonial Orokaiva", in *L'Homme,* X (4): 5–34.
1973 *Exchange in the social structure of the Orokaiva.* London. C. Hurst and Co.

SERPENTI. L.
1984 "The ritual meaning Or homosexualily and pedophilia among the Kimam-Papuans of Irian Jaya", in G. Herdt, ed., *Ritualized homosexuality in Melanesia.* Berkeley, University of California Press: 293–317.

SORUM. A.
1984 "Growth and decay: Bedamini notions of sexuality", in G. HERDT, ed., *Ritualized homosexuality in Melanesia.* Berkeley, University of California Press: 318–336.

A. STRATHERN.
1970 "Male initiations in New Guinea Highlands societies ", in *Ethnologie* 9 (4): 373–379.

1981 "Death as exchange : two Melanesian cases", in S. C. Humphreys. H. Ling (eds.). *Mortality and immortality. The anthropology and archaeology of Death.* London. Academic Press.

1982 "Witchcraft, greed, cannibalism and death: some related themes from the New Guinea Highlands" , in M. Bloch. J. Parry (eds.), *Death and the regeneration of life.* Cambridge, Cambridge University Press.

1987 "Producing difference: Connections and disconnections in two New Guinea highlands kinship systems". In *Gender and kinship: Essays toward a unified analysis.* ed. J. F. Collier and S. J. Yanagisako. Stanford. Standford University Press.

VAN BAAL. J.
1984. "The dialectics of sex in Marind-Anim culture". In G. Herdt. ed. *Ritualized homosexuality in Melanesia.* Berkeley. University of California Press.

WAGNER. R.
1983 "The ends of innocence: conception and seduction among the Daribi of Karimui and the Barok of New Ireland", in *Mankind* 14 (1): 75–83.

WEINER. A. B.

1978 "The reproductive model in Trobriand society", in *Mankind* 11 (3): 175–186. (Special issue. *Trade and exchange in Oceania and Australia*).

1980 "Reproduction: a replacement for reciprocity", in *American Ethnologist* 7 (1): 71–85.

WEINER, J.

1982 "Substance. sibligship and exchange: Aspects of social structure in New Guinea", in *Social Analysis* 11: 3–34.

1986 "Blood and skin: the structural implications of sorcery and procreation beliefs among the Foi", in *Ethnos* 51: 71–87.

WILLIAMS, F. E.

1932 "Sex affiliation and its implications", in *Journal of the Royal Anthropological Institute*, LV: 405.

WILLIAMSON, M. H.

1983 "Sex relations and gender relations: Understanding Kwoma conception", in *Mankind* 14 (1): I 2–23.

YOUNG, M. W.

1987 "Skirts, yams and sexual pollution : the politics of adultery in Kalauna", in *Journal de la Société des Océanistes* 84: 61–71

2

L'âme double chez les Maenge (Nouvelle-Bretagne)[1]

Michel Panoff

Mon propos est d'explorer un ensemble de notions mélanésiennes relatives au phénomène humain dans ses rapports avec les autres êtres animés ou inanimés. Après avoir considéré les données sémantiques disponibles, l'analyse traitera des rites et des croyances, pour s'occuper finalement des personnages antithétiques du "big man" et du "rubbish man". Comme il sera évident du début à la fin, les représentations mélanésiennes en cause n'ont rien à voir avec ce que l'on appelle ordinairement "spiritualisme" dans la tradition chrétienne.

De tout le vocabulaire maenge le mot *kanu* est l'un de ceux qui ont le plus de connotations dans l'univers de la culture traditionnelle. Son sens premier est "ombre" avec cette restriction toutefois qu'on ne l'emploie que pour les êtres humains et certains animaux comme le chien et le cochon, tandis que l'ombre d'un arbre se dit *nunule*, mot tout différent. Dans cette première acception le mot *kanu* désigne aussi le reflet du corps humain dans l'eau ou dans un miroir. Une particularité à souligner ici est que le jeu des désinences flexionnelles qui signale la possession intime dans les langues austronésiennes, s'applique à *kanu* comme aux termes de parenté et aux mots désignant les parties du corps (par exemple, *kanugu* : mon *kanu*, *kanung* : ton *kanu*, *kanuna* : son *kanu*, etc.).

Deuxième connotation : le mot *kanu* exprime l'idée de ressemblance. Par exemple, si un Maenge entend au loin un cri ressemblant à celui d'un enfant, il en parlera comme d'un *goe taning kanuna*, expression qui signifie mot à mot "c'est le *kanu* d'un cri d'enfant". Proche de cette connotation est l'idée de préfiguration : un événement qui en annonce ou en prépare un autre, un élément ou une partie qui représentent un ensemble complet sont également appelés *kanu*. Ainsi en est-il du minime cadeau de nourriture envoyé par une personne à une autre pour lui déclarer son intention de lui offrir bientôt un cochon. Si le don préliminaire, appelé *kanu*

---

1. Version française allégée et révisée de l'article "The notion of double self among the Maenge" paru en 1968 dans *The Journal of the Polynesian Society*, vol. 77, n° 3.

du cochon, n'est pas renvoyé immédiatement au donateur, le récipien-
daire sera obligé d'accepter ultérieurement le cochon avec toutes les
conséquences de cette "libéralité", car il sera réputé avoir assimilé
irrévocablement la substance même de celui-ci en gardant le *kanu* par
devers lui.

Le dernier exemple nous conduit au troisième sens du mot *kanu*, sens
qui est le plus important et qui est celui de substance véritable se trouvant
derrière les apparences. Mais il faut l'entendre de la manière la plus concrète
comme on le voit dans les contextes que voici :

C'est d'abord le cas des représentations que les Maenge se font des
transformations physiques subies par un arbre abattu, phénomène facilement
observable chaque jour. Après s'être desséché quelque temps en perdant
son humidité interne (sève, latex etc.), un arbre abattu est considéré comme
un "cadavre" et appelé du mot même qui désigne le corps d'un homme
mort (*lavusa*). Il en va de même de la bille de bois en attente d'un façonnage.
Ici, les Maenge ont en vue deux propriétés complémentaires : l'état de
putréfaction et la perte de poids du *lavusa*. Mais supposons maintenant
qu'un tel morceau de bois soit abandonné en plein air et reçoive la pluie si
fréquente dans le pays ; il redeviendra lourd en se gorgeant d'humidité : on
dira dès lors qu'il a récupéré son *kanu*. De fait, ses fibres qui se sont gonflées
et son poids qui s'est accru prouvent suffisamment que le morceau de bois
est bien revenu à son état initial lorsqu'il faisait partie d'un arbre vivant.
Dans ce contexte *kanu* connote donc les attributs internes qui constituent
l'essence même d'un objet donné. Et cette interprétation est confirmée si
on fait appel aux représentations indigènes des activités humaines.

Ainsi par exemple, si on prend la fabrication d'une pirogue, on
remarque, dans la série des opérations du charpentier, un moment où la
forme générale de la coque émerge de la bille de bois brut. C'est maintenant,
dit-on, que le *kanu* de l'artisan s'incorpore dans le bois ou que son idée
prend forme et devient pleinement reconnaissable. Cette nouvelle acception
de *kanu* correspond à l'idée que le substrat de l'entité humaine n'est rien
d'autre que l'intention informant la matière grâce à la projection de l'une à
l'intérieur de l'autre.

Si dans le domaine humain *kanu* doit être considéré comme la substance de la personne, la question se pose alors de savoir quel lien existe
entre cette substance et l'apparence à laquelle elle est censément sous-
jacente. En premier lieu, l'être humain est vu comme formé d'un habitacle
extérieur nommé *vale*, mot qui signifie proprement "maison" mais qui subit
ici de manière révélatrice la flexion possessive mentionnée plus haut (par
exemple *valegu, valeng, valena,* etc.). Toutefois *vale* s'applique seulement
à des êtres vivants. Dès que la mort survient, le récipient humain devient
lavusa (mot qui ne se fléchit pas), c'est-à-dire la même sorte de matière
que le bois pourri. Comme il n'y a que les humains et les arbres à se transformer en *lavusa*, on relèvera en passant une nouvelle illustration du

parallélisme entre humanité et végétation que l'on a décrit ailleurs (Panoff, 1968). *Vale* est fait principalement de peau et d'os comme une maison est faite de poteaux, de murs et d'un toit. Tout le reste du corps humain répond à l'appellation globale *agau mirana*, "substance humaine interne" ou "pulpe humaine", que l'on dit être le lieu de la vie et de la santé. Plus précisément, les Maenge croient que la totalité de la "substance humaine interne" est imbibée du *kanu* de l'homme de manière si intime que l'une est souvent appelée du nom qui désigne l'autre.

Bien que quelques informateurs soient allés jusqu'à identifier carrément le *kanu* d'un homme avec sa "substance interne" (*agau mirana*), il est clair, en se référant à la cohérence des représentations traditionnelles, que les deux notions ne sont pas interchangeables, sinon de manière métaphorique. C'est ce qu'ont souligné la plupart des informateurs. Le meilleur moyen de trancher ici est de rechercher ce que devient le *kanu* pendant les rêves et ce qu'il fait à ce moment. Tandis qu'il dort et rêve, l'homme laisse échapper son *kanu* pendant un court laps de temps, croit-on, mais sa substance interne ne quitte pas son habitacle comme le prouve l'état biologique normal du dormeur. En outre les événements tels que la maladie et la mort sont expliqués par la même théorie indigène puisqu'ils sont attribués à une absence durable du *kanu* et non à une déperdition de la substance interne elle-même. Ce point sera développé un peu plus loin. Pour le moment il suffira de noter que le *kanu* est conçu comme une sorte de fluide qui imbibe la totalité de *l'agau mirana* mais en est distinct : il est capable de s'échapper de son habitacle (*vale*).

En ce qui concerne *kanu e soali*, son action sur la vie physique est beaucoup plus simple quoique fort importante. Etant l'enveloppe externe de l'âme selon la définition indigène, il contrôle la silhouette propre à chaque individu. A première vue cette action paraît secondaire, mais en réalité ce n'est pas le cas. Par-dessus tout il s'agit ici de la corpulence qui est pilotée de manière directe et concrète. Qu'un homme reste maigre ou grossisse, c'est la sollicitude du *kanu e soali* qui en est la cause. Comme l'embonpoint est recherché par les Maenge comme par de nombreux autres peuples océaniens, le *kanu e soali* de tout un chacun occupe évidemment une place de choix parmi les soucis de la vie quotidienne et fait l'objet de soins particuliers dans les situations rituelles.

Les deux *kanu* sont sujets à quitter le corps dans des circonstances extrêmement variées. Comme on l'a dit plus haut, l'âme interne s'en va pendant le sommeil ainsi qu'à l'occasion d'une maladie et au moment de la mort, mais d'autres événements peuvent aussi provoquer son départ. Et cela vaut également pour l'âme externe. En fait on peut dire sans exagération que le Maenge passe toute sa vie en efforts incessants pour garder ou récupérer ses deux *kanu*. On doit noter que c'est ensemble ou séparément selon le cas que l'âme interne et l'âme externe peuvent quitter le corps. L'âme interne est censée sortir par la bouche ou par la partie du crâne correspondant à la fontanelle antérieure. En revanche, sa seule voie d'accès pour réintégrer le corps est par les orteils. Mais quant à l'âme externe, elle s'échappe si facilement en raison de son habitat périphérique que les Maenge ne semblent pas avoir éprouvé le besoin d'expliquer le phénomène par une théorie spéciale. Il existe par contre un cas unique dans lequel ils se soucient d'en donner une représentation détaillée : lorsqu'un rite requiert l'expulsion du *kanu e soali*, ce résultat est obtenu grâce à une lustration magique qui est censée débarrasser la peau de son double invisible.

Une profonde surprise et une frayeur subite sont les causes les plus fréquentes d'une brève évasion de l'âme interne, le soubresaut qui secoue le corps prouvant suffisamment que *le kanu e pe* est en train de bondir hors de son récipient. Cependant, aussitôt que cette violente émotion est passée, le double intérieur regagne son habitacle ordinaire. Selon les informateurs les plus fiables l'âme externe n'est pas affectée par le phénomène. Une autre occasion fréquente de pareil bouleversement est la manipulation des matières végétales servant à confectionner les masques de danse. Toutes les fois qu'un jeune homme encore profane dans cette activité respire l'odeur de ces plantes inconnues, le risque est grand qu'il perde son âme interne dont il ne pourra obtenir le retour qu'après exécution d'un traitement magique. On croit que l'odeur en question est saturée des esprits des morts et qu'elle chasse *le kanu e pe* du novice après s'être infiltrée dans son système respiratoire. Il s'ensuit qu'il se sent mal aussitôt, sa mine pâlit et ses yeux se mettent à rouler bizarrement. Tous ces signes reconnaissables sans erreur possible sont condensés dans une expression vigoureuse : "sa face est partie" (*raguna ke lo*). A l'inverse, la première chose que fera le jeune malade dès la fin du traitement magique sera de se regarder dans un miroir et de vérifier ainsi que son âme interne est effectivement revenue.

Cette expression qui traite le visage et l'âme interne comme une seule et même chose est extrêmement importante, non seulement parce qu'elle met en lumière de façon concrète le lien entre *kanu e pe* et image dans un miroir, mais aussi parce qu'elle fera comprendre ce qu'il y a derrière la formule péjorative de "rubbish man" que l'on examinera plus loin. Ces deux exemples relèvent de la vie quotidienne la plus banale et leur impact sur l'imagination ne peut donc être que réduit. Mais ils sont intéressants dans la mesure où ils se trouvent à l'extrémité d'une échelle dont l'autre bout est occupé par la mort, si l'on range en une progression raisonnée toutes les circonstances dans lesquelles l'âme interne est censée quitter le corps humain. Mais avant d'examiner les représentations correspondant à l'entre-deux sur cette échelle, il faut voir comment l'on conçoit traditionnellement la mort car cette conception a chance de pouvoir expliquer tout le reste.

En Occident la mort est réputée certaine dès qu'il n'y a plus de souffle perceptible et cette limite reste d'usage courant même si les progrès de la biologie et de l'instrumentation médicale l'ont repoussée quelque peu. Mais chez les Maenge un homme peut être considéré comme mort (*mate*) bien avant d'en arriver là, et des préparatifs peuvent avoir lieu alors qu'il respire encore. L'important est que dans la plupart des cas il a déjà laissé "partir sa face" et que de nombreuses personnes auront pu rencontrer son double en train de déambuler vers les portes du monde infernal pour une visite préliminaire de sa résidence prochaine. Le double dont il s'agit ici est imaginé comme composé de *kanu e pe* et *kanu e soali* ensemble, l'un étant contenu dans l'autre et y adhérant. Après cette brève reconnaissance le double renoue ses liens avec le corps dont il s'était détaché ; en témoigne le fonctionnement de la respiration. C'est pourquoi, si on les presse d'être plus précis en décrivant cet état transitoire, les Maenge finissent par une déclaration nuancée comme : *ke mate soali,* c'est-à-dire "il/elle est mort(e) imparfaitement". Tout au long des nuits qui précèdent le décès effectif, le mourant doit être veillé et un feu doit brûler pour empêcher les "mauvais fantômes" (*soare e soali*) de faire leur proie de l'âme interne qui ne pourrait plus atteindre alors sa destination finale. Une fois que la respiration a cessé, le mort est veillé une nuit de plus et le cadavre est enterré le surlendemain, sauf dans le cas d'un "rubbish man" pour lequel une simple exposition sur des roches en brousse suffit.

Il faut apporter des soins très révélateurs dans la préparation du cadavre pour l'inhumation : en premier lieu, le corps doit être étendu de tout son long, les bras étirés le long des flancs, puis les deux pouces attachés ensemble, ainsi que les deux gros orteils. Toutes ces mesures visent à éviter des contractions qui rendraient difficile la sortie de l'âme interne. Avant de livrer le cadavre à la terre deux treillages faits de *vulona* (*Trema sp.*)[2] sont placés horizontalement dans la tombe. Le treillage inférieur est destiné à soutenir le corps, cependant que le supérieur servira à le préserver des mottes de terre. La fonction de cette structure légère est d'isoler quelques heures durant l'âme de tout contact avec la saleté. En fait, les deux *kanu, pe* et *soali,* sont censés partir dans le délai d'une journée. Selon les Maenge ils ne peuvent s'attarder, ni l'un ni l'autre, à côté ou à l'intérieur d'un corps froid, lequel est de surcroît le siège de transformations dégoutantes. Vidé de l'âme interne qui jusqu'alors baignait la pulpe du corps à la manière d'un liquide, l'habitacle corporel se transforme en *lavusa* comme le fait un arbre abattu qui a perdu sève et humidité. C'est à partir de ce moment que le double du mort se détache définitivement du corps. Autrement dit, la réplique immatérielle du défunt, dedans et dehors accolés l'un à l'autre,

---

2. Toutes les déterminations botaniques sont dues aux spécialistes de l'Herbarium de Lae et de Kew Gardens (professeur Corner pour les fougères et bambous) dont l'assistance est saluée avec gratitude.

commence désormais une nouvelle existence *sui generis*. Il faut souligner que *kanu et pe* et *kanu e soali* ne sont pas séparés. Une brève description des rites de deuil montrera ce qu'il advient de cette entité duelle, laquelle n'est au fond rien d'autre qu'une personne unitaire ayant la particularité d'être impalpable.

La première phase du deuil dure trois ou six jours selon les villages. Cette période est caractérisée par des tabous spéciaux qui sont tous fondés sur la croyance que le double du défunt s'attarde encore parmi les vivants. Pendant tout ce temps la population doit s'abstenir de parler à haute voix, de rire et d'allumer du feu. On ne peut travailler dans les jardins, lesquels sont visités hâtivement par les seules femmes afin d'y ramasser quelques nourritures. En effet, le bruit ou une lumière intense feraient fuir le double du défunt avant qu'il mène à bien les tâches ultimes qu'il lui reste à accomplir ici-bas. De fait, il n'est pas encore un *soare*, un "fantôme", il est trop novice et continue d'être attaché à la vie par des liens trop nombreux. Surtout il est trop faible pour parvenir à sa destination finale. "Il est comme un enfant qui commence à marcher et titube", disent les informateurs. Il lui faut attendre quelques jours et apaiser la cohorte de mauvais fantômes qui a envahi le village dans l'intervalle. Il incombe donc à la famille du mort de faire tout ce qui est possible pour répondre à ces exigences. Le principal devoir consiste à couper ses bananiers, arracher ses taros et en exposer une bonne quantité sur des structures spéciales érigées au milieu du village et nommées *pala*.

Ces mesures ont trois buts. En premier lieu, les plantes cultivées par le défunt doivent être brisées ou coupées de manière à libérer cette partie de son *kanu e pe* qui s'est projetée dans la matière végétale à la suite des efforts et des soins qu'il aura prodigués pendant les travaux agricoles. Cette fraction de son âme interne imprègne encore la plupart des choses qui lui appartenaient comme le ferait une odeur tenace qui persiste dans une maison abandonnée depuis longtemps. Il faut lui permettre de rejoindre l'entité dont elle fut séparée antérieurement. Il en va de même des objets précieux, en particulier des *page* (anneaux de coquillage servant de monnaie cérémonielle), que l'on brisait, dit-on, à l'occasion de certains deuils à l'époque pré-coloniale. En second lieu, les mauvais fantômes ne manqueront pas d'être apaisés si on leur offre les taros qui sont exposés sur les *pala* car ils sont censés manger le *kanu* de la nourriture. Il faut noter ici que les taros sont dotés de *kanu* spécifiques de la même façon que les humains. Enfin, il faut que le double du mort s'envole et prenne avec lui le *kanu* de quelques taros pour son voyage imminent. Jusqu'à la fin de la première phase du deuil les vivants se rassemblent invariablement dans quelques maisons, nul n'osant rester seul bien longtemps, et c'est dans la frayeur que l'on passe la nuit à se raconter collectivement des histoires fabuleuses. L'occupation du village par l'armée de mauvais fantômes est véritablement éprouvée de manière si concrète que l'habitat des vivants est, dit-on, "lourd du poids de tous les *soare e soali*". D'un autre côté, nombreux sont les signes que l'on relève comme indiquant la présence prolongée du défunt parmi ses parents et amis : on peut entendre son double gémir autour des lieux qu'il fréquentait de son vivant, souvent il tentera de communiquer avec sa veuve et ses enfants en tapotant sur les murs et les poteaux de la maison, et ainsi de suite. Tous ces faits suggèrent que les Maenge diffèrent des Trobriandais (Malinowski 1916: 355) et ont bel et bien, quant à eux, des "histoires de fantômes". C'est là un point sur lequel on reviendra.

Enfin, ayant payé son dû aux fantômes venus le rançonner et acquérant assez de force, le nouveau *soare* quitte le village. En ce qui concerne l'itinéraire qu'il suivra effectivement, il existe deux versions différentes. Selon les montagnards ("Bush Mengen" de la terminologie administrative) le *soare* doit voler d'abord jusqu'à la mer et s'y laver complètement de la crasse collée à sa surface extérieure, c'est-à-dire celle qui adhère au *kanu e soali* du défunt. Bien qu'elle soit désignée du terme général *mukuna*, cette crasse est d'une sorte bien particulière puisqu'elle a été causée par les affres de la mort, dit-on. En outre, l'âme externe a été souillée également par la sueur, les sécrétions corporelles et le jus du *gua* (*Zingiber sp.*) que le guérisseur aura craché sur la peau du mourant. Quand il a fini de se baigner, le *soare* continue son chemin jusqu'à Imvulu, haut volcan situé sur la ligne de démarcation avec le pays Nakanai (c'est le "Father" ou "Ulawun" des cartes officielles). La seconde version est celle des gens du littoral qui prétendent parfois être les vrais Maenge et qui, de toute façon, sont légitimement fiers de leur propreté corporelle : en est absente la séquence des lustrations dans l'eau de mer et, au lieu de ce voyage préliminaire, le *soare* vole directement au volcan. Il est difficile de rendre compte de cette variante, à moins de prendre au sérieux l'explication ironique des côtiers : "ces gens de brousse ne se lavent jamais et ils sont donc si sales qu'il leur est impossible de se présenter aux portes du monde inférieur dans leur état habituel" ! Quoi qu'il en soit, les deux versions cessent de diverger dès l'arrivée à Imvulu. Le nouveau *soare* est loin d'y être un étranger car l'âme du défunt a déjà eu l'occasion d'y venir brièvement en visite pendant l'accomplissement des rites de passage et lors de reconnaissances effectuées, croit-on, durant les quelques jours précédant le décès. Néanmoins il n'était jamais allé aussi loin que cette fois-ci. Après avoir sauté par-dessus l'énorme rondin de bois (*pora, poranga*) qui forme le seuil du monde inférieur à l'instar du seuil existant dans la maison des hommes chez les vivants, il pénètre dans les profondeurs de la terre.

Tandis qu'il marche sur le chemin qui s'enfonce sous la terre, le *soare* est bientôt aperçu par un perroquet de l'espèce *Electus pectoralis* qui est perché sur un arbre voisin. L'oiseau s'envole immédiatement et atteint une maison au-dessus de laquelle il se met à crier. A ce signal il en sort un être surnaturel ressemblant à un homme en tous points ; il attend le passage du voyageur. C'est Kavavalelea, également connu sous le nom *agau a visona*, "l'homme à la plaie", dont les fonctions sont à la fois celles d'un portier et d'un Charon. Sa maison est construite sur la berge d'une rivière appelée Lonana, nom qui signifie "chagrin". Quand le nouveau venu arrive chez lui, Kavavalelea lui demande de lécher la plaie purulente qui s'étale sur sa jambe. Si le *soare* surmonte son violent dégoût et fait ce qui lui est demandé, alors Kavavalelea le débarrasse de ce qui fut son *kanu e soali* avant de mourir. Dans ce contexte particulier la strate externe du *soare* est aussi désignée comme "crasse" ou "mauvaise odeur", désignations qui toutes se réfèrent aux désagréables compromissions avec la matière qu'impose toute vie humaine. Il faut noter ici que cette opération d'écorchement est censée avoir lieu au moment même où les gens en deuil ont le droit de se laver pour la première fois depuis le commencement du rituel funéraire. Maintenant que le *soare* n'est plus que l'âme interne du mort, Kavavalelea lui fait traverser la rivière. Pour ce faire le portier surnaturel crache un peu de *gua* (*Zingiber sp.*) sur la surface de l'eau qui se divise en deux, révélant un sentier au sol sec en son milieu : tel est le chemin menant à l'autre rive.

Mais que le *soare* soit trop fier, "trop arrogant" plutôt à l'aune de la moralité maenge, et qu'il n'exécute pas ce qui lui est demandé, alors Kavavalelea refusera d'enlever son enveloppe externe et ne fera rien pour son passage de l'autre côté de la rivière. Au lieu de traverser Lonana, l'entité duelle du mort est envoyée au village des mauvais fantômes qui est censément caché sous ou contre Vamusi, un second volcan qui se trouve à dix milles au sud-ouest d'Imvulu et répond au nom de "South Son" sur les cartes officielles. Arrivé là, il se joint à tous ceux qui, avant lui, n'eurent pas le droit de traverser la rivière et il est condamné, avec eux, à rôder chaque nuit et à faire des vivants sa proie. Des informateurs prétendent que, passé un certain temps, ces *soare* peuvent se présenter à nouveau devant Kavavalelea et obtenir de passer de l'autre côté à condition de faire leur soumission. D'autres au contraire soutiennent qu'il est impossible de se racheter et que les "arrogants" sont exclus une fois pour toutes. Quoi qu'il en soit, l'important est que les non-conformistes sont condanmnés à errer sans trêve ici-bas et à garder sur eux la "crasse" ou la "mauvaise odeur" de la vie, dont les vivants ont la chance, quant à eux, de se débarrasser périodiquement en subissant tel ou tel rite de passage. En d'autres termes, les mauvais fantômes n'ont pas plus de repos que les mortels, mais à la différence de ceux-ci, ils ne peuvent se régénérer.

Le lot de l'humilité est tout autre. Il est vrai que l'âme interne du défunt est encore loin de la félicité après avoir traversé la rivière et il se trouve même des Maenge pour croire qu'elle est obligée de boire quelques gorgées de l'eau de Lonana, ce qui approfondit son chagrin d'avoir laissé derrière elle tant de parents et d'amis. Mais ce moment d'abattement ne dure pas et lorsque le *kanu e pe* reprend sa marche sur le sentier souterrain, il est déjà attendu au loin par le dieu Nutu. Dès qu'il arrive, Nutu l'accueille et, avec de l'eau de coco, le nettoie des derniers fragments du *kanu e soali* qui peuvent être restés collés sur lui. Désormais le double du mort n'est plus rien d'autre que son hypostase et le *kanu e pe* en vient à mériter pleinement son nom : jamais auparavant il n'a été si propre et si beau. Des informateurs disent qu'il "est juste comme de la lumière". Peu de temps après, le dieu fait traverser une deuxième rivière à l'âme resplendissante comme Kavavalelea l'avait fait plus tôt. Ce cours d'eau est appelé Lopogo, "Oubli", et sur son autre rive il ne subsiste plus aucun souvenir des attaches terrestres. La dernière partie du voyage est plus rapide car le voyageur n'a plus à affronter obstacles ni épreuves. Les Longueinga ("Bush Mengen") croient qu'il se déroule entièrement sous la terre, tandis que les côtiers affirment qu'il s'agit exclusivement d'un vol dans les airs ; dans les deux versions cependant, le voyageur est toujours censé se diriger vers le sud.

Quelques mots sur la destination finale vont éclairer la différence entre les deux versions. Les esprits des morts que Kavavalelea a laissé entrer doivent se retirer aux lieux d'émergence de leurs matri-clans respectifs. Ces lieux sont appelés *palangapupuna* (*palangapuna* au singulier), mot composé comprenant *palanga*, qui signifie "fissure", et *puna* qui désigne la base ou l'origine de toutes sortes de choses. Les *palangapupuna* sont situés pour la plupart dans des îlots et des récifs, dans des tourbillons et au pied de cascades, et quelques-uns seulement sur des collines ou des tertres en brousse. Les premiers, qui appartiennent à des clans côtiers sont très éloignés du mont Imvulu et c'est donc en volant qu'on les atteint. A l'inverse, les seconds, qui sont attribués aux montagnards, se trouvent à proximité du volcan avec lequel ils sont censés communiquer par des tunnels. En outre, cette différenciation s'accorde bien avec la prépondérance d'un thème chthonien dans toute la mythologie des montagnards et avec l'absence de celui-ci chez les habitants du bord de mer. Et quant à la direction du sud qui figure dans les deux corpus de traditions, elle n'est que la conséquence nécessaire de la position d'Imvulu approximativement au nord du pays maenge. En passant on notera avec intérêt que la représentation des *palangapupuna* chez les côtiers ressemble d'assez près à celle des *paga* chez les Namatanai de Nouvelle-Irlande selon la description de Peekel (1910: 16–18).

En ce qui concerne l'arrivée au *palangapuna*, c'est la version côtière qui sera suivie ici car elle contient de nombreux détails permettant de comprendre ce qu'il en est de l'autre vie selon les Maenge. Dans cette version la dernière partie du voyage s'effectue sous l'aspect d'une chauve-souris ou d'une luciole. Arrivée dans le voisinage du *palangapuna*, l'âme du mort fait halte sur un arbre, généralement un *Ficus sp.* De là vient l'expression *malo kana* ("fruit du *Ficus*"), employée si fréquemment de manière métaphorique pour donner le change aux enfants et aux étrangers, et qui est si adéquate puisqu'elle rend à la perfection l'idée d'une chauve-souris qui se laisse pendre à une branche d'arbre. Alors qu'il est dans cette position, le voyageur interpelle les habitants du séjour aquatique et les interroge sur les ressources de leur univers :

Kau mao palu rikongrong ?	y a-t-il des taros pour moi ?
kau rige te kilong ?	y a-t-il un lit pour moi ?
kau me te kilong ?	y a-t-il de l'eau potable pour moi ?
kau lamasi palu rikongrong ?	y a-t-il des noix de coco pour moi ?

Après avoir répondu par l'affirmative, les habitants du *palangapuna* ouvrent leur porte et le nouveau venu fait un plongeon dans la rivière ou dans la mer. Aussitôt après, les vivants entendent un bruit comme un coup de tonnerre qui est causé par la porte se refermant. Des questions posées par le fantôme nouveau il ressort clairement que l'on se représente l'existence dans le monde inférieur largement à l'image de celle que mènent les vivants. De fait, elle en est la copie fidèle sauf en deux points que l'on retrouve dans la plupart des sociétés mélanésiennes : 1° les divisions du temps sont inverses de celles que nous connaissons, la nuit régnant quand il fait jour chez nous, et vice-versa, 2° les souffrances et la nécessité de travailler y sont abolies. Ces similitudes entre les deux mondes expliquent, entre autres, pourquoi le double du mort doit apporter le *kanu* de quelques taros au *palangapuna* : il est tenu de se conduire de la même manière qu'un vivant placé dans une situation équivalente et il doit donc offrir les cadeaux habituels d'un visiteur à ses hôtes. Il faut ajouter ici que le parallélisme est si étroit que la plupart des maisons des hommes dans notre monde portent des noms qui sont censés être ceux des maisons des hommes dans l'autre monde, les cochons reçoivent des noms qui sont ceux de rochers ou de blocs de corail entourant le *palangapuna*, et que les motifs décorant les boucliers cérémoniels brandis sur la place de danse ont été appris par l'artiste pendant une visite qu'il aura effectuée en rêve chez les fantômes bienveillants de son clan.

Une telle description de ce qui advient au décès et après la mort suffit à éclairer les autres caractéristiques de l'âme double telle que les Maenge la conçoivent. En premier lieu, les deux *kanu* (*pe* et *soali*) se détachent de l'*agau mirana* et de l'*agau valena* respectivement dès que la vie cesse. Cela signifie que le nouveau fantôme (si l'on ose utiliser ce mot dans le contexte indigène) est une entité duelle et, par conséquent, une contrepartie exacte de la personne physique, chacun de ses constituants gardant certaines propriétés de la combinaison dans laquelle il était impliqué avant la mort. Il s'ensuit qu'il serait trompeur de considérer le "fantôme" maenge comme un être spirituel : en analysant plus loin la fonction réelle des rites de passage on s'en convaincra davantage encore. Néanmoins ce dualisme ne dure longtemps que dans le cas des "fantômes" éconduits par Kavavalelea puisque celui qui est autorisé à se retirer au *palangapuna* est d'une seule pièce.

On aurait là une solution au dilemme auquel se heurtait Malinowski (1916: 368) en essayant de concilier les déclarations de ses informateurs quant aux rapports pouvant exister entre *kosi* et *baloma* : le vivant est-il habité par deux esprits ou le *kosi* est-il le premier stade d'un développement menant à une métamorphose en *baloma* ? Deuxième point important : toutes les descriptions données par les Maenge impliquent l'immortalité de l'âme humaine. Pourtant deux séries de faits semblent contredire cette idée d'immortalité et méritent donc quelques mots de discussion. D'un côté, comme ailleurs en Mélanésie, il existe de nombreuses "histoires de fantômes" racontant comment de courageux mortels ont réussi à tuer, de nuit, divers *soare e soali* qui rôdaient autour du village – toujours le même lot ressassé de contes au sujet des *tambaran* comme on les nomme en pidgin. Pour commencer, il faut lever l'ambiguïté du verbe vernaculaire *valia* qui signifie "frapper" aussi bien que "tuer". Cela fait, il reste indiscutablement des récits dont le conteur maintient que les *soare* en question furent tués réellement et abandonnèrent sur le champ de bataille leur partie externe, laquelle ressemblait à un "maillot de corps". Mais qu'advenait-il alors de leur partie interne ? Tout simplement, elle s'échappait du "maillot de corps", s'envolait et circulait à travers les airs pour s'incarner finalement dans des animaux qui passaient par là, oiseaux et cochons sauvages de préférence. Il y a sérieux et cohérence dans l'affirmation des Maenge que les fantômes sont réellement tués par les héros de leurs histoires. En effet, ne sont-ils pas mis à mort aussi effectivement que n'importe quel humain pourrait l'être puisqu'ils s'effondrent et abandonnent sur le terrain l'équivalent d'un cadavre ? Quelle preuve supplémentaire faudrait-il donc obtenir ? Pour ce qui est de la partie interne enfermée dans le *kanu e soali*, il est vrai qu'elle s'échappe, mais ici encore rien ne diffère de ce qui arrive quand une personne physique décède. De là suit qu'il n'y a nulle incompatibilité entre ces "histoires de fantômes" et la croyance en l'immortalité de l'âme humaine même si un observateur superficiel peut en retirer l'impression contraire.

En revanche, ladite croyance paraîtra fort surprenante de la part de gens dont la mémoire généalogique est si limitée que presque tous les ancêtres sont oubliés après trois générations. Une profondeur généalogique aussi restreinte peut être observée ailleurs en Mélanésie et elle a fait naître l'idée que les "esprits des morts ne sont pas immortels au sens strict" puisque, avec le passage du temps, ils disparaissent peu à peu du groupe des êtres surnaturels avec lesquels les vivants sont en relations (voir par exemple Valentine, 1965: 171). Mais cette opinion ne se défendrait pas dans le cas des Maenge, lesquels ne croient pas que leurs "fantômes" cessent d'exister après quelque temps du seul fait que la mémorisation des noms des ancêtres éloignés paraît sans grand intérêt. A preuve, la pratique effective de certains sorciers et "pères du village" (*maga tamana*) qui font venir des ancêtres morts depuis si longtemps que personne n'est capable de se rappeler leur position dans les généalogies. En outre, il faut noter que les vieux informateurs commentant les opérations de recensement effectuées par les fonctionnaires australiens en tournée, disent expressément : "Ces jeunes blancs sont ridicules avec leurs listes de noms. Pourquoi dénombrent-ils seulement les vivants ? Cela ne sert pas à grand chose. Ne savent-ils donc pas que les vivants sont peu nombreux comparés aux morts? Si seulement ils pouvaient voir les ombres de tous nos morts ! Leur nombre est si grand que tout le pays serait plein d'une foule immense s'il leur arrivait de revenir ensemble ici-bas". Une dernière remarque à faire concernant l'existence de l'âme après la mort est qu'elle n'est pas censée vieillir comme le *baloma* des Trobriandais (Malinowski, 1916: 402).

Maintenant que les activités et attributs de l'âme double de l'homme sont assez clairs, il est possible d'examiner les croyances qui sous-tendent les rites de passage des Maenge. Comme ces pratiques sont taxées de paganisme, qu'elles sont encore très vivantes et se lient d'une certaine façon au cargo-cult local, les informateurs veillent à en parler d'une manière qui ne les mette pas en conflit avec leur missionnaire. Par voie de conséquence, mon enquête sur le sujet fut plus difficile que l'analyse des seules représentations de la mort et de l'au-delà. Globalement, cependant, les informations recueillies furent de la même qualité, quoique les détails fussent évidemment plus nombreux sur les opérations rituelles proprement dites que sur leur sens caché. Sans décrire le déroulement de chacun des rites, ce qui serait trop long, on en présentera la théorie indigène pour autant qu'elle concerne la notion d'âme double.

Avant d'avoir le droit de se marier les garçons subissaient jadis six rites de passage dont trois ou quatre sont encore pratiqués aujourd'hui, leur nombre variant selon le traditionalisme du village considéré. De leur côté, les filles en subissaient quatre dont trois sont toujours en vigueur. Tous sont appelés *pinasi* quel que soit le sexe des novices. Au sens propre *pinasi* désigne les copeaux qu'une herminette détache d'un arbre ou d'une pièce de bois quelconque. De fait, tout rite de passage est expressément censé enlever un "copeau" à la personne qui la subit. De manière symétrique et inverse, un homme qui finit par esquiver toute la série des rites de passage ou qui, pour une raison ou une autre, a été dans l'impossibilité de les subir, est dit "demeurer comme un arbre laissé intact" (*ke momo ka vega e rolu*). L'un des mythes d'origine maenge rend compte de cette métaphore et justifie du même coup l'accomplissement des rites de passage. En effet, il évoque une ère primitive durant laquelle l'humanité était encore immor-telle et les personnes gagnées par la vieillesse pouvaient rajeunir tout simplement en se débarrassant de leurs vieilles peaux à l'instar des ser-pents. C'est pourquoi les premiers ancêtres des Maenge ont gardé le nom de *Mueme* ("Serpents"). A la suite d'une grossière erreur ce privilège fut aboli et l'homme devint mortel. A dire vrai, il n'y a rien de très original dans cette histoire qui est une variation sur un thème assez répandu en Mélanésie. C'est ailleurs que se trouve le point intéressant : le cycle des *pinasi* a pour but de redonner aux mortels, en termes symboliques du moins, la faculté de rajeunir par le même moyen qu'avant.

Pourtant, interrogés sur le sens ésotérique de ces cérémonies complexes et sur la fonction possible des violentes souffrances que l'on y inflige, la majorité des Maenge répondent prosaïquement que toute l'affaire vise à favoriser une croissance plus rapide des novices et à leur procurer force physique et embonpoint. Quelqu'un qui serait assez fou pour esquiver les *pinasi*, ajoutent-ils, se condamnerait à une mauvaise santé et finalement à une mort précoce car son sang n'aurait pas été purifié en temps voulu. Cette déclaration positiviste et l'insistance mise sur le sang reflètent fidèlement les espérances des informateurs et doivent donc être prises au sérieux, mais elles passent sous silence le principal aspect du problème. L'important est que tous les bienfaits attendus des rites de passage n'en sont que les conséquences ultimes : rien n'explique ce qui lie, par exemple, l'embonpoint aux souffrances infligées par la super-incision ou le percement du septum. La causalité postulée par les informateurs doit être complétée par un raisonnement intermédiaire puisque nulle théorie indigène ne prétend seulement en rendre compte. C'est précisément le chaînon qui manque dans les déclarations prosaïques citées plus haut. Tout ce qui a déjà été dit des *kanu e pe* et *kanu e soali* respectivement fait prévoir facilement que ce chaînon doit être quelque phénomène affectant l'âme humaine. Il en est bien ainsi quand l'on examine le déroulement effectif des rites en question ainsi que les explications que finissent par donner les anciens, leur confiance une fois gagnée.

Chaque *pinasi* peut être divisé en trois phases. La première correspond à la douleur infligée aux novices, sauf dans le cas des premières règles d'où est absent tout dommage corporel d'origine externe. La deuxième phase est une période de faiblesse et d'isolement qui dure une journée dans le rite de percement du septum et deux mois dans celui de l'incision des joues (*tetelenga*). Enfin, la troisième phase est caractérisée par la guérison et la reprise des activités normales. Comme on peut s'y attendre, les détails du rituel tel qu'il est exécuté diffèrent de *pinasi* en *pinasi*, mais les croyances sous-jacentes à chacune des trois phases et les formules magiques qui correspondent à ces croyances sont fondamentalement les mêmes d'un bout à l'autre des épreuves initiatiques considérées.

Tout d'abord, la souffrance infligée au novice vise à expulser son âme interne (*taue kanuna*). Ce résultat est censé découler de la frayeur, des douleurs et des saignements qui ensemble forment l'expérience concrète de chaque *pinasi*. Selon la grande majorité des informateurs et notamment les plus fiables d'entre eux, l'âme externe n'est pas affectée et adhère à la peau. Une formule magique recueillie chez les "Bush Mengen" donne du poids à cette conception puisqu'elle dit :

| *Imvulu ulopita* | Le mont Imvulu s'enveloppe (de nuages) |
| *Samue ulopita* | La peau enveloppe le serpent (adhère encore) |

Au sens propre, le mot *samue* désigne la vieille peau abandonnée par un serpent qui mue, mais au sens métaphorique il se réfère toujours à l'être qui a perdu son âme interne comme dans le cas du mauvais fantôme laissant derrière lui cette enveloppe externe qui est comparée à un "maillot de corps". Pour expulser l'âme interne d'un homme sans lui nuire dangereusement il faut prendre des précautions. Une brève description de ces dernières fera mieux comprendre les croyances maenge. Toutes les précautions en question tendent à faciliter la séparation du *kanu e pe* d'avec la substance matérielle qu'il est censé imbiber. Le moyen le plus sûr est d'amener symboliquement le corps vivant à un état aussi proche que possible de l'état cadavérique (*lavusa*). Comme on l'a dit plus haut, l'âme interne ne peut pas demeurer dans un "habitacle corporel" qui est en train de se transformer en *lavusa*, croyance qui explique ses brèves escapades pendant les quelques jours qui précèdent le décès proprement dit. Or, s'il est possible de créer cette situation artificiellement et si une partie du *kanu e pe* peut être extraite avant d'infliger la blessure rituelle, il s'ensuivra que le traumatisme physique sera moins violent et que le novice en souffrira moins. Tel est exactement le but du traitement magique effectué à ce stade et les rares informateurs auxquels il est arrivé d'être hospitalisés le comparent d'ailleurs à l'anesthésie moderne.

Prenons l'exemple de l'opération rituelle préparant un jeune garçon à subir la super-incision. En baignant le novice l'expert psalmodie la formule suivante :

| *Lavusa marurusu* | Le cadavre se refroidit |
| *Valeng marurusu* | Que ton récipient corporel se refroidisse |

Le prépuce n'est pas coupé tant que cette incantation n'a pas produit l'effet qu'elle est censée opérer. On notera en passant que l'éclat d'obsidienne servant de bistouri est dénommé *saia* ou *saeia* dans ce contexte particulier et que le pénis de l'enfant est, dit-on, "mordu par le *saia*". Or il se trouve que *saia* (*saeia*) est le nom même de ces mauvais esprits qui sont occupés en permanence à tenter de capturer l'âme interne des mortels. Encore un indice, s'il en était besoin, de ce qui est réellement en jeu dans les rites de passage. On trouve les mêmes précautions pendant les préparatifs pour l'incision des joues (*tetelenga*), mais il s'agit ici de mesures plus élaborées car l'opération est beaucoup plus dangereuse et cruelle que la super-incision. Dans ce cas comme dans le précédent, l'opérateur commence par extraire une partie du *kanu e pe*, laquelle est aussitôt enveloppée dans des feuilles de *pasipasi*, une espèce du genre *Labiatae*, puis placée dans le lit d'un torrent ou d'une rivière aux eaux froides où elle est maintenue sous des pierres. C'est ce qui s'appelle "cacher l'âme interne" (*talue kanu*). Dès ce moment le patient est censé avoir une sensation de pesanteur comme s'il allait s'évanouir, bien qu'aucun mal physique ne lui ait encore été infligé. Entre temps ses joues ont été frottées de miettes de bois pourri (*lavusa*) et c'est sur cette peau souillée que les incisions seront pratiquées. Ici à nouveau l'incantation utilisée tourne autour du mot *lavusa* et compare au bois pourri l'état auquel la chair du jeune homme doit être amenée.

La deuxième phase de tout *pinasi*, qui est marquée par l'isolement et une vitalité diminuée, correspond en termes symboliques à l'absence de l'âme interne. Le départ de celle-ci est d'autant moins douteux que les symptômes physiques s'accompagnent d'un état de faiblesse du patient qui est sous le coup de l'opération et de divers tabous alimentaires qui l'empêchent de manger normalement, quand ils ne lui interdisent pas toute nourriture. En conséquence, le novice prostré n'a rien à faire avec les vivants, il attend que revienne son *kanu e pe*. Sa condition est tenue pour si semblable à celle d'un mourant qu'il doit être veillé afin que soient repoussés les mauvais fantômes et les *saia* qui sont attirés inévitablement par une proie pareille. Pendant cet entre-deux qu'advient-il du *kanu* qui a déserté la personne du novice ? On croit qu'il a volé jusqu'au mont Imvulu et qu'il y attend le dieu Nutu à la porte du monde inférieur. Dans le cas de l'incision des joues, toutefois, il semble demeurer dans le lit de la rivière jusqu'à la veille de la guérison, moment qui le voit se rendre également à Imvulu après qu'aient été dépliées les feuilles de *Coleus* qui l'enveloppaient. Pourquoi ne prend-il pas son vol immédiatement vers Imvulu comme il le fait à l'occasion des autres *pinasi* ? La réponse est donnée par la longueur exceptionnelle de son absence hors du corps. Si on laissait le *kanu e pe* demeurer librement à l'entrée de l'autre monde, Kavavalelea pourrait facilement le confondre avec le double d'un mort récent et le retenir là-bas, ce qui provoquerait inévitablement la mort du jeune patient. Comme on le verra, des accidents de ce genre sont redoutés même dans le cas des *pinasi* qui s'accompagnent seulement d'une brève absence du *kanu*.

La veille de la fin de quelque *pinasi* que ce soit, on tue des cochons que l'on fait cuire dans un four de terre installé tout exprès au centre du village. Cette opération a lieu en fin d'après-midi et la viande en est distribuée à tous les participants, ainsi qu'à certains parents habitant des villages éloignés. Un morceau ou, dans les cas les plus nombreux, un animal entier est réservé à la consommation des masques, appelés *tubuan* en pidgin, et leur est apporté à leur cabane dans la jungle. Pour que ce qui est du *kanu* des dits cochons, il vole jusqu'à Imvulu où Kavavalelea se l'approprie comme une rançon payée par les vivants pour récupérer les doubles de leurs jeunes gens qui obtiennent alors le droit de quitter le monde des morts. Si on ne sacrifie pas de cochons le portier du pays chthonien refuse de libérer le *kanu* des patients qui finissent par mourir. C'est pourquoi nul rite de passage ne peut avoir lieu sans cochons et c'est pourquoi seul un "big man" peut prendre l'initiative d'une telle entreprise. Le lendemain, trois événements d'une grande importance se succèdent rapidement : le traitement final des patients, l'arrivée des masques dans le village, laquelle n'est autre qu'une visite collective des ancêtres morts chez les vivants de leur parenté, et le festin lui-même.

Le traitement qui est censé apporter la guérison se compose de deux lustrations séparées par un court laps de temps. La première est nommée *pangaruru mukuna e soali* ou *pangaruru mukuna sona*, deux appellations comprenant chacune le mot *pangaruru* qui signifie proprement "abandon de sa peau par un serpent en train de muer". La première appellation, quant à elle, veut dire : "enlever la mauvaise crasse, ou la crasse du mal" et elle ne requiert pas de commentaires particuliers, sinon qu'elle fait évidemment écho à ce qui a été dit précédemment de *mukuna*, "crasse" comme métaphore de mauvaise santé, et de *soali* comme attribut du *kanu* externe.La deuxième appellation, en revanche, a besoin d'être expliquée. *Sona* se réfère à n'importe quelle sorte de tissu temporaire qu'un organisme vivant rejette en cours de croissance ou en arrivant à maturité, comme par exemple les dents de lait d'un bébé, les premiers poils d'un petit cochon ou les premières pousses qui sont condamnées à dépérir quand un taro mûrit. Il s'agit ici de l'indication que le magicien doit enlever à la personne physique du patient un appendice devenu inutile, à savoir dans ce contexte son *kanu e soali* qui adhère encore à sa peau. Comme le précisent les informateurs, le *kanu* externe doit être changé parce que son siège même a dû constamment se souiller au contact de la matière pendant les quelques années précédentes et, qui plus est, parce que les douleurs subies par le novice viennent d'y ajouter de nouveaux stigmates. Enfin, considération pratique à ne pas négliger, pour exercer sa régulation de la corpulence, il lui faut également se retirer de manière à faire place à une augmentation de l'embonpoint, ce qui reste le but tangible de n'importe quel *pinasi*. Une fois qu'il a été détaché du corps, le *kanu e soali* prend son vol soit en direction de la jungle dans laquelle il se désagrégera, soit vers Imvulu où Kavavalelea le détruira. Pendant qu'il lave le patient, l'expert psalmodie une incantation qui est exactement symétrique de celle qu'il a employée juste avant d'infliger la blessure rituelle :

Imvulu parururu	Imvulu sort des nuages
Samue paruru	La vieille peau du serpent se détache.

La deuxième lustration est connue sous le nom de *pangaruru mukuna mirana*, c'est-à-dire "enlever la crasse intérieure". Se retrouve ici le mot *mirana* qui est si fréquemment utilisé comme synonyme de *kanu e pe*, extension de sens exprimant bien la double fonction attribuée à l'opération : ramener l'âme à un état de pureté d'une part, apporter un accroissement de force et de vitalité à l'intérieur du corps de l'autre. Le dieu Nutu est censé nettoyer le *kanu e pe* dans les profondeurs d'Imvulu au moment même où le magicien lave le garçon ou la fille, de sorte que l'opération pratiquée parmi les mortels et celle qui est accomplie dans l'autre monde se correspondent, une fois de plus, comme les reflets dans un miroir. Cette manière de représenter les choses est d'ailleurs en plein accord avec ce qu'implique le mot *kanu* lui-même. Une fois purifiée, l'âme interne est aussitôt enveloppée dans une nouvelle âme externe et cette entité duelle, maintenant remise à neuf, est renvoyée au patient par Nutu sauf dans le cas où Kavavalelea n'aurait pas reçu son dû. L'incantation employée en cette occasion s'énonce ainsi :

Marea paruru	L'oiseau *marea* change de plumage
Goe paruru	L'enfant mue
Kanu atu, atu go	Ame reviens, reviens donc
Kanu mule, mule go	Ame fais retour, fais donc retour.

Marea est un petit perroquet appelé *malip* en pidgin et qui se distingue par son plumage brillant et "propre". Un mythe explique pourquoi il a été choisi comme modèle de la métamorphose que l'enfant ou l'adolescent devra avoir accomplie au terme du *pinasi*. A l'origine des temps *marea* avait le plumage terne et "sale" qui aujourd'hui caractérise l'oiseau *kau* (*Philemon novaguineae*), tandis que, tout au contraire, *kau* avait le bonheur de posséder les plumes qui poussent maintenant sur le *marea*. Or, un jour, les deux oiseaux allèrent se baigner ensemble dans un étang après avoir enlevé leurs plumages respectifs. Pendant que son compagnon continuait de s'ébrouer avec insouciance dans l'eau, *marea* se hâta de remonter sur la berge, s'empara des plumes de *kau* et laissa les siennes à leur place. Depuis lors, *marea* est toujours resté l'animal beau et fier que l'on admire actuellement, et *kau* a constamment vécu dans la honte à cause du vêtement répugnant qu'il a été obligé d'endosser après son bain.

Pendant la dernière lustration le magicien a beau frictionner la peau du patient de bas en haut en commençant par les pieds de manière à inciter l'âme interne à reprendre possession du corps, ce qui est l'inverse du massage pratiqué avant la blessure rituelle, la réintégration effective du *kanu* ne semble pas avoir lieu immédiatement. Au dire de la plupart des informateurs, il incombe aux ancêtres morts incarnés dans les masques de ramener les doubles des adolescents. De fait, les masques quittent la jungle et arrivent sur la place de danse du village quelques instants après les lustrations magiques. Il faut noter que les jeunes patients sont généralement censés récupérer leurs doubles parmi les prestations échangées dans le vaste circuit de réciprocité existant entre morts et vivants. A l'appui de cette croyance on peut signaler que les masques sont censés manger le *kanu* du cochon qui est envoyé à leur cabane de brousse, et qu'un proverbe résume fortement les attentes des gens qui participent à ces transactions :

"le double de l'enfant suit le cochon". Autrement dit, le retour du *kanu* fait suite à la livraison de la viande.

Quant à la signification du festin ayant lieu après le défilé des masques, lequel constitue la toute dernière scène de l'ensemble du rituel, quelques Maenge affirment que le dieu Nutu descend et s'incarne dans la viande de porc mangée par les invités. C'est ainsi que chaque adulte pourrait profiter, dans une certaine mesure, du privilège de se régénérer que les *pinasi* procurent aux jeunes initiés. Comme cette croyance ne fut exprimée que par de rares personnes ne comptant pas parmi les informateurs les plus fiables, on se bornera à la citer incidemment tout en se demandant si elle ne tirerait pas son attrait de la prédication chrétienne.

Pour les deux sexes le cycle des *pinasi* se termine lorsque l'individu a le droit de contracter mariage, le dernier des rites de passage étant considéré comme lui procurant ce droit. Pourquoi est-ce précisément à ce stade de la vie humaine qu'ils prennent fin ? Serait-ce donc que les vertus attribuées à ce traitement rituel récurrent ne sont plus nécessaires aussitôt que l'on se marie ? Réplique symbolique du processus de mue qui permettait, croit-on, aux premiers hommes de rajeunir encore et toujours, le système du *pinasi* est manifestement une tentative de reconquérir l'immortalité perdue, mais il devient sans objet lorsque l'immortalité peut être obtenue de manière plus tangible, à savoir par la procréation. Les Maenge ne disent rien d'autre quand on leur pose les questions ci-dessus. En outre, la plupart des gens soulignent spontanément que les enfants sont comme les rejets du bananier, avec la suggestion que leur apparition suffit à diminuer aussitôt l'importance de ce qui peut arriver par la suite à la plante-mère. Cependant il ne s'ensuit pas que les gens mariés puissent par là même se dispenser de soigner leur *kanu* interne. Au contraire, il faut qu'ils le gardent en bonne condition, notamment grâce aux lustrations magiques qui doivent être pratiquées immédiatement après tout acte sexuel, mais elles n'ont plus besoin d'accroître leur embonpoint et leur force vitale. La seule exception à cette règle est fournie par les fustigations rituelles qui procurent aux adultes de nouvelles occasions d'envoyer à Imvulu leur *kanu* comme ils le faisaient pendant leur enfance et leur adolescence. Pour résumer, à l'arrivée de l'âge adulte la conception de l'âme ne change nullement, seule la préoccupation que l'on avait auparavant pour la régénération et la purification se porte désormais sur la santé proprement dite.

Avec cette description du mécanisme sous-jacent au système des *pinasi* on aura compris pourquoi les Maenge parlent d'embonpoint et de beauté physique au lieu d'âmes externe et interne respectivement, même s'ils n'ont pas à craindre que le missionnaire soit aux aguets dans les parages pour surprendre leurs conversations. Leur façon de parler s'explique en effet ainsi : les deux qualités physiques qu'ils mettent en avant ne sont que les répliques des deux entités invisibles ; il s'agit des éléments réunis en deux dyades agissant l'une sur l'autre. Par exemple, si d'un côté, le *kanu* externe est censé aller à Imvulu pour en rapporter de l'embonpoint, on affirme inversement qu'un amaigrissement brutal de l'individu force le *kanu* externe à se détacher du corps. Et la même relation bi-univoque est également postulée entre beauté et âme interne. C'est d'ailleurs dans le même contexte qu'il faut considérer le sentiment d'épouvante qui saisit n'importe quel Maenge à la vue de son sang s'échappant de la moindre blessure. Il ne reste plus maintenant qu'à préciser davantage la manière tout à fait matérialiste dont les Maenge lient ensemble le visible et l'invisible.

En premier lieu, le *kanu e soali* est réputé visqueux au plus haut point et se trouve donc exposé aux manipulations qui sauront tirer parti de cette viscosité. Par exemple, un tueur avisé et qui maîtrise son art veille toujours à se dépouiller de son âme externe avant de commettre son crime ; ainsi le fantôme de sa victime sera-t-il incapable de le reconnaître et ensuite de le persécuter pendant le reste de ses jours. Il obtiendra ce résultat très simplement en prenant une liane *malata* (*Vitaceae, Cissus sp.*) dont il formera une boucle qu'il fera glisser le long de son corps après y avoir passé la tête. En effleurant sa peau la liane qu'il aura incantée préalablement enlèvera petit à petit son *kanu e soali*, lequel viendra immanquablement se coller à elle. Il en va de même des précautions prises vis-à-vis de l'ombre des personnes vivantes. Non seulement il faut éviter d'y poser le pied comme dans plusieurs sociétés d'Indonésie, mais le lieu lui-même où une ombre a été souvent ou longuement projetée doit aussi être contourné car il est censé s'être imprégné de l'âme externe de l'individu qui y a séjourné. Plus il a fréquenté assidûment un même lieu, plus il s'expose au mal que pourra lui causer la négligence d'intrus. De ce point de vue, les maisons conjugales se distinguent de la maison des hommes (*giung*) par une dangerosité maximale. Chaque fois que de jeunes enfants sont laissés au village par leurs parents et livrés à eux-mêmes, ils sont admonestés vigoureusement contre la tentation de déambuler et gambader en tous sens à l'intérieur de la maison conjugale car ils pourraient piétiner la zone qui s'y trouve imprégnée de l'ombre des occupants et pourraient donc tuer leur père ou leur mère. On notera que cette ombre rémanente est mise dans la même catégorie que les excréments et autres substances corporelles susceptibles de se transformer en armes léthales entre les mains d'un sorcier. Cette conception suppose évidemment une sorte d'affinité chimique ou physique entre l'ombre rémanente et l'âme humaine dont elle est un fragment détaché puisque toute commotion subie par la première est répercutée sur la seconde.

Une autre illustration de ces phénomènes est donnée par les idées maenge relatives à l'acte sexuel. Les premières expériences sexuelles sont très dangereuses pour un jeune homme car l'odeur et la chaleur de sa partenaire sont censées s'introduire dans son système circulatoire-respiratoire et en chasser le *kanu e pe*. Il est donc nécessaire d'atténuer le choc initial en accoutumant préalablement ce novice aux émanations délétères auxquelles il sera exposé pendant sa vie conjugale. La prophylaxie consiste à placer l'équivalent d'un vaccin à l'autre extrémité de son système circulatoire-respiratoire, c'est-à-dire dans la bouche, là où passe le souffle qui pourra s'en saturer pendant les deux ou trois années qu'il lui faudra attendre avant d'épouser la femme à laquelle il aura été fiancé. Tel est justement le but de l'ultime *pinasi* des Maenge de sexe mâle, le noircissement des dents. Largement répandue en Nouvelle-Bretagne, cette pratique a déconcerté les Européens pendant de nombreuses années, sa raison d'être, telle qu'elle fut donnée aux voyageurs, s'énonçant soit : "nous agissons ainsi parce que les femmes aiment cela", soit : "si nos dents restaient blanches nous ne pourrions jamais nous marier". Comme de juste dès lors que sont en jeu des rapports entre Mélanésiens, ces déclarations indigènes ne sont pas mensongères ; elles sont seulement tautologiques. En fait, si les dents des adolescents doivent être revêtues de terre de manganèse, c'est que les Maenge trouvent à cette dernière le même goût et la même odeur que le sang menstruel. C'est pourquoi l'opération rituelle du noircissement des dents est constamment donnée comme synonyme de l'acte sexuel. A nouveau nous avons donc affaire à un enchaînement d'actions strictement matérielles (odeur – respiration – âme intérieure) qui repose sur la croyance que le *kanu e pe* est sujet à s'imprégner d'émanations du monde réel et à garder très longtemps leur influence. Comme l'a déjà montré le cas des bananiers qu'a pénétrés et saturés l'âme interne de l'homme qui les a plantés et cultivés, le *kanu e pe* possède cette viscosité que l'imaginaire local attribue au *kanu e soali*. Sous ce rapport les deux entités peuvent donc être considérées comme faites de la même substance.

Tous ces faits nous permettront de comprendre ce qui est en jeu dans l'image que les Maenge se font du "rubbish man" (Panoff, 1985). La plupart des villages, de 100 à 200 habitants, comptent deux ou trois personnes répondant à ce stéréotype. D'ordinaire ils sont "orphelins" (*konone*), ce qui signifie non seulement qu'ils ont perdu leurs parents pendant leur petite enfance, mais aussi que personne ne leur prête aide et assistance, qu'ils aient ou non des frères de clan à proximité. Dans quelques cas ce sont des réfugiés qui furent adoptés par la communauté alors qu'ils étaient adultes ou même des gens nés dans le village qui sont devenus des "marginaux" (*kasasau*) pour diverses raisons. Pourtant rien dans leur biographie telle que leurs détracteurs la racontent ne peut justifier le vocabulaire insultant utilisé à leur endroit, lequel va si loin que l'on peut se demander s'il n'a pas été influencé par la vulgarité du langage que parlent des Européens tels que régisseurs de plantation ou trafiquants. Mais, après cette première impression, on se rend compte progressivement que les locuteurs utilisent les mots en question non comme des insultes mais comme un simple moyen de décrire ce qui leur semble la situation objective des individus visés. Ils doivent donc être pris au pied de la lettre. Entendus ainsi ils sont certainement d'origine locale.

Toutes les fois qu'un Maenge traite un"rubbish man" de "tas d'ordures" ou de "visage crasseux", il est douteux qu'il veuille être offensant ; plus probablement il fait de son mieux pour exprimer la triste réalité dans le code culturel qui est à sa disposition. Il en est de même de toute une série d'expressions affirmant que le marginal n'a ni visage ni chair, déclarations qui vont au vif du sujet : le "rubbish man" n'a pas d'âme interne et n'est donc guère plus qu'un cadavre ambulant. Il s'ensuit que toutes les caractéristiques ou métaphores qui lui sont attribuées et qui ressemblent à des insultes, sont simplement des allusions à l'état cadavérique. Ainsi peut également s'expliquer l'habitude des Maenge de ne pas se soucier du corps d'un "rubbish man" décédé et de s'en débarrasser en le jetant dans la brousse au lieu de l'enterrer dans le sol de la maison comme ils le font pour le commun des mortels. Certes, le "rubbish man" doit bien posséder une sorte de *kanu* puisqu'il est capable de respirer et de projeter son ombre autour de lui, mais il s'agit plutôt d'une fiction, croit-on, son âme ayant été emportée par ses parents en mourant. Il se peut donc que quelques fragments de ses deux *kanu* continuent d'adhérer à l'intérieur et à l'extérieur du "récipient" corporel ; ils n'ont pas d'importance. L'essentiel ici est que cette désertion prématurée de *kanu* empêche l'orphelin de se régénérer au moyen de quelque rite de passage que ce soit. En conséquence, il ne se procurera jamais ni embonpoint ni beauté physique, double handicap si visible qu'il dissuadera les autres villageois de lui faire confiance. A son tour, cette suspicion le condamnera soit à rester célibataire soit à épouser une femme dont personne ne veut (paresseuse, répudiée, etc.), ce qui va l'amener à être mal nourri. Au bout du compte, la boucle est bouclée car, objectivement, les faits les moins contestables ne manqueront pas de valider en tous points la description stéréotypée du "rubbish man" comme être déjeté et malvenu.

En opposition avec cette figure, celle du "big man" déborde de *kanu* comme le prouvent non seulement son épaisse silhouette et son visage radieux mais aussi la prospérité générale qu'il produit dans son village. Il se trouve que cette prospérité matérielle est perçue comme l'ultime effet de la fonction psycho-pompe du "big man", fonction qui, tout en consistant à faire venir le *kanu* de la nourriture à l'intérieur des taros pour les rendre nourrissants, s'exerce également en faveur des villageois adultes. Aussi souvent que l'enfant premier-né du *maga tamana* ("père du village") visite pour la première fois un village voisin ou les jardins de sa propre communauté, il perd son *kanu e pe* à la suite du violent choc psychologique que lui fait subir la nouveauté d'un spectacle ou d'un paysage auquel il n'est pas habitué. Sous la conduite du père de cet enfant, tous les adultes qui l'accompagnent s'infligent alors les uns aux autres des fustigations rituelles suffisamment énergiques pour faire couler leur sang. Il s'ensuit que l'âme interne de chaque participant s'échappe et s'envole vers le mont Imvulu. Quelques heures plus tard ou le lendemain, on tue un cochon, on fait un festin et chacun récupère son *kanu*. Nommée *alangapaga*, cette pratique a pour but de donner aux gens ordinaires l'occasion d'imiter l'enfant de leur leader dans ses expériences formatives et de se purifier en même temps. Le but ainsi visé exprime bien les espoirs de prospérité matérielle puisque les pouvoirs fécondants du *maga tamana* s'incorporent dans son enfant et, pour être efficaces, requièrent de la communauté une parfaite "propreté".

De cette description des rites et croyances maenge il ressort que les Mélanésiens en question se représentent l'identité humaine d'une façon qui ne distingue nullement entre "matière" et "esprit" comme le font les Européens toutes les fois qu'ils traitent du sujet de l'"âme" ou de l'"au-delà".

RÉFÉRENCES

FORTUNE, R. F.
1932 *Sorcerers of Dobu*. London: Routledge & Kegan Paul.

MALINOWSKI, B.
1916 "Baloma: the spirits of the dead in the Trobriand islands". *Journal of the Royal Anthropological Institute*, 46.

ONIANS. R. BURTON.
1951 *The origins of European thought*. London: Cambridge University Press.

PANOFF, M.
1968 "The notion of time among the Maenge of New Britain", communication au Second Waigani Seminar, publiée dans *Ethnology*, 8, n° 2, year 1969.

PANOFF, M.
1985 "Une figure de l'abjection en Nouvelle-Bretagne : le rubbish man". *L'Homme*, vol 25, n° 2.

PEEKEL, P. G.
1910 *Religion und Zauberei auf dem mittleren Neu-Mecklemburg*. Munster : Bibliothek Anthropos.

RASCHER, P.
1904 "Die Sulka". *Archiv für Anthropologie*, 29.

RIVERS, W. H. R.
1920 "The concept of soul-substance in New Guinea and Melanesia". *Folklore*, 31.

VALENTINE, C. A.
1965 "The Lakalai of New Britain", in Lawrence, P. & M. J. Meggit (eds.), *Gods, ghosts and men in Melanesia*. Melbourne: Oxford University Press.

VERNANT, J.-P.
1965 *Mythe et pensée chez les Grecs*. Paris, François Maspéro.

3

Garder le corps à l'esprit

Andrew Strathern

Il est remarquable de constater que, dans l'histoire récente des courants théoriques en anthropologie sociale, à l'intérêt porté à l'individu (le "self") et à la personne a succédé un intérêt pour le corps. Comment cette succession a-t-elle eu lieu ? Que l'attention se soit dirigée vers le moi ("the self") et la personne peut être considérée comme la conséquence du déclin de deux autres ensembles théoriques : le fonctionnalisme structuraliste et la théorie de la "Culture et Personnalité". Le premier envisage les rôles et les statuts définis en termes idéaux, tandis que la seconde décrit des configurations de types de personnalité induits par les processus de socialisation propres à chaque culture. Tous deux ont achoppé sur les difficultés inhérentes aux questions de déviance et de changement. Une étude consacrée à la "personne" offrait donc la possibilité de tirer parti de ces deux traditions anthropologiques sans en adopter les propositions les plus hasardeuses. Et distinguer le moi de la personne permettait de faire re-fonctionner l'ancienne distinction établie entre l'individu et son rôle social afin de l'inclure dans les récents débats. L'accent a été placé ici sur le culturel : le moi et la personne se trouvent alors être des concepts culturellement définis. Notons que l'on parle de "socialité" lorsque la négociation des transactions entre les moi et les personnes est prise en considération. Défini ainsi, l'accent fut de type mentaliste ou psychologique. L'insistance plus récente sur le corps représente un mouvement qui s'éloigne de cette position mentaliste.

De tels déplacements ou modes doivent être vus essentiellement comme provenant du contexte des mondes dans lesquels les anthropologues eux-mêmes habitent. Emily Martin, par exemple, a suggéré que l'actuel intérêt massif pour le corps résulte d'un changement dans la signification du corps lui-même au sein des sociétés post-industrielles contemporaines, en l'occurrence une transformation de la vision fordienne du corps dans le système de production de masse, en faveur d'une autre correspondant à des processus plus flexibles d'accumulation (Martin 1992: 121).

De son côté, Cecil Helman soutient que la haute technologie utilisée dans le domaine biomédical engendre un changement dans la façon de percevoir le corps (Helman 1992: 136). Au sein du mouvement féministe, une seconde vague de théoriciennes s'est efforcée de revendiquer le corps des femmes pour elles-mêmes, alors que la première vague s'était focalisée

sur la libération de leurs esprits (voir Kupfermann 1979: 139–147, pour
une critique de ce courant plus ancien). La mise à la disposition des femmes
des moyens contraceptifs et leur entrée dans la force de travail générale
agissant dans l'industrie et dans les autres professions ont indéniablement
été les coups d'éperon qui ont amené la seconde vague. Conjointement, on
a pris conscience que le corps et les problèmes qu'il pose sont toujours
présents ([it is] "always with us"). Plus généralement, le glissement d'une
approche mentaliste vers une approche centrée sur le corps fut accompagné
d'un effort résolu pour redéfinir la relation entre le corps et l'esprit elle-
même, effort inauguré, sur certains fronts, par les philosophes (voir par
exemple Rorty 1979 et notamment la première partie sur "our glassy essence"), et sur d'autres, par l'anthropologie médicale (par exemple Lock
and Gordon 1988). La poussée dans l'ensemble a amené la dissolution du
postulat cartésien d'une césure radicale entre le corps et l'esprit en faveur
d'un concept holiste de l'entité corps/esprit. Au sein du concept, c'est le
corps qui a reçu le plus d'attention, simplement peut-être dans un souci de
corriger l'accent placé précédemment sur l'esprit. On peut également y
voir un déplacement de l'intérêt pour le développement conçu comme
maximisation d'intérêts économiques vers une vision du développement
comme gestion de la santé et du "bien-être" – autre concept holiste.
Finalement, que l'on soit ethnologue ou simple citoyen, on en arrive plus
que jamais de nos jours à "avoir le corps à l'esprit".

Parallèlement à ces tendances, on se mit à reconsidérer les émotions.
S'il existe une unité entre le corps et l'esprit et si les émotions y participent,
elles ne peuvent être simplement identifiées à ce qui est irrationnel, en
opposition avec les propriétés rationnelles de l'esprit. De même, le corps
ne peut être simplement identifié à l'émotion, et donc s'identifier lui-même
avec l'irrationnel. Nos tentatives pour faire tourner et réordonner les concepts propres à ce domaine de la pensée exige une sorte de gymnastique
mentale. L'exercice est utile néanmoins, en ce qu'il constitue une bonne
préparation pour reconsidérer les témoignages culturels portant sur les concepts du moi, de la personne et du corps. Rien ne nous dit en effet que tant
la catégorisation cartésienne que la division historiquement plus ancienne
établie par la pensée occidentale entre l'âme et le corps doivent se retrouver
ailleurs dans une analyse comparée des cultures. Il paraît bien plus probable que l'on va rencontrer des idées holistes, et qu'elles reposeront sur
l'*absence* d'une dichotomie tranchée entre le corps et l'esprit. Il devient
alors nécessaire d'examiner attentivement ce que sont ces "ethno-conceptu-
alisations", afin d'être capable de les comparer aux catégories culturelles
de l'analyste, et cela à un même niveau (Lutz 1988).

Rappelons que la théorie des humeurs du corps qui a prévalu pendant
longtemps en Europe était une théorie unificatrice de la relation entre le
corps, ses humeurs, la personnalité, la maladie ou la bonne santé. La théorie
cartésienne, en construisant un concept de l'esprit fondé sur un agent

immatériel détaché par essence de ce nexus matériel, détruisit la qualité
holiste de la pensée et la poussa bien loin des concepts qui prévalent dans
de nombreuses sociétés non-occidentales, tribales ou autres. L'excision de
cette dichotomie corps/esprit qui eut lieu par la suite, ainsi que la
déconstruction philosophique du concept d'esprit, nous placent maintenant
dans une position beaucoup plus comparable avec les cultures non-
occidentales et nous aident ainsi à réduire les constructions artificielles de
"l'Autre" qui avaient été précédemment faites.

La connaissance corporelle proprement dite fut également discutée par
des théoriciens comme Pierre Bourdieu (1977) et Paul Connerton (1989).
Pour ces deux auteurs, le corps est de plein droit un lieu d'action, de hexis,
de disposition, d'habitus, et de mémoire. Ils soutiennent que des codes
importants de la pratique sociale et des valeurs sont investis dans le corps.
Ils insistent donc sur le fait que l'esprit est d'une certaine façon enchâssé
dans le corps. Non seulement ces théoriciens gardent le corps à l'esprit,
mais ils maintiennent l'esprit dans le corps[1]. Une fois encore, leur position
nous rapproche des autres cultures où la dichotomie corps/esprit n'existe
pas.

Dans ce texte, j'utilise les perspectives précédentes comme point de
départ pour explorer les idées et les pratiques relatives au corps chez les
Melpa des Highlands de la Nouvelle-Guinée. Cet examen n'est pas complet,
et il paraîtra évident que mon objectif est au bout du compte d'examiner
les parallèles et les contrastes qu'elles entretiennent avec les concepts corps/
esprit de la pensée occidentale.

Etant donné les remarques que j'ai faites au début à propos du concept
de "personne" en anthropologie, mon exposé ne peut commencer sans faire
référence aux travaux pionniers de Read sur les représentations des Gahuku-
Gama (Read 1955). Read soutenait que les Gahuku-Gama ne disposaient
pas d'un concept de la personne à laquelle revient un rôle social séparé du
moi ou de l'individu en tant que tel, en raison du fait que, pour eux, la
personnalité est directement dépendante du corps lui-même, de ses substances, de ses limites, de ses actions, et en particulier de sa peau. (On peut
ici comparer l'emploi shakespearien du terme "complexion" pour parler
de la personnalité). Rétrospectivement, la compréhension que fait Read de
ses données ethnographiques a pu être entravée par l'absence de développement de l'anthropologie du corps à l'époque où il écrivait. Que les idées
sur la personnalité soient liées au corps n'implique aucunement qu'il
n'existe pas de concept de personne chez les Gahuku-Gama. Cela signifie
plutôt que ces derniers placent l'esprit dans le corps beaucoup plus que

---

1. ("They are not only keeping the body in mind, but keeping the mind in the
body")

nous le faisons nous-mêmes (ou plutôt que la théorie fonctionnalo-structuraliste concernant les rôles ne l'avait fait). C'est précisément sur ce que nous voulons dire, ou sur ce que les Gahuku-Gama veulent dire, que nous devons nous attarder. Read a peut-être mal interprété les idées des Gahuku en les mesurant à une construction émique implicite du corps présente dans son propre monde conceptuel qui définissait le corps comme la partie irrationnelle, individuelle, émotionnelle, en un mot sans esprit, de la personne ; alors que dans le cas des Gahuku, ce n'est manifestement pas ainsi que le corps est défini. Le fait de sous-estimer le corps peut ainsi mener à méconnaître la moralité gahuku dans son ensemble. Les notions des Gahuku ne sont pas parallèles aux catégories occidentales corps/esprit ; elles les liquident et provoquent leur effondrement. Pour eux, dans cette perspective au moins, le corps avale et contient l'esprit, et devient aussi lui-même le signe distinctif de la personne, pas seulement comme un signifiant, dans le langage de la sémiotique, mais plutôt dans le sens où Roy Wagner l'a utilisé pour certains symboles qui "stand for themselves" (Wagner 1986), ou encore comme Michael Lambek l'a proposé dans le cas des pratiques de tatouage des Malgaches de Mayotte (Lambek 1992).

La vision du corps selon les Gahuku trouve très facilement des parallèles au sein de la région des Highlands à laquelle elle appartient. Pour la situer correctement, on devrait par exemple comparer les idées concernant la peau à l'échelle de la région tout entière et s'efforcer de trouver les variations dans les configurations et les corrélations associées à ces idées. Le cas ethnographique de Mount Hagen dans la province des Western Highlands de Papouasie Nouvelle-Guinée nous fournira cependant un point de départ qui semble à première vue offrir un parallèle à la dichotomie corps/esprit elle-même, mais avec la singularité significative que l'esprit est, une fois encore, situé dans le corps et non à l'extérieur de lui comme le veut la théorie cartésienne. Plus significatif encore, dans le cas choisi, "l'esprit" est non seulement le siège de la pensée, mais aussi celui des émotions, des sensations, des désirs, de la volonté, et d'un sentiment d'obligation envers les autres. En outre, il est supposé avoir un effet intime sur le corps, ou plus précisément sur la peau de la personne.

Le concept dont il est question ici est celui de *noman*. Les habitants de Mount Hagen, ou locuteurs melpa, considèrent celui-ci comme une entité située dans la cage thoracique, mais qui resterait invisible au cas où l'on ouvrirait le corps après la mort. La notion de *noman* est un *to*, expliquent-ils, où *to* signifie une comparaison, une conjecture, une approximation, un moyen pour parler de quelque chose que l'on ne peut évoquer autrement. L'emploi de *to* recouvre ici certains des sens du terme "métaphore" en français. Ce qui ne peut être vu ne peut être qualifié que par des expressions *to*. Cette différenciation entre le *noman* et le reste du corps établie par les habitants de Mount Hagen est l'approximation la plus proche de la notion cartésienne d'immatérialité, mais encore une fois avec une déformation importante. Le *noman* est sans doute possible localisé à l'intérieur de la poitrine des gens, à côté d'autres organes de première importance qui, eux, sont clairement visibles et sont le siège de fonctions émotionnelles. Ce schéma pratique du symbolisme corporel gouverne les notions que les Melpa se font de la personnalité, de la bonne santé, et des relations morales à l'intérieur de la communauté.

Le *noman* est situé dans la poitrine, contre la trachée. Il peut prendre des positions droites ou tordues, disent les habitants de la région, qui affectent la peau et le comportement de la personne, faisant qu'elle sera en bonne santé ou malade, en harmonie ou au contraire brouillée avec les autres. On peut dire que le *noman* est le marqueur des relations morales dans la communauté, de telle façon que son existence au sein de chaque personne est reliée à la communauté en même temps qu'à l'état moral, et donc physique, de l'individu. Il est parfaitement clair que dans le cas des Melpa, on ne saurait construire une anthropologie de la personne séparée d'une anthropologie du corps. Les deux ne font qu'un, à travers le concept de *noman*. Le *noman* unifie ainsi les catégories du corps et de l'esprit, plutôt qu'il ne les divise.

Si l'on étend la discussion jusqu'à l'examen d'une liste d'émotions et de leurs localisations telles que les exprime la langue melpa, voici ce que l'on rencontre. La honte (*pipil*) est située sur la peau (A. J. Strathern 1975), mais elle trouve son origine dans le *noman*, tout comme la colère (*popokl*). La compassion ou la sympathie sont désignées par le mot pour le foie (*kaimb*), et le mot pour la peur (*muntmong*) est presque identique à celui pour le cœur (*muntmong*)[2]. Il est tenu pour acquis qu'il existe une dialectique intime entre la honte et la colère, si bien qu'il est normal que les deux trouvent leur origine dans le *noman*. Par exemple, la honte en elle-même ne rend pas malade, mais si la colère s'y ajoute, la maladie

---

2. Vicedom et Tischner (1943–8: 298 et suiv.) suggèrent que le cœur est le siège de toute pensée, sentiment et volonté des hommes, du *noman*. (Das Herz ist der Sitz des ganzen Denk-, Gefühl's- und Willensvermögens des Menschen, des *noman*). Ils soutiennent également que "le cœur donne naissance aux idées, que les gens ressentent celles-ci et les expriment avec le *noman*" (*muntumong ek pongakl ndoklnga nomanent petlek netemen*). Même s'il est peut-être malvenu de débattre d'une manière trop essentialiste d'une question pareille, à propos de laquelle il est facile de trouver des discours contradictoires à l'œuvre dans une culture orale, dans l'ensemble, je suis convaincu que Vicedom et Tischner se trompent. Mon point de vue est partagé par Strauss, grand connaisseur des concepts melpa, qui écrit du *noman* qu'"il ne s'agit pas d'un terme ayant une signification concrète dont on ferait aussi un usage métaphorique ni d'un terme qui désigne un organe corporel ou une section plus large du corps telle que les membres inférieurs ou les entrailles. C'est la capacité humaine pour la pensée rationnelle, la conscience de soi de l'individu" (Strauss 1990: 102).

survient puisque tous les sentiments où la colère intervient engendrent un désordre physique. Confesser sa colère entraîne à son tour à la fois la guérison de la maladie et la résolution des conflits sociaux qui l'ont engendrée. La colère peut mettre en mouvement un processus de rédemption ; ou bien, si elle n'est pas avouée ou révélée, elle peut conduire à la violence, à la maladie, à des blessures, à la mort. Extériorisée, elle résulte en violence contre autrui, intériorisée, elle mène à la maladie et à la destruction du "moi". Confesser sa colère est une action médiatrice, située entre la violence physique et le refoulement mental, qui permet d'aboutir à une solution. C'est aussi un acte verbal, et il existe une étroite connection entre le *noman* et la compétence verbale. Les petits enfants qui ne savent pas encore parler sont considérés comme manquant de *noman*. Lorsque le *noman* se tient droit dans le *munt*, la cage thoracique, il est aligné avec la trachée, à travers laquelle sort la parole. Lorsqu'il se tient courbé ou en travers (*peta rota petem*, opposé à *kwun petem*, "il se tient bien" ou correctement), les paroles ne peuvent émerger, si bien que les sentiments sont poussés à s'intérioriser en une maladie indésirable ou à s'extérioriser en violence peu propice. La parole est ainsi associée à la possibilité à la fois de l'auto-expression et du contrôle social ; son absence l'est avec les sentiments cachés, la maladie et la violence.

La condition générale du corps, qui se lit sur la peau (*king ou köng*) est le résultat de l'état du *noman* et des pensées qui s'y sont développées. De bonnes pensées rendent la peau ample et ferme, reposant sur de la graisse ; de mauvaises pensées la rendent fine, flasque et sans graisse[3]. Dans ce cas, la peau signifie clairement l'état du *noman*. C'est le signe visible d'une cause invisible, et l'on peut même dire que le *noman* est doublement invisible. Non seulement il est situé dans l'enveloppe de la cage thoracique sous la peau, mais encore il n'est pas même "là" dans un sens plein, physique. Son apparente immatérialité rapproche la notion de *noman* du concept cartésien d'esprit. Cependant, sa position à l'intérieur du corps, à côté des principaux organes internes, et l'influence qu'il exerce directement sur le corps, montre que pour les Melpa, il n'existe pas de réelle dichotomie entre le corps et l'esprit, de même qu'il n'y en a pas non plus entre la

---

3. On rencontre des idées similaires chez les Paiela de la province Enga, où la croissance est pensée comme le résultat d'une magie cachée effectuée par quelqu'un, et se matérialise par la formation invisible de graisse sous la peau, dont l'état révèle plus tard ce qui s'est passé. La croissance s'effectue durant la nuit sous le contrôle d'un esprit féminin, la "femme gingembre", qui "a un nom, mais pas de corps". Le caractère désincarné de cet esprit paraît lui donner le pouvoir de provoquer une croissance visible, corporelle, chez les êtres humains de sexe masculin. On trouve également des idées semblables chez les Huli de la province des Southern Highlands, qui sont reliés aux Paiela (Biersack 1981, Frankel 1986).

nature et la culture. Le corps n'est donc pas considéré comme naturel ou biologique et l'esprit comme culturel. Le corps melpa est lui-même une expression de la culture, puisqu'il est affecté par le *noman*.[4]

Toutefois, on ne saisirait qu'incomplètement les idées melpa sur le *noman* si on ne les associait pas en plus aux concepts d'esprit ou de force vitale. Le *noman* est quelque chose de spécialement présent chez des individus vivants, entiers. C'est pour cette raison que le *noman* d'un individu n'est pas, pour les Melpa, la partie qui survit à la mort physique.[5] Cette partie est plutôt le *min*, qui du vivant de la personne apparaît sous la forme de l'ombre de l'individu, de son reflet ou de son image-rêve qui la nuit erre et fait l'expérience de certaines choses tandis que l'individu proprement dit est plongé dans le sommeil. Au cours de la vie, c'est le *noman* qui est actif, comme s'il était le premier moteur de la personne. Le *min* est passif, il est agi. Par exemple, il peut quitter le corps sous l'effet de la peur lorsque l'individu est effrayé. Il quitte aussi l'individu quand il est malade, et il faut parfois l'inciter à revenir en brûlant un morceau de graisse de porc et en l'appelant. La relation incertaine, séparable, qu'il entretient avec celui qui l'abrite révèle ses origines dans le monde des esprits ancestraux qui l'implantent dans un fœtus (A. J. Strathern 1972: 9–10), puisque c'est vers eux qu'il retournera finalement lorsqu'il sentira que son porteur humain est mort et que son corps est devenu froid. En tant que force vitale, on peut dire en un sens qu'il "tient" le *noman*, c'est-à-dire qu'il fait en sorte que le *noman* soit opérant à l'intérieur de l'individu, si bien

---

4. Chez les locuteurs wiru de Pangia, dans la province des Southern Highlands, il existe un concept, *wene*, qui ressemble à celui de *noman* mais en diffère par sa localisation. *Wene* n'est pas confiné dans le thorax, mais il peut se trouver dans n'importe quel endroit du corps, il est diffus. Il correspond de fait plus à la volonté et au désir qu'à l'intelligence et à la raison, bien que la phrase "je fais *wene*" signifie "je sais". L'étude comparée et l'explication de tels concepts en des termes sociologiques pourraient partir de l'examen des contextes dans lesquels s'exerce un choix. Le système d'échange sophistiqué des Melpa établit un plus grand nombre de choix moraux et politiques que ne le fait le système wiru, qui met l'accent avant tout sur les paiements dus aux parents maternels pour le corps (*tingine* = "peau"). Pour trouver un concept comparable en dehors des Highlands, voir Lewis 1980 : 56, 86, 104, 122, 137 sur le *wuna'at*. Il n'y a en effet aucune raison ici de limiter les comparaisons à la région des Highlands.

5. Pour les Daribi de la province Simbu, les choses sont différemment arrangées, bien que leur idée du *noma'* soit linguistiquement la même que le *noman* melpa. Pour les Daribi, les âmes *noma'* sont à l'origine de toute chose. Elle sont normalement invisibles et les apercevoir peut rendre malade. *Noma'* est la source de la pensée, mais la pensée est également située dans le foie. *Noma'* désigne aussi l'ombre ; elle est détachable du corps et peut être capturée par les sorciers et les chamanes. Les Daribi ont conjoint dans le *noma'* ce que les Melpa séparent comme le *noman* et le *min*. (Wagner 1967: 42–44).

que quelqu'un qui a perdu son âme se retrouve aussi sans *noman*. (L'expression melpa est *min-i wamb noman ombil amborom*, voir Strauss 1990: 102. "Le *min* tient le *noman* des gens et lui donne de l' "os", c'est-à-dire de la force")[6].

Min et *noman* sont donc inter-reliés, mais ne sont pas les expressions l'un de l'autre. Le premier signe du *min* ce sont les coups de pied du fœtus. Après la naissance, il se manifeste d'abord par le pouls qui bat sous la fontanelle (*peng pököpna*). On peut dire d'une personne dans le coma mais qui respire toujours qu'elle renferme encore le *min* à l'intérieur de son corps. Le mouvement comme signe de la force vitale est l'indicateur du *min*. Au fur et à mesure que la personne grandit, les fils invisibles qui la rattachent aux esprits ancestraux sont accrochés à l'arrière de la tête, là où le *min* s'est manifesté pour la première fois. Lorsque ces fils craquent, l'individu meurt.

Min est donc la force vitale ou l'énergie, qui donne au corps, y compris au *noman*, la vie. Lorsque le *min* quitte finalement le corps, le *noman* meurt, mais si l'on examine l'étape qui suit, la transformation du *min* en un fantôme ou un esprit, *kor*, on se trouve devant une transformation supplémentaire. Tant que la personne est en vie, le *min* est passif. On agit sur lui. Mais un *kor* est actif, il possède le pouvoir d'agir qui, chez l'individu vivant, appartient au *noman*. Bien que le *noman* spécifique de chacun meurt, étant une partie du corps, tout se passe comme si le *kor* qui se développe était un amalgame de la force vitale passive, ou *min*, et de l'intelligence active, ou *noman*, du défunt. Ce qui est passif pendant la vie est transformé en un agent actif à la mort. Et c'est pour cette raison que les *kor* sont connectés de deux façons avec leurs parents toujours en vie. Des fils les rattachent aux têtes des vivants et donc à leurs *min*, mais ils peuvent aussi voir directement à l'intérieur du *noman* des êtres humains, réussissant par leur propre invisibilité à mettre en contact avec ce qui est invisible. Parce que le *kor* voit de cette façon, il sait tout des conflits, des offenses, des pensées hostiles, et de la colère, ainsi que des pensées, des émotions et intentions qui sont bonnes, et c'est le *kor* également qui est à l'origine des

---

6. Les Melpa ne considèrent pas la respiration comme l'indicateur premier de la force vitale. Le souffle (*muklnga*) est un signe du *min*. Chez les Huli, le souffle (*bu*) a acquis une plus grande importance que pour les Melpa, puisqu'il s'agit de la force vitale elle-même, le moteur qui active toutes les autres fonctions, y compris les émotions et le désir. Il monte dans la gorge quand on a de fortes émotions puis retombe. *Bu* semble exprimer de la volatilité et un certain manque de contrôle. C'est aussi un concept très "corporel". Par ces deux aspects, il tend à différer du *noman*. Frankel (1986: 144) note que cela pourrait être corrélé avec le manque de développement, chez les Huli, d'un concept similaire au *min* des Melpa. D'où le fait que les Huli ont "des moyens limités pour décourager la recherche de l'intérêt individuel" (ibid.). On entrevoit ici un autre axe de comparaison transculturelle.

conséquences de telles dispositions du *noman*, en rendant les gens malades, en requérant des aveux, en tentant de redresser les *noman* qui sont tordus, ou en facilitant l'expression de la colère par le biais de la vengeance. La théorie melpa de la personne en tant qu'agent s'avère donc incomplète si l'on n'ajoute pas à l'examen du concept de *noman* la prise en compte de ceux de *min* et de *kor*. Un *kor* agit comme un *noman* désincarné, même si les Melpa ne l'expriment pas explicitement ainsi, et son pouvoir désincarné est plus grand que le pouvoir incarné des vivants. Il tire son énergie du *min* et son intelligence du *noman* et c'est de cette combinaison spéciale que ses pouvoirs transformés sont issus. On peut voir que dans l'ensemble du système cosmique, l'incarnation mène à la désincarnation, et vice versa, puisque le *min* retourne également à l'intérieur des corps des enfants dans l'utérus (pas sous la forme d'une âme réincarnée néanmoins, mais plutôt comme une part de force vitale transportée par le *kor*).

Un des concepts, ou valeurs, que l'on décèle dans le *noman* des Melpa est donc précisément l'intelligence individuelle, mortelle de chaque être humain, qu'il soit masculin ou féminin. La force vitale ou *min* est préservée par sa transformation en un *kor* qui contient en lui la caractéristique du *noman*, mais la combinaison unique, sujette à la mort, du *noman* et du *köng*, qui façonne chaque individu, meurt, et seule la chair est tranformée en fluides corporels ou en "graisse" (*kopong*) qui contribue à la fertilité du sol. Le *noman* lui – même disparaît au moment précis où l'individu meurt, un fait qui souligne sa spécificité et le caractère unique de celui qui le porte. Cependant il est recréé dans chaque nouvel individu qui naît à travers les processus de socialisation et la faculté de parler, si bien qu'en ce sens, le *noman* représente la culture qui est transmise génération après génération. Il s'agit d'une idée complexe, à nombreuses facettes, répondant aux différents aspects de la capacité, de la compétence et de la socialité, reliant l'intérieur à l'extérieur, la pensée à l'action, l'individu au groupe, et les gens aux esprits. Tout cela est accompli au moyen d'une représentation des corps comme composés de *noman* et de *köng*.

L'exercice auquel je me livre ici se distingue d'une anthropologie du corps qui analyse ce dernier comme un ensemble de substances et considère que celles-ci sont issues des parents maternels ou paternels à travers la procréation et la nourriture. Dans cette sphère du discours, les discussions sur les contrastes entre le sang et le sperme ou entre la chair et les os prédominent. Or, de tels contrastes ne qualifient pas l'individu, mais l'"être dividuel", la personne en tant que produit d'un réseau de parenté structuré et divisé en plusieurs côtés. Au contraire, les aspects que j'ai abordés ici concernent aussi bien les aspects mortels et immortels de l'individu considéré comme un lieu d'action et de changement, que les rapports entre l'individu mortel et le groupe qui est immortel (Bloch 1992). Ces parties du corps qui, à Hagen, sont conçues comme le siège des pensées et des sentiments sont les organes internes, des entités clairement délimitées qui ont des fonctions biologiques spécifiques ou bien sont modelées sur celles qui remplissent de telles fonctions. Il s'agit évidemment de parties entières du corps qui, par synecdoque, en viennent à représenter l'individu en tant que tel. Inversement, les substances qui passent à travers tous ces organes, par exemple le sang, représentent les diverses sources du corps et la communauté d'identité fondamentale du corps avec d'autres corps au sein de la collectivité. Ainsi, les substances qualifient l'"être dividuel", alors que les idées telles que le *min* ou le *noman* marquent l'individu comme un tout. L'"être dividuel" est également une matrice d'identités fondées sur le sexe (le genre), alors que le *noman* est en principe la marque de l'humanité en tant que telle (bien que les chiens et dans une moindre mesure les porcs manifestent également du *noman* en "comprenant les paroles" de leurs maîtres), quand bien même les hommes prétendent dans certains contextes qu'eux seuls ont des *noman* qui sont forts, et que ceux des femmes sont faibles. On peut se demander en quoi ces points touchent à la question de la moralité et du choix dans les théories locales de la personne.

Les études sur le corps qui mettent l'accent sur ses substances, telles le sang et le sperme, se sont longuement préoccupées des théories indigènes de la conception et de la procréation, de l'expression des différences entre les sexes et de l'attribution de pouvoirs différents à chacun d'eux. Dans la mesure où tous ces domaines ont en effet sur les relations sociales en tant que telles, il est clair que les "substances" ont elles aussi partie liée avec la "moralité". Les types de problèmes ou de contextes moraux auxquels elles sont reliées, tendent néanmoins à être différents de ceux qui se caractérisent par des interrogations sur la pensée, la décision, la volonté, le désir, et la responsabilité. Les substances ne sont pas une marque de l'individu mais, comme je l'ai soutenu, de "l'être dividuel" ; ainsi, elles indiquent les solidarités et les réseaux de relations qui sont soulignés dans le discours et qui mettent en avant les identités communes et partagées des personnes. Elles sont en outre les éléments qui marquent la croissance et le déclin, l'expansion et la régression, et en ce sens elles sont le signe de la santé et de la maladie des corps des individus, vues alors non pas comme l'expression de leur capacité à faire des choix, mais comme le résultat de tels choix effectués par eux-mêmes ou par d'autres (par exemple à travers les actes de sorcellerie).

C'est dans la régulation des substances que la moralité ou le choix est concerné, ce que Foucault a appelé "la problématisation morale des plaisirs" (Foucault 1984). Ici, la régulation a souvent à voir avec le contrôle des flux de sang et de sperme entre les sexes, et à Hagen, deux discours complémentaires qualifient ce contrôle : l'un souligne l'idée que le sperme des hommes existe en quantité finie, avec pour corollaire que cette quantité doit être gérée avec soin ; l'autre stipule la qualité dangereuse du sang menstruel. Pris ensemble, ces deux discours spécifient l'univers sémantique du contrôle exercé par les hommes âgés sur les femmes et les hommes jeunes. Les premiers disent aux plus jeunes qu'abuser du sexe aura pour effet de perdre la graisse de leur peau, tout comme le contact avec une femme menstruée. En outre, comme ce fut déjà souvent noté dans l'ethnographie, le sperme et le lait maternel sont considérés comme antithétiques à Hagen, alors qu'ils sont mis en équivalence ailleurs, et c'est la raison que donnent les Melpa pour rendre compte de l'interdit sur les relations sexuelles post-partum pendant l'allaitement : le sperme, hors des lieux et temps convenables, pollue le lait et peut tuer l'enfant. La peur d'en être accusé aide beaucoup au respect de ce tabou. De la part de chacun des sexes, c'est donc le *noman* qui peut décider de respecter les règles ou de les enfreindre. L'individualité et le choix ne s'expriment pas *dans* les substances corporelles mais *à travers* le contrôle que l'on exerce sur elles.

On devrait noter que, de même que le stock de sperme peut être limité chez les hommes, de même la quantité de sang est susceptible de l'être chez les femmes. Quoi qu'il en soit, à Hagen, on dit plus souvent des femmes que leur "sang est fini" (*mema pora ninim*) qu'on ne dit l'équivalent pour les hommes – ceci est bien évidemment dû au fait que les femmes perdent régulièrement du sang pendant les règles et à l'accouchement. En fait, le diagnostic que "le sang est fini" accompagne parfois la reconnaissance d'une grossesse avancée, en raison probablement du phénomène de l'aménorrhée, qui peut lui-même résulter également d'une alimentation pauvre et d'une mauvaise santé générale. Mais une femme ne peut pas "gérer" son sang à la manière d'un homme qui est capable de "mesurer" ses dépenses de sperme. Pour reconstituer son stock de sang, elle est dépendante d'aliments riches tels que les légumes verts et leurs feuilles et le jus du pandanus rouge et cela peut devenir une source de dispute avec son mari s'il ne l'assiste pas dans la collecte de ces aliments. Dans la mesure où la nourriture est le moyen de remplacer le sang, et où une femme dépend en partie de son mari pour avoir accès à cette nourriture, la gestion de celle-ci devient une question de moralité et de pouvoir, précisément parce qu'elle est liée au contrôle des substances. Il en est de même de la graisse de porc, bien que celle-ci *ne soit pas* particulièrement considérée comme un équivalent du sperme. Il s'agit plutôt d'une source générale de "graisse" dont les deux sexes ont besoin. Une fois encore, c'est le *noman* de chacun qui est concerné par de telles formes de régulation et de problématisation des valeurs. La capacité d'agir porte sur les substances plutôt que l'inverse. La colère et d'autres émotions interviennent lorsque de mauvaises décisions sont prises ; il faut alors d'abord "guérir" le *noman* de façon à ce que les substances de la personne (lire "le corps" ici) puissent être reconstituées, ré-équilibrées, ou libérées de la pollution, autrement dit, guéries. Ces remarques révèlent clairement que, dans le cas des Melpa, une anthropologie du corps qui se veut complète se doit de traiter adéquatement à la fois des substances et des agents avec leurs actions.

Parvenir à une telle vision complète du corps n'est en rien une entreprise facile. Si l'on parle de capacité d'action (et d'agent) et du lien qu'elle entretient avec la collectivité des âmes désincarnées comme d'une sorte de perspective "verticale" (au sens optique du terme), et des substances et de leur relation à la collectivité des êtres humains vivants incarnés comme d'une sorte de perspective "horizontale", il est clair qu'un tableau qui se voudrait complet devrait combiner et placer ces deux perspectives en vis-à-vis. On peut aussi se demander s'il arrive que ces deux aspects s'alimentent l'un l'autre. En un sens, les substances ont un aspect vertical, puisqu'elles perdurent à travers les générations ; et l'action a un aspect horizontal puisque, pour les Melpa, chaque *noman* individuel est aligné par rapport aux autres *noman* de la collectivité. En fait, les substances comme le *noman* peuvent servir à exprimer ce qui est commun ou ce qui est différent. Mais contrairement au *noman*, les substances sont sexuées ("gendered"), parce que les personnes sont constituées de substances issues de l'influence maternelle et paternelle. Le caractère cyclique s'exprime à travers la transformation de la substance au cours du temps, par le fait que la "graisse" (*kopong*) du corps, une fois que la personne est décédée, passe dans le sol et, en conséquence, contribue à l'identité corporelle de nouveaux individus dans le groupe. L'équivalent de ce caractère cyclique dans le processus de désincarnation n'est que partiellement rencontré : le *min* est implanté par le *kor* dans les fœtus, mais il n'est pas conceptualisé comme une âme d'un clan ou d'un sous-clan comme le sont les *baloma* chez les habitants des îles Trobriand (Senft n. d.).

Tenter de repérer les façons dont les conceptualisations "verticale" et "horizontale" pourraient se rencontrer ou s'alimenter l'une l'autre de cette façon, équivaut à rechercher une superstructure homologue de concepts, qui correspondrait à une configuration totale de l'identité. Une telle superstructure ne peut émerger que s'il y a fusion ou superposition ou chevauchement d'idées. Un exemple : l'os est souvent considéré par les cultures des Highlands de la Nouvelle-Guinée comme une substance qui transcende la mort et peut donc représenter des aspects de l'identité qui relient ensemble la vie et la mort, ou l'individu et le collectif. C'est vrai du concept melpa d'os, *ombil*, qui équivaut à la notion de force, et rend compte du fait que les os sont pour eux dépositaires du pouvoir qui perdure, alors que le sang est de temps en temps nécessaire pour réactiver un tel pouvoir. Pour prendre un autre exemple en Nouvelle-Guinée, chez les Etoro, le sperme est considéré comme véhiculant des connaissances. Un jeune reçoit rituellement la semence du mari de sa sœur plus âgée, et est ainsi fortifié jusqu'au moment où lui-même va pouvoir s'engager dans des relations hétérosexuelles. Kelly remarque en outre que "la prédisposition à développer certaines des caractéristiques, positives, de son donneur de semence est également transmise par le sperme lui-même (plutôt que par le tuteurage)" (Kelly 1976: 53). Alors que la personnalité ("character") n'est pas tout à fait l'équivalent de la "connaissance", il est évident que les Etoro ont ici entrecroisé substances et action-agent et ont combiné les idées du dividuel et de l'individuel.

Avec de tels exemples, on peut aller plus loin et suggérer que le symbole médiateur ("l'os" ou "le sperme") acquiert un pouvoir spécial précisément en raison de sa capacité d'occuper une certaine place dans la configuration des symboles de l'identité. Il peut en sortir une idéologie du pouvoir, comme dans l'exemple de la légitimation de la domination masculine opérée grâce à l'association des hommes avec les os qui s'opposent à l'élément périssable qu'est le sang associé aux femmes.

Pour les habitants de Hagen, il faut aussi souligner une autre dimension significative, celle de l'extérieur versus l'intérieur, dont le prototype est la "peau" opposée au *noman* qui est caché dans l'enveloppe corporelle. Ce n'est pas que le *noman* individuel soit considéré comme simplement autonome, mais les Melpa reconnaissent que, souvent, le *noman* de chacun "repose dans des directions différentes" (*elpa-elpa petem*). En outre, ils admettent que l'on ne peut pas être certain de la manière dont se tient le *noman* d'un individu (*wamb-nga noman rukrung oronga nim kanda köni nö könin*, cf. Lienhardt 1985: 146 sur les Dinka). Les buts, les intentions, les sensations, la volonté, le désir sont tous impénétrables à l'intérieur du *noman* ; jusqu'au moment où un contexte décisif survient, et ce contexte est celui de la maladie.

Comme je l'ai déjà noté, une maladie est souvent prise pour le signe de la colère à l'intérieur du *noman* de quelqu'un et au-delà, de mauvais agissements à l'intérieur du groupe ou du réseau de parenté, qui font que le *mi* ou le symbole collectif du groupe déchaîne le malheur, la maladie et la mort jusqu'à ce que tout revienne dans l'ordre. Il existe ici une hiérarchisation des concepts. Une maladie qui résulte d'une condition ou d'une localisation inappropriée des substances peut être traitée par des rituels visant à éliminer ou purifier ces substances elles-mêmes, plus particulièrement le sang qui se trouve là où il ne faut pas, ou qui fait défaut. Il s'agit de soins appliqués au corps en tant qu'il est fait de substances. Les substances corporelles saines comme le bon sang et la graisse, ou leurs symboles, l'huile de pandanus rouge et la graisse de porc, peuvent être de cette façon utilisés comme des produits médicinaux. Mais si la cause profonde de la maladie est située dans le *noman*, l'application métonymique de substance ne peut seule suffire à guérir. C'est plutôt le corps en tant que siège de l'action qui doit être traité. Le *noman* doit être redressé, ou le *min* peut être considéré comme ayant été volé, disloqué, ou compromis, et dans chacun de ces cas, le rituel a pour but de le remplacer ou le remodeler, en général à l'aide d'un mode d'action "métaphorique" ou verbal. A Hagen, on l'a vu, cette action peut être poursuivie avec succès seulement si ce qui était secret, interne, caché et hautement individuel est rendu visible, connu, et tourné vers le contexte collectif. En ce sens, les soins n'agissent pas seulement sur le corps individuel ou sur des événements individuels mais sur le corps des relations sociales elles-mêmes. Ainsi, les idées des Melpa conjoignent leur ethnothéorie du corps, leur philosophie de la résolution des conflits et leurs thérapies vis-à-vis de la maladie et de la bonne santé. Il est clair qu'ils font cela précisément en établissant une relation entre les éléments à l'intérieur du corps qui est différente de celle envisagée dans la notion cartésienne d'une dichotomie entre le corps et l'esprit.

BIBLIOGRAPHIE

BIERSACK, A.
1981 "Ginger Gardens for the ginger woman". *Man* (n.s.) 17: 2 39–258.

BLOCH, M.
1992 *Prey into Hunter. The Politics of Religious Experience.* Cambridge: Cambridge University Press.

BOURDIEU, P.
1971 *Esquisse d'une théorie de la pratique,* Genève, Droz.

CONNERTON, P.
1989 *How Societies Remember.* Cambridge: Cambridge University Press.

FOUCAULT, M.
1984 *Histoire de la Sexualité,* vols. 1 and 2. Paris, Gallimard.

FRANKEL, S.
1986 *The Huli Response to Illness.* Cambridge: Cambridge University Press.

HELMAN, C.
1991 *The Body of Frankenstein's Monster.* New York: W. W. Norton and Co.

KELLY, R. C.
1976 "Witchcraft and sexual relations: an exploration". In P. Brown and G. Buchbinder eds. *Man and Woman in the New Guinea Highlands.* Spec. pub. of the American Anthropologist Association no. 8, pp. 36–53.

KUPFERMANN, J.
1979 *The Ms. Taken Body.* London: Robson Books.

LAMBEK, M.
1992 "Taboo as cultural practice among Malagasy speakers". *Man* (n.s.), 27(2): 245–266.

LEWIS, G.
1980 *Day of Shining Red.* Cambridge: Cambridge University Press.

LIENHARDT, G.
1985 "Self: public, private. Some African representations". In M. Carrithers, S. Collins, and S. Lukes eds. *The Category of the Person. Anthropology, Philosophy, History,* pp. 141–155. Cambridge: Cambridge University Press.

LOCK, M. AND D. GORDON EDS.
1988 *Biomedicine Examined*. Dordrecht: Kluwer Academic Publishers.

LUTZ, C. A.
1988 *Unnatural Emotions. Everyday Sentiments on a Micronesian Atoll and their Challenge to Western Theory*. Chicago: University of Chicago Press.

MARTIN, E.
1992 "The end of the body?" *American Ethnologist* 19(1): 121–140.

READ, K. E.
1955 "Morality and the concept of the person among the Gahuku-Gama". Oceania 25(4): 233–282.

RORTY, R.
1979 *Philosophy and the Mirror of Nature*. Princeton: Princeton University Press.

SENFT, G.
N.D. *Talking about body and mind in Kilivila*. Non publié. ms.

STRATHERN, A. J.
1972 *One Father, One Blood*. Canberra: Australian National University Press.

1975 "Why is shame on the skin?" *Ethnology* 14: 347–356.

STRAUSS, H.
1990 *The Mi-Culture of the Mt. Hagen people*, transl. by B. Shields, ed. G. Stürzenhofecker and A. J. Strathern. Pittsburgh: Ethnology Monographs no. 13.

VICEDOM, G. F. AND H. TISCHNER
1943–8 (3 vols.) *Die Mbowamb*. Hamburg: Cram, de Gruyter and Co.

WAGNER, R.
1967 *The Curse of Souw*. Chicago: Chicago University Press.

1986 *Symbols That Stand for Themselves*. Chicago: Chicago University Press.

REMERCIEMENTS

Plusieurs versions de cet article ont été présentées au cours du mois de mai 1992 dans des séminaires, au Max-Planck Institute for Psycholinguistics (Cognitive Anthropology Research Group) de Nimègue, Hollande ; à l'Ethnologisches Seminar de l'Université de Bâle, Suisse ; et dans le séminaire du Professeur Maurice Godelier, EHESS, Paris. Je suis reconnaissant envers Maurice Godelier pour m'avoir proposé une charge de Professeur Invité à Paris, et pour les commentaires de cet article. Je remercie également pour leurs commentaires Steve Levinson, Gunter Senft, John Haviland, John Lucy et Jürg Wassman à Nimègue ; les professeurs M. Schuster et Brigitta Hauser-Schäublin et les Drs. Ingrid Bell et Verena Keck à Bâle ; et Pascale Bonnemère, Pierre Lemonnier, Daniel de Coppet et André Itéanu à Paris. Toutes les erreurs potentielles restent néanmoins de mon fait. J'adresse enfin des remerciements particuliers à Pascale Bonnemère pour la révision qu'elle a effectuée de la traduction de mon texte anglais dont elle s'était auparavant chargée.

4

Quand les hommes répliquent une gestation

Une analyse des représentations et des rites de la croissance et de la
maturation des garçons chez les Ankave-Anga (Papouasie
Nouvelle-Guinée).

Pascale Bonnemère

"Man's physical nature embodies his specific identity" écrivait K. Read
(1955: 267) dans un célèbre article comparant les conceptions de la morale
et les représentations de la personne humaine en Occident et chez les
Gahuku-Gama, une tribu des Eastern Highlands de l'actuelle Papouasie
Nouvelle-Guinée. Depuis ce travail pionnier, de nombreux spécialistes de
cette région du monde ont à leur tour montré que le corps occupe une place
éminente dans la définition de l'identité individuelle et que "one would
not construct a separate anthropology of the person and an anthropology of
the body" (A. Strathern 1994: 46).

L'anthropologie des groupes anga[1] fait elle aussi une large part aux
représentations qui prennent le corps pour fondement (Godelier 1982, Herdt
1981), et l'on pourrait étendre à l'ensemble de ces groupes ce qu'écrit J.
Mimica à propos des Iqwaye : "The primary and the irreducible reality of
a person is his/her concrete body" (Mimica 1991: 81). Plus précisément,
dans cette partie de la Nouvelle-Guinée, la compréhension de cette structure sociale fondamentale qu'est l'opposition entre les sexes passe
inévitablement par l'analyse des idées concernant la sexualité et la procréation, elle-même indissociable de l'étude des représentations de la féminité
et de la masculinité.

---

1. L'ethnie anga forme un ensemble de 70 000 personnes environ réparties dans
douze groupes linguistiques occupant un territoire de 140 sur 130 kilomètres, au
centre-est du pays. Toutes parlent des langues apparentées, bien que non mutuel-
lement compréhensibles, partagent un certain nombre de "traits" culturels et
certains ont une histoire commune, reconstituable (en partie) par l'histoire orale
d'un côté et les travaux de génétique de l'autre. Plusieurs de ces groupes ont fait
l'objet d'études ethnologiques : les Baruya, les Iqwaye, les Sambia et les Ankave,
dont il est question ici, mais aussi, bien qu'ils soient moins connus, les Yeghuje
(Fischer 1968), les Watchakes (Lemonnier à paraître), les Kamea et les Langimar
(Bamford 1994, Blackwood 1978). Pour une présentation générale de la culture
anga, voir Lemonnier 1981 et à paraître).

Traiter de la personne et de la différence des sexes chez les Ankave, c'est avant tout parler du corps, de la façon dont il se constitue, croît, s'entretient, dégénère, puis se décompose au long du cycle de la vie de chacun. Et l'analyse de ces représentations du corps rejoint immanquablement celle de pans entiers de l'organisation sociale tels les rituels et les échanges récurrents entre les catégories de parents dont l'individu est issu. Par exemple, c'est en parlant de graisse, de flux sanguin, d'amaigrissement, de participation des uns et des autres à la "fabrication" du corps des individus, etc., que les Ankave organisent et commentent les relations et les échanges entre les groupes qui ont contracté des alliances matrimoniales. Il en est de même de leur interprétation des interdits alimentaires et comportementaux pendant les rituels d'initiation.

Dans le cadre d'un article, il n'est guère possible d'analyser l'ensemble des domaines de la vie sociale et rituelle où les discours et les interventions sur le corps prévalent. Ayant traité ailleurs[2] des relations entre les idées sur la constitution de l'individu et les caractéristiques du système de parenté ankave, entendu au sens large (mode de descendance, règles de mariage, échanges du cycle de vie), je n'y reviendrai pas ici. J'ai choisi de m'attarder plutôt sur les rapports qui peuvent être dégagés entre les "théories" de la procréation et de la croissance et le déroulement des initiations masculines, qui constituent le moment fort de la vie collective des sociétés anga.

*

Les Ankave comptent environ un millier de personnes réparties dans trois vallées couvertes de forêt dense humide et séparées entre elles par une à deux journées de marche. Il s'agit d'un groupe d'horticulteurs qui exploitent des jardins situés entre 800 et 1500 mètres d'altitude, principalement plantés de tubercules *Xanthosoma spp.* ("taro des Chinois"), de bananiers, de patates douces, de légumes à feuilles et de cannes à sucre. Les femmes élèvent un nombre réduit de porcs (0,5 en moyenne *per capita)* et ramassent quotidiennement des champignons et d'autres végétaux dans la forêt. Les fruits de deux arbres saisonniers (le pandanus rouge et le *Pangium edule*) sont consommés très régulièrement. Bien que la forêt soit omniprésente, les produits de la chasse ne comptent que marginalement dans le régime alimentaire. Les anguilles sont régulièrement pêchées mais presqu'uniquement en vue des échanges par lesquels s'achèvent les cérémonies de clôture du deuil.

Les Ankave se répartissent en clans et en lignages patrilinéaires. L'unité exogame la plus courante est le lignage. En principe, la règle de résidence est patrivirilocale, mais elle est souvent transgressée et les cas de résidence alternée sont fréquents. En outre, bien que chaque famille

---

2. Voir tout particulièrement Bonnemère 1993 et à paraître : ch. 4.

dispose d'une maison dans un hameau, aucune n'y passe la totalité de l'année car des camps forestiers saisonniers sont établis en diverses occasions : battre des écorces pour fabriquer des capes ou des pagnes, poser des pièges à anguilles, récolter les fruits de l'arbre à pain ou préparer ceux du *Pangium edule*.

Sur plusieurs points, l'organisation sociale ankave contraste nettement avec celle des groupes anga du nord, Baruya et Sambia notamment. Les règles de mariage des Ankave s'énoncent négativement et il existe une obligation de verser une compensation matrimoniale. Les femmes qui ont leurs règles ne sont pas recluses et les jeunes filles ne sont pas initiées. Les rituels d'initiation masculine ne comprennent pas de pratiques d'homosexualité ritualisée et il n'y a pas de maison des hommes dans les villages, mais seulement des maisons de célibataires[3]. Corollairement, les relations entre les hommes et les femmes sont moins empreintes d'antagonisme que dans ces deux sociétés[4]. En particulier, les activités féminines ne font pas l'objet d'un dénigrement systématique. Nous allons voir qu'à ces formes atténuées d'opposition entre les hommes et les femmes, correspond chez les Ankave une reconnaissance du rôle de celles-ci dans la croissance des êtres humains et la maturation des jeunes garçons. Par contraste, cette participation est explicitement niée dans les groupes anga du nord.

Les "théories" de la procréation

Les Ankave pensent que pour concevoir un enfant le sperme et le sang matriciel – qui est le même que le sang menstruel – doivent se mélanger dans l'utérus (littéralement le "sac à bébés") de la femme. Une fois la conception effective, il faut que les rapports sexuels s'interrompent car le sperme est considéré comme néfaste au développement du fœtus.

---

3. Une "maison des hommes" se distingue d'une "maison de célibataires" en ce qu'une fois mariés et même pères de famille, on continue de s'y rendre régulièrement.

4. Citons ici les éloquentes remarques de A. Didlick, administrateur australien, extraites du rapport qu'il écrivit après avoir effectué une patrouille chez les Ankave de la vallée de l'Anabe en 1968–69: "perhaps the one thing I saw on patrol that most surprised me was the affection openly demonstrated between men and their wives. In this society man still fulfils his ancient role of protector of his family. When people were coming into camp for the first time the man would stride towards me chest out and carrying his bows and arrows, his wife would usually be holding onto his arm looking frightened but he would occasionally turn to her and speak softly and perhaps caress her face. These and similar gestures I have never observed either on the coast or in other mountain areas." (Didlick 1969–70: 2). Voir aussi Bonnemère à paraître.

Notons au passage qu'il s'agit là d'une croyance rarement rencontrée en Nouvelle-Guinée, où l'on considère souvent, au contraire, que le sperme donne forme à l'enfant et le fait croître, la femme n'étant qu'un contenant stérile et sans fonction propre (Bonnemère 1990). Parmi les groupes anga décrits par les ethnologues, seuls les Iqwaye affirment eux aussi que les apports de sperme ne sont pas utiles après la fécondation (Mimica 1981: 100).

Pour les Ankave, le fœtus ne doit sa croissance qu'à la femme enceinte, qui le nourrit de son propre sang – celui qui d'habitude s'écoule régulièrement de son corps – et grâce aux aliments qu'elle ingère, dont une partie se transforme en sang. Ainsi, alors que l'homme et la femme sont tous les deux nécessaires à la conception, seule la femme assure le développement physique de l'être qu'elle porte en elle.

Une première grossesse est l'occasion pour le père de l'enfant à naître d'accéder au troisième et dernier stade des initiations masculines, et elle est entourée d'un grand nombre de prohibitions alimentaires et de restrictions concernant diverses activités. Leur analyse confirme à la fois le rôle nourricier maternel et l'incompatibilité des hommes, du sperme et des objets associés à la masculinité avec la croissance des corps humains. Sont en effet interdits aux futurs parents les principaux aliments considérés comme des substituts du sperme – par exemple les larves de papillons qui se logent dans les troncs d'arbres morts (*emə*) et celles de certains insectes tels les guêpes et les frelons – ou ceux que les Ankave associent à la masculinité, comme les anguilles (Bonnemère à paraître : ch. 8), ou encore les fruits de *Schefflera sphenophylla* (*ikəáxwanə*), que les femmes ne doivent jamais consommer. Le jus du pandanus rouge (*ʃəmaŋə*)[5], qui se transforme en sang dans le corps, est interdit au futur père car il risquerait de provoquer une hémorragie chez son épouse au moment de l'accouchement. En revanche, il est conseillé à celle-ci d'en absorber pour augmenter le volume du sang avec lequel elle nourrit et fait croître le fœtus, et qu'elle partage en conséquence avec l'enfant à naître. Ainsi, non seulement les produits qui sont associés à la masculinité d'une manière ou d'une autre empêchent le développement du fœtus, mais on pourrait même aller jusqu'à dire que cette action négative du père se situe hors du domaine de la croissance, puisque c'est son épouse plutôt que son futur enfant qui se trouverait affectée par la consommation de cette substance nourricière par excellence qu'est le jus du pandanus rouge. Notons que de tous les aliments proscrits lorsque s'annonce la naissance d'un premier enfant, seul le pandanus rouge fait l'objet d'un interdit maintenu à chaque grossesse.

Les prohibitions qui pèsent sur la consommation du gibier traduisent une situation identique : alors que la femme enceinte s'abstient uniquement

---

5. Il s'agit du *Pandanus conoideus*, appelé *marita* en Tok Pisin (pidgin mélanésien).

des marsupiaux présentant des caractéristiques que l'on ne veut pas voir transmises au bébé (présence de piquants ou mauvaise odeur), le futur père ne peut consommer aucun gibier pendant toute la durée de la grossesse de sa femme sous peine de ne pouvoir en capturer en abondance au moment de lui en offrir, quelques jours après son accouchement. Quant aux différentes tâches qui sont interdites au mari, ce sont celles qui impliquent la confection de nœuds : on craint en effet que le bébé ne reste coincé au moment de la délivrance. Il apparaît donc clairement que si un homme ne peut intervenir positivement sur la croissance du corps de son enfant, il joue un rôle déterminant dans le bon déroulement de l'accouchement. En cas de naissance difficile ou retardée, il est d'ailleurs demandé au jeune homme de dénouer les cordes de son arc et de défaire les ligatures qui solidarisent le manche et la lame de son herminette de pierre (hache aujourd'hui) ou le fût et la pointe de ses flèches. En bref, là encore, son influence s'exerce plutôt sur son épouse que sur son enfant.

Une fois l'enfant né, la mère continue son action nourricière, cette fois à travers son lait (*amaŋ*), qui continue d'augmenter la quantité de sang déjà contenu dans le corps du nourrisson et le fait grandir. Contrairement aux groupes anga du nord, les Ankave considèrent que le lait maternel est une substance autonome vis-à-vis du sperme. Non seulement ce dernier ne produit pas de lait dans le corps des femmes (Godelier 1992: 5), mais les deux humeurs s'opposent, comme le montrent les relations qu'elles entretiennent respectivement avec la canne à sucre. En effet, tous les cultivars de canne à sucre produisent du lait chez les femmes, à l'exception de trois (*ŋwə' xarena, imənəŋə' et sindəxə'*) qu'elles ne peuvent pas couper et qu'elles ne consomment qu'en des circonstances exceptionnelles (veille du jour où l'on perfore le septum de leurs fils, après un premier accouchement). A ce stade de la recherche, rien n'indique que ces trois cultivars présentent une analogie avec le sperme, mais ils semblent être associés à la masculinité, ce qui les distingue de tous les autres cultivars de canne à sucre (voir aussi p. 25–26).

En tout état de cause, il existe une disjonction absolue entre le sperme et le lait maternel, qui se lit également dans les fonctions "physiologiques" bien contrastées qui leur sont attribuées puisque le premier est antithétique à la croissance des fœtus et que les rapports sexuels sont prohibés pendant l'allaitement de crainte de faire se tarir le lait.

A la différence de nombreuses sociétés de Nouvelle-Guinée, les Ankave ne disent rien de la participation respective des hommes et des femmes à la fabrication des différentes parties du corps humain. En particulier, on ne sait pas qui, du père ou de la mère, est à l'origine des os ou de la chair. On sait seulement que le sang se transmet exclusivement en ligne féminine. Quant aux autres composantes corporelles, elles proviendraient indifféremment des deux parents puisque les Ankave précisent que le corps du fœtus se constitue très tôt, juste après la conception, c'est-à-dire à un moment où sperme et sang viennent de se mélanger et forment désormais un tout d'où les contributions paternelle et maternelle sont indifférenciables.

Alors que le corps d'un fœtus est entièrement constitué dès les premiers mois de la grossesse, son esprit (*dəŋə*) ne se manifeste qu'à l'approche de la naissance, par les mouvements vifs que le bébé effectue dans le giron maternel. *Dəŋə* désigne tout à la fois le souffle, l'odeur, la vie, le mouvement, et la pensée, la mémoire, l'esprit. Les Ankave ignorent d'où il vient, cependant, la lecture du mythe d'origine du perçage des sexes permet d'avancer une hypothèse qui pallie peut-être les lacunes des discours. En tout état de cause, ni le père ni la mère n'en est considéré comme le responsable exclusif. Un informateur d'âge mûr nous a dit que l'esprit venait du père puis grandissait dans la matrice maternelle, mais il est le seul, les autres déclarant ne pas savoir. Voici les principaux événements du mythe.

Un homme avait l'habitude de copuler avec un "taro" sauvage (*awəaxawə*) [6]. A cette époque, les organes sexuels des êtres humains n'étaient pas encore percés. Un jour, l'épouse de l'homme prit son mari sur le fait et décida de ficher des épines de rotin dans la plante sur laquelle il avait l'habitude de s'ébattre. L'homme se blessa et demanda à son épouse de nettoyer la plaie. Elle arracha l'épine de rotin ; du pus s'échappa du pénis qui aussitôt se ramollit et se refroidit. Puis la femme se trouva enceinte, après avoir avalé ce pus ou senti son odeur (*dəŋə*), selon les versions. Son mari s'inquiétait de savoir comment le bébé allait sortir, alors il ramassa un morceau de silex qu'il posa à l'intérieur de la maison, à l'endroit où sa femme avait l'habitude de prendre place. Quand elle revint de son jardin, elle s'assit et la pierre lui fendit la peau entre les jambes. Elle put ainsi mettre au monde son enfant par le trou ouvert par le silex. Quelque temps après la naissance, l'esprit du bébé alla se placer au sommet de son crâne et l'enfant se mit à pleurer. La femme pensa qu'il s'agissait d'une plaie. Le mari perça alors la tête du bébé à l'aide d'une épine de rotin pour en faire sortir le pus. Le *dəŋə* de l'enfant s'en alla et celui-ci mourut aussitôt. Les parents résolurent d'être plus prudents la prochaine fois et lorsque leur deuxième enfant naquit, ils ne touchèrent pas à sa fontanelle [7].

Quelle analyse peut-on effectuer de ce récit ? Bien qu'il soit d'abord le mythe d'origine de la sexualité et de la procréation, plusieurs faits poussent à l'interpréter également comme le mythe d'origine de l'esprit chez les êtres humains. D'abord, il est clair que le pus qui s'échappe du pénis blessé est du sperme, puisque d'une part il féconde la femme, après que celle-ci

---

6. Il s'agit en fait d'une autre Aracée (*Schismataglossis calyptrata*) que le système ankave de classification des végétaux range parmi les taros *Colocasia esculenta*.

7. Les Ankave disent que l'esprit *dəŋə* d'un bébé bouge au rythme de sa fontanelle et qu'il ne se fortifie et ne se consolide qu'une fois celle-ci refermée, lorsque la tête grandit, sous l'effet des soins nourriciers maternels.

eut extrait l'épine de rotin, que d'autre part, le pénis se ramollit à la suite de cette opération, comme après une éjaculation. Ajoutons que les termes désignant le pus et le sperme (respectivement *kwïˈməŋəˈ* et *kïˈməŋəˈ*) sont des quasi homonymes (des paronymes, selon les linguistes)[8]. Ensuite, il me semble que l'on peut établir un rapport entre la plaie qui s'est développée sur le pénis de l'homme et celle située au sommet du crâne du bébé, dans la mesure où le même mot (*dəŋəˈ*) est utilisé pour désigner ce qui s'en échappe : une odeur fécondante (au moins dans l'une des versions) et l'esprit de l'enfant. En outre, dans les deux cas, c'est une épine de rotin qui permet à ces *dəŋəˈ* de sortir du corps. En d'autres termes, on peut raisonnablement faire l'hypothèse que l'on a là, sous plusieurs formes, l'expression d'une relation directe entre le sperme du père et l'esprit de l'enfant.

Pour résumer, les deux sexes sont nécessaires à la conception et à la constitution du corps des êtres humains et le rôle d'un homme lors de la première grossesse de son épouse est reconnu, puisqu'il respecte des interdits visant à ce que l'accouchement se passe bien. On vient de voir également que les hommes pourraient être à l'origine de la composante spirituelle de leurs enfants. De son côté, la mère est seule responsable de la croissance de leur corps et elle est à l'origine du sang qui y circule.

Corps et rites de croissance masculine

Ce rôle exclusif des soins nourriciers maternels dans la croissance et la production du sang des individus trouve un écho dans les formes que revêtent les initiations masculines. Dans leur structure même, les rites qui les composent sont en effet interprétables selon les termes qui renvoient directement aux représentations locales des substances qui composent la personne et assurent sa croissance. En même temps, nous verrons que les mécanismes idéologiques par lesquels s'affirme la domination des hommes sur les femmes sont repérables dans les modalités mêmes de ces rituels masculins. En cela, les Ankave ne diffèrent assurément pas des deux groupes du nord de la zone anga les mieux connus anthropologiquement (Baruya et Sambia), puisque leurs spécialistes s'accordent pour dire que les rituels d'initiation, masculins et féminins, jouent, chacun de leur côté et symétriquement, un rôle-clef dans la reproduction de l'inégalité entre les sexes qui caractérise la plupart de ces sociétés.

Dans ces deux groupes mais aussi chez les Iqwaye, voisins septentrionaux des Ankave, le sperme est l'unique substance nourricière et

---

8. Pour une brève discussion concernant une autre situation de paronymie chez les Ankave, voir Bonnemère (1994a: 26).

stimulatrice de la maturation des garçons : il est introduit dans leur corps au cours de pratiques homosexuelles (fellation) qui s'instaurent entre eux et des jeunes hommes encore célibataires. Les initiés sont séparés du monde féminin pendant de longues années ; ils séjournent dans une maison des hommes jusqu'à leur mariage et se cachent des femmes qu'ils rencontrent. Chez les Baruya et les Sambia, des rituels d'initiation sont effectués sur les jeunes filles qui viennent d'être menstruées pour la première fois. L'argument développé par M. Godelier à propos des Baruya est que les initiations féminines – par ailleurs bien plus brèves que celles concernant les garçons – ne sont que le complément, le prolongement féminin des rites masculins (1982: 89). Le message transmis aux filles est le même que celui reçu par les garçons : les femmes sont polluantes, "coupables" de l'être (Godelier 1992: 18) et, en conséquence, légitimement subordonnées aux hommes.

Qu'en est-il à quelques jours de marche vers le sud-ouest, chez les Ankave ? Bien que les initiations masculines ne comportent chez eux que trois stades principaux, le plus souvent disjoints dans le temps et dans l'espace, l'objectif et la forme de ces rituels sont globalement semblables à ceux des Anga du nord. Là aussi, il s'agit de produire des hommes et des guerriers hors de la présence des femmes (Godelier 1982: 176, Herdt 1987: 101, Mimica 1991: 100) et là aussi on fait subir aux jeunes garçons une série d'épreuves physiques et psychologiques, on leur impose des tabous alimentaires et on nourrit leur corps de substances spécifiques destinées à le fortifier et le mener à maturité. Cela dit, par rapport aux rites des Anga du nord, les cérémonies ankave présentent trois différences importantes : d'une part, elles ne comportent aucune pratique homosexuelle, et tout laisse penser qu'il en était ainsi traditionnellement[9] ; d'autre part, la mise à l'écart des garçons du monde féminin, pourtant bien réelle, est moins radicale que chez les Baruya ou les Sambia – en particulier elle n'est pas maintenue en permanence dans l'intervalle séparant les cérémonies d'accession aux différents stades – et elle semble avoir pris des formes encore plus atténuées depuis qu'ont cessé les guerres tribales[10]. Enfin, et ce fait est d'importance pour le débat sur la domination masculine, il n'existe pas chez les Ankave de rituels destinés aux jeunes filles.

Du fait de l'absence de toute pratique homosexuelle, le sperme ne joue aucun rôle dans les rituels d'initiation ankave. C'est ici du pandanus rouge

---

9. J. Mimica partage d'ailleurs cette opinion (1981: 54, 60).

10. Il est établi par exemple que les informateurs de plus de cinquante ans ont dormi, de leur initiation jusqu'à leur mariage, dans une "maison de célibataires" – mais pas dans une maison des hommes (voir p. 3 n. 1) –, pratique devenue rare aujourd'hui.

qu'est extraite la principale substance utilisée pour faire croître les garçons. Or, nous verrons que cet arbre, ainsi que la plupart des "produits" qui interviennent dans les rituels, renvoient au corps humain, qu'ils soient considérés comme des substituts d'humeurs corporelles, ou que les récits mythiques attribuent leur origine à des êtres humains, vivants ou morts.

Une analyse des rituels[11]

Tous les trois ou quatre ans (aujourd'hui tous les sept ou huit ans) en moyenne, les Ankave organisent des cérémonies d'initiation masculine. Leur cycle initiatique comporte trois stades principaux : entre huit et douze ans, les garçons ont la cloison nasale percée ; quelques semaines à un an plus tard, ils sont frottés avec des graines de pandanus rouge ; enfin, lors de la naissance de leur premier enfant, les jeunes pères subissent un rite au cours duquel ils reçoivent une sorte de collier de rotin muni de deux "défenses" de cochon.

Pour éviter d'allonger par trop le texte, et parce qu'elle figure ailleurs (Bonnemère à paraître : ch. 7), on ne trouvera pas ici de description linéaire et chronologique des différents évenements participant aux rituels. Nous allons bien plutôt nous attarder successivement sur trois des "paramètres" que les cérémonies mettent en jeu : les produits et les objets utilisés, les personnes présentes (ou "acteurs"), et les gestes effectués (ou mise en scène des rites).

Les "produits" et les objets

Les rites d'initiation masculine ankave font appel à un grand nombre d'éléments tirés du monde végétal, minéral et, dans une moindre mesure, animal, que les divers protagonistes (maître des initiations, pères et "frères" aînés des garçons mais aussi leurs mères et leurs sœurs plus âgées) utilisent de manières variées. Selon les cas, ces éléments ou objets sont employés en percussion sur le corps des jeunes initiés (pennes de casoar, baguettes tirées de l'arbre *sikwaá*), ingérés (sel, certains cultivars de canne à sucre, gingembre, etc.) ou font au contraire l'objet d'un interdit (pandanus rouge, noix d'arec, eau, taros *Xanthosoma sagittifolium*, notamment). D'autres sont frottés ou appliqués sur la peau (plusieurs terres, graines de pandanus rouge, feuilles de "taro", pulpe d'arbre en décomposition), tenus à la main ou simplement présents dans l'espace rituel, accrochés à quelque pièce de bois ou fichés en terre (cordylines, pierre de quartz, feuilles spécifiques). Or, un grand nombre de ces éléments du monde naturel possèdent une

---

11. L'analyse présentée ici ne prétend pas être exhaustive. D'autres interprétations de cet ensemble rituel sont possibles (voir p. 35), qui seront développées dans un ouvrage en préparation avec P. Lemonnier.

signification symbolique qui apparaît dans les mythes et que nous allons maintenant tenter de dégager.

Les objets utilisés en percussion

A plusieurs reprises, et en tout état de cause à chacun des stades, les initiés sont frappés. Lors des deux premières cérémonies, les coups qui précèdent le rite principal (perforation du septum ou onction de graines de pandanus rouge) servent à "faire grandir l'initié ; ils le fortifient et lui donnent de la vigueur", disent les Ankave. Mais c'est semble-t-il autant l'objet sacré *oxemǝxǝ*[12], par sa simple présence, que les instruments utilisés pour frapper qui possèdent cette capacité.

Parmi ceux-ci, le principal est la penne de casoar. Or, le casoar est un animal qui apparaît très étroitement associé aux femmes dans les mythes. Tous ceux qui mettent en scène cet oiseau[13] racontent qu'il est une femme transformée et que, réciproquement, la femme primordiale qui donna naissance à tous les êtres humains est issue de la transmutation d'un casoar venu de la forêt. Tout montre qu'il existe entre les femmes et les casoars une véritable relation d'interchangeabilité, relation dont témoigne par ailleurs la proximité phonétique qui existe entre le terme utilisé par un homme d'âge mûr pour interpeller son épouse (*apiǝŋǝ*) et celui qui désigne le casoar (*apiaŋǝ*)[14]. Notons encore que lorsqu'ils commentent l'usage des pennes de casoar pendant les initiations, les hommes mentionnent spontanément ce récit de la femme qui s'est transformée en casoar et dont le couteau de bambou devint les pennes de l'animal. En d'autres termes, aux objets tirés du casoar qui sont utilisés au cours des premier et deuxième stades des initiations, est associée une image féminine. Qu'en-est-il maintenant des produits interdits ou au contraire nécessairement consommés pendant les rites ?

Les produits prohibés

Les aliments sur lesquels pèse un interdit pendant les rites masculins sont beaucoup plus nombreux que ceux qui doivent être impérativement ingérés.

---

12. Du même nom que les cordylines aux feuilles rouges-pourpres qui apparaissent de façon prédominante dans les rituels d'initiation. Notons que *oxemǝxǝ* signifie littéralement "homme-combat/colère". Il s'agit donc bien, comme ailleurs chez les Anga (voir p. 9), de transformer des jeunes garçons, non seulement en hommes, mais surtout en guerriers.

13. Cet animal est classé comme tel chez les Ankave, à la différence de nombreuses sociétés de Nouvelle-Guinée (Bulmer 1967, Gardner 1984).

14. Voici un autre phénomène de paronymie (voir aussi p. 8 n).

Le premier d'entre eux est le jus du pandanus rouge, qui lors de plusieurs épisodes, ne peut être absorbé par les initiés ou leur famille proche. Quelques mois ou années avant les cérémonies du premier stade, les garçonnets s'étaient d'ores et déjà vus interdire celui du cultivar *pərəŋə́*, mais c'est de la totalité des cultivars de pandanus rouge dont on leur dit maintenant qu'ils ne peuvent plus avaler le jus lorsque débutent les rites. Notons que l'imposition du tabou sur le *pərəŋə́* avait été immédiatement précédée par une consommation rituelle de jus provenant en exclusivité, ou pour le moins en grande majorité, de fruits de ce cultivar particulier, et qu'ils en consomment en fait en grand secret au cours des cérémonies du premier stade.

Pourquoi les initiés doivent-ils s'abstenir si longtemps à l'avance du pandanus rouge ? Les informateurs (masculins) commentent l'imposition précoce de l'interdit sur la consommation du pandanus *pərəŋə́* de la façon suivante : "nous disons aux garçonnets que s'ils consommaient le jus des fruits de ce cultivar, ils s'affaibliraient, et que leurs jambes trembleraient quand ils grimperaient à l'arbre *íkə́áxwanə́* [15] pour se mettre à l'affût des oiseaux." Dans la mesure où les femmes enceintes doivent absorber du jus de pandanus rouge afin d'augmenter le stock de sang du fœtus qu'elles portent en elles et de permettre sa croissance, il semble pertinent de relier cette consommation des jeunes garçons non initiés – qui marque l'imposition du tabou – et celles qui interviennent au cours des rituels du premier stade eux-mêmes à cette représentation du développement *in utero*. Il s'agirait d'imiter une pratique et un processus physiologique féminins tout en s'en cachant des femmes.

Le deuxième tabou alimentaire strictement respecté pèse sur les noix d'arec ; lui aussi concerne également les parents proches de l'initié (mais leurs pères le lèvent avant leurs mères et leurs sœurs). Comme le pandanus rouge, le palmier-aréquier est étroitement lié au sang, mais le premier appartient à l'univers symbolique du sang qui circule et nourrit, tandis que les fruits du second semblent être associés avec les cadavres et les fluides corporels en décomposition et donc avec le sang asséché et sans vie[16].

Comme le jus extrait des fruits du *Pandanus conoideus*, le mélange des ingrédients entrant dans la composition d'une chique de bétel (noix d'arec, feuille de bétel et chaux), produit un fluide épais d'un rouge vif. Une fois mâché suffisamment, celui-ci est craché sur le sol, laissant comme une

---

15. Que les informateurs aient spécifié l'identité de l'arbre dans ce contexte est remarquable puisque ses fruits sont associés à la masculinité : ils sont consommés uniquement par les jeunes qui ont le septum perforé et par les hommes adultes (voir aussi p. 5).

16. Des détails concernant cette association entre les noix d'arec et le sang "mort" figurent dans Bonnemère à paraître : ch. 6.

petite flaque couleur de sang. C'est cette association étroite avec le sang qui rend la consommation de pandanus rouge et de noix d'arec dangereuse au moment où l'on inflige des coups sur le corps et où l'on perce la cloison nasale des garçons[17]. De même, lors des premières règles de sa future épouse ou de la première grossesse de celle-ci, et ensuite au moment de tous ses accouchements, un homme s'abstient de ces produits particuliers, de crainte de déclencher chez elle une hémorragie. Dans le cas du pandanus rouge comme dans celui de la noix d'arec, les Ankave redoutent une réaction de type "sympathique". Notons que c'est une crainte similaire qui empêche l'initié, sa mère et ses sœurs de boire de l'eau et de manger des légumes à feuilles qui deviennent très mous, voire gluants, à la cuisson, sous peine que la plaie causée au septum ne cicatrise pas.

Les taros *Xanthosoma spp.*, certains cultivars de la graminée *kwə́ ó* (*Saccharum edule*) et de canne à sucre, une autre graminée (*joxə́*, *Setaria palmifolia*), et l'ensemble du gibier sont eux aussi défendus aux initiés et à leur famille proche au moins, pour certains de ces tabous, pendant la phase de cicatrisation initiale. C'est à nouveau dans l'univers du mythe que se trouve un éventuel éclaircissement de plusieurs de ces interdits. Les informateurs masculins[18] font remonter l'origine du pandanus rouge à l'époque où les hommes sont sortis du monde souterrain par un trou situé vers Menyamya, au centre du territoire anga actuel, et où chaque groupe et chaque clan a reçu son nom et ses parures. Dans la majorité des récits, cet arbre est né du sang d'un homme primordial assassiné parce qu'il n'avait pas de nom et ne parlait pas. Mais selon une autre version de ce mythe, les *Idʒadʒe* – le principal clan ankave – en tenaient un plant au moment où ils émergèrent du sol. De son côté, une femme apparut avec un cultivar de taro *Colocasia esculenta* (*ə́wə́ iməmáə́*)[19], l'herbe *kəriŋí* et la graminée *kwə́ ó* dans les mains. Or, fait remarquable, outre le pandanus rouge déjà mentionné, ces végétaux interviennent d'une manière ou d'une autre dans les rituels d'initiation : la graminée fait l'objet d'un tabou et l'herbe *kəriŋí* est utilisée pour contenir de la nourriture (en l'occurrence des patates douces) et remplace donc – au moins partiellement – en ces circonstances rituelles les grandes feuilles *ə́kí abəxə́* (*Comensia gigentea*) qui sont normalement employées pour la préparation et la distribution des repas collectifs. En d'autres termes, l'origine de plusieurs des végétaux présents

---

17. C'est aussi parce qu'elles sont rouges, même si ce n'est que légèrement, que les plantes *xwonəŋwə́* et *waŋə́ ʃəmawaŋə́* ne sont pas consommables pendant les rituels. Elles figurent en revanche au moment de lever l'interdit sur le pandanus rouge.

18. Il s'agit en effet d'un mythe inconnu des femmes.

19. Notons au passage que ce cultivar est donné aux femmes enceintes dont l'accouchement est imminent et que certaines femmes accompagnent sa plantation d'une formule magique.

dans les initiations remonte à l'apparition des *Idʒadʒe* eux-mêmes, c'est-à-dire des Ankave. Quant à l'interdit sur la graminée *joxə*, notons qu'il est également imposé aux femmes enceintes pour la première fois.

Les produits consommés

Le sel végétal, la canne à sucre et le gingembre (*wawi oxə*) sont à plusieurs reprises consommés rituellement. Selon l'un des mythes d'origine des initiations, ce gingembre qualifié de masculin a poussé sur le corps d'une vieille femme qui, après avoir assassiné et mangé plusieurs frères, fut à son tour tuée par le plus jeune. Celui-ci découpa le cadavre de la vieille en morceaux avant de l'enterrer. Puis il récupéra le bambou qui contenait les os de ses frères dont elle avait consommé la chair et les vida dans une mare. Ces os se transformèrent en têtards, puis en grenouilles, et, finalement en garçonnets. Parallèlement, sur la tombe de la vieille cannibale, le frère survivant observa la croissance de diverses plantes : le gingembre en question, ainsi que les cordylines *ə irə* et *jayjáwə*, le croton *imə*, l'Euphorbiacée *ndajá a* (*Acalypha gran-dis*), la Labiatée *təwibá* (*Plectranthus*), qui sont toutes des plantes ornementales aux feuilles plus ou moins rouges. Pendant ce temps, les garçons grandirent et le personnage qui leur avait permis de renaître les transforma en hommes ; ils étaient nombreux car chaque os avait donné naissance à un enfant. Il leur perfora le septum, leur donna à chacun un pagne, un filet de portage et des baudriers en tiges d'orchidée. Une fois parés, les jeunes garçons descendirent de la forêt en direction du hameau. Auparavant, l'épouse du benjamin des frères avait distribué des cordylines *ə irə* à toutes les femmes ; quant aux hommes adultes et aux initiés, ils brandissaient des cordylines *oxeməxə*. Quand ils arrivèrent dans le hameau, les femmes entonnèrent un chant, alors connu d'elles seules, qui est maintenant l'un de ceux chantés par tous pendant les quelques jours qui précèdent la cérémonie de perforation du septum. Ces événements eurent eux aussi lieu près de Menyamya.

Ainsi, certaines des plantes qui interviennent pendant les initiations masculines ont poussé sur le cadavre d'une vieille femme qui avait dévoré de jeunes hommes.

Avant de proposer une analyse plus globale de ces produits dont la consommation est prescrite ou au contraire strictement évitée, il nous reste à évoquer, d'une part, les objets dont la simple présence est indispensable au bon déroulement des rites d'initiation, d'autre part, ceux qui sont appliqués à la surface du corps.

Les objets d'ornementation et les accessoires techniques

La plupart de ces objets d'ornementation sont des végétaux, et en premier lieu des cordylines dont les feuilles comportent des nuances-rouges, jaunes ou pourpres (*warəbá oxeməxə́* et *ə́ irə́* notamment). Les cordylines *oxeməxə́*, qui ont poussé en même temps que le pandanus rouge, à partir du sang de l'homme primordial assassiné, sont présentes à chaque ensemble de rituels. Quant aux cordylines *ə́irə́*, une variété dite féminine que les femmes brandissent au terme des rituels du deuxième stade, elles sont apparues sur la tombe de la vieille femme cannibale.

Les autres plantes qui interviennent pendant les initiations sont utilisées pour remplir des fonctions techniques habituellement tenues par d'autres végétaux. Rougeâtres comme les cordylines mentionnées à l'instant, les feuilles *kəriɲí ajə́á* servent en effet en cette occasion rituelle à envelopper quelques patates douces pour les initiés. De même, les feuilles de la plante *ákí kurátə́* reçoivent les fruits cuits du pandanus rouge dont les graines sont destinées à l'onction et ceux donnés à consommer aux mères des garçons à l'issue des rituels ; elles servent également à couvrir certains abris cérémoniels. Hormis les végétaux, un morceau de quartz blanc est indispensable lors des rites du premier stade ; nous verrons plus loin dans quel univers symbolique il est possible de l'intégrer.

Les produits appliqués sur la peau

Abordons maintenant le dernier type de "produits" utilisés pendant les ini-tiations : ceux qui sont appliqués à la surface de la peau. Il s'agit majoritairement de terres ramassées au bord des rivières ou dans la forêt, choisies parmi celles dont la couleur varie du jaune-ocre orangé (*xwə́á oməxə́*) au gris plus ou moins foncé (argile *xwə́ təŋwə́*, et *xwə́á pərə́*) en passant – inévitablement – par le rouge plus ou moins vif (*xwə́á ʃəwajə́*, *xwaxuje* et *iwana*). Outre l'onction de graines cuites de pandanus rouge et de terre *ʃəwajə́*, le corps des jeunes garçons est frotté à diverses reprises au cours du premier stade, notamment de terre *xwaxuje*. Mais l'onction qui prend place lors des rituels initiatiques du deuxième stade se distingue à la fois par le "produit" utilisé (pandanus rouge) et par les endroits du corps (visage et épaules) où il est appliqué.

Les mythes ne mentionnent pas l'origine de produits minéraux, à l'exception de *xwə́á ʃəwajə́*, qui apparaît en même temps que le pandanus rouge et les cordylines *oxeməxə́*, à l'endroit où le sang de l'ancêtre pri-mordial assassiné s'est déversé sur le sol, dans l'une des versions du mythe d'origine du pandanus rouge. Les informateurs masculins disent que, de nos jours, un peu de ce sang est stocké dans un bambou qu'il suffit d'agiter pour qu'il se transforme en cette terre aux puissantes vertus.

Outre le pandanus rouge, deux autres éléments végétaux sont utilisés en friction : des feuilles de l'Aracée *áwə́ áxáwə́* (*Schismataglossis calyptrata*), avec lesquelles le nez des initiés est frotté, et de la pulpe d'arbre pourrie enduite sur leur corps au cours des rituels du premier stade, au moment de lever le tabou sur l'eau. Or, on a vu précédemment (p. 7), que

cette plante classée par les Ankave avec les taros *Colocasia esculenta*
apparaît dans le mythe qui relate comment les organes génitaux d'un couple
furent percés et comment la première reproduction s'effectua.

Les "acteurs"

A l'occasion des initiations, on fait jouer aux membres de la parenté proche
des jeunes garçons un rôle important, généralement lié de manière étroite
au déroulement des rites masculins proprement dits. Les mères et les sœurs
des initiés sont clairement mises au premier plan, comme nous allons le
voir maintenant en considérant les détails des rites d'initiation du point de
vue de l'ensemble des protagonistes. Ainsi, il sera possible de s'interroger
sur le rôle et l'identité des "acteurs" qui accompagnent d'une manière ou
d'une autre les épreuves subies par les initiés.

Les mères des jeunes garçons sont recluses toutes ensemble dans une
maison de branchages construite pour la circonstance à l'entrée du village,
du côté du secteur de forêt où dorment les initiés. En face de la hutte des
femmes, se trouve un abri similaire pour les pères, dont la réclusion est
moins contraignante : à plusieurs reprises, il leur est possible de rejoindre
les initiés dans la forêt, alors que les femmes ne s'éloignent pas de leur
résidence et cessent toute activité qui nécessite de se déplacer à partir du
jour où leurs fils ont le septum perforé. Notons que, rassemblés comme ils
le sont en un même point du village et au vu et au su de tous, les parents
des initiés ne peuvent avoir aucune relation sexuelle. Pendant les quelques
semaines que dure la cicatrisation, les mères s'enveloppent comme leurs
fils d'une cape d'écorce neuve et "passent leur temps assises à bavarder
entre elles, à dormir, et à manger les patates douces que d'autres leur
apportent", disent les femmes en guise de résumé.

Jusqu'à ce que le maître des initiations effectue le premier changement
de parure nasale, dans les cinq ou six jours qui suivent la perforation du
septum, la plupart des autres aliments leur sont interdits : pandanus rouge,
plusieurs cultivars de canne à sucre, eau, taros *Xanthosoma spp.*, bananes,
auxquels s'ajoutent les substances qui entrent dans la composition de la
chique de bétel. Pendant la période où les initiés vont à la chasse, l'interdit
alimentaire s'étend à deux cultivars de la graminée *Saccharum edule* (kwəd́
exwəd́ et xoxə́ à certains légumes à feuilles[20], et, pour les produits animaux,
aux œufs de gallinacée sauvage, au gibier et à la viande de porc. Après ces
quelques jours d'intense restriction alimentaire, les semaines de réclusion
supplémentaires sont moins draconiennes de ce point de vue puisque seul
le pandanus rouge reste prohibé. Tous ces interdits ont pour but d'empêcher

---

20. Parmi eux, *Rungia klossii* (*ja*), kumə́ (importé et indéterminé), dont la tige
comporte des tortillons, et plus généralement tous ceux qui sont plantés, à
l'exception de Hibiscus manihot (waŋə́) et de Oenanthe javanica (kwiŋiŋə́).

une hémorragie et de faire en sorte que la plaie nasale sèche et cicatrise au plus vite[21].

La veille du jour où la perforation du septum est prévue, les mères des jeunes garçons reçoivent collectivement du sel végétal et du gingembre, puis de la canne à sucre (des cultivars *xarena* et *imənəŋə́*), selon la même séquence que leurs fils, et que toutes les personnes qui en ont reçu d'ailleurs[22]. Et, comme leurs fils initiés, lorsqu'au cours d'un des repas pris pendant leur longue réclusion elles entendent un bruit ou aperçoivent un insecte, elles crachent aussitôt ce qu'elles ont dans la bouche[23]. De la même façon, on leur enjoint de ne pas céder à l'envie de se gratter vigoureusement avec leurs ongles, mais de se frotter doucement à l'aide d'une lame de bambou. Notons que le même conseil est donné aux garçons. Enfin, elles ne peuvent se munir d'un couteau pour enlever la peau noircie des patates douces ou les trancher, mais doivent utiliser leurs mains dans les deux cas.

Dès le lendemain de la perforation du septum de leurs fils et jusqu'à ce que ceux-ci sortent de la forêt, elles se dirigent à l'aube de chaque jour vers un ruisseau proche pour y tremper la nouvelle cape d'écorce qu'elles ont revêtue la veille. Les jeunes garçons effectuent le même geste, mais dans un cours d'eau différent. Au terme de leur réclusion, le matin du jour où l'arrivée des initiés est annoncée, et alors que la majorité des femmes s'affairent à la préparation du repas collectif, les mères des initiés vont se débarrasser de cette cape dans une large rivière puis revêtent une jupe de fibres végétales neuve, avant de revenir au village. Parmi elles, deux femmes d'âge mûr ont en outre ramassé de la terre *xwəá omɔxə́* et des feuilles *kəriɲi ajə́á*.

A l'exception de la réclusion, les sœurs aînées des initiés subissent le même traitement que leurs mères. Les interdits alimentaires qu'elles doivent respecter sont identiques, et certains (sur les noix d'arec et la graminée *Setaria palmifolia*) sont même maintenus plus longtemps, en l'occurrence jusqu'au retour des garçons. Elles aussi reçoivent une cape en écorce fraîchement battue, qu'elles vont mouiller tous les matins dans un ruisseau parallèle à celui vers lequel se dirigent les mères. Sans être pour

---

21. Notons qu'ils rappellent immanquablement ceux imposés aux futurs parents d'un premier enfant (Bonnemère à paraître : ch. 6).

22. A la différence près que la mixture donnée aux initiés contient aussi des rapûres de l'écorce de l'arbre *ɔnuwájə́* et des graines de *xwonəŋwə́*.

23. Alors que les femmes ne commentent pas ces interdits, voici ce qu'en disent les hommes : les femmes crachent ce qu'elles ont dans la bouche lorsqu'elles entendent le chant de certains oiseaux, censés tenir des propos en rapport avec le sexe féminin, ou lorsque retentit le bruit mystérieux des rhombes. Dans ce dernier cas, on ment aux femmes en leur disant que leurs garçons se comportent de la même manière, ce qui n'est pas le cas.

autant recluses comme elles, ces jeunes filles vivent au plus près de leurs mères qui, elles, le sont : elles se rendent quotidiennement dans les jardins chercher de quoi nourrir leurs parents et leurs frères, participent à la cuisson des grandes quantités de nourriture nécessaires[24] et s'investissent elles aussi dans la confection des baudriers et ceintures en tige d'orchidée et des petits filets de portage dont se pareront leurs frères à la fin des cérémonies. Le jour de l'arrivée des garçons, elles se rendent dans un ruisseau pour se couper les cheveux et décorer les endroits de leur visage fraîchement rasés de lignes verticales tracées avec des graines rouges de *airo* (*Bixa indica*) et de la terre *xwəd ʃəwajə*.

Les pères et les frères aînés des garçons jouissent de davantage de liberté. Les premiers résident certes tous ensemble dans un abri particulier, s'abstiennent de se déplacer, de couper du bois et de faire des ligatures pendant la phase initiale de cicatrisation des garçons[25], s'enveloppent d'une cape d'écorce neuve et reçoivent la fameuse mixture faite de sel et de gingembre la veille du rite de perforation du septum. Mais les tabous alimentaires qui pèsent sur eux sont à la fois moins nombreux et moins durables que ceux que respectent leurs épouses et leurs filles. Ils s'interdisent le pandanus rouge, les noix d'arec, les quatre cultivars de canne à sucre déjà mentionnés et l'eau, mais peuvent consommer des taros. Trois jours après la perforation du septum de leurs fils, ils ne s'abstiennent déjà plus que d'absorber du jus de pandanus rouge et de chiquer le bétel. De même, l'abri construit pour eux ne leur servira véritablement plus que pour dormir, et deviser ou confectionner des parures de tige d'orchidée ou de plumes près du seuil. Dans la journée, ils pourront se déplacer à leur guise, y compris pour se rendre à l'endroit où leurs fils sont rassemblés.

Les frères aînés des initiés, réels et classificatoires, les accompagnent au cours des rituels et de la vie en forêt. Ils résident et chassent avec eux, revêtent une cape neuve et respectent certains tabous alimentaires pendant une durée minimale. Ils peuvent figurer parmi les parrains et les gardiens des jeunes garçons, dont ils règlent autoritairement le rythme des journées et auxquels ils imposent diverses épreuves. Tour à tour menaçants et consolateurs, ils vivent jour et nuit auprès des initiés, ils les sermonnent, les instruisent et les guident dans la forêt. Enfin, ce sont eux qui assurent la liaison entre ces derniers et les villageois, annonçant par exemple leur retour imminent à l'issue des cérémonies de chaque stade. C'est ce rôle d'intermédiaire et le contact prolongé qu'ils ont avec les initiés qui justifie

---

24. En 1994, une quarantaine de pères et de mères étaient confinés dans leur abri villageois respectif, et vingt-six initiés, accompagnés chacun d'un parrain, se trouvaient en forêt.

25. Notons qu'un futur père respecte les mêmes tabous de comportement lorsque son épouse est enceinte du premier enfant qu'il a engendré (voir p. 5–6).

l'onction de terre *xwəá pərá* effectuée sur leur ventre dans le but de les refroidir, le jour de la sortie de la forêt, peu avant qu'ils consomment les tubercules cuits dans le grand four semi-enterré.

Aussitôt après la période initiale de cicatrisation du septum des initiés – qui se termine par l'introduction d'une broche nasale faite d'un os de gallinacée sauvage en lieu et place d'un segment de canne *məɲí* -, les parents des initiés n'ont plus à respecter l'interdit sur les noix d'arec et sur l'eau. Notons qu'au même moment, leurs sœurs sont seulement autorisées à boire. Et ce n'est qu'une vingtaine de jours plus tard, lorsque les garçons descendent au village, qu'elles reçoivent de leurs mains de quoi chiquer le bétel, ainsi que du petit gibier.

Dès le lendemain du jour où le changement de parure nasale est effectué, on effectue pour les pères et les mères des jeunes garçons, mais séparément, la levée rituelle collective du tabou sur l'eau et les noix d'arec. Prenons l'exemple des femmes : assises en ligne, elles boivent une gorgée d'eau d'un bambou que leur tend le maître des initiations qui asperge ensuite légèrement le sommet de leur tête, avant de leur donner quelques feuilles de bétel et une noix d'arec dont elles mâchent une petite quantité. Elles se lèvent aussitôt pour cracher et ce n'est qu'ensuite qu'il leur offre de quoi se confectionner une chique de bétel digne de ce nom. Elles sont alors aspergées d'eau une dernière fois. Les pères sont traités de la même façon. Quant aux sœurs, on a vu qu'elles ne sont concernées ce jour-là que par le rite de l'eau.

Pendant les cérémonies du deuxième stade (marquées par l'onction de pandanus rouge), l'accompagnement des initiés par leurs parents proches est moins net. Avant que ne commencent les rituels proprement dits, chaque père emmène son fils en forêt pour qu'ils déposent tous les deux en haut d'un arbre à l'écorce rouge (un *ɔrúwə́*, *Syzygium sp.*) la cape *iʒiará* qui leur recouvre les fesses. Ce sont aussi leurs pères qui confectionnent plusieurs capes d'écorce, destinées aux initiés et aux membres de leur famille proche, auxquelles s'ajoutent pour les premiers des parures en tiges d'orchidée, des arcs et des flèches. Quant aux mères et aux sœurs, elles préparent pour eux des pagnes, des filets de portage et des parures en tiges d'orchidée. Comme lors des cérémonies du premier stade, les frères des initiés ont un rôle d'accompagnateur : ils se rendent notamment avec eux en forêt pour chasser des marsupiaux qui serviront à lever l'interdit de consommation qui pèse sur les jeunes garçons et leurs sœurs depuis le début des rituels du premier stade.

Une fois le gibier amassé en quantité suffisante et les pièces de vêtements et parures corporelles prêtes, les initiés peuvent être emmenés en forêt pour subir l'onction rituelle de graines de pandanus rouge puis de terre *ʃəwajə́*. Pendant que ces cérémonies se déroulent, seuls le gibier, le pandanus rouge et les noix d'arec font l'objet d'une prohibition, qui, outre les initiés, concerne leurs parents proches, à l'exception de leurs frères.

Mais là encore, tout le monde n'est pas traité de la même façon : par exemple, les pères lèvent plus tôt que les autres l'interdit sur le pandanus rouge.

Lorsqu'on s'attache à analyser les relations entre un initié et les membres de sa famille proche, au travers des attitudes et des rôles requis de chacun lors des initiations, on s'aperçoit que les femmes subissent davantage de contraintes que les hommes et que les mères entretiennent un rapport d'une étroitesse extrême avec leurs garçons : leur corps lui-même doit supporter des épreuves similaires à celles que les corps de leurs fils endurent. Hormis la perforation du septum et les coups, les mères des initiés respectent les mêmes stricts interdits alimentaires et comportementaux qu'eux. De même, plusieurs mouvements qu'elles effectueraient après que la perforation du septum a eu lieu pourraient avoir un effet sur la cicatrisation de celui-ci. C'est dire à quel point elles sont intégrées à l'opération elle-même. Or, ceci n'est pas sans rappeler le rapport qu'une femme enceinte entretient avec le bébé qu'elle porte. Les commentaires de mes informatrices sont d'ailleurs sans équivoque : "nous pensons aux interdits sur le pandanus rouge, les noix d'arec et l'eau que nous avons dû respecter lorsque nos fils [qui sont maintenant initiés] sont nés", ou bien "nous avons froid comme nos fils, nous les avons mis au monde", ou encore, "ce fils que l'on initie aujourd'hui, on l'a porté dans notre ventre. Alors, quand eux ont faim, toi, tu vas manger ! ? ! ". Les mères des garçons établissent donc explicitement un lien entre les initiations et la naissance de leurs fils, plusieurs années auparavant.

Mais si les mères sont au plus près des épreuves que subissent leurs fils, les sœurs de ceux-ci ont elles aussi un véritable rôle à jouer pour que la cloison nasale de leurs frères cicatrise et, sans être recluses, elles subissent certaines des épreuves vécues par ces derniers, le port d'une cape d'écorce mouillée par exemple. Les Ankave disent qu'"elles aident leurs frères" et que ceux-ci leur donnent des noix d'arec et du gibier qu'ils ont chassé parce qu'"ils sont contents qu'elles aient arrêté de chiquer le bétel pour eux". Il semble que les sœurs soient elles aussi associées aux rites d'initiation de leurs frères plus jeunes d'une manière que l'on pourrait qualifier d'intrinsèque, ou d'interne, et j'aurais tendance à penser qu'elles doivent se comporter ainsi en vertu du fait que les uns et les autres sont constitués pareillement et partagent un même sang. L'interdiction pour elles de chiquer le bétel jusqu'à la sortie des initiés de la forêt va dans ce sens. Dans le cas des frères de ces derniers, qui sont eux aussi remplis du sang de leurs mères, il s'agit du seul tabou à respecter pendant les initiations qui soit mentionné avec insistance. Et plus que par le respect des mêmes interdits alimentaires et de comportement (ils sont les seuls parents des initiés à ne pas consommer le mélange de sel et de gingembre par exemple), leur relation aux initiés s'actualise par le partage réel des épreuves : eux aussi sont frappés, veillent pendant de longues heures au beau milieu de la nuit et parcourent la forêt à l'aube. Globalement, le rapport qu'ils entretiennent avec leurs frères plus jeunes est davantage marqué par le partage d'une identité de sexe que par la germanité. C'est peut-être aussi une des raisons pour lesquelles des frères classificatoires peuvent se joindre aux rituels.

Les oncles maternels des garçons, enfin, ont eux aussi un rôle actif de premier plan pendant les initiations : comme leurs "frères", ils séjournent en forêt mais, en tant que parrains initiatiques préférentiels des initiés, ils partagent avec eux un maximum de coups et de blessures. C'est d'ailleurs pour cette raison, disent les Ankave, qu'ils reçoivent par la suite la viande d'un porc mâle entier (don *ʃəŋɔɛ*). L'analyse de la séquence des gestes effectués, et de leur mise en scène, va nous aider à mettre plus précisément au jour la nature de la relation qui lie un oncle maternel à son neveu dans les rituels d'initiation. Elle nous permettra aussi de proposer une interprétation globale de ces rites.

La mise en scène

La première étape de la présente étude montre qu'au cours des deux premiers stades des initiations masculines, hommes et femmes œuvrent ensemble, mais chacun de leur côté, à reproduire certains des "événements" qui avaient naguère entouré la naissance des garçons, voire leur gestation. L'interprétation des rites de passage comme une renaissance n'est certes pas nouvelle (Van Gennep 1981 [1909]), mais voir dans la suite ordonnée des rites une mise en scène de différentes étapes de la création d'un être humain est peut-être moins banal. Nous allons nous efforcer maintenant d'étayer notre hypothèse.

Avant de procéder à toute interprétation, il nous faut considérer que l'expression ankave utilisée pour dire "percer le septum" se traduit littéralement par "tuer l'enfant". Le premier acte rituel des initiations est donc une mise à mort symbolique des jeunes garçons qui viennent d'être arrachés à la vie villageoise et au milieu féminin dans lequel ils ont été principalement élevés jusque là. Elle est le préalable obligé à leur transformation en des individus matures au sein d'un monde masculin. Or, tant cette référence à la mort que l'identité des éléments qui sont présents juste avant la perforation du septum et leurs effets sur le corps (sel végétal qui "brûle" le foie et pierre blanche notamment) rappellent le mythe d'origine de la menstruation.

Celui-ci raconte que les premières menstrues intervinrent chez une jeune femme ayant désobéi à l'homme qui lui avait interdit de regarder la pierre étincelante qu'il avait trouvée dans une rivière[26] et dont il se servait comme source de lumière pour aller chasser la nuit. Il avait enveloppé cette pierre

---

26. Un quartz poli, tout comme la pierre utilisée pendant les initiations.

dans une cape d'écorce et l'avait cachée derrière un tas de bois à l'intérieur de sa maison, mais la femme ne put contenir sa curiosité. Aussitôt, la pierre bondit à travers son corps, arrachant son foie au passage. La pierre tachée de sang devint la lune tandis que la femme fut projeteé au sommet de la maison et mourut. Depuis lors, les femmes perdent régulièrement du sang de leur corps.

Il est possible que la mise en scène rituelle de la consommation de sel renvoie à cet épisode, qui établit la menstruation et la fertilité des femmes, moyennant la mort de l'une d'entre elles. Le sel agit sur l'organe plein de sang de l'initié, puisqu'il "le brûle" et l'"endommage", tout comme la pierre découverte par la femme dans le mythe blesse mortellement celle-ci, en passant au travers de son foie. Peu après avoir consommé ce sel végétal, les initiés meurent symboliquement, lors de la perforation de leur septum. Quant à la femme du mythe, elle meurt réellement, le corps éclaté par l'introduction de la pierre blanche.

Interpréter la consommation de canne à sucre qui suit de peu celle de sel et de gingembre est malaisé. Le fait que les cultivars de canne concernés ici sont interdits aux femmes en temps ordinaire, alors que les autres sont réputés produire du lait dans le corps de celles-ci (voir p. 6), pourrait nous conduire à les ranger du côté de la masculinité, comme c'est le cas de tous les cultivars de canne à sucre chez les Anga du nord (par exemple Godelier 1982: 98). Mais ce que disent les Ankave du type d'action qu'exercent ces jus particuliers nous conduit à préciser ce propos. Alors que le sel brûle le foie des initiés, la canne à sucre le refroidit, contrant du même coup ses effets néfastes. Or, ces considérations de température doivent être rapprochées de la manière dont les Ankave définissent et contrastent la masculinité et la féminité par référence au temps des mythes.

Pour eux, les femmes sont des êtres froids et mous, principalement parce que leur ventre porte les enfants, alors que le corps des hommes est caractérisé par la chaleur, la force et une certaine forme d'infertilité. Ces états corporels n'ont pas été tels de tout temps ; les femmes sont devenues froides à la suite d'événements induits par les hommes, et décrits dans plusieurs récits que nous appelons mythes, mais qui, pour les Ankave, appartiennent à un passé réel (voir Bonnemère à paraître : ch. 8 pour plus de détails). Lorsqu'on sait par ailleurs qu'outre l'effet refroidissant qu'elle exerce, la canne à sucre est considérée comme molle et qu'elle a ordinairement la capacité de produire du lait maternel dans le corps des femmes qui viennent d'accoucher, l'association entre cet aliment et la féminité s'impose. Au contraire, le sel est considéré comme chaud : il agit sur le foie en créant une "brûlure". Et le rapprochement proposé ci-dessus entre le mythe de la première menstruation, où la pierre blanche d'un homme fait éclater le foie d'une femme, et la consommation par les initiés de sel, préparé sur une plateforme au pied de laquelle se trouve une telle pierre, nous pousserait à ranger ce condiment du côté de la masculinité.

Avant qu'on leur perfore le cartilage du nez, les jeunes garçons ont donc d'abord absorbé une substance plutôt masculine (le sel)[27], et peu après une substance plutôt féminine (la canne à sucre), mais ici clairement placée sous l'emprise des hommes, puisque les cultivars de canne à sucre utilisés dans ces circonstances sont interdits aux femmes en temps ordinaire. Le mode d'absorption du jus sucré – en suçant des courts segments de canne d'une manière inconnue dans les comportements alimentaires mais qui ne peut qu'évoquer les fellations rituelles pratiquées chez les Anga du nord – va également dans le sens d'une masculinisation de cette substance autrement féminine. Or, si l'on veut s'en tenir aux informations que nous ont livrées, plus ou moins directement, les discours et les pratiques ankave, on ne peut guère dire plus.

L'application de terre ʃəwajə́ sur le nez tuméfié par la perforation du septum a en commun avec l'ingestion de jus de canne à sucre d'exercer une action réparatrice. Hors du contexte des initiations, elle est utilisée en onction sur le dos des femmes dont les règles ne cessent pas, ce qui renvoie là encore à l'univers de la menstruation (voir le mythe évoqué ci-dessus). Bien qu'elle provienne du sang d'un ancêtre assassiné, cette terre possède des vertus anti-hémorragiques : l'application d'un dérivé séché de sang masculin a la capacité de réduire, voire de stopper les écoulements sanguins jugés dangereux. Quant aux terres (notamment xwə́ə́ oməxə́ et xwaxuje) qui sont frottées sur les initiés pendant les cérémonies du premier stade, on leur reconnaît, en d'autres contextes, la capacité de stimuler le développement physique.

Comment ces références à ces mythes et à ces discours sur les caractéristiques de chaque sexe, nous permettent-elles d'interpréter les rites d'initiation du premier stade ? De toute évidence, on y utilise des substances et des objets qui sont principalement associés à la féminité, à la maternité et à la procréation en général – le poinçon d'os de casoar, la canne məɲi,́ le quartz blanc, la canne à sucre et le "taro" ə́wə́ ə́xə́wə́[28] – et/ ou qui produisent sur le corps certains effets (accroissement ou diminution de la température corporelle) que l'on retrouve dans tous les propos sur la différence sexuelle et la fertilité – sel, gingembre, canne à sucre.

---

27. Le fait que le sel est associé au sperme chez les Iqwaye voisins (Mimica 1981: 64), pourrait être un indice supplémentaire d'une telle association.

28. Pour les informations sur le casoar, la pierre de quartz et l'Aracée en question, voir p.12, 25 et 7 respectivement. Quant aux deux autres "objets", c'est avec un segment de canne məɲí que les accouchées tranchent le cordon ombilical de leurs nouveaux-nés ; et le cultivar de canne à sucre ŋwə́ xarena, qui figure parmi ceux donnés lors des initiations, doit être consommé par les deux parents d'un premier enfant quatre jours après l'accouchement. On pourrait ajouter le cas de la graminée joxə́ et du légume à feuilles kumə́, inconsommables à la fois pendant une première grossesse et lors des initiations masculines.

Quant au principal acte rituel, il est littéralement qualifié de mort symbolique des garçons.

Les jeunes garçons se voient assimilés à des êtres dont l'existence n'a pas encore commencé, et qu'il s'agit de faire croître dans un contexte rituel où nombre d'éléments renvoient à l'univers de la sexualité et de la reproduction. La présence de ces objets et de ces substances ainsi que la "mort" des futurs initiés, qui constitue le moment fort des rites du premier stade, indiquent que se trouve mis en scène un processus de "fabrication" d'un nouvel être humain à partir de "rien".

Dans cette perspective, il paraît raisonnable de considérer les comportements imposés aux mères pendant la phase de cicatrisation des plaies de leurs fils, qui est une période de réclusion pendant laquelle elles entretiennent avec eux un rapport de symbiose totale, comme calqués sur celui d'une femme enceinte à l'égard du bébé qu'elle porte en elle. A cet égard, la consommation secrète de jus de pandanus rouge par les initiés, pendant les cérémonies du premier stade, prend un relief particulier. Elle est une réplique, par les jeunes garçons, du comportement alimentaire que les femmes enceintes doivent adopter pour faire grandir le fœtus logé en elles, opérée de surcroît au moment précis où leurs mères sont strictement recluses. Mais le caractère particulièrement secret de cette consommation masculine laisse penser que les femmes ne doivent rien savoir de cette imitation d'une des principales conditions de la croissance intra-utérine.

Autre confirmation d'un étroit parallèle entre le processus de croissance des garçons et la maternité : les modalités selon lesquelles les mères participent à la maturation de leurs fils initiés (la réclusion, le respect de tabous alimentaires, l'abstinence sexuelle, et une restriction drastique de leurs mouvements) rappellent avec force les différents comportements qu'elles devaient adopter pendant leur grossesse[29]. Pourtant, le jus de pandanus rouge, qui était alors requis, leur est prohibé pendant les initiations, et ce sont leurs fils qui doivent en absorber, *à leur place*, serait-on tenté d'avancer. Interdire cet aliment aux mères des initiés fait d'ailleurs partie des nombreuses démarches auxquelles ont recours les hommes pour que les initiations soient véritablement une re-naissance opérée sous leur contrôle, et donc, en quelque sorte, pour disjoindre l'univers des initiations de celui de la procréation, dont tout montre cependant la contiguïté.

Il me semble de même que l'interdiction pour les initiés de consommer du gibier vaut d'être rapprochée de celle qui pèse sur le futur père d'un premier enfant, sous peine de revenir bredouille de la chasse aux marsupiaux qui doivent être offerts à la jeune mère peu après la naissance

---

29. De même, on se souvient que les pères des initiés doivent abandonner pendant quelques jours certaines activités dont ils avaient dû s'abstenir pendant plusieurs mois lorsqu'ils attendaient d'être père pour la première fois.

du bébé. Ce don de gibier est désigné par le terme de *mɛmĩ tʃə*. Or, les animaux (rats, oiseaux et petits marsupiaux) que rapportent les jeunes garçons à leurs sœurs aînées et à leur mère sont nommés pareillement. Là encore, l'initiation renvoie à la procréation, mais on doit également remarquer qu'imposé aux mères des initiés, ce tabou sur le gibier ressemble fort à celui qui les empêche de consommer les dons en nature *təwagə* offerts pour leurs filles par le groupe de leur futur mari (Bonnemère à paraître : ch. 3) avant que celles-ci soient pubères. Dans ce cas, l'interdit est destiné à ce que la maturation de la jeune fille ne soit pas entravée. Rapprocher les deux situations nous permet de faire l'hypothèse que les mères s'abstiennent de gibier pour ne pas nuire à la croissance de leurs fils.

Le temps fort des rituels du deuxième stade est l'onction de graines de pandanus rouge et de terre *ʃəwajə*, qui est précédée d'une difficile progression des initiés dans un étroit corridor où ils sont battus. Ces deux rites font suite à un épisode pendant lequel les initiés sont maintenus auprès d'un feu intense, entassés dans un abri minuscule dont les parois sont ensuite modifiées pour édifier le corridor. On peut raisonnablement faire l'hypothèse que cet abri au centre duquel on allume un grand feu et cet étroit passage se présentent respectivement comme un utérus et un vagin, et que les objets rouges (feuilles d'un *Elaeocarpus sp.* et morceaux de nappe d'écorce battue teinte avec du jus de pandanus rouge) placés aux deux extrémités du corridor symbolisent, à l'entrée, le sang qui emplit l'utérus, à la sortie, le même sang, mais libéré au moment de l'accouchement[30]. Autre fait remarquable, chaque initié s'avance dans ce dispositif fermement tenu et poussé par son "parrain" – qui est fréquemment un frère de mère ; bref, il est littéralement expulsé comme l'est un fœtus. Et si les initiés souffrent lors de cette mise au monde des hommes adultes, leurs parrains initiatiques partagent eux aussi tous les coups. Chaque parrain étale ensuite sur lui-même et sur l'initié dont il s'occupe le sang qui les recouvre – celui, réel, qui coule de leurs plaies, et celui représenté par le pandanus rouge. Ce sang leur est doublement "commun" : il est partagé à la suite des blessures, mais il est aussi celui qui unit substantiellement l'oncle à son neveu utérin[31]. En d'autres termes, le garçon qui débouche du

---

30. En 1994, l'abri et le corridor étaient situés dans le prolongement l'un de l'autre, et leur forme même – un enclos ovale pour le lieu de "chauffage" des initiés, rectiligne et étroit pour le tunnel –, conforte le parallèle que j'ai établi avec l'anatomie féminine.

31. Ce sang leur est commun du fait des règles de transmission de cette humeur entre une mère et ses enfants (voir p. 5). Pour dire bref, un oncle maternel et son neveu partagent le même sang, en vertu du fait qu'un frère et une sœur ont tous deux hérité de celui de leur mère.

corridor est recouvert de sang maternel, comme à sa naissance[32], ce que confirme un dernier détail : l'application de graines de pandanus rouge concerne uniquement la tête et les épaules de l'initié, parties du corps qui sont aussi celles qui, chez un bébé qui vient de naître, sont recouvertes du sang de l'accouchement.

Ce sang étalé sur l'initié renaissant n'est plus du sang maternel, mais le jus qui suinte des graines du pandanus *pərəŋə'*, c'est-à-dire, selon l'hypothèse retenue ici, du sang masculinisé. Sans aller jusqu'à avancer l'idée que ce sang nouveau se substitue au sang maternel[33], on peut considérer qu'il modifie radicalement la composition de celui de l'initié[34]. Quant à la terre *ʃəwajə'*, elle remplirait là aussi sa fonction habituelle, qui est de stopper ou de prévenir les hémorragies.

Une fois interprétée cette épreuve physique comme une (re)naissance, il devient plus facile de comprendre le principal geste qui lui succède. De même que tout nouveau-né est recouvert de terre *oməxə'* une fois qu'il est ramené à la maison, le corps des initiés est vigoureusement et rapidement frotté de cette terre au moment de leur arrivée au village. La formule magique employée par les deux femmes qui ont en charge cette onction est d'ailleurs la même dans les deux cas.

Pour résumer, les rites qui prennent place lors du deuxième stade de l'initiation masculine rejouent clairement la naissance et les jours qui la suivent. Le premier stade comprend des gestes rituels dont l'interprétation pose davantage de difficultés : selon l'expression employée par les Ankave, une mise à mort des initiés est représentée dans l'acte de perforation du septum. Conjointement, divers éléments de l'univers de la fertilité et de la procréation sont mis en scène et ils induisent des états corporels propres à la sexualité et à la maternité. Quant à la période – entre quelques semaines et un à deux ans – qui sépare les deux stades, pendant laquelle les initiés et

---

32. Dans l'une des descriptions fournies par les Ankave, l'informateur précise qu'à la différence du tunnel au long duquel les enfants sont flagellés lors du premier stade, constitué de perches fichées dans le sol, celui qu'ils parcourent avant l'onction de pandanus rouge est matérialisé par une double rangée de branchages tenus par des hommes agenouillés, c'est-à-dire cette fois, dans l'exacte position d'une femme qui accouche.

33. Le thème de l'expurgation du sang maternel est très répandu en Nouvelle-Guinée et pourrait intervenir ici, puisque l'initié et son oncle maternel saignent réellement après avoir été battus ; cependant, les Ankave refusent cette interprétation lorsqu'on la leur propose. Sur ce sujet, voir aussi Herdt (1981: 229).

34. Et, ce, d'autant que l'idée que la surface de la peau offre un accès direct au sang existe dans la pensée ankave. Dans un autre contexte, les chamanes savent apporter du sang nouveau à un malade qui en manque, par onction sur la peau: dans ce cas, il s'agit de sang de marsupial, étalé sur la région du foie.

leur famille proche ne peuvent consommer de pandanus rouge[35], elle paraît interprétable comme une gestation, qui débute au cours de la réclusion, simultanée bien qu'en des lieux distincts, des initiés et de leurs mères[36].

Cette période est caractérisée par la croissance que doivent effectuer les garçons et elle est conçue comme une phase de transition au cours de laquelle l'initié, bien que désormais retiré du monde féminin, n'a pas encore acquis sa maturité d'homme adulte. La nécessité d'atteindre un certain développement physique avant de pouvoir subir les rites du deuxième stade explique d'ailleurs que, lorsque les deux cérémonies interviennent à quelques semaines d'intervalle, les plus jeunes des initiés du premier stade ne reçoivent pas l'onction de pandanus rouge, remise à plus tard. Bien que peu explicité, ce processus de maturation progressive s'apparente à la métamorphose du papillon, lisible à travers les modifications des pièces d'habillement : de l'enfance, l'initié du premier stade conserve le pagne ventral en lanières d'écorce battue (dont sont faites les jupes féminines) ; de l'homme adulte, il a déjà revêtu la courte cape *iʒiara*́ qui recouvre les fesses. Or, *iʒiara*́ est aussi le nom de l'aile de l'insecte *emə*́, déjà présente dans la chrysalide[37]. Comme on l'a vu (p. 22) les cérémonies du deuxième stade sont précédées par l'accrochage de cette cape d'écorce dans l'arbre auprès duquel a lieu l'un des tout derniers rites du premier stade. Ainsi, non seulement la petite cape qui pend dans le bas du dos des initiés est l'image de la transformation physique en cours dans l'intervalle qui sépare les cérémonies, mais elle est comme le trait d'union entre les rites eux-mêmes.

Finalement, on voit se rejouer au sein d'une communauté exclusivement masculine, mais avec le concours nécessaire de deux catégories de femmes – des mères et des sœurs aînées –, un ensemble d'opérations liées à la reproduction des êtres humains. Et comme l'avait suggéré Van Gennep il y a presque cent ans, l'initiation est une renaissance. Dans le cas ankave,

---

35. C'est du moins ce qu'on dit à la communauté, les initiés en consommant en fait de temps en temps, en très grand secret.

36. Faut-il en conséquence considérer que l'être "tué" lors de la perforation du septum n'a pas besoin d'être re-conçu avant de croître entre les mains des hommes? Ou bien, même si elles ne sont pas simultanées, peut-on interpréter les ingestions de sel végétal et de jus de pandanus rouge comme une conception par absorption de substances aux fortes connotations masculine et féminine, respectivement ? Dans l'état actuel de l'analyse – et des données disponibles –, rien ne permet de trancher sur ce point.

37. Il est remarquable que, chez les Baruya, la cape des initiés du premier stade porte le même nom que la queue du têtard. Quant à savoir pourquoi les Ankave, qui associent étroitement eux aussi les têtards à l'origine des initiations (voir p.15), choisissent de parler plutôt de l'aile d'un insecte dans ce même contexte, c'est une question qui demeure pour l'instant sans réponse.

c'est la richesse et la précision de la mise en scène, le fort pouvoir suggestif des éléments qui y figurent et la manière dont les hommes reproduisent des processus physiologiques féminins tout en cachant certaines des plus évocatrices de leurs imitations qui sont véritablement remarquables.

Ceci m'amène, pour conclure, à commenter divers procédés auxquels ont recours les hommes lors des initiations afin de disjoindre leurs pratiques rituelles du monde féminin dans lequel elles s'ancrent.

Déféminisation et consommation secrète du pandanus rouge

Que les femmes aient le rôle physiologique exclusif dans la croissance des fœtus et des enfants ne fait aucun doute pour les Ankave, tout comme l'idée que le sang sert de support à cette fonction et qu'elles-mêmes sont à l'origine de cette substance vitale dans le corps de leurs filles et de leurs fils. Il est de même évident pour eux que le jus du pandanus rouge contribue à la production et au renouvellement du fluide sanguin. Le rapport privilégié que ce pandanus entretient avec le sang des femmes est également établi : "le jus du pandanus rouge, c'est comme le sang des femmes", disent les Ankave ; et il serait outrageant de parler du sang lorsqu'on prépare ou manipule ce jus[38].

On se trouve donc dans une situation apparemment paradoxale : chez les Ankave comme dans d'autres groupes anga, les initiations masculines ont pour principale fonction de "faire re-naître les garçons hors du ventre de leur mère, hors du monde féminin, dans le monde des hommes et par eux seuls" (Godelier 1982: 91). Pourtant, ici, le pandanus rouge et plusieurs des objets et substances impliqués dans les rituels masculins sont clairement associés à la féminité. Et l'on a vu que si l'on se réfère à la littérature orale, nombre de plantes qui y figurent – même à titre secondaire – doivent leur origine aux femmes.

Or, l'analyse révèle que, dans ce contexte social de domination masculine – incontestable même si celle-ci prend des formes étonnamment atténuées par rapport aux Anga du nord (Bonnemère à paraître) –, les hommes ont recours à deux procédés visant à aménager, à réduire ou à déguiser la relative dépendance de leur entreprise rituelle envers les capacités procréatrices et nourricières féminines : ils déféminisent les principales substances concernées, et ils maintiennent un secret autour des gestes reproduisant ceux des femmes enceintes[39].

La déféminisation des substances utilisées se manifeste dans les mythes et dans certaines actions, rituelles ou même quotidiennes. Les mythes concernés sont ceux dépeignant une époque originelle – qui vit l'apparition

---

38. Ce sujet est traité plus en détail dans Bonnemère 1994a.
39. Sur un sujet similaire, voir l'article de Hiatt (1971: 80).

des différents groupes anga, des divers clans ankave et des objets culturels liés à la reproduction de la société. Qu'il s'agisse du mythe du perçage des sexes, de l'origine du feu, des initiations ou du récit de l'homme primordial assassiné – celui dont le sang a donné naissance au pandanus rouge et à la terre *ʃəwajə'* –, tous renvoient pour les Ankave à une vérité profonde, porteuse de l'identité culturelle du groupe[40]. Or, plusieurs de ces récits, dans lesquels se trouve relatée l'origine de certains objets utilisés lors des initiations, me semblent illustrer le processus de réappropriation par les hommes de substances associées aux femmes, qui s'exerce avant tout sur la principale d'entre elles, le pandanus rouge.

En même temps que l'origine de cet arbre – issu de sang liquide – est révélée celle de la cordyline aux feuilles rouges-pourpres *oxeməxə'* – issue d'un caillot – et de l'os-poinçon avec lequel le maître des initiations perfore la cloison nasale des jeunes garçons (Bonnemère 1994a: 27). Dans l'une des versions du mythe concerné, la terre *ʃəwajə'* apparaît elle aussi sur le sang de cet ancêtre sans nom. Et c'est l'esprit de cet homme qui enjoignit la communauté masculine de se servir de son sang-pandanus par onction pour faire croître les jeunes garçons ; ce mythe est donc en même temps l'un des récits de l'origine des initiations[41].

Je vois dans le fait que cet arbre est né du sang d'un homme primordial sans nom, donc sans généalogie et, par conséquent, sans mère, une manière de distinguer son corps de celui des hommes ordinaires. Ceux-ci doivent leur sang à leurs mères, ce qui n'est pas le cas de l'homme sans nom, dont le sang, source de force et de croissance pour tous les jeunes garçons ankave, n'est pas d'origine féminine. C'est donc à une appropriation masculine de la principale substance vitale, habituellement associée à la féminité, qu'on assiste dans ce mythe.

En résumé, on peut voir dans ce mythe une tentative masculine pour séparer le jus extrait de ce fruit de toute référence au sang des femmes et pouvoir utiliser entre hommes ses vertus stimulatrices de la croissance. Sa lecture révèle l'existence d'une opération de disjonction similaire, mais qui s'exerce cette fois sur le poinçon qui sert à perforer les septum des initiés. Il s'agit en effet d'un fémur de casoar, animal féminin par excellence (voir p. 12), mais que les Ankave attribuent là encore à l'homme sans nom.

Ajoutons que ce sont ordinairement les hommes qui transforment le fruit cru du pandanus rouge en un produit consommable. L'exclusion des femmes de sa cuisson et du pressage des graines, ainsi que de la distribu-

---

40. Par exemple, alors même qu'ils associent leurs voisins iqwaye à leurs initiations, les Ankave leur cachent ce qui constitue pour eux l'une des spécificités de leurs rites, en l'occurrence le rôle des cordylines rouges. De même, les Iqwaye n'auraient rien révélé aux Ankave de leurs pratiques homosexuelles passées.

41. Un autre est mentionné p. 15.

tion du jus peut être vue comme un autre moyen – s'actualisant cette fois dans la vie quotidienne – par lequel les hommes s'approprient et contrôlent cette substance explicitement associée au sang féminin.

Le mythe n'est donc pas le seul révélateur de cette déféminisation de la substance procréatrice et vitale par excellence qu'est pour les Ankave le pandanus rouge/sang. Preuve supplémentaire, pendant les initiations, les hommes en manipulent le fruit d'une façon qui leur est propre, *l'onction*, en l'occurrence à la manière dont on utilise un produit minéral[42]. Et lorsque, dans ce même contexte rituel, ils l'absorbent sous forme de jus comme tout un chacun au quotidien, et comme les femmes lorsqu'elles sont enceintes, ils prennent grand soin à ce que ces repas se déroulent dans la clandestinité. Le secret est donc bien un deuxième artifice par lequel les hommes cherchent à dissocier le pandanus rouge des femmes avec lesquelles il est en étroite relation.

Ainsi, au terme de cette étude, on est en mesure de dire que l'analyse conjointe des représentations de la procréation et de la croissance des êtres humains et des initiations masculines permet non seulement d'essayer d'attribuer un sens à la plupart des rites effectués, mais de saisir que c'est à l'articulation de ces deux domaines du système socio-culturel ankave que se lit l'asymétrie entre les hommes et les femmes et que sont révélés dans le détail les mécanismes de reproduction de la domination masculine.

*

Dans cet article, j'ai analysé les cérémonies d'initiation masculine ankave sous un angle particulier, celui des rapports que ces événements rituels entretiennent avec les représentations du corps, et, plus précisément, de la fertilité, de la procréation et de la croissance. Dans une étude plus achevée de ces pratiques cérémonielles, des perspectives connexes devraient assurément être envisagées, qui utiliseraient des clefs d'analyse différentes et complémentaires. La démarche adoptée aujourd'hui a rapproché les rituels ankave des représentations de la procréation et de la naissance, mais on pourrait aussi procéder à leur analyse à partir des discours sur la transformation des garçons en hommes et en guerriers loin des femmes. Ou bien encore, chercher systématiquement dans les mythes les éléments qui permettent d'éclairer la signification de certains actes rituels. Pour ne prendre qu'un exemple, les états différentiels de température auxquels sont successivement exposés les initiés pourraient sans nul doute bénéficier de l'adoption d'une telle démarche.

---

42. Sans entrer dans le détail, il faut ajouter ici que, dans les mythes, les aliments autres que le pandanus rouge poussent plutôt sur des corps de femmes, alors que les produits minéraux et la noix d'arec – qui est crachée, plutôt que mangée – naissent à partir de cadavres masculins (Bonnemère à paraître : ch. 6 et 8).

A l'issue de l'analyse retenue ici, l'étroitesse des liens entre les représentations de la constitution et du développement physique des êtres humains et les rituels d'initiation masculine paraît clairement établie. Notons qu'il serait important à cet égard de mieux examiner cette relation chez les Anga du nord[43]. Car, ainsi que l'ont montré les spécialistes de ces groupes, le lieu où s'expriment les diverses modalités de l'inégalité des rapports hommes-femmes se trouve dans les différentes pratiques rituelles masculines rencontrées et dans la nature des représentations qui les sous-tendent[44].

En d'autres termes, étudier en détail les "théories" de la "fabrication" des êtres humains et la manière dont celles-ci retentissent sur le contenu et le déroulement des initiations s'avère essentiel à la compréhension des rapports hommes-femmes chez les Anga. Ce qui ne signifie pas qu'il existe un rapport de causalité directe entre ces trois domaines. Par exemple, la situation ankave montre que l'exclusivité reconnue aux femmes dans la croissance des enfants n'implique pas l'absence de domination masculine. Néanmoins, il paraît possible d'établir d'étroites correspondances logiques entre les représentations de la personne et la considération dont font l'objet les femmes et leurs activités et caractéristiques, considération qui semble directement corrélée avec la moindre violence, la coopération, la complémentarité et le respect mutuel qui animent les relations entre les sexes dans ce groupe anga particulier.

Chez les Ankave, les initiations masculines ne sont pas le seul ensemble de pratiques et de représentations à pouvoir bénéficier d'un éclairage par les représentations du corps. J'ai montré ailleurs que les échanges qui ponctuent le cycle de vie des hommes et des femmes sont eux aussi gouvernés par des considérations de croissance, de fertilité et de reproduction (Bonnemère à paraître : ch. 4). Dans l'un et l'autre cas, les représentations du corps s'avèrent centrales, au sens propre et au sens figuré, car elles permettent d'articuler des pans entiers de la société : relations entre les sexes[45] et initiations ; relations entre les sexes et parenté. Au passage, on voit que l'intérêt pour les représentations du corps ne répond aucunement à

---

43. Dans le chapitre précédent, Godelier emploie à plusieurs reprises le terme de "ré-enfantement" à propos des initiations masculines baruya. Et l'on se souvient évidemment que le sperme, nourricier pour le fœtus, est la principale substance donnée à ingérer aux initiés.

44. C'est par exemple dans l'attribution à un sexe ou à l'autre de l'origine des substances procréatrices et nourricières que se situe l'un des enjeux de la domination masculine. Voir aussi Godelier (1982: 229).

45. S'il existait un équivalent français acceptable du terme anglais "gender", il faudrait évidemment l'employer ici, puisque sont prises en compte les dimensions à la fois sociales et symboliques des rapports entre les hommes et les femmes.

une mode intellectuelle : leur analyse fournit simplement la grille de lecture qui permet d'aborder simultanément le plus grand nombre de réalités socio-culturelles ankave, et celle dont se dégage la plus forte cohérence globale.

RÉFÉRENCES BIBLIOGRAPHIQUES

BAMFORD, S.
1994 "Imminent Sociality: Body Imagery and Creativity among a South Angan Peoples", Paper prepared for the 1994 A. A. A. Symposium, Atlanta.

BARRAU, J.
1962 *Les plantes alimentaires de l'Océanie. Origines, distribution et usages*. Marseille, Annales du Musée colonial de Marseille.

BLACKWOOD, B.
1978 *The Kukukuku of the Upper Watut*, edité par C. R. Hallpike, Oxford, Oxprint (Monographs Series n°2).

BONNEMERE, P.
1990 "Considérations relatives aux représentations des substances corporelles en Nouvelle-Guinée", *L'Homme* 114: 101–120.

1993 "Maternal Nurturing Substance and Paternal Spirit: the Making of a Southern Anga Sociality", *Oceania* 64(2): 159–186.

1994a "Le pandanus rouge dans tous ses états. L'univers social et symbolique d'un arbre de la forêt", *Annales Fyssen* 9: 21–32.

1994b "The secret of the red seeds. Notes on some life-cycle rituals among the Ankave-Anga of Papua New Guinea", Paper prepared for the 2nd E.S.O. Conference, Basel, 15–17 December 1994.
    à paraître. *Le pandanus rouge. Corps, différence des sexes et parenté chez les Ankave-Anga (Papouasie Nouvelle-Guinée)*. Paris, CNRS Editions/ Editions de la Maison des Sciences de l'Homme (collection "Chemins de l'ethnologie")

BULMER, R.
1967 "Why is the Cassowary not a Bird? A Problem of Zoological. Taxonomy Among the Karam of the New Guinea Highlands", *Man*, 2: 5–5.

DIDLICK, A. M.
1969–70 *Kaintiba Patrol Report* n°3.

FISHER, H.
1968 *Negwa. Eine Papua-Gruppe Im Wandel*. München, Klaus Renner Verlag.

GARDNER, D. S.
1984 "A Note on the androgynous qualities of the Cassowary: or why the Mianmin say it is not a Bird", *Oceania*, 55(2): 137–145.

GENNEP, A. VAN
1981 *Les rites de passage*. Paris, Picard. [éd. orig. 1909].

GODELIER, M.
1969 "La monnaie de sel des Baruya de Nouvelle-Guinée", *L'Homme* XI (2): 5–37.

1982 *La production des Grands Hommes*. Paris, Fayard.

1992 "Corps, parenté, pouvoir(s) chez les Baruya de Nouvelle-Guinée", *Journal de la Société des Océanistes* 94: 2–24.

HERDT, G. H.
1981 *Guardians of the Flutes: Idioms of Masculinity*. New York, McGraw Hill Book Co.

1987 *The Sambia. Ritual and Gender in New Guinea*. New York, Holt, Rinehart and Winston (Case Studies in Cultural Anthropology).

HIATT, L. R.
1971 "Secret Pseudo-Procreation Rites Among the Australian Aborigines", pp. 77–88 in L. R. Hiatt, C. Jayawardena, eds, *Anthropology in Oceania. Essays presented to Ian Hogbin*. Sydney: Angus and Robertson.

LEMONNIER, P.
1981 "Le commerce inter-tribal des Anga de Nouvelle-Guinée", *Journal de la Société des Océanistes* 70–71: 69–75.

1984 "La production de sel végétal chez les Anga (Papouasie Nouvelle-Guinée)", *Journal d'Agriculture Traditionnelle et de Botanique Appliquée* 31(1–2): 71–126.
    à paraître" 'Mipela wan bilas'. Identité et variabilité socio-culturelle chez les Anga
    de Papouasie Nouvelle-Guinée", in F. Marsaudon, S. Tcherkézoff, eds., *Le cargo ne viendra plus. Identité et transformations dans les sociétés-océaniennes*.

MIMICA, J.
1981 *Omalyce. An Ethnography of the Iqwaye View of the Cosmos*. Ph. D. dissertation, Canberra, Australian National University.

1991 "The Incest Passions ; An Outline of the logic of the Iqwaye Social Organization. Part 2", *Oceania* 62(2): 81–113.

READ, K.
1955 "Morality and the concept of the Person among the Gahuku-Gama", *Oceania* 25(4): 233–282.

STRATHERN, A. J.
1994 "Keeping the Body in Mind", *Social Anthropology* 2(1): 43–53.

5

Corps et décor chez les Orokaiva[*]

André Iteanu

Dans les catalogues d'art océanien, les masques, les statuettes ancestrales, les tambours sculptés, les crochets, les frontons de maison, m'ont toujours fasciné. Aussi, je l'avoue, je ressens parfois un soupçon de jalousie à l'égard de mes collègues néo-guinéistes, travaillant le long du Sépik, dans le Golfe ou ailleurs, là où ces objets sont conçus. Chez les Orokaiva, où j'ai moi-même travaillé, rien de tout cela n'existe, ou plutôt, et je ne l'ai compris que progressivement, on ne décore que le corps.

En dépit de son aspect exclusif, cette affirmation n'est pas approximative, le trait est radical : loin du corps point de parures. Pas de motifs sur les canots, dans les maisons, sur les piliers ou dans la toiture, pas de masques et pas de statuettes. Même auprès du corps, dans les objets qui le jouxtent ou qui le servent, l'intention décorative n'est pas toujours présente. Rien sur les outils, les ustensiles de cuisine, les sacs de transport, les armes. L'objet n'est décoré que dans la stricte mesure où il met en valeur le corps. Ainsi en est-il, par exemple, du pagne festif féminin peint de motifs enchevêtrés et retenu à l'avant par une ceinture. En 1915, à son propos, Williams notait le fait suivant :

> A l'arrière il n'est pas passé sous la ceinture, mais pend plus ou moins en dessous et les jolies jeunes filles se débrouillent pour qu'on puisse entrevoir leur postérieur. Ces fillettes et les *atamei*, ou filles célibataires, arborent le *bo* [pagne] court, au-dessus du genou, mais chez les vieilles femmes, celui-ci est parfois d'une longueur disgracieuse. (Williams 1930: 32)

En dépit de ce que suggère l'auteur, l'essentiel de la mise en valeur du corps par le pagne ne réside pas dans l'apparence licencieuse de certaines postures. Williams note bien (Williams 1930: 32–ss.) qu'à son époque, les Orokaiva ne portaient souvent, au quotidien, aucun vêtement. S'ils revêtaient des pagnes peints lors des fêtes, ce n'était donc, ni pour masquer leur nudité, ni même pour la mettre en valeur. Par contre, ainsi paré, jadis

---

[*] Ce travail a beaucoup profité des lectures critiques de Cécile Barraud et Daniel de Coppet ainsi que de sa présentation au séminaire GRAAD (Atelier de la différence. Groupe de Travail en Anthropologie).

comme aujourd'hui, le corps Orokaiva change de valeur. Décoré, il est exposé aux regards, c'est un corps en démonstration, un corps en relation. Ici pour celles qui se donnent à voir, comme pour les spectateurs, le style du pagne différencie sans ambages vieilles et jeunes femmes. Ailleurs, comme lors de l'initiation et de certaines danses où le corps et le visage sont entièrement recouverts de parures variées (voir infra), seul le pagne permet de distinguer les hommes des femmes.[1] Dans tous ces contextes publics, objets décorés et corps ne font qu'un pour signifier ce qu'en première approximation, nous appellerions volontiers, des différences de statut.[2]

Si le corps peut en toutes circonstances être enrichi de bijoux peu ouvragés et discrets, telles les boucles d'oreilles[3], son ornementation plus complexe est la marque d'un contexte relationnel valorisé. Ainsi, visiter un parent important, tel un affin, va rarement sans quelque effort de décoration corporelle[4]. Mais ce n'est qu'à l'occasion de rituels, où les participants principaux concentrent sur eux de nombreuses relations essentielles, qu'on revêt un ensemble de parures riche et valorisé. Celui-ci comprend une coiffe de plumes d'une élaboration sans pareille, des bijoux de coquillages, frontal, buccal, pectoral, une ceinture agrémentée de cauris, des bracelets, de bras, de poignets, de pieds, des peintures faciales et corporelles, un pagne peint, etc. Dans ces contextes festifs, même les objets

---

1. Les hommes portent un pagne différent de celui des femmes, fait d'une étroite bande de tissu d'écorce, nouée autour des hanches et passée entre les jambes. Une longue queue pend à l'arrière jusqu'à proximité du sol.

2. Comme beaucoup de mes collègues, j'ai été frappé par la pudeur extrême qui était de mise dans la société orokaiva contemporaine. Même entre personnes du même sexe, couvrir son corps (du moins ses parties génitales) est une pratique incontournable de la vie Orokaiva. Les intéressés expliquent leur attitude en invoquant les enseignements de l'église anglicane. Néanmoins, force est de constater qu'il s'agit là du seul précepte chrétien qui ait été adopté de manière aussi unanime et scrupuleuse. L'importance exceptionnelle accordée à cet interdit ne peut se comprendre que, si l'on accepte, comme je vais tenter de le démontrer ici, que le rapport entre corps et décorations est le lieu privilégié de la construction des relations sociales. Dans le cas qui nous concerne, le rapport permanent entre corps et vêtement est, pour les intéressés, le signe d'une relation durable entre eux et l'église chrétienne.

3. Ces boucles sont données à chaque enfant lors d'une petite cérémonie qui peut ou non faire partie de l'initiation (voir aussi, Williams 1930 : 98). Leur port marque l'intégration dans l'ordre social. L'expression qu'on utilise à leur sujet *onje kaeto* "on lui a percé les oreilles", signifie aussi "on l'a mis au pas de la société". Les boucles d'oreilles traditionnelles sont faites en écailles de tortue et ne sont pas décorées. Aujourd'hui, elles sont généralement faites en perles de plastique.

4. On se parera alors de quelques fleurs, on utilisera, peut-être un sac peint, voire décoré, et des instruments à chaux d'un certain prestige (voir infra).

couramment non décorés sont ornementés. Si les divers types d'armes, lances et massues destinés à la chasse ou au combat ne sont pas ouvragés, leurs correspondants réservés aux fêtes portent des noms particuliers et sont agrémentés de parures multiples. Il en est de même pour les pagnes et les sacs en corde féminins et masculins[5]. Entre le marquage insignifiant, au quotidien, du corps et des objets qui l'entourent et l'apogée d'ornementation du rituel d'initiation, s'ordonne une série de contextes dans lesquels l'ampleur des décorations varie proportionnellement à l'importance des relations mises en jeu. Bref, plus les relations sont intenses et/ou plus le rituel est prééminent et plus les corps sont décorés.

L'usage et l'aspect du nécessaire à chaux utilisé pour la consommation du bétel sont révélateurs de toutes les dimensions sociales conjointement évoquées par l'ornementation. Plus une personne est âgée, et/ou prestigieuse, et plus la gourde et la spatule qu'elle possède sont élaborées. Ces instruments donnent même droit à certains privilèges. Lorsqu'un vieillard racle sa spatule ouvragée, avec un bruit de crécelle, dans le goulot de sa calebasse, les jeunes doivent, en principe, se taire et le laisser parler. Mais nul n'utilise de tels ustensiles hors d'un contexte relationnel important. Au quotidien, les vieux comme les jeunes prélèvent la nervure d'une feuille proche pour se servir de chaux dans une vielle boîte à tabac en métal. L'ornementation de ces instruments intimes trahit l'intensité de leur relation au corps. La spatule, que l'on introduit d'abord dans la bouche pour l'humidifier, est souvent décorée (Voir illustration dans Williams 1930 : 66). Puis, elle pénètre dans le col de la calebasse qui n'est que rarement rehaussé d'un anneau de coquillage bordé de perles végétales. Enfin, elle fouille l'intérieur de la gourde dont les parois externes ne sont jamais ouvragées. Cette absence de décor est d'autant plus significative que les Orokaiva admirent franchement les calebasses pyrogravées de leurs voisins Tufi. Bien que cette technique ne leur soit pas inconnue, pour eux, cette partie de l'objet est déjà trop éloignée du corps pour être ouvragée. Toute décoration, telle celle des instruments à chaux, manifeste ainsi immédiatemenst trois sortes de gradations : le prestige, l'importance des relations et la proximité du corps.

Hors du travail de décoration, les Orokaiva, contrairement à d'autres sociétés de Mélanésie, ne s'intéressent que médiocrement à la matérialité du corps physique[6], à sa composition, son développement et son devenir. De nombreuses publications ont déjà discuté cette question (Schwimmer 1979a, b et c, 1984a et b, 1985, Iteanu 1983, 1990). Ainsi, les explications locales concernant la conception et le développement du foetus sont floues

---

5. Les éléments utilisés pour la décoration sont la peinture, la sculpture et les ajouts de plumes, de coquillages, de graines végétales . . .

6. A l'exception de sa "taille" (voir infra).

et laisse à penser que le problème n'est pas élaboré de manière systématique. On soutient généralement que l'enfant est le fruit de relations sexuelles répétées entre un homme et une femme. Mais nulle description de la gestation n'est offerte. Lorsque la grossesse est connue par l'absence des règles, les relations sexuelles entre les parents sont suspendues, un interdit que l'on doit en principe observer jusqu'à ce que l'enfant ait fait ses premiers pas[7]. Après la naissance, des procédures complexes du type "couvade" sont respectées (Iteanu 1983), tant par le père que par la mère afin de protéger l'intégrité et la vie de l'enfant. Contrairement à ce que l'on a écrit (Williams 1930), la conception du foetus ne doit pas être attribuée à un esprit de mort *ahihi*, mais le nouveau-né lui-même est désigné par ce terme, parce qu'il est, tel un mort, dépourvu de relations sociales. La nomination, parfois à l'aide du nom d'un défunt, n'implique pas non plus une réincarnation, car les noms sont l'apanage des vivants. A son décès, un mort perd son nom en même temps que ses relations sociales. De même, l'enfant ne reçoit de nom qu'après avoir été intégré dans la société par un rituel. Il cesse alors d'être appelé du terme *ahihi* qui décrit aussi le défunt.

La même imprécision caractérise le discours orokaiva associant composantes corporelles et liens de parenté ou de localité. Suivant une logique segmentaire et donc selon le contexte, les éléments corporels d'importance, chair (*visi*), apparence (*hajire*), sang (*sasaha*), sont dits partagés par tous les parents paternels, par les maternels, par les deux précédents en ligne directe, par eux encore en ligne directe et collatérale, par tous ceux qui disposent d'un nom commun, par tous les Orokaiva, voire, aujourd'hui, par toute "l'humanité". Du fait de la grande plasticité de cette argumentation, les relations particulières liant les personnes entre elles ne sont pas pour l'essentiel tributaires de la distribution de ces éléments.

Tenter de décrire le corps orokaiva implique donc que l'on dépasse notre conception étroite du corps physique pour suivre ce cas complexe dans lequel, à un certain niveau de l'idéologie, corps et parures ne font qu'un. Pour les Orokaiva, ce plan de considération est central, puisqu'il renvoie à la constitution des relations sociales et qu'il sert de thème majeur au rituel le plus prisé, celui d'initiation. Notre objectif sera donc de cerner, au plus près, l'enchevêtrement du corps et des décorations dans les contextes où il se manifeste de manière privilégiée. En conclusions, nous montrerons comment la "corporéité" rituelle se construit à partir de l'ensemble des relations. Ce constat nous entraînera à faire quelques remarques à propos de la continuité, bien connue dans le Pacifique, entre corps, parures et objets de prestations.

---

7. Dans la région des montagnes où a travaillé Eric Schwimmer, la grossesse est au contraire une période de relations sexuelles intenses entre les époux.

Transformation

Le mythe du "Porc à la *ganda*", collecté par Eric Schwimmer (Schwimmer 1979c et Iteanu & Schwimmer 1995), nous offre une "vue éclatée" du corps décoré orokaiva. Il s'agit d'un dialogue didactique dans lequel une personne d'âge mûr tente d'expliquer à un cadet la nature véritable des porcs. En résumé, voici de quoi il s'agit.

Une jeune fille orokaiva repoussait tous les garçons qui la courtisaient. Un jour pourtant, elle capitula devant un porc qui, pour la séduire, avait emprunté l'apparence d'un homme majestueusement décoré. L'ayant pris pour époux, elle le suivit, mais il ne l'emmena pas dans un village. Respectant sa nature porcine, il s'établit avec elle au fin fond de la forêt où cette femme donna naissance à un cacatoès blanc. Lorsque ce dernier eut grandi, le mari offrit à ses amis porcs de manger ensemble sa femme. Celle-ci réussit à s'enfuir en trouvant refuge sur un arbre, puis, transportée dans les airs par son fils ailé, retourna dans son village d'origine. Lorsqu'elle leur eut raconté son histoire, tous ses parents, supputant que son mari viendrait la reprendre, s'armèrent pour l'attendre. L'arrivée de l'époux est décrite de la sorte :

> Comme il venait de très loin, il fit le chemin sous la forme d'un cochon, mais à l'entrée du village, il se transforma de nouveau en homme. Il retira d'abord sa peau, et comme il était un homme, il la découpa en guise de pagne d'écorce fine. Autour de son cou, il suspendit un ornement buccal *ganda* qu'il composa avec les dents du porc. Il attacha son groin à un manche et en fit une massue ; ses poils se transformèrent en parures de plumes qu'il noua sur sa tête. Son bouclier, il le construisit avec ses propres côtes encore recouvertes de leur cuir. Lorsque cette fille le vit, elle lança "Voilà ton père qui arrive" et tous le saluèrent avec des cris de bienvenue.

Malgré cet accueil chaleureux, il s'agissait d'un piège. Et sans lui servir de collation, les villageois se ruèrent sur lui, le tuèrent et le mangèrent.

Dans un premier temps, ce récit semble résumer à quelques parures le contraste entre porcs sauvages et hommes. A tel point que, pour séduire la jeune fille, le porc réussit si bien sa transformation qu'il surpasse aisément tous ses concurrents :

> Ayant revêtu des parures somptueuses, qui le transformèrent en jeune célibataire, il se présenta devant la jeune fille avec une belle prestance. Quand celle-ci le vit, son for intérieur en fut tout bouleversé.

Lors de sa seconde venue, il renouvelle l'opération qui est cette fois décrite en détail (voir supra). Chaque parure cérémonielle qui construit de façon visuelle l'identité humaine résulte de la transformation d'un élément corporel spécifique à l'identité porcine, sa peau, ses dents, son groin, ses poils, ses côtes. Précisons qu'il s'agit là de conversions "magiques", puisque, comme on le verra par la suite, la plupart des parures mentionnées par le récit ne sont pas en fait constituées de matières d'origine porcine. On remarque ensuite que cette transformation ne met pas en jeu les parties, je dirais, "charnues" du porc ou de l'homme, celles qui sont normalement offertes en tant que prestations dans les échanges.[8] Le mythe sépare donc radicalement la représentation du corps comme ensemble de parures, de la conception fragmentée de l'animal et de la personne humaine. L'emploi répété, du terme *hamo,* qui renvoie au tout de la personne sociale (Iteanu 1991), pour désigner la peau et les côtes[9] confirme la nature globalisante de ce corps paré. A ce niveau en effet, tant pour le porc que pour l'homme, les parures corporelles ne sont pas des ajouts au corps, mais elles le constituent dans sa totalité. Aussi, une fois ses "parures" enlevées, il ne reste plus rien du porc et aussitôt décoré de neuf, l'homme apparaît dans sa perfection.

Bref, dans le mythe, rien de matériel ne sépare sérieusement porcs et hommes. Sans trop de difficultés, les éléments corporels de l'un se transforment en ceux de l'autre. Mais cela reste insuffisant. En fin de compte, les villageois ne reconnaissent pas au porc ce qu'il pensait être un corps d'homme, ils le tuent et le mangent. Sans le dire ouvertement, le déroulement du récit suggère que ce qui fait défaut au porc c'est d'entretenir des relations avec les hommes. Porc parmi les porcs, il vit en forêt, exclusivement entouré des siens. Il ne donne rien aux hommes, ne se souciant que des relations qui l'unissent à ses proches. Ne va-t-il pas jusqu'à leur proposer de consommer ensemble sa propre femme ? Parce qu'il n'est qu'un porc, lorsqu'il retourne au village pour reprendre son épouse, il ne comprend pas que les parures qu'il arbore ne valent que sous-tendues par des relations et que malgré son aspect engageant, pour les hommes, l'altérité reste totale.

Bien que l'on trouve dans ce récit le caractère fantastique qui signe le discours mythique, pris au pied de la lettre, il correspond à une réalité concrète. Il y a peu de temps encore, les Orokaiva étaient ce que nous appelons cannibales. Mais pour eux, l'ennemi mangé n'avait pas l'apparence d'un homme ; dépourvu de relations sociales, il n'était, comme le héros de notre histoire, qu'un porc sauvage et c'est en tant que tel qu'on l'interpellait, le tuait, le découpait, le mangeait et qu'en même temps, on faisait siennes toutes ses parures corporelles. Dans ce contexte, le corps de l'ennemi était morcelé et il était décrit par les termes qui s'appliquent aussi aux quartiers de porcs offerts dans les échanges (voir supra).

---

8. La découpe cérémonielle distingue sept morceaux majeurs : *ohoru* tête, *utu* pattes arrières, *ingeri* pattes avant, *ku visi* dos, et *pe avo* arrière-train. Les mêmes termes sont utilisés pour nommer les parties corporelles correspondantes des hommes.

9. "Recouvertes de leur cuir et de leur viande".

Qu'à un niveau de la pensée orokaiva, le corps soit une enveloppe, une peau, une espèce de bulle de savon d'épaisseur négligeable qui se confond dans sa totalité avec sa surface décorée, n'est guère surprenant dans cette région du monde où d'autres exemples similaires sont bien connus (Strathern 1975). Mais ce mythe révèle quelque chose de plus : que la société orokaiva, par opposition à la nôtre, fonde l'identité des personnes sur des relations plutôt que sur des composantes corporelles, ou du moins, que ces dernières, qui ont ici la forme de parures, ne valent que liées à des relations. Ce point de vue entraîne un corollaire fondamental que nous avons déjà vu à l'oeuvre mais qui ne laisse pas de nous surprendre : il est plus aisé, ici, et je dirais même plus "naturel", de transmuter la matière que de modifier les relations[10].

Corps décoré

Dans le mythe, le corps d'un porc se résume à un ensemble d'éléments physiques particuliers qui, une fois convertis, deviennent des parures humaines. A elles seules, ces dernières ne constituent pas un homme ; elles ne valent comme telles qu'associées à des relations. L'identité spécifique du corps humain résulte donc d'un travail décoratif et relationnel, dont les deux dimensions sont inséparables. Tout comme il n'y a pas, dans cette société, de relations entre personnes sans échange d'objets, les parures en tant qu'objets, ne font corps que liées à des relations. Le travail corporel auquel on fait référence ici est porté à son apogée dans l'initiation dont le but avoué est de "faire grandir la personne sociale (*hamo*) des enfants". A cet effet, on entreprend la décoration dite *kokumbari*, d'un terme qui décrit aussi l'établissement d'un village, c'est-à-dire, la construction de ses maisons, le fait d'y planter des cocotiers et d'y tenir des fêtes cérémonielles ; une analogie sur laquelle on reviendra.

L'initiation comprend trois étapes dont seules les deux dernières nous retiendront ici. Notons que chez les Orokaiva, filles et garçons sont initiés ensemble au cours de la même cérémonie et que les femmes, comme les hommes en sont les maîtres d'oeuvre. Le rituel s'ouvre sur une attaque menée par des personnages travestis[11] contre les novices et en général contre l'ensemble du village dans lequel la cérémonie se déroule (Iteanu 1983: 45–ss). Cette attaque est particulièrement dangereuse

---

10. Cette remarque s'applique aussi aux pratiques magiques qui opèrent selon le même principe général.

11. Chaque famille possède un personnage, qu'elle joue au moment du rituel. Chacun de ces personnages est accoutré d'une manière spécifique et développe des comportements particuliers (voir Iteanu 1990). Leurs travestissements sont entièrement différents de la décoration que l'on va décrire.

puisqu'elle met un terme à toutes les relations sociales et peut en conséquence se solder par des mises à mort d'enfants, des adultères, des luttes fratricides, des destructions de maisons, de cocotiers, d'aréquiers et de porcs domestiques.

Ensuite, les novices sont reclus pendant plusieurs années dans des maisons d'où ils ne peuvent sortir. Là, ils sont soumis à de lourds interdits et font l'objet de procédures qui ont pour objectif de modeler leur corps physique. Un couple, désigné par les parents, s'occupe de chaque enfant et le surveille. Hormis ce couple, nul ne peut voir l'impétrant. Aussi peut-on dire, que toutes les mesures décoratives prises pendant cette réclusion à l'égard des novices sont tournées vers la troisième étape, la sortie de réclusion.

Lors de cette dernière, une fête gigantesque est offerte dans le village des parents qui regorge alors de tout ce qui constitue la vie de cette société. Les interdits respectés jusque là sont levés et l'ensemble des relations momentanément suspendues est rétabli. Une plate-forme très haute est érigée à l'une des extrémités du village et des richesses considérables de nourritures végétales y sont empilées. Un nombre important d'invités est convié et, en signe de bienvenue, leurs hôtes leur offrent continuellement des nourritures cuites, des noix de coco et d'arec, etc.

Mais l'acmé de la journée concerne les novices. Au petit matin, leurs décorateurs les emmènent secrètement à la rivière et leur demandent de se laver au cours d'une cérémonie appelée *umo jape*. Puis, ils les conduisent vers une clairière proche pour les décorer. Lorsque tout est prêt, les impétrants reviennent au village en traçant de nouveaux sentiers. Parés de tout ce qu'il y a de plus somptueux -coiffes de plumes allant de la tête aux pieds, de bijoux de coquillages- et surveillés par les décorateurs, ils dansent en tête d'un cortège constitué par de magnifiques "corps de ballet"[12]. Ensuite, on descend sur le sol, les végétaux précédemment exposés sur la plate-forme où des porcs domestiques entravés sont maintenant hissés. Les novices, tout parés, montent alors, à leur tour, sur l'estrade et continuent de danser pendant que les porcs sont tués et découpés. Enfin la viande est distribuée aux invités rassemblés au pied de l'édifice.

Cette cérémonie d'échange, considérée par les Orokaiva comme la plus importante qui soit, se donne, par différents aspects, comme une totalisation de la société. D'abord, on a amassé là, pour l'occasion, toutes les espèces possibles de nourritures cultivées et, du moins le dit-on, dans toutes les quantités disponibles. Ensuite, on a invité tous ceux avec qui on pourra par la suite avoir des relations entre hommes, par opposition à celles d'avec les "porcs". Enfin, et c'est ce qui nous intéresse directement

---

12. Les corps de ballet orokaiva sont constitués par un nombre important de paires de danseurs. Les termes qui désignent chacune de ces paires sont ceux qui désignent le corps morcelé décrit supra (voir Williams 1930: 235 et Iteanu 1983: 106).

ici, le corps des novices est orné de toutes les parures que cette société connaît. C'est dire que le corps d'un Orokaiva n'aura jamais été aussi "beau" et complet qu'à ce moment et qu'il ne le sera plus jamais de nouveau.

Trois types différents de parures peuvent être distingués en fonction du traitement rituel qui leur est appliqué.

Le corps parure

D'abord, celles qui, dans notre sens du terme, font partie du corps physique. En effet, s'il est vrai qu'ici les parures sont traitées comme du corps, certains aspects du corps sont aussi traités comme parures. L'objet parure n'est donc pas la seule marque des relations mais des éléments du corps physique peuvent aussi en être le support. Ces "parures" biologiques sont travaillées durant la période de confinement à l'intérieur même de la maison de réclusion. L'effort est porté dans plusieurs directions. Pour engraisser leur corps, les novices sont nourris abondamment et restreints dans leurs mouvements. Pour blanchir et lisser leur peau, on leur défend de se laver et, tout en les privant de lumière, on les oint de noix de coco. Pour augmenter le volume (*ohoru pupu*) de leur chevelure, on la laisse pousser librement et on la masse régulièrement avec une préparation magique. Pour ouvrir leurs orifices, on les enfume quotidiennement par la crémation d'un mélange de plantes encore humides. Enfin, pour favoriser leur dynamisme (*wasiri*), on les réchauffe constamment[13].

Comme on l'a déjà dit, les parents d'un enfant ne doivent, ni le voir, ni même l'entendre pendant toute la durée de la réclusion. Aussi, confient-ils sa garde (*simbari*) à un couple qui l'enferme dans une pièce spéciale de sa maison. Dans la quasi-totalité des cas, ce couple réside dans le même village que les parents[14]. Nommément responsables de la personne (*hamo*) de l'enfant, les gardiens sont en fait aidés dans leur tâche par l'ensemble des habitants du village, y compris les parents. Tous pourvoient quotidiennement aux besoins créés par la réclusion en fournissant nourritures cuites, noix de coco, plantes magiques, etc. à ceux qui en assument directement la charge. En retour, à l'issue de l'initiation, les gardiens redistribuent à tous

---

13. Cet élément dynamique, consubstantiel, dans l'idée orokaiva, de la vie dans sa forme la plus élaborée, joue un rôle essentiel dans la danse qui est l'activité artistique majeure de cette société.

14. Lorsque les gardiens désignés résident dans un village différent de celui des parents, il n'est pas rare que ces derniers aillent habiter auprès d'eux pour une durée considérable de temps (un ou deux ans).

leurs co-résidents les prestations de nourriture reçues en récompense de la part des parents[15].

Une forme alternative de réclusion, de nos jours plus rarement employée, confirme la responsabilité collective qui pèse sur l'ensemble du village. Dans ce cas, une grande maison commune entourée de palissades est érigée à l'orée de la forêt et tous les novices du village y sont enfermés ensemble[16]. Cet édifice, *oro bande*[17] est surveillé par des vieillards, qui remplissent alors les fonctions précédemment dévolues aux couples de gardiens. Des nourritures, noix de coco, plantes magiques, etc. sont quotidiennement déposées par chaque habitant du village devant l'entrée de la palissade. Rien de ce qui se passe à l'intérieur ne transparaît au-dehors. De sorte que, comme on le dit souvent, les parents d'enfants tués pour avoir transgressé une règle, continuent, inconscients de leur sort, à leur apporter à manger. C'est dire à quel point la tâche est ici collective et dépasse le destin individuel de chaque famille. En somme, dans ses deux versions, la réclusion des novices est le fait de tout un village groupé sous la houlette, soit d'un couple désigné par les parents, soit de celle des vieillards du même village.

Les méthodes mises en oeuvre dans la décoration du corps physique combinent indistinctement des procédures empiriques et magiques. Les habitants d'un village s'y impliquent ensemble, par la collecte des nourritures, par la mise en oeuvre de plantes et de procédures magiques, ou encore par le partage des prestations cérémonielles reçues. La transformation de plusieurs aspects du corps de l'enfant en parures résulte de cet effort conjoint autour d'une localité.

L'adjonction, à la personne de l'enfant, de ces parures mêlant des transformations matérielles de son corps physique à des relations exprimées en termes de localité figure une innovation importante dans sa socialité. Depuis sa naissance et jusqu'à ce rituel, l'épanouissement de la personne d'un enfant est exclusivement promu par la mise en jeu de relations de parenté proche (Iteanu 1983 et 1990). Ces dernières trouvent ici leur limite, puisque à ces rapports anciens s'ajoute désormais un type nouveau de relation basé sur la localité. Au-delà de la personne élémentaire construite par la parenté, l'initiation, parce qu'elle met en jeu des relations de localité, donne accès à une forme exaltée de décoration[18]. Le réseau relationnel ainsi établi place

---

15. Ce couple peut ou non être également chargé de la décoration de l'enfant avec des parures (voir infra).

16. D'autrefois, on dit que l'on construisait deux maisons semblables pour séparer filles et garçons.

17. Littéralement, "la maison des jeunes gens".

18. L'embellissement du corps qui est ici promu n'est pas un modèle désirable pour la vie normale. Par exemple, les Orokaiva ont horreur de l'embonpoint, alors que pour les novices, celui-ci est une qualité première.

chaque enfant dans la dépendance étroite de ses co-résidents. Par la suite, quiconque a contribué à sa réclusion est en droit de lui demander des comptes sur sa personne. Ce rapport serré entre corps physique, parures et village est, comme on s'en souvient, renforcé par la polysémie du terme *kokumbari* qui décrit aussi bien la fabrication de l'un que l'établissement de l'autre.

Plumes et bijoux

Deuxièmement, l'initiation met en jeu un ensemble riche et complexe de parures corporelles *di hambo*. Celles-ci sont attribuées au novice par le décorateur qui peut ou non être l'homme[19] qui s'est occupé de lui pendant sa réclusion. Au sens étroit, ces parures sont composées de deux groupes essentiels : les plumes (*di*) et les bijoux de coquillages (*hambo*). Mais l'on y ajoute aussi d'autres formes de décoration, non permanentes, comme les peintures faciales, les fleurs et les herbes.

Un homme peut détenir beaucoup de bijoux et de plumes, mais cela reste toujours insuffisant car la règle tacite veut que nul ne puisse décorer un novice seul. Aussi, avant la cérémonie et pendant plusieurs mois, le décorateur rend visite à ses connaissances, résidant dans des villages proches ou lointains, pour rassembler les plumes et les bijoux qui compléteront ceux qu'il possède déjà. Plus le nombre de novices est élevé dans une région donnée et plus les parures se font rares. Aussi le décorateur doit-il aller de plus en plus loin pour en obtenir. Plus la fête est grande, donc, et plus la construction des décorations requiert l'activation de relations distantes et fragiles.

Lorsqu'il est prêt, aidé par quelques co-résidents, le décorateur monte la coiffe (*di aku*) en attachant les rangées de plumes le long d'un support en canne[20]. L'ordre dans lequel se succèdent les divers types de plumes est toujours strictement identique. On commence par la queue du support qui pendra dans le dos du novice ou, mieux encore, si l'on a rassemblé suffisamment de plumes, au niveau de ses mollets. Celle-ci est recouverte de plumes de casoar, enrichies de petites plumes blanches. Ensuite, tout au long du socle, on alterne successivement une entretoise de plumes de casoar écourtées (*kahu*) et une rangée de pennes blanches de queue de calao

---

19. Le reclus, comme on l'a vu, est confié à un couple alors que le décorateur est toujours un homme, ce qui n'exclut pas que le décorateur ait souvent recours à l'aide de son épouse.

20. Au début du siècle, les plumes étaient directement fixées sur la masse de cheveux. Les gens disent que l'emprunt, à une population voisine, du support en canne a aujourd'hui considérablement diminué la souffrance infligée aux novices lors de l'installation de la coiffe.

montées sur un système de rallonges (*di a*) qui les fait paraître plus hautes. Sur l'avant, sont ensuite attachés une rangée de longues plumes d'aigle brunes ou grises, puis, vers l'avant encore, des oiseaux de paradis entiers, fixés sur un étrier en canne et enfin plusieurs rangées de duvet rouge de perroquet. La plupart des plumes utilisées sont importées des sociétés voisines. Aucune variation esthétique n'étant ici admise, les spectateurs ne jaugent les différentes coiffes qu'en fonction de leur longueur (c'est-à-dire, du nombre de couches successives de plumes de calao et de casoar) et du nombre d'oiseaux de paradis exhibés sur l'avant.

Sous peine de devenir chauve (Iteanu 1983: 96), nul ne peut porter une telle coiffe (et en général n'importe quelle coiffe importante) si une fois dans sa vie elle ne lui a été conférée de manière cérémonielle. A cette occasion, l'impétrant revêt la parure et passe avec elle sous un portique formé par les bras de deux aînés se donnant la main. Dès lors, et pendant toute sa vie, celui qui a subi ce petit rituel, peut, en principe et sans danger, l'utiliser à sa guise. Dans les faits cependant, les jeunes dépendent toujours de leurs aînés, qui seuls, dit-on, savent préparer les parures. Soulignons que dans sa simplicité, ce rituel d'attribution n'exclut pas seulement que l'on puisse porter des plumes sans permission, mais aussi que cette autorisation soit donnée dans le cadre d'une relation individuelle, puisque l'accord de deux aînés, au moins, est indispensable.

Les bijoux *hambo* sont faits de coquillages, de dents de chien et de graines végétales montés sur des bases de ficelles tressées. Comme les plumes, leur réalisation requiert une coopération entre femmes et hommes : les premières roulant le fil à partir de fibres végétales, les seconds tressant la base et assemblant les divers morceaux. Lorsque la ficelle sur laquelle ils sont montés est usée, les bijoux *hambo* sont défaits et reconstruits à l'identique sur un nouveau support. Le nombre de modèles différents est strictement limité et leur forme et composition étroitement déterminées. En voici la liste : 1. la parure frontale en coquillage *daremo*, 2. la ceinture en cauris *hu saima*, 3. la parure de cheveux en dents de chien *ba ti*, 4. la parure buccale en coquillage *peija*, 5. le pectoral en double anneau de coquillage *huave*, 6. le collier en perles de coquillage *sirimbu*[21]. Ces bijoux qui sont le plus souvent employés comme parures de danse, circulent aussi entre les gens en tant que prestation de mariage et comme compensation pour une transgression. Ils n'ont ni nom individuel, ni histoire propre, mais leur quantité étant limitée dans une région donnée, chacun peut, à tout moment, dire plus ou moins quels sont ceux qui en détiennent[22]

---

21. On remarquera qu'aucune des parures avec lesquelles le porc du mythe a effectué sa transformation n'est un *hambo*.

22. J'utilise ici le terme détenir plutôt que posséder, car les parures n'ont pas de véritables propriétaires. Celui qui les détient pour un moment peut les utiliser à son gré. Mais leur nature propre, telle celle de notre monnaie, est de circuler.

et ceux qui n'en possèdent point. Tout comme les plumes, les matériaux avec lesquels ils sont faits – coquillages, cauris, écailles de tortue, etc. – sont obtenus au travers de relations entretenues avec des villages lointains, voire non orokaiva, des montagnes ou de la côte[23]. Ils sont aussi un butin de guerre très prisé (voir supra).

Coiffes et bijoux sont utilisés en association avec des éléments de décoration moins durables qui ne circulent jamais entre les partenaires d'échange. Il s'agit des pagnes peints (*bo*) fabriqués par les femmes, des peintures faciales (*opase*), des bracelets de pieds (*hupo*) ou de bras (*sia*), des herbes jaunies au gingembre (*handa*) et passées sous le bijou frontal, la ceinture et les bracelets, des plantes odorantes à pouvoir de séduction, enfilées dans les bracelets de bras (*jone*) et des multiples colliers de fleurs, de graines végétales et de jeunes feuilles de sagoutier qui barrent la poitrine et le dos (*siroru*)[24]. L'aspect et la combinaison de ces parures autres que les *hambo* sont en principe variables et laissés à l'appréciation des décorateurs, mais dans les faits, les différences sont minimes et aléatoires et en conséquence ne permettent pas d'identifier la personne qui les a fabriquées.

Les bijoux et les plumes qui parent chaque enfant sont rassemblés et installés par son décorateur qui est en général, soit un frère de la mère, soit un frère de la mère du père, des parents désignés dans les deux cas par le terme *epe*. Après la cérémonie, celui-ci récupère les parures et les rapporte à ceux à qui il les a empruntées. Simultanément, il reçoit des parents de l'enfant des prestations importantes de nourritures crues qu'il redistribue à ceux qui lui ont prêté plumes et bijoux. Lors d'une prochaine initiation, il rendra ces prestations aux parents.

Au cours de la fête de décoration, nourritures végétales, porcs et novices parés de plumes et de bijoux se succèdent sur l'estrade. Nourritures végétales et porcs ont été apportés par le père de l'enfant, parures et plumes par son oncle maternel (*epe*).

Une partie de ce qui a été exhibé sur l'estrade, parures et plumes, a donc été fournie par un homme qui a donné sa soeur et l'autre, les nourritures végétales et les porcs, par celui qui a épousé cette soeur. La somme de ces éléments ressemble aux prestations qui sont données lors du mariage au père de l'épouse, le "prix de la fiancée" (*dorobu*).

Prestations et rituel de mariage séparent nettement deux générations, celle des beaux-parents entre lesquels circule le prix de la fiancée, et celle du marié, de son épouse et de son frère, qui n'ont, dans ce contexte, qu'un

---

23. Les plumes de casoar, les oiseaux de paradis et la plupart des plumes de calao viennent des montagnes situées en dehors du territoire Orokaiva. De même, les coquillages sont obtenus sur la côte, entre autres en provenance du territoire Yega.
24. Ces colliers sont substitutifs et ne sont utilisés qu'à défaut de véritables *hambo*.

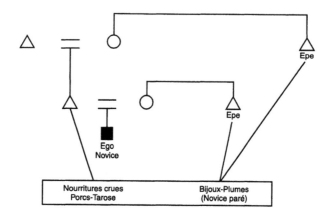

Schéma 1: éléments rassemblés sur la plate-forme de l'initiation

rôle très effacé. Cette distinction est reconduite par les lourds interdits qui pèsent en permanence sur les relations entre affins. Entre une personne et ses affins de la génération supérieure, les relations sont asymétriques : les termes de parenté employés ne sont pas auto-réciproques[25] et gendres et brus doivent unilatéralement obéir aux moindres injonctions de leurs beaux-parents. Par contre, entre affins de la même génération, les relations sont symétriques : beaux-frères et belles-soeurs[26] se désignent réciproquement par des termes identiques et se doivent mutuel respect et assistance dans la vie et dans les rituels. Ce contraste permanent entre les deux générations sur lesquelles porte la relation d'affinité souligne l'importance de la solidarité et de la différence entre rituels de mariage et d'initiation. Dans le premier, la génération immédiatement supérieure à celle des époux, responsable du rituel, joue un rôle prédominant qui se reflète dans la hiérarchie entre les deux générations. Dans le second, une complémentarité étroite lie entre eux les couples de belles-soeurs et beaux-frères, solidarité que l'on retrouve constamment à la génération d'ego.

De fait, le mariage à la fois suit et précède l'initiation. D'un côté, l'initiation annonce le mariage, puisque, comme on l'a vu (schéma 2), les nourritures et les parures rassemblées sur l'estrade préfigurent, pour chaque enfant et selon son sexe, un prix de la fiancée qui sera reçu ou donné. Comme pour confirmer cette analogie, avant la distribution des prestations

---

25. Les termes de parenté sont : à G-1, *ahavo* pour un homme et *umbohi* pour une femme et à G+1, respectivement *imi* et *mei ae*.

26. *Dambo*, entre beaux-frères, *jau*, entre belles-soeurs, *hovahu*, entre affins de sexe opposé.

de l'initiation, les pères des impétrantes montent tour à tour sur la plate-forme pour annoncer au public les biens qu'ils souhaitent recevoir lors du mariage de leur fille. Cette déclaration est d'autant mieux venue que, dit-on, l'aspect des novices est à ce moment si engageant, que les garçons présents ne peuvent s'empêcher de les épouser sur-le-champ. De l'autre, le mariage préfigure l'initiation. En effet, sans qu'ils soient exactement les mêmes, les bijoux et les plumes donnés lors d'un mariage pour prix de la fiancée ornent, à l'initiation, le fruit de cette union.

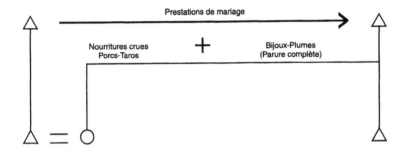

Schéma 2 : prestations de mariage

Reçus par le père de l'épouse, plumes et bijoux sont dits être destinés au payement du mariage du frère de cette femme. Mais en même temps, ils garantissent que, lors de l'initiation des enfants de cette union, un frère de la mère viendra jouer pour eux le rôle de décorateur. De fait, si pour une raison quelconque, le couple en vient rapidement à se séparer, plumes et bijoux sont rendus car ils n'auront pas à être présentés lors de l'initiation. Par contre, si le mariage est dissous après la décoration des enfants, les parures seront conservées par l'oncle maternel. La circulation des parures montre donc qu'une opération se prolongeant sur deux générations est nécessaire pour qu'à l'initiation, un enfant puisse être élevé à son maxi-mum de complétude.

Inversement, l'initiation permet au mariage d'être parachevé. Alors que pour le prix de la fiancée, le père de la fille reçoit et distribue un porc qui représente[27] sa fille, mais que le frère ne reçoit rien, dans l'initiation, c'est ce dernier qui est honoré d'un porc.

La prestation de porc du mariage a une signification différente de celle des parures. Par opposition à cette dernière, même si le mariage se rompt rapidement, le porc ne sera pas rendu car, dit-on, il vaut pour la "souillure (*togopa*) du corps de la femme" occasionnée par l'intimité entre les

---

27. Les parents proches ne peuvent manger de ce porc car, disent-ils, il est la "graisse de la fille" et le manger reviendrait à la manger elle.

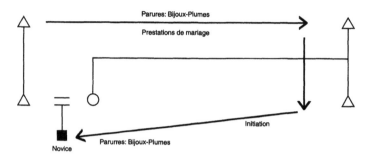

Schéma 3 : transfert des bijoux et des plumes sur deux générations

conjoints. Lors du mariage, le père entérine donc les rapports sexuels de sa fille avec son mari en acceptant le porc donné pour prix de la fiancée. Mais pour le frère, qui n'a rien reçu à cette occasion, la consommation du mariage de sa soeur ne se matérialise que lorsqu'il perçoit lui-même le porc de l'initiation. Les prestations de porc satisfont donc successivement deux générations, mais elle ne les lie pas entre elles. Au contraire, la circulation des parures traverse les générations comme si elle véhiculait une énergie temporelle liant dans la diachronie mariage et initiation. Sur la chaîne des prestations de porc, elle semble ainsi constituer la trame qui tisse les relations.

Une fois ces deux séries de prestations analysées, la décoration des novices prend un tour familier dans cette région du monde. Elle semble être le lieu où s'exerce ce qu'Annette Weiner, dans un ouvrage récent

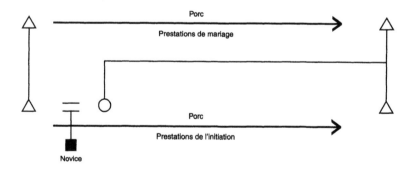

Schéma 4 : prestations alternées de porc du mariage et de l'initiation

(1992), a appelé le pouvoir générateur de la relation frère-soeur. L'enfant décoré y apparaît comme le fruit de la combinaison entre une relation de mariage et une relation frère-soeur. Cette complémentarité se manifeste pleinement dans la combinaison des différentes prestations. D'un coté, les porcs : celui du mariage vaut pour la sexualité de la femme, celui de l'initiation, pour l'enfant qu'elle a mis au monde. Ces deux prestations ne lient pas ensemble les deux générations concernées et elles ne font que les superposer à l'identique. De l'autre, les plumes et bijoux : dans le mariage, ceux-ci sont donnés au père et, tout en marquant l'éloignement entre une soeur et un frère, ils sont explicitement destinés au mariage de ce dernier. Plus tard, ces mêmes parures seront rapportées par le frère pour l'initiation des enfants de sa soeur. Ainsi, lorsque la relation frère-soeur est distendue par le mariage, la circulation de parures permet d'en perpétuer les aspects essentiels jusqu'au moment de l'initiation où elle se trouve ponctuellement recomposée sous une forme enrichie. Tout comme dans d'autres sociétés, une seconde procréation par les hommes est obtenue par l'imprégnation de sperme (Herdt 1981, Godelier 1982), ici, une opération similaire est conduite au moyen des parures et véhicule la puissance de la relation frère-soeur. A travers ces deux rituels, la circulation des parures parvient donc à créer ce qui est en théorie impossible : elle étend la relation frère-soeur au-delà d'une seule génération et la rend ainsi apte à cette seconde procréation du corps décoré.

Otohu

Le troisième type de parures est appelé *otohu*. Ce sont des bijoux exclusivement attribués pendant l'initiation et même là, seuls certains novices en reçoivent[28]. Contrairement aux *hambo,* ils ne sont jamais donnés dans les échanges. L'élucidation de leur signification a fait l'objet d'une littérature abondante (Beaver 1920, Williams 1930, Schwimmer 1973, Iteanu 1983a, Bloch 1992). Celle-ci s'est exclusivement concentrée sur le rituel par lequel ils sont conférés, laissant de côté leur mode de fabrication, qui n'avait jusqu'à présent jamais été décrit. Bien que les *otohu* aient des formes particulières, le visiteur étranger ne les distingue guère des *hambo* car ils sont construits pour l'essentiel à partir des mêmes matériaux : coquillages, dents de chien, perles végétales, écaille de tortue, etc. Mais parfois des éléments spécifiques, comme les becs de calao, sont aussi employés. Dans la région où j'ai travaillé, six types différents sont reconnus selon leur forme et leur composition générale : *sasaru, anana, simba, pijama vende, aku pohuka et kahumba.* Ils sont tous portés au front des novices, devant et au-dessus des plumes et autres bijoux. Pour

---

28. Ce sont les parents qui décident s'il convient d'engager les "frais" relatifs à la construction d'un *otohu* pour leur enfant initié. Le fait d'avoir reçu un *otohu* ou non ne change rien au statut quotidien d'une personne (voir Williams 1930).

les Orokaiva, ils représentent un absolu de beauté et l'élément qui parachève la totalité de la décoration, un peu comme notre clef de voûte qui scelle l'ensemble de l'arche. Mais ce qui, dans les faits, les différencie radicalement de toutes les autres parures, c'est qu'après avoir été attribués une fois, ils doivent être entièrement démontés puis refaits, avant de pouvoir resservir.

Le *otohu* fait partie de la parure d'un novice, aussi est-ce le décorateur qui en est responsable, bien qu'il ne sache pas toujours le construire lui-même. Dans ce cas, il en sous-traite la réalisation auprès d'un des rares hommes qui en ont la connaissance. Ces derniers tirent un prestige important de ce savoir que le rituel de construction rehausse. L'*otohu* doit être fabriqué secrètement à l'intérieur d'une maison et, avant la cérémonie, nul – et surtout pas les parents – ne doit le voir ou même savoir de quelle sorte il sera. Cet interdit est comparable à celui qui pèse, lors de la réclusion, sur le fait de voir l'enfant. Celui qui fabrique l'*otohu* utilise des matériaux épars qu'il a en sa possession ou bien en récupère en défaisant de vieilles parures. Ayant choisi de construire un modèle donné, il assemble les diverses pièces de manière à obtenir une forme générale standard. Mais lorsqu'il en vient au détail, il doit innover. Il noue un ruban pourpre ici, incruste une dent de chien là, souligne le contour de quelques perles végétales rouges... Chaque propriétaire d'*otohu* développe ainsi ses particularités qui, telles une signature, suffisent au spectateur pour reconnaître son identité. Ce travail fini, une cérémonie très solennelle est organisée pour sectionner les ficelles qu'il a volontairement laissé dépasser. La parure *otohu* devient alors unique car elle ne peut plus être modifiée ou défaite pour la cérémonie en cours et ne servira plus jamais telle quelle de nouveau dans une initiation future. A l'occasion de ce rituel, les parents de l'enfant, sans jamais voir la parure, offrent des prestations de nourriture au constructeur. En échange, celui-ci leur remet les morceaux de ficelles qu'il a coupés. La nature de ces derniers confirme notre conception du corps orokaiva comme ensemble de parures. Bien qu'elles n'aient jamais été au contact du corps de l'enfant, ces ficelles font déjà partie de lui puisque, à l'aune d'une mèche de cheveux ou d'une rognure d'ongle, un sorcier peut les utiliser pour le rendre malade ou le faire mourir[29].

L'*otohu* est octroyé de la manière suivante :

C'est une coutume invariable que de faire appel à un vieux guerrier pour attribuer cet ornement...

---

29. Les procédures habituelles de sorcellerie impliquent que l'on se saisisse d'un objet faisant partie du corps de la victime (dents, cheveux, rognures d'ongles) ou l'ayant jouxté (vêtement sale, crachat, mégot de cigarette...).

Le premier était un vieil homme de Togahu. D'une manière décidée et très maître de lui, il s'est dirigé vers l'endroit où les ornements *otohu* étaient exposés sur une natte. Il les a saisis à deux mains et s'est mis à arpenter l'allée longue d'une vingtaine de mètres, large de deux ou trois, formée par la chaîne des spectateurs. Sa tâche était de crier le nom de ses victimes antérieures, et après avoir terminé, il se retourna et passa les décorations *otohu* au second [meurtrier] *aguma*...

Pendant que le distingué guerrier énumère ses exploits, un choeur de jeunes gens se tient à proximité et bat des tambours en se moquant dans ses chansons du vieil homme...

Quand les longues déclamations des guerriers sont finies, plusieurs bûches sont posées bout à bout sur le sol et les [novices] *ehamei* s'y asseyent en une rangée, tous tournés dans la même direction... Un homme se tient debout derrière chaque garçon (ou fille) et celui qui va procéder à l'investiture du *otohu* se tient devant eux... Le *otohu* est jeté au-dessus de la tête du garçon. Il est attrapé et renvoyé par l'homme qui se tient derrière lui. On recommence plusieurs fois, jusqu'à ce que l'homme de devant se penche et attache l'ornement à sa place sur le front du garçon. Ce va-et-vient, appelé *ketumbari* et *iketumbo*, "donner et prendre", aurait la vertu de protéger par la suite le novice de la calvitie...

En même temps qu'il offre et qu'il reprend l'ornement, le [guerrier] *aguma* exhorte le novice à ne pas voler, à ne pas commettre l'adultère, à ne pas se chamailler, et à ne pas faire d'actes hors la loi, tel que tuer le chien du voisin... (Williams 1930: 189–191, en Français avec plus de détails qu'ici dans, Iteanu 1983: 88–91)

Les interprétations concernant l'*otohu* se sont concentrées sur le fait qu'il était remis par un vieux guerrier. Aussi, certains auteurs (Beaver 1920, Williams 1930, Bloch 1992) l'ont décrit comme une gratification donnée pour le meurtre. Mais l'explication est loin de faire l'unanimité. Elle contredit en effet l'évidence, puisque la plupart des novices n'ont probablement encore tué personne et qu'ils ne le feront peut-être jamais et ce d'autant plus que l'on donne cette parure tant aux filles qu'aux garçons. Conscient de cette difficulté, à propos d'une variante dans laquelle, c'est le père qui remet l'*otohu* à son fils, Beaver proposait une alternative :

(...) même s'il n'a pas tué lui-même, il peut devenir *kortopo* [terme pour *otohu* dans un autre dialecte] et porter les insignes si son père a tué et lui en a transféré le droit par la cérémonie. (Beaver 1920: 98–99)

Selon lui donc, si la parure ne singularise pas celui qui a véritablement tué, elle opère la transmission d'une prérogative. Mais que transfère-t-on au juste ? Beaver ne le dit pas. Mais, puisque les filles reçoivent l'*otohu* aussi bien que les garçons, on doit supposer qu'il ne s'agit pas d'un honneur réservé à l'activité purement masculine de meurtre. L'analyse de

Schwimmer (1973: 175–186) nous encourage dans le sens d'un élargissement de la perspective. Pour lui, si l'*aguma*[30] est bien un guerrier, il est en même temps, et de manière tout aussi essentielle, un sorcier (Schwimmer 1973: 181). Or, comme je l'ai montré ailleurs (Iteanu 1990), ce qui dans cette société est commun au meurtrier et au sorcier, c'est que tous deux agissent poussés par une force intérieure et cachée appelée *jo*. Celle-ci se manifeste également dans ce qu'il est tentant d'appeler l'émotivité des sujets. Ainsi, les débordements contre lesquels le meurtrier *aguma* met les novices en garde – ne pas voler, ne pas se quereller . . . – sont tous considérés par les Orokaiva comme autant d'expressions de cette même force *jo*. Dans la vie courante, pour qu'il ne devienne pas destructeur, le *jo* doit être régulièrement contrôlé par la répétition rituelle Aux temps mythiques, où les rituels font défaut, il se manifeste librement, par exemple, dans la transformation du porc en homme, dont on a discuté plus haut. A l'opposé de cette inconstance brillante, mais dangereuse, le rituel garantit une certaine persistance des identités.

Ce même contraste se retrouve dans la fabrication du *otohu*. Contrairement aux autres décorations, qui inscrivent le corps du novice dans la temporalité des générations, l'*otohu* est, tout comme le *jo*, un éclat éphémère. Construit pour l'occasion, par un homme particulier[31], il ne sera offert et porté qu'une seule fois, puis il disparaîtra à jamais. De plus, et de nouveau à l'opposé des *hambo* et des plumes qui transforment le corps en une sorte d'uniforme anonyme, les particularités de chaque *otohu* rendent manifeste le *jo* de son constructeur, ce que nous appellerions son originalité (voir Schwimmer 1973: 185).

Parce que le *jo* est, par définition, intérieur aux corps[32] et donc invisible, il est impossible d'en prévoir et d'en prévenir les manifestations (*kiaera*). L'oeuvre répétée des rituels consiste donc, après coup seulement, à en récupérer et à en contrôler la force. En ce qui nous concerne ici, l'irruption du *jo* se produit de manière particulièrement spectaculaire dans la première phase du rituel d'initiation (Iteanu 1983 et 1990) où des personnages travestis le mettent en scène. Or, la décoration des enfants constitue la troisième étape et l'aboutissement de ce même rituel et à ce titre, la manière dont elle traite le *jo* est exemplaire.

Dans cette cérémonie, l'exposition du *otohu* au front des novices semble impliquer la domination du *jo* sur le reste de la personne. Pourtant cette image est trompeuse car on se situe ici dans un contexte global d'inversion.

---

30. Le guerrier qui énonce ses meurtres.

31. "On doit noter l'insistance que l'informateur place sur les mots 'Je le veux'. Il n'invoque ici ni l'obligation, ni la 'coutume', mais plutôt le fait que *son otohu*, en fonction de *sa nature interne*, est destiné à être passé à un autre initié." (Schwimmer 1973: 180 les italiques sont de moi).

32. Le terme *jo* désigne aussi l'intérieur de toute chose.

D'abord, alors que le *jo* est, par définition, intérieur, il se trouve à ce moment exposé au-dessus et en dehors de tous les autres éléments du corps décoré. Ensuite, alors qu'il est normalement invisible et secret, dans ce contexte, on le décrit comme la parure la "plus belle", *kiari javotoho*, d'un terme qui signifie aussi, "bien voir" et "bien connaître". Enfin, alors qu'un grand tueur est normalement respecté et craint, ici, dans leurs chansons, les jeunes tournent impunément en dérision celui qui énumère devant eux ses meurtres. Dans ce contexte inversé, la position même du *jo* par rapport à son enveloppe est bouleversée. Une fois ouvertement exposé sous forme d'*otohu*, le *jo*, perd son mystère et sa force. Contrairement à sa nature socialement nocive, dans cette étape finale de l'initiation, il contribue sagement à cette totalité du corps décoré vers laquelle tous les autres éléments convergent. Il est parfaitement englobé, et je dirais même englué, dans le tout de la personne, comme ensemble de parures et de relations.

Parures et identité

Trois formes contrastées de parures, qui correspondent à trois types de relations, constituent, dans l'initiation, les novices. La première s'attache à certains aspects du corps que nous appellerions physique. Elle met en jeu les relations de localité et rend le novice consubstantiel à son village, en le faisant étroitement dépendre de ses co-résidents. Elle signe ainsi, pour lui, la prééminence de la localité sur la parenté. La seconde forme est constituée par un foisonnement de plumes et de bijoux. Elle implique les relations avec l'extérieur du village[33] qui s'étendent parfois jusqu'au coeur des autres sociétés. Ces relations sont conçues sur le modèle du rapport frère-soeur qui leur octroie une dimension temporelle, en faisant circuler des parures sur plusieurs générations. Plumes et bijoux mettent ainsi les relations externes au service de la continuité des générations. Dans une perspective comparative, ce mouvement doit être rapproché de ce qui a été appelé ailleurs un ré-engendrement (Weiner 1992) et semble caractéristique des sociétés cosmomorphes (Barraud et al. 1984). La troisième forme est celle du *otohu*. Elle concerne le rapport ambigu qu'entretient cette société avec ses origines mythiques qui se manifestent dans l'imprévisibilité intérieure des sujets, *jo*. En exposant cette intériorité aux regards, l'*otohu* la rend inoffensive et l'intègre de manière harmonieuse dans le tout du corps décoré. Les origines sont ainsi maîtrisées et englobées dans les relations

---

33. L'important filet de pêche Muyuw est un exemple similaire d'objet manufacturé à partir d'éléments provenant de l'extérieur de la société (Damon 1990: 75).

sociales. A inspecter la littérature, ce rapport hiérarchique fondamental entre
origines et répétition rituelle est loin d'être inhabituel dans les sociétés de
Mélanésie.

Selon notre conception traditionnelle de l'initiation, la construction d'un
corps totalisé marque l'accession de l'impétrant, en tant que sujet, à une
identité et à un statut exaltés. Ici c'est le contraire, puisque selon la règle,
nul n'est, au cours de la cérémonie, autorisé à le reconnaître ou à le nommer
et qu'il perd donc ainsi toute individualité. D'ailleurs serait-ce même possible ? Avant la cérémonie, il a été tenu au secret pendant plusieurs années
d'enfance et d'adolescence où il a probablement considérablement changé.
Quelques-uns de ses attributs physiques ont été rituellement remodelés.
Enfin, il est orné et, à bien y regarder, en fait, masqué, par tous les bijoux,
plumes et végétaux qui l'enveloppent. Bien malin celui qui pourrait le
reconnaître. Le novice décoré est, en somme, dépourvu d'identité propre et
ses parures matérialisent toutes les relations que la société connaît. Il n' est
donc qu'une émanation de cette société, l'image virtuelle de sa totalité.

Mais aussitôt la cérémonie terminée, cette complétude est brisée. Les
plumes et les bijoux sont démontés, les parures végétales, jetées et les
peintures faciales laissées à décomposer[34]. Le corps physique n'est pas non
plus épargné. Progressivement, il est refaçonné par les aléas de la vie
sociale. Alors, peu à peu, l'identité du novice réapparaît. Il retrouve dès
lors le niveau où les personnes sociales adviennent, grandissent et cessent
d'exister, de la naissance et jusqu'après la mort, au rythme de la création et
de la dissolution, dans les rituels, des relations et de leurs inséparables
contreparties visuelles (Iteanu 1990). S'il s'investit dans une carrière de
big man sa personne sociale peut être amenée à croître. Mais comme, hors
de l'initiation, ses parties internes (*jo*) doivent absolument rester cachées,
sa personne demeurera fragmentée et dépourvue de complétude. Aussi
quelle que soit sa destinée, le novice n'atteindra plus jamais la perfection
que l'initiation lui a, pour un moment, donnée.

Ainsi, personne sociale n'est pas corps. Si corps il y a chez les Orokaiva,
c'est-à-dire, dans notre sens du terme, une totalité vivante qui se suffit à
elle-même, c'est celui du novice décoré. Ce corps c'est la société, qui seule
possède la dignité d'un sujet complet. Face à lui, c'est donc elle qu'on
admire. Hors du rituel, aucune personne sociale, aussi "grande" soit-elle,
ne peut prétendre à une telle complétude[35] ; Eléments physiques, parures,
otohu, et leur contrepartie de dons cérémoniels entrent donc dans la fabri-

---

34. On ne lave jamais les peintures corporelles, mais on les laisse disparaître
graduellement.

35. Ceci est également vrai des transformations mythiques qui produisent toujours
des résultats incomplets par rapport à celle opérée par l'initiation. Ainsi, comme
on l'a noté, les parures construites par le porc dans le mythe ne sont pas des *hambo*
mais des décorations de valeur moindre.

cation du corps. Dans le rituel, comme hors de lui à un niveau inférieur, chez les Orokaiva, comme ailleurs en Papouasie Nouvelle Guinée, il existe une continuité entre ces quatre séries d'éléments. Mais ici, celle-ci ne résulte pas de la primauté matérielle du corps (Lindenbaum 1984). Elle relève, au contraire, de la relation semblable qu'entretiennent ces éléments avec la totalité sociale, ou dit autrement, éléments physiques, parures, *otohu* et prestations sont tous quatre, à des niveaux distincts, les contreparties des relations qui composent la société.

BIBLIOGRAPHIE

BARRAUD, C., COPPET, D. DE, ITEANU, A., JAMOUS, R.
1984 Des relations et des morts. Quatre sociétés vues sous l'angle des échanges, in *"Différences,valeurs,hiérarchie"*. J. C. Galey, ed., Paris: Edition de l'Ecole des Hautes Etudes en Sciences Sociales, 421–520.

BLOCH, M.
1992 *Prey into Hunter,* Cambridge U.P.

DAMON, F. H.
1990 *From Muyuw to the Trobriands. Transformations Along the Northern Side of the Kula Ring.* The University of Arizona Press

GODELIER, M.,
1982 *La production des Grands Hommes*, Fayard, Paris.

HERDT, G.
1981 *Guardians of the Flutes. Idioms of Masculinity.* McGraw-Hill.

ITEANU A.
1983a *La ronde des échanges.* Paris : Maison des Sciences de L'Homme-Cambridge University Press.

ITEANU, A.
1983 b Idéologie patrilinéaire ou idéologie de l'anthropologue ? *L'Homme*, 23 (2), 37–55.

ITEANU, A.
1990 The Concept of the Person and the Ritual System. An Orokaiva View. *Man* (N.S.) 25 : 399–418.

ITEANU, A, ET E. SCHWIMMER,
1995 *Parle et je t'écouterai,* Gallimard, Paris.

LINDENBAUM, S.
1984 Variations on Sociosexual Theme in Melanesia, in *"Ritualized Homosexuality in Melanesia"*, G. Herdt éd . . ., California Press.

SCHWIMMER, E.
1973 *Exchange in the Social Structure of the Orokaiva. Traditional and Emergent Ideologies in the Northern District of Papua.* London : C. Hurst and Co.

SCHWIMMER, E.
1979a Aesthetics of the Aika, in *"Exploring the Visual Arts of Oceania"*, S. M. Mead, éd., Honolulu, University Press of Hawai, 287–292.

SCHWIMMER, E.
1979b Symbolic performances, in *"Man in Culture"*, I. Rossi éd., New York, Praeger, 509–538.

SCHWIMMER, E.
1979c *Reciprocity and Structure*, Man 14: 271–285.

SCHWIMMER, E.
1984a Male couples in New Guinea, in *"Ritual homosexuality in Melanesia"*, G. Herdt (éd.), California University Press, 226–262.

SCHWIMMER, E.
1984b Le mythe du corps bouché, *Culture* IV (2) : 33–42.

SCHWIMMER, E.
1985 Icons of identity, in "Iconicity: *Essays in the nature of culture"*, P. Bouissac, M. Herzfeld et R. Posner, éds., Berlin : Stauffenberg.

STRATHERN, A.
1992 Keeping the Body in Mind, Conférence donnée au colloque *Le Corps Humain*, Paris (dans cet ouvrage)

STRATHERN, A. J. ET STRATHERN, M.
1971 *Self-decoration in Mount Hagen,* London: Duckworth.

WEINER, A.
1992 *Inalienable Possessions. The Paradox of Keeping-While-Giving.* California Press.

WILLIAMS, F. E.
1930 *Orokaiva Society.* Oxford: Oxford University Press

6

Du 'corps' pour l'Occident à la 'monnaie' 'aré'aré. La transfiguration monétaire des relations 'socio-cosmiques'[1] aux Iles Salomon

Daniel de Coppet[2]

> " ... la pomme se déguise en un beau fruit déguisé
> et c'est alors
> que le peintre de la réalité
> commence à réaliser
> que toutes les apparences de la pomme sont contre lui ... "
> [...] le malheureux peintre de la réalité
> se trouve soudain être la triste proie
> d'une foule d'associations d'idées
> Et la pomme en tournant évoque le pommier
> le Paradis terrestre et Eve et puis Adam
> l'arrosoir l'espalier Parmentier l'escalier
> le Canada les Hespérides la Normandie la reinette et
>   l'Api
> le serpent du Jeu de Paume le serment du Jus de Pomme
> et le péché originel
> et les origines de l'art
> et la Suisse avec Guillaume Tell
> et même Isaac Newton
> plusieurs fois primé à l'Exposition de la Gravitation
>   Universelle ...
> Jacques Prévert, "Promenade de Picasso",
> *Les Cahiers d'art*, 1944, repris dans *Paroles* : 237–238.

Depuis quelques années la 'question du corps' connaît plus qu'un regain d'intérêt, une véritable mobilisation qui parcourt la recherche et dont

---

1. 'Socio-cosmique' reprend l'idée de 'cosmomorphie' contenue dans Barraud *et al.* 1984: 320–42. Elle est proposée à la suite de Maurice Leenhardt (1947) et de van Wouden (1935), voir Coppet (1990).
2. Equipe ERASME, U.P.R. 262 du C.N.R.S., E.H.E.S.S., Paris.

témoigne quantité de livres et de colloques en tous genres. Le moment présent semble en effet nous interroger sur ce corps qui, pour notre société, est lourd de sens, parce qu'inscrit dans la configuration judéo-chrétienne à quoi nous appartenons, mais aussi parce qu'il est le support de l'émergence en Europe d'un 'corps' et d'un domaine politiques progressivement distincts. Sujet de la résurrection, le corps est devenu un objet digne de la science anatomique et biologique, tandis que les relations entre hommes se trouvaient peu à peu subordonnées aux relations des hommes aux choses, elles-mêmes mises à distance et qui acquéraient ainsi une vie nouvelle dans le domaine distinct de l'économique.

Dans ce qui suit nous allons tenter tout d'abord de comprendre la place éminente de ce qu'est le 'corps' pour l'Occident. Puis, nous chercherons ce qui, pour les Aré'aré des Iles Salomon, pourrait tenir chez eux la place du 'corps' chez nous.

I. Le 'corps' pour l'Occident

Constatons aussi qu'au cours de cette longue procession de tous nos 'corps', la valeur relationnelle et donc structurale de 'corps' opposé à 'âme' et à 'esprit', s'est progressivement – et depuis le XIXème siècle surtout – grandement estompée pour ne retenir qu'une opposition générale et tenace entre matériel et spirituel. Tout s'est passé comme si, dans le sillage du corps glorieux de la résurrection, relayé par les mystérieux et fascinants auspices des sciences de la vie, le principe de vie *anima* et même l'esprit *animus* ou *spiritus*, étaient bientôt fondus, pour ne plus la quitter, dans la substance corporelle. Il y a là, dans cette sorte de fascination pour "ce qui existe par soi-même (n'étant ni un attribut, ni une relation)"(Dict. Petit Robert, 'substance'), c'est-à-dire pour la substance, un profond accord avec l'idéologie globale contemporaine.

Cependant, le "ce qui existe par soi-même" (et toute sub-stance corporelle) garde en même temps et toujours, la qualité de constituer un tout, qui suppose une organisation, un ordre. Aujourd'hui encore, la notion de 'corps' recèle un principe relationnel caché et fait souvent référence à une totalité. En français contemporain et dans ses différentes acceptions, le mot 'corps' fait preuve d'une très puissante faculté de signifier des touts. Au point même qu'il semble conjuguer alors, dans cette disposition fondamentale, à la fois ce qu'il reste du mystère spirituel et totalisant du *Corpus Christi*, et la fascination pour l'ordre qui préside à la constitution du corps historique d'ici bas devenu 'biologique'. Ces préoccupations ont accompagné, dans nos sociétés modernes, la progressive cristallisation de la valeur ultime dans le sujet individuel "existant par lui-même" au-dedans des limites de son 'corps'.

Quelques brefs rappels sont nécessaires pour nous situer relativement à d'autres sociétés contemporaines, qui vivent et construisent d'autres hiérarchies de valeurs.

A la question qu'est-ce que le corps, la mystique chrétienne selon Michel de Certeau répond par "la recherche d'un corps". En effet :

> [...] sous son régime chrétien, un préjudice ou un postulat commun affecte [la mystique] tout entière, qui *exclut a priori toute généralisation hâtive à d'autres aires religieuses* [nous soulignons]. En effet le christianisme s'est institué sur *la perte d'un corps* – perte du corps de Jésus, doublée par la perte du 'corps' d'Israël, d'une 'nation' et de sa généalogie. Disparition fondatrice en effet. Elle spécifie l'expérience chrétienne par rapport à l'assurance qui tient le peuple juif ancré dans sa réalité biologique et sociale, donc à un corps présent distinct et localisé, séparé d'entre les autres par l'élection, blessé par l'histoire et gravé par les Ecritures [...] Dans la tradition chrétienne, une privation initiale de corps ne cesse de susciter des institutions et des discours qui sont les effets et les substituts de cette absence [...] Comment 'faire corps' à partir de la parole ? Cette question ramène celle, inoubliable d'un deuil impossible : "où es-tu?" (1982: 109–110).

Les développements considérables de cette quête du corps, spécifique du christianisme, nous sont mieux connus depuis les travaux d'Henri de Lubac qui nous explique comment

> "la communion du corps du Christ était l'union mystérieuse [des fidèles], par le fait du sacrement, à la communauté : mystère du Corps unique formé par tous ceux qui ont part à 'l'unique Pain'"(1949: 79).

A partir du mystère de l'unité des 'trois corps' du Christ, historique, sacramentel, ecclésial, une opposition fut introduite :

> "la césure [fut] mise entre le premier et le deuxième [corps], tandis qu'elle vint ensuite à être mise entre le deuxième et le troisième" (ibid. 288).

Ainsi s'était établie au Moyen Age la configuration duelle des deux corps du Christ – *mysticum* et *verum* – qui ont signifié alternativement l'Eucharistie et l'Eglise. La communauté chrétienne, c'est-à-dire l'Eglise, a d'abord été 'le corps véritable' du Christ, pour devenir ensuite son 'corps mystique', tandis que l'Eucharistie de 'corps mystique' devenait son 'corps véritable', certifiant la Présence réelle dans les espèces du pain et du vin de la Sainte Communion :

> "[...] avec les pratiques communautaires [...], les croyants 'inventent' un corps mystique – manquant et cherché – qui serait aussi le leur" (Certeau, 1982: 111).

L'Eglise, est 'corps social du Christ' – la communauté des fidèles – et se comprend alors en tant que 'corps mystique' du Christ. C'est dire que la dimension sociale communautaire de la société chrétienne s'appréhendait sous forme d'un 'corps mystique', dont sortira le 'corps politique' de nos sociétés européennes.

Cette quête chrétienne du 'corps', nous pouvons la suivre grâce à l'oeuvre de Kantorowicz sur la 'théologie politique médiévale', avec la lente apparition d'une nouvelle totalité duelle, faite de l'opposition, non plus des deux corps du Christ, mais des deux corps du roi, eux aussi 'véritable' et 'mystique'. Le 'corps véritable' du roi signifie le roi en tant qu'homme, avec sa particularité individuelle, morale et sa qualité mortelle. Le 'corps mystique' du roi en vient à signifier la communauté de tous ses sujets, avec pour double conséquence, d'une part de renforcer l'unité de la communauté autour de la 'figure' royale, mais aussi de rendre problématique l'union de cette même communauté qui se veut éternelle sur terre, avec la personne individuelle et mortelle d'un roi.

Cette double transposition de Jésus-Christ vers le Roi, et de l'Eglise vers l'ensemble des sujets de Sa Majesté fut progressivement adoptée en Angleterre et conduisit à une combinaison originale des 'deux Corps du Roi' : le 'corps véritable' étant le roi régnant, et le 'corps mystique' du roi servant comme un cheval de Troie au bénéfice du Parlement qui représente la pérennité de ce 'corps politique'.

> "C'est effectivement une 'christologie royale' qu'établirent les juristes [anglais], et qu'ils étaient d'ailleurs presque forcés d'établir à partir du moment où ils commençaient à interpréter de façon logique la relation entre le roi individuel et sa Dignité immortelle par le moyen de la métaphore des 'deux Corps'. [...] Impossible de séparer la notion des 'deux Corps du Roi' du développement très précoce et de l'influence durable du Parlement dans la pensée et la pratique politiques anglaises" (Kantorowicz, 1989: 321–322).

De 'corps mystique' du roi, le parlement devint le 'corps politique' en tant que partie d'un tout. Cette configuration persiste encore de nos jours, la nation britannique étant constituée d'une totalité faite d'interdépendance entre le Roi et son Parlement. Ainsi le peuple du Royaume-Uni prit-il, dans le nouveau domaine politique, l'habitude de vivre une totalité hiérarchisée sur deux plans différents, celui des conflits entre le Roi et son Parlement, mais aussi celui d'une nation située au-delà des conflits, à un plan supérieur, englobant.

En France, où la théorie des 'deux corps du roi' ne fut jamais acceptée, la royauté absolue s'est affirmée, le parlement restant tenu à l'écart.

> "La France, [...] bien que pleinement consciente des diverses manifestations de la Dignité immortelle et du roi individuel, en arriva à une interprétation de la royauté absolue telle que les distinctions entre as-

pects personnels et aspects suprapersonnels étaient rendues floues, voire éliminées"(ibid. 322).

Au contraire de l'Angleterre, la distinction *corpus verum – mysticum* ne fut pas poussée jusqu'à établir au travers du parlement les droits des sujets du roi. Une toute autre opposition prévalut pour un temps, celle entre la dépouille du roi et son effigie. Tandis que la dépouille était dissimulée, l'effigie, faite à l'image du roi vivant, était à la parade. Elle était réputée assurer la continuité de la Couronne, sans qu'apparaisse nécessaire un parlement qui se constituerait en 'corps politique' du royaume (cf. Giesey, 1987).

Il fallut attendre la Révolution de 1789 et la décapitation du roi Louis XVI, pour qu'en France s'affirme, avec la représentation populaire, la souveraineté du peuple, ce 'corps politique', nouvel avatar du 'corps mystique' du Christ et du Roi. La royauté absolue, au lieu d'ancrer dans les mœurs du peuple de France une totalité hiérarchisée, perdait le fil tissé au Moyen Age d'une harmonie possible des contraires et ouvrait une longue série de conflits entre institutions réputées incompatibles, non seulement entre présidences et parlements, mais aussi entre les positions affrontées du nationalisme et de l'universalisme.

En Europe, la fragmentation de l'ancienne souveraineté universelle en plusieurs 'corps' distincts avait divisé la communauté des fidèles et l'Empire en de multiples souverainetés territoriales (cf. Yates). Ainsi la dimension sociale communautaire, appréhendée d'abord comme 'corps mystique' du Christ puis du roi, enfin comme 'corps politique', donnait ainsi 'corps' au parlement, à la représentation populaire, c'est-à-dire aux nations et jusqu'aux Etats, eux-mêmes en ce sens les héritiers de l'Eglise et du 'corps mystique' du Christ. On pourrait mieux comprendre les différentes histoires des nations européennes à la lumière de leurs façons respectives de vivre des 'corps' hiérarchisés, ordonnés chacun dans un rapport particulier à l'universalité moderne.

Il faut cependant remonter à Dante et à sa *Monarchie*, écrite vers 1311, pour mieux comprendre la transition entre la souveraineté universelle et les nouvelles souverainetés territoriales européennes. Celle-ci se nourrit de l'opposition si bien illustrée par Dante entre le 'corps ecclésial' conduit par le Pape qui a pour tâche de diriger les hommes vers la béatitude céleste et le 'corps moral et politique' animé par l'Empereur, chargé de guider les hommes vers une béatitude terrestre. Dante les oppose en effet pour mieux les subordonner tous deux à un troisième 'corps' encore plus un, celui du genre humain dont il souhaite que l'Empereur et non le Pape prenne la tête[3].

---

3. Cet universalisme du genre humain 'corps unique' connaîtra bien des emballements, mais aussi d'amères expériences totalitaires et de sinistres défaites avec l'extrémisme nationaliste, faute sans doute d'avoir donné droit au respect des communautés particulières, des 'corps' particuliers.

Bientôt dégagé de tout contrôle papal, le chemin vers l'établissement du droit divin des rois européens (cf. Figgis, 1896) s'ouvrait désormais sur de multiples 'souverainetés absolues' (cf. Bodin, 1576), mais chacune avec ses limites territoriales disputées. Ces souverainetés étaient d'autant plus absolues dans leurs compétences qu'elles étaient réputées n'être subordonnées chacune qu'à Dieu. Entre elles s'établissait une parité qui menait aux conflits territoriaux et, suivant les aléas de la guerre, à des tentatives de subordination imposée qui cherchaient à s'inspirer de la hiérarchie de statuts de la féodalité.

Ces brefs rappels des multiples 'corps' qui peuplent notre histoire nous rendent sensibles au fait qu'en français la notion de corps s'est certes déplacée, mais toujours pour rendre compte de ce qui est principal, fondamental, pour saisir des totalités : le corps manquant au tombeau constituait la promesse chrétienne du 'corps glorieux' au Royaume des Cieux ; le mystère des trois 'corps' de la christologie créait autour du sacrifice la communauté des sacrifiants et la société des vivants ; l'union des deux 'corps du roi' constituait ici-bas le Roi et tous ses sujets en un seul Royaume ; enfin "on dit généralement des Compagnies assemblées que ce sont des *Corps* politiques (les *corps* du Clergé, de la Noblesse et du Tiers-Etat. [. . .] Corps se dit aussi de plusieurs choses ramassées ensemble [. . .], de plusieurs Ouvrages de même nature qui ont été recueillis, joints et reliés ensemble"(Furetière, 1690). Mais 'corps' se dit aussi de la partie principale d'un tout : du Livre, d'une ville, d'un bâtiment, d'un navire, d'une armée. 'Corps', c'est pour notre société *une affaire de tous ou de partie pour le tout*, c'est dire qu'il supporte une organisation, une hiérarchie au sens de principe d'ordre, ou si l'on veut, une hiérarchie de valeurs. Il n'est pas jusque dans la fascination moderne pour le corps particulier et biologique de chacun, où l'on ne puisse reconnaître une valeur ultime, une totalité hiérarchiquement organisée.

Cependant, un trait fondamental s'affirme tout au long de cette esquisse d'une histoire de la notion de 'corps' et fait peu à peu écran, semble-t-il, à la reconnaissance d'une totalité sociale communautaire : la référence à un univers substantiel très valorisé, souvent palpable, divisé en éléments distincts, où, au contraire d'une totalité, *les relations sont subordonnées aux substances*, à ce qui existe en soi. Ainsi, le fait d'isoler une substance ou un élément – un corps non social – nous rapproche-t-il de notre vérité moderne des choses et des êtres, à la fois 'réels' et 'symboliques', c'est-à-dire de l'indivisible individu comme valeur ultime.

On sait comment certains, en anthropologie sociale, en croyant discerner dans les sociétés d'Afrique notamment des *corporate groups*, des "groupes corporés", ont ainsi déguisé des communautés sociales en 'personnes morales', et suivi le chemin balisé et rassurant de l'insécable personne individuelle. Ces groupes seraient, en tant que 'personnes morales', créateurs, si possible à leur propre profit, de relations sociales toutes entières dépendantes des relations aux choses. Tout autre est l'orientation d'une perspective anthropologique (cf. Dumont, 1983 et 1992) qui fait des personnes le résultat subordonné des relations sociales communautaires, informées qu'elles sont par le tout de la société[4].

Enfin, plus près de nous, il est loisible de suivre les prolongements de ce mouvement général des idées, en ce qu'il pousse certains, enchantés qu'ils sont par les valeurs post-modernes, à ne plus accorder à la dimension sociale communautaire le moindre 'corps'. Ainsi la société serait-elle aujourd'hui reléguée à une existence de plus en plus ténue, pour certains même en sciences sociales, à n'être qu'un dangereux faux-semblant qui entrave l'intensification de l'individualisme et détourne chacun de cultiver à la fois son 'identité' et son propre corps.

II. Quel 'corps' pour les 'Aré'aré ?

Eclairés peut-être par cette mise en perspective de nos corps d'hier et d'aujourd'hui, nous allons tenter de comprendre à quoi la notion cardinale de 'corps' pour notre société pourrait correspondre pour la société 'aré'aré des Iles Salomon. Cet effort de compréhension d'une autre société que la nôtre, nous fait prendre aussitôt la mesure de ce que les mots d'une langue – et la notion de 'corps' tout particulièrement – n'ont pas de fondement universel, mais nous renvoient toujours à une configuration particulière, celle de notre propre société. Mieux vaut donc ne pas chercher à retrouver et par là même à imposer ailleurs que chez nous notre notion de corps, ce que pourtant nombre de missionnaires chrétiens ont fait comme en témoigne la réponse d'un Kanak au pasteur et anthropologue Maurice Leenhardt (1947) : "Non, l'esprit, vous ne nous l'avez pas appris, nous en avions une très ancienne connaissance. Par contre, le corps, cela nous l'ignorions, et vous nous l'avez apporté, et en combien d'exemplaires!"

Le présent travail se veut donc à la recherche d'une notion qui serait totalisante pour la société 'aré'aré, comme l'est pour notre société celle de 'corps' dans son rapport privilégié à la personne individuelle, étendue à l'espèce humaine, à l'univers et à Dieu lui-même, et, pour une part aujourd'hui cependant très réduite, à la communauté sociale. Nous recherchons donc une notion totalisante qui aurait la position de valeur ultime pour la société 'aré'aré.

Nous partirons d'un premier contraste, celui que font les trois mots *rape, manomano,* nunu, et leurs traductions respectives de "corps" au sens

---

4. On sait maintenant que cette vision des "groupes corporés" se réalise à grande échelle dans le domaine économique moderne et que, faisant fi des communautés sociales particulières, elle les ruine et les cantonne à n'être plus souvent que des entités folkloriques.

de 'forme externe' des êtres et des choses, de "souffle" au sens des pulsa-
tions de l'air dans les poumons, du sang dans les artères et des humeurs
sexuelles, et enfin de "représentation"[5]. Ces trois mots 'aré'aré évoquent
chacun le résultat de relations qui participent à la fois de la société et du
cosmos et que nous appelons pour cette raison 'socio-cosmiques'. Sachons
admettre que l'univers est réputé constitué de l'ensemble de ces trois sortes
de relations socio-cosmiques instituées par la "Parole-qui-frappe-au-but"
Wara-to'o. Celle-ci fait figure de séquence originelle et emblématique de
la relation, puisqu'elle rappelle la flèche "qui fait mouche" *ka to'o*, et
scande à la fois un avènement et une fin en forme de rythme. S'il s'agit des
relations socio-cosmiques en général *totoraha*, on peut les comprendre
comme un ensemble entremêlé de relations "corps (forme externe)",
"souffle" et "représentation". Celles-ci apparaissent tantôt inextricablement
mêlées, tantôt distinctes, démêlées à certains moments par des rituels
appropriés.

Pour mieux le comprendre, il faut savoir que parmi les êtres issus de
ces relations socio-cosmiques, les pierres et sols, les plantes, les objets et
les cadavres – nous dirions sauf les plantes que ce sont 'des choses' – sont
faits de 'relations corps'; cependant que les animaux sont faits de la
conjonction de 'relations corps et souffle', tandis que les humains sont faits
d'une interdépendance de 'relations corps, souffle et représentation'. Ainsi
du même mouvement des relations qui constituent et animent les différents
êtres, se perpétue une totalité socio-cosmique, selon un même ordre
hiérarchique particulier. A la suite de Mauss qui disait du social qu'il est
fait d'attente, nous dirons qu'il est ici tout entier reconduction et
renouvellement de relations en forme de totalité, d'un tout particulier, d'une
société.

Nous constatons par là même que les êtres sont hiérarchisés les uns par
rapport aux autres, les animaux étant supérieurs aux plantes, et les êtres
humains supérieurs aux animaux, c'est-à-dire plus complets puisqu'ils
participent à la fois des trois sortes de relations socio-cosmiques.

Ensemble, ces trois catégories d'êtres, dont aucune ne saurait devenir
autonome, forment une chaîne d'interdépendance. Sols, plantes et cadavres
– ces êtres de 'relations corps' – ne sauraient se passer des animaux – ces
êtres de 'relations corps et souffle' – et des humains – ces êtres de 'relations corps, souffle et représentation'. Les êtres humains, de leur côté, sont
redevables de leur pérennité en tant que société constituée, c'est-à-dire en
tant que tout socio-cosmique particulier, aux sols des jardins, aux plantes

---

5. Dans les textes déjà publiés sur la société 'aré'aré, nous avions traduit la notion
de *rape* par "corps", celle de *manomano* par "souffle" et celle de *nunu* par "image". Nous préférons maintenant traduire *rape* par "forme externe" pour nous
distancer de nos propres 'corps' et *nunu* par "représentation", expression plus
totalisante, du moins dans son sens de résultat du rituel (cf. Coppet, 1992 et 1995).

cultivées, aux cadavres – tous des êtres de 'relations corps' – , mais aussi aux porcs domestiqués, aux poissons pêchés, aux oiseaux fléchés ou piégés – tous des êtres de 'relations corps et souffle' – , enfin aux humains – tous des êtres de 'relations corps, souffle et représentation'. Reprenant un texte célèbre, nous pouvons préciser pour la société 'aré'aré

> "la situation des catégories intermédiaires [ici les animaux] : elles n'ont pas d'être, n'existent pas pour soi, elles s'opposent tour à tour [aux humains] comme le non-être à l'être, et aux [sols, plantes, cadavres] comme l'être au non-être, solidaires dans le premier cas de tout ce qui est au-dessous d'elles, dans le second de tout ce qui est au-dessus"(L. Dumont,1953: 266).

Remarquons que les catégories évoquées sont sociales pour les Tamouls et 'socio-cosmiques' pour les 'Aré'aré, c'est-à-dire qu'elles comprennent la chaîne complète de tous les êtres.

On sait déjà que cette hiérarchie des êtres correspond à une hiérarchie des relations socio-cosmiques constitutives de ces mêmes êtres : les 'relations corps' sont subordonnées aux 'relations souffle', qui elles-mêmes sont subordonnées aux 'relations représentation'. Comment suivre ces différents types de relations dans leur entremêlement ? L'anthropologue social, c'est-à-dire l'observateur participant de la compréhension de l'observé, est guidé par la suite incessante de ce que nous avons coutume d'appeler les 'échanges', ces mouvements visibles d'une circulation socio-cosmique globale. Il comprend alors que les trois relations socio-cosmiques fondamentales apparaissent dans les échanges sous les apparences des trois *espèces*[6] du *taro* (et des nourritures végétales), du *porc* (et des nourritures carnées) et de la *monnaie*. Il peut vérifier alors :

– que les 'relations corps' concernent la disposition des cadavres des morts de maladie et les règles de la culture des jardins où prospèrent les plantes cultivées, lesquelles, offertes en tant qu'*espèce*, viendront relayer et relancer, aux repas des funérailles et aux mariages, ces mêmes 'relations corps' du mort et des deuilleurs, des mariés et des affins, préparant ainsi pour la société tout entière de nouvelles naissances pourvues de 'relations corps' ;

---

6. A dessein nous employons pour la société 'aré'aré le mot *espèce*, en raison de la comparaison qu'il soutient avec la Sainte Communion. Néanmoins nous voulons éviter le concept de transsubstantiation, trop soumis à la substance et donc pas à la relation. Nous renonçons également à parler de métaphore puisque ce concept a perdu toute connotation hiérarchique, c'est-à-dire de changement de niveau de valeur. Pour exprimer le fait que les relations socio-cosmiques 'aré'aré apparaissent sous trois *espèces*, nous évoquons une transposition. Enfin, quand ces relations socio-cosmiques apparaissent toutes sous la seule *espèce* de la monnaie, nous préférons parler de transfiguration, comme dans le titre de cet article.

– que les 'relations souffle' concernent la disposition du placenta et des cadavres des assassinés, tous laissés en forêt en pâture aux porcs domestiqués, lesquels, offerts en tant qu'*espèce*, viendront relayer et relancer, aux funérailles et aux mariages, ces mêmes 'relations souffle' des deuilleurs et des affins, préparant pour la société tout entière de nouvelles naissances, ainsi pourvues de 'relations souffle' ; qu'elles concernent aussi le travail du "tueur" qui, en bloquant les 'relations souffle' de la seconde victime, libère et reconduit les 'relations souffle' de la première.

– que les 'relations représentation' concernent les offrandes monétaires, faites en tant qu'*espèce*, à la fois tout au long des funérailles et des "fêtes de grand", comme à l'ouverture des mariages et des "fêtes du prix du sang" ; que ces monnaies exposées en un rideau attaché à la barre supérieure de la plate-forme funéraire et descendant jusqu'au sol constituent aux funérailles "la représentation" du mort et entraînent son accession à la dignité d'ancêtre ; que les monnaies de la "fête du grand" montées au nid surélevé de la plate-forme cérémonielle constituent "la représentation" du "maître de paix" dans sa gloire pré-ancestrale ; que ces monnaies exposées en un rideau attaché au portique cérémoniel à l'ouverture du mariage constituent la représentation de la mariée et à la clôture de celui-ci une sorte de pécule vivant qui favorise et accompagne les nouvelles naissances, ainsi pourvues d'un début de 'relations représentation' ; qu'ainsi les 'relations représentation' résultent-elles de la conversion en monnaie de toutes les relations socio-cosmiques 'corps, souffle et représentation' de la société 'aré'aré.

Ces 'relations représentation' ont la particularité d'être totalisantes puisqu'elles construisent des touts, tels une mariée et une alliance matrimoniale, un "maître de paix", un ancêtre. Elles rassemblent et condensent tous les travaux et les rites qui forment et reconduisent les relations socio-cosmiques de la société tout entière. Elles constituent le sommet de la hiérarchie des relations socio-cosmiques et ont, de ce fait même, la vertu d'englober les relations socio-cosmiques subordonnées, les 'relations corps et souffle'. Voyons maintenant comment elles opèrent et quel travail elles accomplissent.

II 1. Le cheminement des 'relations représentation'

Les 'relations représentation' sont toujours signifiées par la présence dans les échanges de la monnaie *pata*, faite surtout de perles de coquillage enfilées sur les liens de fibres végétales. Les multiples chemins de cette monnaie reconduisent, à des moments précis de la grande circulation socio-cosmique des êtres et des choses, le tout socio-cosmique de la société.

Ces moments de totalisation sont toujours exprimés en un ensemble d'unités monétaires qui sont alors fièrement exposées, comptées et proclamées sur les plates-formes et les portiques cérémoniels, où, de par leur longueur de plusieurs brasses et leur nombre, elles dressent un plan vertical qui relie deux et jusqu'aux trois niveaux du système socio-cosmique 'aré'aré : le niveau céleste, la surface du sol ou de la mer, et enfin le niveau souterrain, subaquatique ou sous-marin[7].

A la **"fête du grand"**, une monnaie d'une inhabituelle longueur relie même le sol de la forêt voisine au sommet – le "nid"– de la plate-forme cérémonielle située au centre du village de la fête, conjuguant ainsi les trois dimensions verticales avec le centre et la périphérie. Cette longue monnaie appelée *kano*, en faisant le lien entre tous les niveaux socio-cosmiques, présente non seulement la complétude de l'univers 'aré'aré, mais aussi le résultat escompté de la "fête du grand", savoir le retour, par cette sorte de "canal séminal" (*kano* également), de la puissance des 'relations souffle' des assassinés toujours laissés en forêt. C'est en effet en forêt que s'accomplissent entre célibataires, les huit séries de dix-huit jours de flirts cérémoniels – entrecoupées de huit périodes de dix jours de repos – qui précèdent toute "fête de grand", chaque rendez-vous se concluant par un don de monnaie de la fille au garçon. Ces monnaies sont celles-là même qui, le jour de la "fête du grand"(au neuvième mois) et depuis la forêt, seront introduites au centre du village de la fête par chacun des ensembles de flûtes de Pan entourés de porteurs de feuillages fraîchement coupés, et cela, après une joute entre le porteur de perche qui ouvre une percée décisive jusqu'à la plate-forme et un défenseur qui tente de dévier la perche avec le bois de son arc. Ces monnaies seront alors montées en paquets au "nid" de la plate-forme cérémonielle. Ces paquets de monnaies emmaillotées de tissus d'écorce sont dits être les "enfants de la musique des flûtes de Pan", sortes de fruits monétaires de ces flirts stériles menés en forêt par la moitié célibataire de la société. Ainsi, les 'relations souffle' des assassinés que l'on dit interrompues du fait de la mort violente de chaque victime, voient s'ouvrir pour elles toutes, de façon anonyme et générale, avec la dernière des fêtes données par les plus célèbres "maîtres de paix" et grâce aux entreprises amoureuses de la moitié célibataire de la société, un chemin de retour dans la circulation socio-cosmique sous la forme de monnaies, c'est dire qu'elles sont ainsi promues au niveau supérieur de

---

7. Cette même transposition des niveaux socio-cosmiques sur les différents plans des plates-formes cérémonielles a été reconnue pour d'autres sociétés des Iles Salomon, en particulier pour celles de Santa Anna et d'Ulawa (voir Coppet 1976).

8. A la "fête du grand", la promotion des 'relations corps' des assassinés est attestée par l'existence, près de la plate-forme cérémonielle, du "présentoir des assassinés" où sont exposées des spirales de taros et de noix de coco, nécessaires au lancement par d'autres "maîtres de paix" de nouvelles "fêtes de grand"(Coppet, 1984).

'relations représentation'. Cette transposition, anonyme et générale, des 'relations corps[8] et souffle' des assassinés au rang des seules 'relations représentation' est une *transfiguration* de leurs relations socio-cosmiques subordonnées en monnaie. Cette transfiguration monétaire, non seulement réintroduit les relations des assassinés dans le système global de circulation, mais prépare ainsisocio-cosmiques entre l le processus de retour, au travers de l'*espèce* monnaie, vers les relations entre les vivants.

A la **fête funéraire**, la longue file indienne des participants – hommes, femmes et enfants – s'allonge en direction de la plate-forme. Chacun tient dressée une branche au bout feuillu de laquelle est suspendue une brasse de monnaie de perles de coquillage qui sera offerte, au pied de la plate-forme, au groupe du fossoyeur, "le côté du travail par excellence" *to'ito'iha*. Toutes ces monnaies suspendues à la barre supérieure de la plate-forme et descendant jusqu'à terre en un chatoyant rideau qui réunit les trois niveaux socio-cosmiques (céleste, terrestre et souterrain), formeront à la clôture de la fête funéraire, la "représentation" du mort devenu par là ancêtre, constitué de toutes ses relations 'représentation', pleurées et transposées en ces monnaies, elles-mêmes proclamées solennellement à ce moment-là. Cet ensemble de monnaies sera aussitôt prêté et partagé entre ceux du côté du fossoyeur, qui, pendant deux ou trois années, useront chacun de leur part avant de la rendre à la "fête funéraire de retour", où la monnaie sera retournée en égale quantité à chaque participant de la première fête funéraire. Ainsi toutes les relations 'représentation' du mort, transposées en l'espèce monnaie, sont-elles, à la fin de la première fête funéraire, engagées dans de nouvelles relations et dans de nouveaux travaux entrepris par le "côté du travail par excellence". Après la "fête funéraire de retour", elles sont réintroduites dans les nouvelles relations des vivants.

Il convient de noter qu'alors que toute thésaurisation est réputée extrêmement dangereuse en raison de la puissance maléfique de la monnaie, les seules voies pour constituer et accroître un avoir monétaire individuel, sont précisément ces monnaies suspendues au bout d'une perche feuillue et offertes en l'honneur de chaque futur ancêtre. Considérées dans leur ensemble, ces offrandes de monnaies apparaissent provenir de fêtes funéraires précédentes, c'est-à-dire des relations socio-cosmiques de tous les morts antérieurs de la société. Elles constituent par leurs sommes proclamées, autant d'ancêtres nouveaux qui renouvellent et renforcent la puissance de 'l'ancestralité' en général. La monnaie apparaît ici constitutive d'une totalité et d'un ordre de par sa propre circulation qui est capable de ramener vers les vivants l'ensemble des relations 'représentation' des morts successifs.

Les deux autres types de relations socio-cosmiques du mort, ses relations 'corps et souffle', sont, elles aussi, traitées lors de la fête funéraire. Les premières sont transposées en l'espèce taro, les secondes en l'espèce porc. En effet, la fête funéraire exige des deux côtés – "du travail par excellence"(celui du fossoyeur) et "des racines de la fête" (la famille du mort) – l'apport de nombreux porcs et taros qui seront mangés au repas funéraire par les cadets du mort, et non par ses aînés ou ses affins, puisque les uns et les autres se situent vis-à-vis de lui au niveau supérieur des 'relations représentation', c'est-à-dire exprimables seulement en monnaie. Ces porcs et ces taros, seront expressément transposés au cours de la fête funéraire en monnaies offertes, pour les premiers "au côté des racines", et pour les seconds "au côté du travail". Ainsi, à la fin de la fête funéraire, toutes les relations 'corps et souffle' du mort ont-elles été *transfigurées* en 'relations représentation', c'est-à-dire à la fois pleurées et préparées pour relancer de nouveaux "travaux" entrepris par les vivants.

Eriger un mort en nouvel ancêtre nécessite que ses relations 'corps, souffle et représentation', ordonnées et réunies comme dans toute personne humaine vivante, soient d'abord séparées et décomposées en trois espèces taro, porc et monnaie. Ses 'relations représentation' formeront en monnaies la "représentation" ancestrale tandis que ses relations 'corps et souffle' converties en deux espèces taro et porc seront *transfigurées* en 'relations représentation', c'est-à-dire en monnaies prêtes à soutenir de nouvelles entreprises dans l'ensemble de la société. La fête funéraire ne s'arrête pas à la constitution d'un nouvel ancêtre, plus encore, toutes les relations socio-cosmiques entretenues au cours d'une vie d'homme ou de femme y sont-elles reprises et fondues sous forme de monnaies dans le tout des relations socio-cosmiques 'aré'aré .

A la **fête du mariage**, tout commence par quoi s'achève la fête funéraire, c'est-à-dire par la présentation d'un grand ensemble de brasses de monnaies suspendues à la barre horizontale d'un portique et descendant jusqu'au sol en un étincelant rideau. Ces monnaies – des 'relations représentation' – sont offertes au "côté femme" par le "côté homme" qui, pour chaque monnaie, spécifie sous quelle forme, deux ou trois années plus tard, à la "fête de mariage de retour", elle doit lui être rendue : soit en taros à replanter, soit en porcs à élever, soit encore en monnaie simplement retournée. Ainsi le 'côté femme' accomplit une tâche inverse de celles des funérailles, puisque partant de la monnaie (et non du mort) il décompose celle-ci – des 'relations représentation' – en trois espèces taro, porc et monnaie, c'est-à-dire en 'relations corps, souffle et représentation'. On peut dire que le 'côté femme' du mariage descend de la monnaie vers les niveaux subordonnés des espèces taro et porc. Mais ce faisant il offre au 'côté homme', non pas des taros et des porcs à cuire et à consommer, mais des taros à planter dans les jardins du couple et des porcs à élever en forêt par le couple. Autrement dit les 'relations représentation' ont été transposées en trois relations 'corps, souffle et représentation', puis offertes au nouveau couple du côté de la vie, en préparation des naissances à venir, qui, on le sait, sont chacune une conjonction vivante des trois types de relations socio-cosmiques. On voit comment la monnaie est convertible en trois niveaux de relation et comment, entre les mains du 'côté femme' elle recèle la faculté de ramener vers la vie l'ensemble des 'relations socio-cosmiques'.

Parallèlement à cette opération majeure, le mariage accomplit une autre tâche, celle de transférer les relations socio-cosmiques de l'épousée du 'côté femme' vers le 'côté homme'. Ce dernier offre pour de bon au 'côté femme' trois prestations monétaires qui correspondent la première – dite "arrêter la femme" – à ses 'relations représentation', la seconde – dite "niveler la pile de taros" – à ses 'relations corps' et la troisième – dite "arrêter la fête de mariage de retour" – à ses 'relations souffle'. Pour opérer le transfert des relations socio-cosmiques de l'épousée, la monnaie vient en sens contraire accomplir le deuil partiel de la jeune femme par ses propres parents, ce qui nous fait dire que le deuil de la vie d'une femme s'accomplit en deux temps, à son mariage vis-à-vis de ses parents, à ses funérailles vis-à-vis de ses enfants. Comme à la fête funéraire, les 'relations corps et souffle' de la jeune femme ont été d'abord converties en trois espèces monnaie, taros et porcs – ces derniers étant cette fois consommés à la fête – puis toutes *transfigurées* en 'relations représentation', c'est-à-dire en monnaies, prêtes, entre les mains du 'côté femme' à être relancées dans le tout des 'relations socio-cosmiques' 'aré'aré.

A la **fête du prix du sang**, la seule à pouvoir mettre un point final à une série de meurtres, une importante somme de monnaie le 'neuf' – 9 se dit *siwa* – est offerte par la famille de l'avant-dernière victime au tueur selon le schéma suivant (cf. Coppet, 1970) :

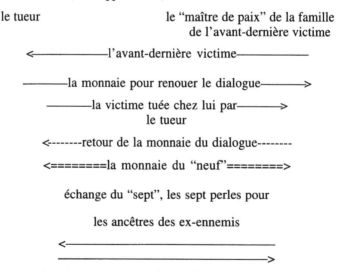

On constate qu'entre les deux parties le retour à une situation pacifique intervient au-delà d'une simple égalité des pertes (un mort de part et d'autre), laquelle signifie non pas un arrêt de la série des meurtres mais son inévitable relance. Pour qu'il y ait retour à la paix, c'est-à-dire reprise des relations entre les côtés du tueur et de la famille de l'avant-dernière victime, il faut qu'il y ait une série d'enchaînements tels qu'ils sont résumés sur le diagramme : le tueur adresse à la famille de la victime une monnaie pour renouer le dialogue, ce qui veut dire qu'il est prêt à tuer un des siens et à en apporter le cadavre à son ennemi. Ce second meurtre accompli, la monnaie pour le dialogue sera rendue au tueur, à qui sera offerte ensuite par la famille de l'avant-dernière victime une fête du prix du sang (*siwa*), au cours de laquelle il recevra le "neuf" (*siwa*). Alors les ex-ennemis échangent, pour les offrir à leurs ancêtres respectifs, les sept perles de monnaie dites "sept" (*hiu*). La somme des monnaies du "neuf" une fois remise au tueur, les relations socio-cosmiques peuvent reprendre entre les deux parties opposées.

Pourquoi le "neuf" vient-il, en sus d'une égalisation des pertes, rétablir la paix et relancer les relations 'corps, souffle et représentation' ? Tout d'abord parce que la somme monétaire du "neuf" vient honorer l'apport par le tueur des 'relations souffle' de la dernière victime qui "couvriront" celles de l'avant-dernière victime et permettront ainsi leur transfert à ses descendants, sans quoi ce serait ouvrir la voie aux épidémies qui frapperaient toute la société sans distinction. Ensuite parce que le don du "neuf" sanctionne la *transfiguration* des 'relations souffle' en monnaies, c'est-à-dire en 'relations représentation' qui désormais peuvent relancer entre les deux parties et dans la société tout entière les trois 'relations socio-cosmiques'. Seule une 'élévation' au niveau supérieur des 'relations représentation' pouvait rétablir le 'cours des choses', c'est-à-dire les flux des trois types de relations.

Le don du "neuf" est le meilleur exemple de cette *transfiguration* monétaire qui fait atteindre à nouveau le sommet des relations socio-cosmiques, alors que la série des meurtres ramène chaque fois à la destruction du même et donc répète sans fin une séquence vaine, incapable de parvenir au niveau de la totalité.

II 2. L'être 'monnaie' pour les 'Aré'aré

Nous sommes en présence non pas seulement d'une substance tangible faite de perles de coquillage montées sur les liens de fibres végétales, mais d'un ensemble organisé de façon hiérarchique avec ses subdivisions, ses unités de valeurs ascendantes qui jalonnent d'abord la brasse s'étendant entre les deux pouces des bras écartés, puis se comptent en nombre de brasses selon un système de numération de base quatre, agrémenté d'une pondération différente s'il s'agit des nombres impairs de brasses 1, 3, 5, 7 et 9 ou des nombres pairs 2, 4, 6 et 8. Dans ce système de numération monétaire aussi bien qu'en dehors de lui, il existe deux formes distinctes de complétude, celle du huit figure le niveau supérieur d'une progression, d'une intensification de l'efficacité sociale qui croît de deux à huit (*waru*): certains héros culturels se nomment Huit-quelque chose, tel Huit-pirogues (cf. D. de Coppet et H. Zemp, 1978), la magie se dit *warutana* "huit longueurs de main". Autre est la croissance impaire : partant du un, elle rencontre d'abord les trois (*ooru* dit à la fois "trois" et le "vent dominant") orients fondamentaux (est-haut, ouest-bas et nord-sud-à-niveau, passe ensuite par les cinq piliers des pignons de la maison (*nima* dit à la fois "cinq" et la "maison"), puis vient à la monnaie du "sept" (*hiu* dit à la fois "sept" et les sept perles offertes aux ancêtres des ennemis réconciliés). Elle aboutit enfin à la complétude du neuf (*siwa* dit à la fois "neuf" – 8+1 écrirait Gerschell – et la monnaie du "neuf" et la "fête du prix du sang" et "l'adoption") qui gagne sur le huit en sérénité, en permanence, c'est-à-dire atteint le niveau supérieur, celui de la totalité. La force logique de cette numération, enrichie de pondérations culturelles socio-cosmiques, structure intérieurement la monnaie et lui donne une puissance sans cesse actualisée par les paroles proclamées et les actes répétés de toute la société.

La monnaie, c'est aussi un être capable de se diviser en se convertissant en ces trois sortes de flux de relations socio-cosmiques (au cours du mariage), ou bien à l'inverse, capable de réunir en un seul flux les trois sortes de relations socio-cosmiques d'un mort (au cours des funérailles). Elle lance ces deux mouvements descendant et ascendant en valeur, à partir d'une position au faîte de ces deux pentes. Atteindre ou quitter la monnaie, c'est *changer de niveau de valeur*, c'est-à-dire relancer par ce saut le mouvement du tout. C'est dire que la monnaie accomplit la part essentielle du travail qui fait circuler les trois flux de relations socio-cosmiques. Elle y parvient parce qu'elle se situe au faîte de la hiérarchie de valeurs de cette société, là où elle témoigne des 'relations représentation', les plus hautes et les plus puissantes de toutes les relations. A ce sommet de la hiérarchie de valeurs, l'être monnaie aré'aré est le lieu de la totalité – c'est-à-dire du tout de la société.

Parmi tous les transferts de monnaie possibles, celui de la monnaie du "neuf", franchit le plus haut des changements de niveau, puisqu'à partir de l'impasse des meurtres en série – le meurtre anéantit les 'relations représentation' – il atteint le niveau de la complétude paisible et restaure le tout de la société. De là, tout est de nouveau possible : les relations socio-cosmiques, on l'a vu dans les mariages, font retour vers la communauté des vivants et préparent la venue de nouvelles naissances. En effet, le mouvement n'est pas seulement ascendant ou descendant en valeur, il fait aller de la mort naturelle et du meurtre vers la monnaie, puis retour de la monnaie vers la vie, vers l'éventail des trois relations socio-cosmiques fondamentales 'corps, souffle et représentation'.

Enfin l'être monnaie 'aré'aré – que l'on sait fabriquée en tant que *currency* 'aré'aré – semble condenser en son être même l'ensemble des travaux et des jours de la société tout entière, les peines et les joies, les deuils et les naissances, l'aller au-delà du miroir et le retour vers la vie (non pas des sujets individuels mais du tout). L'être monnaie est à la fois représentations mémorisées et agies, principe et "système de la société-en-relation avec-l'univers et de l'univers-en-relation-avec la société" (L. Dumont, 1992 : 12). On sait comment la pousse des plantes cultivées dans les jardins, le croît des porcs dans la forêt, les naissances humaines sont tous interdépendants au sein des flux socio-cosmiques des 'relations corps, souffle et représentation' et tous réunis dans les mouvements de l'être monnaie.

Pour être complet sur le sujet de la monnaie 'aré'aré, il convient d'évoquer une parure, la plus prestigieuse de celles du "maître de paix", le grand qui offre au tueur la monnaie du "neuf". *Wa'u* consiste en une écharpe tissée de perles de différentes monnaies des sociétés des Iles Salomon, dont des perles de la monnaie 'aré'aré. On dit de cette écharpe qu'elle a la forme d'un filet de pêche, avec pour flotteurs dans la bordure supérieure des losanges faits de perles tissées (des "amendes de *canarium indicum*"), et pour lest le long de la bordure inférieure une rangée d'incisives et de canines d'assassinés (cf. Coppet, 1972 et avec H. Zemp, 1978). Aux deux extrémités de l'écharpe quelques dents d'ancêtres présentent l'estampille et donnent accès à la puissance ancestrale. Non seulement cette écharpe présente la hiérarchie de valeurs de la société 'aré'aré avec les deux niveaux du meurtre et des morts-ancêtres, non seulement sa forme de filet rappelle qu'entre ses deux bras le "maître de paix" (à l'opposé du "tueur") attire à lui – comme des poissons – des hommes et des femmes dans sa "pirogue territoriale", mais plus encore cette écharpe englobe dans sa texture même des perles de différentes monnaies des sociétés voisines des 'Aré'aré et signifie par là une reconnaissance des autres sociétés, celles des Huit-îles-sur-la-mer, c'est-à-dire de l'autre-monde. Le monde entier comprendrait neuf îles, si l'on comptait avec les huit autres, la neuvième, la plus une, nommée Marahiri', la Grande-île, traduite Malaita par les Espagnols de Mendana en 1568 et où se trouve la terre 'aré'aré. Ce décompte fait comprendre l'englobement des autres Huit-îles-sur-la-mer par l'unité socio-cosmique 'aré' aré, mais accorde à ces huit autres un statut subordonné donc impossible à nier.

III 'Monnaie' 'aré'aré et 'corps' pour l'Occident

Pour nous Occidentaux qui appartenons à une société ayant pour valeur ultime le sujet individuel fait à l'image de Dieu, le 'corps' est d'autant plus présent et envahissant qu'il est le seul des corps d'antan qui nous reste pour évoquer la présence d'un tout. Pour les 'Aré'aré, dans leur système à trois *espèces*, la monnaie est celle qui témoigne, à la fois de la *transfiguration* des trois relations socio-cosmiques en seules 'relations représentation' et du mouvement global de circulation de ces mêmes relations. Elle exprime la hiérarchie du tout socio-cosmique de la société 'aré'aré en son niveau ultime, c'est-à-dire au point culminant de la circulation socio-cosmique, celui qui, comme le mystère du *Corpus Christi* pour l'Occident, informe et constitue la société, l'ordonne et la subordonne.

Ne sommes-nous pas en mesure, après ces détours par le 'corps' d'Occident et par la 'monnaie' 'aré'aré de comprendre l'équation proposée par un Père anglican natif de l'île de Petite Malaita et rapportée par Nicolas Petersen : "Jésus Christ = le sac de monnaie" (cf. Coppet, 1970: 39). N'y a-t-il pas dans cette formule une vérité comparative intéressante ? Est-ce là un rapprochement outrecuidant ou bien une inter-traduction qui ferait comprendre la différence entre deux univers sociaux tout autrement constitués en valeur?

Peut-on dire que pour la société des 'Aré'aré, leur monnaie est l'analogue de ce qu'est le *Corpus Christi* pour les Occidentaux ? Autrement dit, pour les 'Aré'aré, la 'monnaie' de l'Occident serait 'corps' et pour l'occidental le 'corps' des 'Aré'aré serait 'monnaie'.

Cette proposition à laquelle nous aboutissons est plus légitime encore si, dans la comparaison entre ces deux sociétés, elle nous aide à repérer des différences sociologiques importantes.

Tout d'abord pour l'Occident, le lieu du 'corps' est humain, et chemine du sujet individuel à Dieu (en étant de moins en moins ordonné par l'Eglise ou par la société), tandis que pour les 'Aré'aré le lieu de la 'monnaie' est d'emblée 'socio-cosmique' : l'humain a un statut interdépendant des autres êtres et se comprend non pas comme sujet individuel, mais comme "société-en-relation-avec-l'univers". Le tout de l'un et l'autre système est 'individu' pour l'Occident, système 'socio-cosmique' pour la société 'aré'aré.

Le *Corpus Christi*, celui de l'unique sacrifice, est partagé et ingéré lors de la Sainte Communion, avec pour effet de réunir le sujet à Dieu, et de constituer ainsi sur terre l'*universitas*, le peuple des fidèles opposé aux nations païennes et au reste de la nature. 'Corps' réfère au genre humain, fait d'une relation directe entre le sujet et l'espèce humaine, privilégiée de Dieu.

La 'monnaie' 'aré'aré, est à la fois le résultat de tous les "travaux" 'aré'aré qui comprennent la pousse des plantes cultivées, le croît des porcs, les morts, les naissances, les mariages et tous les transferts de monnaie. Prendre part aux relations socio-cosmiques 'corps, souffle et représentation' qui constituent et maintiennent les conditions du renouvellement du système socio-cosmique 'aré'aré, c'est aussi inlassablement *uuruha* c'est-à-dire non seulement "enfiler des perles de coquillage" pour en faire des brasses de monnaie à relancer, mais aussi "éprouver les passions du deuil ou de l'amour", non pas en tant que sentiments individuels, mais comme des tâches nécessaires faites de révérence vis-à-vis du tout de la société. Il n'y a pas de place pour le sujet individuel, mais pour la société des 'Aré'aré en tant que "les êtres appartenant au système socio-cosmique".

BIBLIOGRAPHIE

BARRAUD, C., ET AL,
1984 *Des relations et des morts. Quatre sociétés vues sous l'angle des échanges. in* "Echanges, valeurs et hiérarchie. Textes offerts à Louis Dumont", Galey J.C., ed, E.H.E.S.S., Paris, 320–420. [éd. angl. 1994, *On Relations and the Dead. Four Societies viewed from the angle of their exchanges*, Berg, Oxford].

BODIN, J,
1576 *Les six livres de la République* [réédition 1986, Fayard, Paris. [éd. abrégée, 1993, poche, n°4616].

CERTEAU, M. DE,
1982 *La fable mystique, XVIe-XVIIe siècle*, Gallimard, Paris.

COPPET, D. DE,
1970 *1,4,8 ; 9, 7. Présence des morts et mesure du temps.* L'Homme, X,1 : 17–39.

1972 Premier troc, double illusion, L'Homme ...

1976 *Jardins de vie, jardins de mort en Mélanésie*, Traverses, 5–6.

1981 *The Life-giving Death, in* "Mortality and Immortality: the Anthropology and Archeology of Death". Humphreys S. & Kings H., eds, Academic Press, London,175–204.

1985 ... *Land owns People in* "Contexts and Levels". Barnes R., Coppet D. de & Parkin R., eds, , Jaso Occ. Papers n°4, Oxford : 78–90.

1990 *The society as an ultimate value and the socio-cosmic configuration*, Ethnos, 3–4: 140–150.

1992 *De l'action rituelle à l'image ; représentations comparées, in* "Philosophie et anthropologie", Centre Georges Pompidou, Paris, 115-130.

1995 *'Are'are society: a Melanesian socio-cosmic point of view. How are big men the servants of society and cosmos ? in* "Cosmos and Society, their Coalescence in Oceania", Coppet, D. de, et Iteanu, A., eds, Berg, Oxford.

COPPET, D. DE, ET ZEMP, H.,
1978 *'Aré'aré, un peuple mélanésien et sa musique*, le Seuil, Paris.

DANTE, A.,
1312 *La monarchie*, [1993, Belin, Paris].

DUMONT, L.,
1953 *Définition structurale d'un dieu populaire tamoul : AiaNar, le maître,* Journal Asiatique.

1983 *Essais sur l'Individualisme. Une perspective anthropologique sur l'idéologie moderne,* Le Seuil, Paris.

1992 *Anthropologie, totalité et hiérarchie, in* "Philosophie et anthropologie", Centre Georges Pompidou, Paris, 11–20.

FIGGIS, J. N.,
1896 *The Divine Right of Kings,* [1970, Peter Smith, Gloucester, Mass.].

FURETIÈRE, A.,
1690 *Dictionnaire universel, contenant généralement tous les mots françois tant vieux que modernes, et les Termes de toutes les sciences et des arts,* La Haye-Rotterdam. [1978, réédition, Dictionnaire Le Robert, Paris].

GIESEY, R.,
1987 *Le roi ne meurt jamais. Les obsèques royales dans la France de la Renaissance,* Flammarion, Paris. [1960, *The Royal Funeral Ceremony in Renaissance France,* Droz, Genève].

KANTOROWICZ, E. H.,
1989 *Les deux corps du roi. Etude sur la théologie politique médiévale,* Gallimard, Paris. [1957, *The King's two Bodies, A Study of Medieval Political Theology,* Princeton U. P., Princeton].

LEENHARDT, M.,
1947 *Do Kamo,* Gallimard, Paris.

LUBAC, H. DE,
1949 *Corpus mysticum, l'Eucharistie et l'Eglise au Moyen Age,* Aubier Montaigne, Paris.

WOUDEN, VAN, F. A. E.,
1968 *Types of Social Structures in Eastern Indonesia,* Martinus Nijhoff, La Haye [1ère éd. holl.1935].

YATES, F. A.,
1989 *Astrée, le symbolisme impérial au XVIe siècle.,* Belin, Paris, [éd. angl. 1975].

7

Corps, cosmos et société en Nouvelle-Irlande

Brigitte Derlon

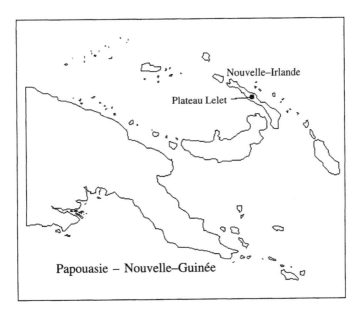

Ce texte se propose de montrer comment les principes et caractéristiques fondamentaux de l'organisation sociale en vigueur dans un groupe linguistique de l'île de Nouvelle-Irlande, en Papouasie – Nouvelle-Guinée, sont exprimés et légitimés par l'intermédiaire des représentations du corps humain. Il s'agira plus précisément de mettre en évidence l'inscription dans le corps, et donc dans la nature humaine, du système des matrimoitiés exogames, et d'explorer la manière dont les théories de la conception des enfants – c'est-à-dire les croyances relatives aux rôles du père et de la mère dans la formation et la croissance du corps des individus in utero – justifient la forte reconnaissance des liens patrilatéraux développés dans cette société à filiation matrilinéaire et leur expression ancienne dans des formes d'échanges gravitant autour de la terre et d'objets de culte.

En mettant parallèlement l'accent sur le fait que les représentations du corps humain sont à leur tour légitimées par les représentations de l'ordre cosmique, l'analyse s'efforcera de souligner le lien d'étroite dépendance qui unissait autrefois corps humain, corps social et cosmos dans cette société aujourd'hui fort acculturée.

Dualisme Social, Nature Humaine et Dualisme Cosmique

Lire l'appartenance à l'unité duelle dans les lignes de la main

Le plateau Lelet qui s'étire sur 16 km à plus de 1000 m d'altitude est habité par un demi-millier de personnes qui constituent actuellement la seule population montagnarde de Nouvelle-Irlande, et parlent l'un des cinq dialectes de la langue mandak qu'ils partagent avec 3000 résidents des côtes est et ouest du centre de l'île. Comme tous les groupes linguistiques et culturels qui peuplent les trois-quarts sud de cette île longiligne, les Mandak intègrent leurs clans dans des moitiés matrilinéaires exogames, et chacun des habitants de Lelet, qui vivent dans quatre villages composés de multiples hameaux dispersés, connaît le nom et l'identité sociale de tous les autres ainsi que le terme de parenté qu'il doit utiliser pour s'adresser ou se référer à chacun d'eux.

Lorsqu'un étranger se présente sur le plateau, qu'il s'agisse d'un Mandak venant d'un village côtier éloigné, d'un Néo-Irlandais appartenant à une autre aire linguistique, d'un Papou natif d'une lointaine province ou encore d'un Blanc, les gens de Lelet disent qu'il suffit d'observer la manière dont il marche ou de contempler la paume de sa main pour savoir à quelle moitié il appartient. Selon que sa paume compte trois ou quatre lignes, et selon qu'il privilégie le pied droit ou gauche en partant toujours de ce pied là et en lui faisant systématiquement supporter le maximum du poids de son corps dans la marche, il est pour eux évident et indéniable qu'il appartient à l'une ou l'autre des unités duelles. Ils considèrent en effet que les membres de chaque moitié viennent au monde avec, imprimées dans leur main et leur démarche, des caractéristiques qui les distinguent des membres de la moitié opposée. Déterminée comme l'appartenance au matriclan exogame par l'identité sociale de la mère, l'appartenance à l'unité duelle s'en distingue ainsi sur le plan conceptuel par le fait qu'elle est inscrite et lisible sur le corps de l'individu et fait donc partie de la nature. Quand l'ethnologue, surprise qu'on puisse lire dans sa main son appartenance à l'unité duelle à laquelle elle a été rattachée, ou que le prêtre catholique allemand en visite sur le plateau soit identifié à sa démarche comme un membre de l'une des moitiés, fait remarquer que comme les groupes du nord de la Nouvelle-Irlande les Européens ne divisent pas la société en moitiés exogames, ses remarques n'étonnent ni n'embarrassent personne. Les montagnards, qui savent de nos jours que le système des moitiés est une forme d'organisation sociale que tous les groupes humains n'adoptent pas, pensent qu'il existe partout deux catégories d'individus physiquement différenciés par les mêmes petits détails qu'ils partagent notamment avec leur mère, et considèrent que c'est cette dualité fondamentale de l'humanité qu'ils reconnaissent à travers leur dualisme social et le recrutement par voie matrilinéaire aux unités duelles.

Loin d'être spécifique du plateau Lelet ou des Mandak, cette croyance en l'existence de traits physiques propres à chaque moitié est – semble-t-il – commune à tous les groupes dualistes néo-irlandais dont les unités duelles, dépourvues de terme générique, sont désignées l'une par le nom local d'un faucon marin (*Pandion leucocephalus*) et l'autre par celui d'un aigle (*Haliaëtus leucogaster*). Le nombre de lignes de la main auquel s'ajoute, pour certains groupes, le pied privilégié dans la marche[1] apparaissent dès lors comme des attributs analogues à la couleur du plumage, la courbure du bec ou des griffes, la forme des pattes ou encore l'allure du vol qui sont justement susceptibles de distinguer deux variétés d'oiseaux. On notera toutefois qu'à la différence des membres des moitiés entre lesquels s'opèrent les mariages, le faucon marin et l'aigle sont deux espèces de rapaces et ne se reproduisent donc pas entre eux. Peut-être est-ce parce qu'ils étaient conscients de cette sorte de contradiction que les habitants de la région de Namatanai (aire barok), au sud de l'aire mandak, ont doté leurs moitiés d'un emblème animal supplémentaire, à savoir un papillon (*Ornithoptera bornemanni* ou *urvilliana*) que la langue vernaculaire désigne différemment selon son sexe qui détermine sa taille, la forme et les motifs de ses ailes, une unité duelle étant associée à la femelle de cet insecte et l'autre au mâle (Peekel 1910: 9). A travers l'attribution de cet emblème, il semble qu'outre leur association analogique aux caractéristiques distinctives d'espèces animales proches, les traits propres aux membres de chaque moitié aient été également rapprochés des différences physiques qui, dans le monde animal comme chez les humains, relèvent de la différence des sexes. Autrement dit, de même qu'un rapace peut naître faucon marin ou aigle par exemple, qu'un animal ou un humain naît mâle ou femelle, et que chacun porte sur son corps les attributs distinctifs de son espèce et de son sexe, de même pour les Néo-Irlandais tout individu naît-il porteur des signes distinctifs de son unité duelle. Comme les Mandak d'un

---

1. Pour désigner le pied droit et le pied gauche, les vieillards de Lelet utilisent parfois les expressions *larankadi gi lom* et *larankadi gi ggam*, ajoutant ainsi au mot signifiant "pied" les termes *lom* et *ggam* qui réfèrent respectivement à l'oiseau *lamalom* emblématique de la moitié dont les membres privilégient le pied droit dans la marche, et à l'oiseau *laranggam* qui sert d'emblème à la moitié de ceux qui privilégient le pied gauche.

village côtier étudiés par Clay (1977: 36), les habitants de Lelet, qui refusent
l'idée que le nombre de lignes de la main et le pied qui donne le ton à la
démarche soient des attributs conférés au foetus par la mère, opèrent
d'ailleurs spontanément un parallèle entre ces particularités physiques et le
sexe de l'enfant à naître en tant qu'ils résultent pareillement de mécanismes
dont la cause ou l'origine leur échappe. Le fait que, contrairement à son
sexe, le nombre de lignes que le bébé présentera dans la main soit connu
d'avance n'enlève rien au mystère que représente l'inscription, dans son
corps, de cet attribut propre à ceux de sa moitié.

Des moitiés placées sous les signes cosmiques du soleil et de la lune

Le système des moitiés exogames et la croyance, dont il est dit
explicitement dériver, en une division naturelle de l'humanité en deux
catégories d'individus physiquement différenciés, s'inscrivent à Lelet dans
le cadre plus général d'une représentation dualiste du cosmos, lequel est
régi par des puissances surnaturellles nommées Moroa et Sigirigum qui
sont à la fois conçues sur un modèle anthropomorphe et identifiées au soleil
et à la lune.

Dans les mythes ignorés des femmes qui, sans raconter l'acte de
création proprement dit, évoquent le temps des origines, Moroa et Sigirigum
sont tous deux présentés comme des personnages masculins et des cousins
croisés qui dirigent chacun l'un des deux groupes humains constituant les
unités duelles. Contrairement aux membres de la moitié Memaranggam
(de *laranggam* : *Pandion leucocephalus*) qui, placés sous la direction de
l'entité solaire Moroa, vivaient alors comme les humains d'aujourd'hui,
les Meanmalom (de *lamalom* : *Haliaëtus leucogaster*) de l'entité lunaire
Sigirigum vivaient comme leur leader dans l'ignorance : ils habitaient dans
des grottes, prenaient le sexe des femmes pour une blessure et ne
connaissaient pas les relations sexuelles, élevaient des rats au lieu de porcs,
utilisaient des lianes en guise de chapelets de monnaie de coquillage, et
mâchaient de vulgaires glands à la place des noix d'arec après les avoir
trempés non pas dans la chaux mais dans les sécrétions vaginales de leurs
épouses. Afin de bénéficier des possessions de son cousin croisé, Sigirigum
eut l'idée d'inviter Moroa à une fête où il lui offrit rats, lianes et glands, et
comme il l'espérait, la loi de la réciprocité conduisit ce dernier à l'inviter à
son tour et à lui donner les choses authentiques et agréables qu'il avait
créées, instaurant ainsi l'équilibre entre les unités duelles. Pour apprendre
les relations sexuelles à Sigirigum, et donc à ceux de sa moitié, Moroa usa
à son tour d'une petite ruse : il envoya son cousin croisé au loin sous un
prétexte fallacieux et fit l'amour avec sa femme qui, à son retour, lui montra
l'usage plaisant que l'on pouvait faire de sa "blessure". Ces mythes qui
attribuent à l'entité solaire l'origine de toutes les choses agréables aux

humains, présentent Sigirigum comme le responsable de toutes les choses déplaisantes qui subsistent dans le monde actuel, et ce, non seulement parce qu'il les créa dans sa stupidité et sa maladresse, mais aussi parce qu'il s'amusa à déjouer les plans de Moroa lorsque celui-ci tenta de les annuler ou les détruire. Par exemple, pour éliminer les rats de son cousin croisé, Moroa les enferma dans une maison à laquelle il mit le feu, mais Sigirigum s'empressa de faire un trou en cachette dans un coin de l'habitation, et la femelle qui eut le temps de s'y faufiler pour s'échapper donna naissance à des petits qui se multiplièrent. Les tours que se jouent les deux héros s'accordent parfaitement avec leur relation de cousins croisés de même sexe, laquelle est effectivement placée sous le signe des plaisanteries et blagues réciproques.

Dans les mythes, pratiques et représentations liés à la fertilité qui font l'objet d'un savoir commun aux hommes et aux femmes, non seulement les entités astrales ne sont plus présentées explicitement comme les leaders des moitiés, mais Sigirigum change encore de sexe et de personnalité pour devenir l'épouse de Moroa. Dans les croyances relatives à la reproduction humaine, Moroa qui est désigné affectueusement comme le "père (surnaturel) des humains" (*tamak at lubungmiggin*), est considéré comme le responsable ultime de la fécondation des femmes, dans la mesure où le sperme de leurs partenaires sexuels ne peut être efficace s'il n'a pas simultanément déposé sa propre semence surnaturelle dans leur matrice. Parallèlement, Sigirigum, la "mère (surnaturelle) des humains" (*nangga at lubungmiggin*), est conçue comme l'origine du pouvoir de fertilité des femmes et la responsable en dernière instance de leur gravidité : c'est elle qui provoque aussi bien l'apparition cyclique des menstruations (lorsque sa lueur lunaire "regarde" le sexe de la femme) que leur arrêt consécutif à la fécondation, et elle joue donc, pour la fécondité féminine, un rôle équivalent à celui de l'entité solaire vis-à-vis du sperme des hommes.

La fertilité générale de la nature résulte quant à elle de l'union d'un principe masculin fécondant, Moroa, et d'un principe féminin responsable de la gestation et de la croissance qui, identifié à l'entité lunaire Sigirigum, est également associé à la terre dans laquelle il s'incarne. Le mythe le plus fréquemment cité sur le plateau Lelet raconte comment, sur l'ordre de son époux solaire, Sigirigum prit l'apparence d'une vieille femme au dos courbé et planté de taros pour faire connaître ces tubercules aux humains. Nommée Nirut, cette vieille femme dont on dit qu'elle est à la fois la lune (*lagaling*) et la terre (*laranka*) est la manifestation chthonienne du principe féminin par ailleurs identifié à la lune. Ainsi, si d'un côté les Mandak de Lelet disent de la terre qu'elle fait l'amour avec le soleil et engendre les taros, ils affirment de l'autre que les taros, dont la plantation doit avoir lieu durant une période d'ensoleillement en raison du pouvoir fécondant du soleil, poussent exclusivement la nuit en vertu du pouvoir de gestation et de croissance qu'ils attribuent à la lune. Lors des rites qui réactivent la fertilité générale de la nature et accroissent la reproduction des végétaux, des animaux et des humains tout en provoquant chez ces derniers un état de concorde et d'harmonie comparable à celui qui règne dans le monde souterrain des morts contrôlé par l'entité solaire, la rencontre sexuelle de Moroa et de Sigirigum-Nirut (les deux noms sont toujours cités conjointement dans les incantations) est rejouée par l'entremise d'un pilon préhistorique dont le manche, introduit dans un cylindre d'écorce, renvoie au pénis de Moroa, alors que sa partie sphérique est associée à la tête d'un nouveau-né symbolisant la nouvelle fertilité produite.

Des versions mythiques ésotériques des Baruya de Nouvelle-Guinée qui présentent la Lune comme le frère cadet du Soleil alors qu'elle devient son épouse dans les versions exotériques, Godelier (1982: 111–113) a pu dire qu'elles relevaient de la volonté masculine d'octroyer à un principe mâle l'origine du pouvoir de fertilité des femmes dans la mesure où ces deux versions attribuent le premier écoulement menstruel des jeunes filles, et donc leur capacité à être fécondées, à l'action de l'astre lunaire. Rien de tel sur le Plateau Lelet où les hommes assignent toujours le contrôle des menstruations féminines et la croissance nocturne des tubercules à l'entité lunaire féminine, et jamais au héros stupide et pitoyable que représente le Sigirigum masculin. En réalité, il semble que nous soyons ici en présence de deux corpus distincts de mythes et représentations où les entités solaire et lunaire incarnent des principes différents, et revêtent en conséquence des personnalités différentes, selon que le dualisme qui les oppose concerne les croyances relatives à la fertilité, et met alors l'accent sur la complémentarité et l'union féconde de principes masculin et féminin, ou gouverne une représentation du monde où deux forces antagonistes masculines qui agissent à tour de rôle, et sans jamais fusionner, s'opposent comme le sage à l'ignorant, le vrai au faux, le bon au mauvais, et expliquent les dichotomies à l'oeuvre dans le ciel, la nature ou encore les comportements humains. Probablement ésotériques parce qu'elles se rapportent aux temps originels dont les hommes désirent s'arroger le savoir, ces dernières représentations excluent le féminin de tout rôle dans la création.

Lorsque les montagnards de Lelet font référence à l'une des moitiés, ils parlent parfois de "ceux qui sont du côté de Moroa, du soleil, du masculin", et "ceux qui sont du côté de Sigirigum, de la lune, du féminin". Ainsi, s'il convient de se référer aux mythes ésotériques où Moroa et Sigirigum apparaissent comme les chefs des moitiés pour comprendre que le soleil et la lune soient utilisés comme emblèmes des unités duelles (c'est d'ailleurs à ce titre que les astres figuraient sur certains objets de culte), le sexe qui leur est reconnu dans cette fonction, à savoir masculin pour Moroa et féminin pour Sigirigum, relève en revanche de leurs représentations exotériques. Cette conjonction, dans les emblèmes cosmiques des moitiés, de référents puisés dans deux ordres de représentations habituellement disjoints, s'explique peut-être par le fait que et l'antagonisme des cousins croisés mythiques luttant l'un pour imposer le bon et l'autre le mauvais, et la complémentarité du couple astral dans la procréation des humains et la production de la fertilité générale, sont susceptibles de servir d'images aux relations des unités duelles.

Des corps marqués par le totémisme?

Au début du siècle, les populations de la région de Namatanai désignaient chacun des trois emblèmes de leurs unités duelles par un terme signifiant l'"ancêtre féminine" et concevaient les rapaces, le papillon mâle ou femelle, ainsi que le soleil masculin et la lune féminine (non identifiés à des personnages mythiques comparables à Moroa et Sigirigum) comme autant de personnifications d'une même entité ancestrale primordiale (Peekel 1910: 5–8). Considérés comme les ancêtres des membres de la moitié qu'ils emblématisaient (Abel 1907: 220), les rapaces étaient inhumés rituellement comme des humains s'ils étaient tués par erreur (Peekel, 1908: 458), leur chasse et leur consommation faisant l'objet d'un interdit pour les deux moitiés. Ce fort totémisme laisse à penser que les traits distinctifs des membres des unités duelles, notamment leur nombre variable de lignes de la main, étaient peut-être explicitement associés à certaines différences observables au niveau des pattes des rapaces (comme le suggéra Rivers, 1968 II: 503, 506) ou des ailes du mâle et de la femelle du papillon emblématique, et donc conçus comme une forme de trace génétique témoignant de leur filiation. Si de nos jours les habitants de Lelet s'abstiennent toujours de tuer et manger le faucon marin et l'aigle qui donnent leurs noms aux moitiés, un observateur du début du siècle (Krämer 1925: 34–35) notait déjà que les Mandak ne concevaient aucun lien généalogique entre les humains et les emblèmes animaux et cosmiques de leurs unités duelles, et proposa de voir dans les rapaces des symboles du soleil et de la lune.

Quelle qu'ait été la nature, totémique ou non clairement totémique, que les Mandak attribuèrent à l'origine aux emblèmes de leurs moitiés, il reste à comprendre pourquoi les rapaces et les astres furent ainsi rapprochés. Susceptibles d'évoquer la trajectoire solaire ou lunaire lorsque, se détachant sur le ciel, ils survolent de vastes étendues de leur vol long et majestueux, ces rapaces qui volent en altitude vivent dans un espace intermédiaire entre celui des entités astrales, dont ils se rapprochent plus que les autres oiseaux, et celui des humains. Dans un grand nombre d'incantations magiques du plateau Lelet ils sont d'ailleurs invoqués à titre de messagers ou d'intermédiaires entre les humains et les forces cosmiques. Leur observation éthologique révèle aussi et surtout que leur comportement contrasté et leurs relations font écho au caractère antagoniste et aux rapports prêtés aux deux chefs mythiques des moitiés. Le faucon marin qui donne son nom à la moitié associée au héros intelligent qu'est l'entité solaire est capable de repérer et de pêcher en vol les poissons dont il se nourrit, alors que l'aigle emblématique de la moitié associée au stupide héros lunaire en est incapable et se contente d'attraper sur le sol les proies que l'autre laisse parfois échapper de son bec[2]. L'aigle tire donc sa nourriture du faucon comme Sigirigum tira la connaissance et la possession des choses agréables de Moroa. C'est ainsi l'asymétrie des moitiés, il convient de le noter, que soulignent apparemment les noms choisis pour les désigner.

Théories de la Conception, Matrilinéarité et Patrifiliation

L'enfant : fruit du sperme paternel et de la nourriture maternelle

Pour les Mandak de Lelet, la conception d'un enfant résulte des actions conjuguées d'un couple surnaturel et d'un couple humain. Les éléments masculins de ces couples, Moroa et l'homme, ont un bref rôle fécondant limité à l'émission de sperme dans la femme, alors que les éléments féminins agissent depuis la conception jusqu'à la fin de la grossesse, Sigirigum en bloquant mois après mois les menstrues de la femme et cette dernière en abritant le développement de l'enfant dans sa matrice. S'il arrive que des personnes âgées expliquent la difficulté de certains couples à procréer par la non – intervention, lors de leurs rapports sexuels, des entités solaire ou lunaire, ou attribuent l'origine d'un avortement spontané à cette dernière (ces phénomènes sont plus souvent imputés à l'action de sorciers), aucun des éléments constitutifs du foetus n'est conçu comme produit soit par l'une ou l'autre de ces entités soit par la conjonction de leur action et de celle du couple humain. Par exemple la semence surnaturelle de Moroa n'est pas dite se mêler au sperme de l'homme ou contribuer à la constitution de l'embryon.

En ce qui concerne les apports spécifiques du couple humain dans la conception, les Mandak se signalent par le fait que tout en étant matrilinéaires, ils ne confèrent aucun rôle à la femme dans la formation de la substance corporelle de l'embryon (cf. les travaux de Clay dans un village mandak côtier). Nous n'avons pas ici de croyance relative à un mélange ou une coagulation du sperme et de substances féminines (sécrétions

---

2. C'est au missionnaire Cox (1913: 196) qui résida au sud de Namatanai, dans une région où sans être associés aux astres les deux chefs mythiques des moitiés (nommés Soi et Tamono) s'opposent comme le sage au stupide, que j'emprunte les remarques relatives à l'analogie entre le comportement de ces héros et celui des rapaces.

vaginales, sang menstruel ou non menstruel), ni de distinction entre certains éléments de l'enfant, comme son sang, sa chair ou ses os dont les uns seraient produits par le père et les autres par la mère. Toute la substance ou matière corporelle de l'enfant est formée à partir du seul sperme paternel. Les enfants, d'ailleurs, sont toujours dits ressembler physiquement à leur père et jamais à leur mère, même lorsque le contraire est évident aux yeux de l'observateur étranger. La femme joue néanmoins un rôle capital et actif dans la procréation : elle assure le développement du foetus à travers la nourriture qu'elle lui procure in utero et qui dérive de la transformation des aliments qu'elle consomme. Contenant nourricier pour son enfant à naître, la mère assure ainsi la continuité et la croissance d'une vie dont l'impulsion et la substance matérielle ont été données par le père, sous la forme de son sperme.

Le foetus ne possède pas seulement un corps qui se forme peu à peu depuis le stade embryonnaire, les fesses se dessinant d'abord suivies de la tête et des membres, mais aussi un principe spirituel et vital qui se manifeste clairement à travers les mouvements foetaux perçus par la mère. Désigné par le nom donné à l'ombre et au reflet du corps humain sous la forme desquels il se visualise, ce principe est présent dès la conception, c'est-à-dire dès que la substance corporelle de l'enfant est en germe, sans que le père soit pour autant considéré comme le responsable de son apparition dans l'embryon, laquelle ne donne lieu à aucune théorie explicative. L'ombre-reflet qui se dissocie fréquemment du corps, soit spontanément comme c'est le cas dans le sommeil, soit sous l'action de certaines entités spirituelles invoquées par les sorciers qui provoquent ainsi la maladie de leur victime, s'en détache définitivement à la mort où elle se transforme en une présence qui est désignée par le nom donné au cadavre. Linguistiquement confondus, l'esprit et le corps du mort seront désignés différemment selon que le décès a résulté d'agressions contre le corps (meurtre, accident, suicide) ou d'une attraction de l'ombre-reflet (maladie et mort brutale sans cause apparente), les esprits des individus entrant dans la première catégorie étant voués à l'errance éternelle et au ressentiment contre le genre humain, et donc exclus du monde souterrain des morts contrôlé par Moroa que les esprits des seconds atteignent en trois jours, c'est-à-dire en un laps de temps qui correspondait autrefois à la durée maximale de l'exposition du cadavre avant son inhumation ou sa crémation.

Les rapports sexuels qui sont interdits dans les jardins (vers et insectes pénétreraient les tubercules de taro comme l'homme pénètre la femme) ont généralement lieu dans les maisons familiales ou en forêt. Autrefois strictement évités durant la grossesse et lors des menstruations, ils ne sont plus proscrits aujourd'hui qu'au cours des trois derniers mois précédant la naissance. L'enfant en gestation est considéré comme extrêmement fragile : la femme enceinte doit s'abstenir de manger certains aliments qui pourraient nuire au foetus, elle doit fuir les lieux où sont supposés rôder les esprits des redoutables morts errants, et éviter de sortir lorsque les conditions météorologiques (ciel couvert et pluie fine, orage ou arc-en-ciel) indiquent la présence massive d'êtres surnaturels malveillants pour le genre humain qui aiment à s'attaquer aux foetus qu'ils tuent in utero. Lorsqu'il ne se passe pas dans l'hôpital d'un village côtier, l'accouchement qui ne doit jamais avoir lieu dans les jardins se déroule dans la maison familiale où toute présence masculine est alors interdite, la parturiente étant assistée de femmes plus âgées s'il s'agit d'un premier accouchement ou si celui-ci se présente mal.

Traditionnellement, dès que l'enfant est né, sa mère le lave et le sèche en le tenant quelques secondes au-dessus de la fumée s'élevant du foyer à proximité duquel elle enterre ensuite le cordon ombilical et le placenta : jetés dans la nature, ces matières qui sont encore étroitement associées au corps du nouveau né pourraient être mangés par un animal sauvage ou l'un des être malveillants peuplant la forêt, lequel provoquerait ainsi la mort de l'enfant. Ceci étant réalisé, le mari rejoignait autrefois la jeune accouchée et le couple s'enfermait avec le bébé, portes et fenêtres closes, pour une durée d'un mois pendant laquelle ils "couvaient l'enfant" (*gikok mandak*). Durant ce rite de couvade où l'enfant était mis à l'abri des entités hostiles au genre humain qui le menaçaient déjà au cours de sa vie intra-utérine, et où seul un parent proche du couple était autorisé à pénétrer dans la maison pour y apporter nourriture, eau et bois de chauffage, il était interdit aux parents d'avoir des relations sexuelles, de se laver, de couper du bois, de fumer et de consommer du bétel : autant d'actes violents ou agressifs pour leurs corps qui, se répercutant comme en écho dans le corps du nouveau-né, nuiraient à la santé et la vie de ce dernier.

Au cours de cette période transitoire où l'enfant n'était pas encore présenté à la communauté et restait confiné et abrité dans l'obscurité de la maison familiale comme il l'avait été dans la matrice maternelle, la mère prolongeait de manière externe le rôle qui avait été le sien lors de la gestation. Pour donner à son enfant, qui s'était développé et avait pris forme dans sa matrice, l'apparence proprement humaine qui lui faisait encore défaut, la mère, tous les jours, se devait de modeler les traits de son visage et de déplisser la peau de son corps au moyen de feuilles d'une variété spéciale de bananier préalablement assouplies et chauffées au dessus du foyer. D'autre part, dès les premières heures succédant à la naissance, et avant de donner pour la première fois le sein à son enfant, la mère réalisait d'autres actes qu'elle allait désormais répéter de manière quotidienne : elle faisait cuire au dessus – et non à l'intérieur – du four de pierres familial un taro d'une variété choisie pour la tendreté de sa chair, en prélevait une bouchée qu'elle mastiquait longuement jusqu'à obtenir un liquide comparable à du lait par sa consistance, puis transfèrait peu à peu ce liquide dans la bouche de l'enfant en lui faisant téter le bout de sa langue. Contrairement à un taro qui a cuit à l'intérieur du four de pierres et renvoie *symboliquement* à la nourriture maternelle matricielle (ce qui explique que les hommes s'abstiennent de manger des taros qui ont subi ce mode de cuisson lorsqu'ils doivent se couper du monde féminin avant les réalisations rituelles), ce taro était *de fait* converti en nourriture maternelle par la mère elle-même, à travers l'acte de la mastication, comme l'avaient été les aliments consommés durant sa grossesse et qui, transformés alors par la digestion, avaient nourri l'enfant aux stades embryonnaire et foetal.

Considéré comme physiquement distinct de ses géniteurs et doté d'un corps dont l'apparence proprement humaine semblait se traduire par une meilleure stabilité de son ombre-reflet, moins susceptible d'être attirée par les morts errants ou les entités malveillantes de la forêt, l'enfant dont la mère avait parachevé la gestation était désormais un individu à part entière qu'il convenait de montrer à la communauté et qui pouvait recevoir les premières marques de son implication dans le réseau des relations sociales. En effet, à l'issue de la couvade, si l'enfant célébré était le premier né du couple de ses parents, la soeur de son père lui offrait une botte de taros issus d'une variété "sauvage" qu'elle avait découverte lors du défrichage d'une portion de forêt puis cultivée dans ses essarts. La mère plantait les boutures de ces taros dans une rangée spéciale de ses jardins, et en donnait plus tard des boutures à son enfant afin qu'il les cultive dans ses propres essarts. En offrant ces taros au premier né, la soeur du père rappelait que son clan est à l'origine de la progéniture du couple, dont la substance provient du sperme paternel, comme son clan est à l'origine de cette nouvelle variété de taro, et en cultivant celle-ci dans ses jardins l'enfant se souvenait plus tard de ce que lui et ses germains devaient à leur père et son clan.

L'alimentation du nouveau-né avec du taro préalablement mastiqué et liquéfié par sa mère, et le don au premier né, par la soeur du père, d'un nouveau cultivar de taro, relèvent de ces représentations issues des théories de la conception que Clay (1977) a résumées à travers les expressions de "nourriture maternelle" et de "substance paternelle", et qui innervent toutes les relations que les Mandak conçoivent entre les individus et les groupes.

Du "sang" et de la "nourriture" qui définissent les relations sociales

Bien que la nourriture que consomme un couple, et donc leurs enfants, provienne à proportions égales des jardins établis sur leurs deux territoires claniques et qu'ils cultivent ensemble, c'est le lien de la mère à son enfant qui est en effet conçu comme un lien nourricier. Tout ce qu'un individu reçoit de sa mère et de son clan, dont le droit d'usage inaliénable qu'il possède par naissance sur la terre de son clan, ou encore les éléments du savoir magique qui sont la propriété du groupe et se transmettent de génération en génération entre ses membres, tous ces biens, donc, sont considérés comme une forme de nourriture qui prolonge celle qu'il a reçue de sa mère au cours de sa vie intra-utérine. Le clan lui-même ainsi que son enceinte masculine (laquelle, ceinturée d'un mur de pierres, comprend la maison où dorment et discutent les hommes du hameau, une cour où ils prennent leurs repas rituels et réalisent les cérémonies cachées aux femmes, ainsi que le site funéraire où les hommes et les femmes du clan reçoivent leurs funérailles) sont pensés comme une sorte de matrice maternelle symbolique qui contient et nourrit ses membres à l'image de la mère pour son enfant à naître.

Le lien entre un père et son enfant est quant à lui défini comme un lien de "sang" (*lamangalum*) – le sang renvoyant vraisemblablement à la substance corporelle de l'embryon qui se forme à partir du seul sperme – , et ce lien s'étend à leurs lignages et clans respectifs. L'enfant est dit être le "sang" de son père, le "sang" du lignage et du clan de son père, et un clan ou lignage se dit être le "sang" d'un autre clan ou lignage lorsque, à une génération antérieure, une de ses femmes au moins a épousé un membre de cette unité sociale et qu'ils ont encore des descendants en ligne maternelle. Le droit d'usage que tout individu acquiert par naissance sur la terre de son clan paternel, l'instruction que le père transmet à son fils afin d'en faire un adulte accompli dans toutes les sphères de la vie sociale, la compensation matrimoniale qu'il rassemble pour son épouse, ou encore les éléments du savoir magique et rituel qu'il est en droit de lui transmettre font partie de ces biens qui sont conçus comme un prolongement de la substance paternelle transmise à l'enfant lors de la conception. Mais à la différence des biens qu'un enfant reçoit de sa mère, ceux qui lui sont donnés par son père proviennent d'un individu appartenant à un autre clan que le sien, et les Mandak considèrent dès lors qu'ils créent une dette pour l'enfant et son groupe. C'est lors des rites funéraires du père, et par la contribution d'un porc, que les enfants devront s'acquitter de leur dette de "sang" envers leur père et son clan.

A l'exception des cas où un homme rappelle que son enfant est son "sang" pour justifier, auprès de son clan, qu'il lui ait donné – ou se propose de lui céder – certains de ces biens, le lien de "sang" est presque toujours évoqué avec l'idée sous-jacente de dette et c'est avec un grand respect que les individus et les groupes parlent de ceux auxquels ils doivent leur "sang". Lors de plusieurs rites funéraires exécutés pour un défunt de sexe mâle, la soeur de ce dernier enduit de cendres le visage et les épaules des enfants du mort, leur verse sur la tête le liquide urticant produit par la macération de taros crus, et les pousse dans les buissons alentours pour leur rappeler leur dette envers leur père et le fait que le moment est venu de s'en acquitter par le don d'un porc. Ce rite qui se déroule dans un climat de semi-plaisanteries s'étend de telle sorte que, quel que soit le sexe du défunt, tous les membres de son unité duelle en viennent à jeter des cendres sur tous les membres de la moitié opposée[3], et témoigne ainsi du fait que la relation de "sang" s'étend jusqu'aux unités duelles, et que chaque moitié qui, par l'intermédiaire de ses jeunes hommes, donne son "sang" aux membres de l'autre moitié, se considère comme l'origine substantielle, et donc le créancier, des membres de la moitié opposée.

On remarquera que la supériorité de la moitié masculine sur la moitié féminine qui est évoquée dans les mythes relatifs aux temps des origines où Moroa, l'entité solaire, ainsi que les membres de l'unité duelle qu'il dirige sont les seuls à posséder le savoir des choses authentiques et agréables, peut se comprendre comme l'expression de la supériorité des donneurs de "sang" sur les donneurs de femmes, leurs débiteurs. Quant à l'état d'équilibre entre les unités duelles et leurs responsables qui, selon ces mêmes mythes, fut ultérieurement instauré lorsque l'entité solaire fit bénéficier l'entité lunaire de son savoir, on peut y voir la reconnaissance de l'égalité des matrimoitiés exogames dont chacune, à la fois preneuse et donneuse de femmes, donne son "sang" à l'autre en même temps qu'elle lui doit son "sang", et se trouve ainsi dans la double position de créancier et de débiteur vis-à-vis de la moitié opposée.

Cet équilibre des matrimoitiés exogames qui résulte de leur "déséquilibre alterné" en tant que preneurs et donneurs de femmes, et donc donneurs et preneurs de "sang", s'exprime à travers les échanges de biens et de services qu'elles pratiquent. Par exemple, les funérailles sont l'occasion d'échanges de services entre les unités duelles puisque ce sont toujours les membres de la moitié opposée à celle du défunt qui réalisent la toilette funèbre et transportent le cadavre jusqu'au site funéraire. De manière plus générale, lors de différentes étapes du cycle funéraire les unités duelles s'échangeaient autrefois des quantités équivalentes de nourriture (sous la forme principale de porc et de taro) disposées face à face sur l'aire centrale du hameau.

Des droits sur la terre et les objets cultuels qui circulent entre les moitiés comme le "sang" paternel

Nous allons voir maintenant comment les représentations symbolisées qui dérivent des croyances relatives au rôle du père et de la mère dans la conception des enfants justifiaient les transferts entre les individus et les groupes des droits sur les deux biens claniques majeurs : à savoir la terre et les modèles d'objets de culte[4].

---

3. B. CLAY (1977: 69) a fait la même observation dans le village de Pinikindu.

4. Cette section reprend sous forme condensée un sujet traité dans mon article "Droits de reproduction des objets de culte, tenure foncière et filiation en Nouvelle-Irlande" (Derlon 1994).

La moitié nord de la Nouvelle-Irlande est célèbre pour une classe d'objets de culte, les *malanggan*, qui est constituée de statues, mannequins, mâts, frises et bas-reliefs en bois sculpté ou – plus rarement – en fibres tressées représentant les morts et diverses catégories d'êtres surnaturels. Ces objets hétérogènes dont les collections muséographiques comptent plusieurs milliers de spécimens ont disparu depuis plusieurs décennies du sol néo-irlandais en raison de la conjonction de diverses influences acculturatives. Divisés par la classification indigène en innombrables types et sous-types nommés, ils apparaissaient lors des rites de clôture du cycle funéraire au cours desquels ils étaient secrètement fabriqués, puis brièvement exposés devant un public masculin avant d'être détruits ou mis au rebut.

Sur le plateau Lelet, chaque matriclan qui est associé à un espace foncier se déployant autour de son site sacré d'émergence, était aussi autrefois associé à un sous-type de *malanggan* (parfois plusieurs) qui se distinguait par ses motifs, éventuellement sa forme, ainsi que les rites spécifiques attachés à son utilisation des autres sous-types associés aux autres clans. La gestion des modèles de *malanggan* (un modèle s'entendant ici comme la représentation mentale de l'ensemble des motifs nommés qui devaient se retrouver sur tous les spécimens fabriqués pour justifier leur appartenance à tel ou tel sous-ordre générique) s'apparentait là à celle des espaces fonciers. En effet, à l'exemple du territoire clanique qui est un vaste espace contrôlé par le clan et exploité par des individus sous la forme temporaire d'essarts, un sous-type de *malanggan* était un modèle abstrait contrôlé par un clan et exploité par des individus sous la forme provisoire d'objets matériels qui étaient brûlés ou abandonnés quelques jours seulement après leur achèvement. De même que sans droit d'usage sur une terre un individu ne peut prétendre à l'occuper ou à l'exploiter, de même seul un individu disposant d'un droit d'usage sur le modèle d'un sous-type de *malanggan* pouvait en commanditer la fabrication d'un spécimen à un artisan pour célébrer l'un de ses proches parents décédés. Il n'existait pas de différence théorique entre les sexes en ce qui concerne l'accès aux droits sur la terre comme sur les *malanggan*, à ceci près que les femmes étant censées ignorées l'existence matérielle des objets *malanggan* qui ne quittaient pas l'enceinte masculine occultée par une palissade de feuillage, ce sont des hommes, le plus souvent leurs frères, qui utilisaient en leur nom leurs droits d'usage. Enfin, plus significativement, il se trouve que la circulation entre les individus et les groupes des droits auxquels donnaient lieu les modèles de *malanggan* était similaire à celle des droits fonciers.

Les droits d'usage – ou d'exploitation – des modèles des objets de culte étaient soumis à des transferts interindividuels, et lorsque leur transmission s'effectuait entre membres du même groupe clanique c'était toujours à titre de la "nourriture" dispensée gratuitement par le clan, et d'un adulte à un enfant : par exemple, de l'oncle maternel à son neveu ou sa nièce, de la mère à l'un de ses enfants. L'adulte en question renonçait à son propre droit d'exploiter le modèle d'un sous-type de *malanggan* contrôlé par son clan (droit qu'il avait lui-même acquis dans l'enfance) au profit de l'enfant, et ne pouvait plus dès lors en faire fabriquer des spécimens. Seuls certains enfants recevaient le droit d'user d'un modèle contrôlé par leur clan : un droit qu'ils avaient le devoir d'exploiter à l'âge adulte (en commandant la fabrication d'un ou plusieurs objets au cours d'une ou de plusieurs cérémonies funéraires) avant de l'aliéner à leur tour à un représentant au moins de la jeune génération au sein de leur clan. Bien que les droits sur la terre s'héritassent de manière corporative à l'intérieur du clan et que chaque individu disposât par naissance d'un droit inaliénable sur la terre de son groupe, des règles similaires dans leur esprit se retrouvaient au niveau de la tenure foncière. En effet, de même qu'un adulte se devait de renoncer de son vivant à son droit d'exploiter un sous-type de *malanggan* au bénéfice d'un jeune membre de son groupe, de même, à sa mort, tout individu renonçait-il à son droit d'usage sur la terre de son clan au profit indirect des nouveaux enfants nés dans son groupe.

Avant d'aliéner gratuitement leurs droits d'usage des *malanggan* aux jeunes membres de leur clan, les individus qui disposaient du droit de faire reproduire par un artisan un sous-type contrôlé par leur unité sociale pouvaient transmettre à des membres d'autres clans – adultes ou enfants – le droit de reproduire ce même modèle. Dans ce type de transfert non seulement le cédant du droit conservait son propre droit d'usage sur le modèle concerné, mais le cessionnaire, qui fournissait en échange un énorme porc lors de rites funéraires organisés par le clan du cédant, obtenait un droit d'usage limité à la fabrication d'un seul et unique spécimen de *malanggan*. De plus ce droit n'était pas transmissible à ses parents en ligne maternelle et devait être ultérieurement rétrocédé à un jeune membre du clan contrôlant le modèle. Dans le même sens, un individu pouvait céder un droit d'usage sur certaines parcelles de la terre de son clan à un membre d'un autre groupe, et ce, tout en conservant son propre droit d'usage – inaliénable – sur son territoire clanique, et le droit que le cessionnaire obtenait contre un énorme porc offert en contexte funéraire était limité à la durée de sa vie, c'est-à-dire qu'il n'était pas transmissible à ses descendants en ligne maternelle, les parcelles de la terre en question devant redevenir exploitables pour les jeunes membres du clan les contrôlant.

La grande majorité des transferts de droits d'usage des malanggan entre membres de clans différents s'opéraient d'un père à son enfant, le plus souvent son fils. Le fils recevait dans l'enfance, et contre le don d'un porc, le droit de faire ultérieurement fabriquer un spécimen d'un (ou du) sous-type de malanggan contrôlé par son clan paternel, et lorsque, devenu adulte, il avait l'occasion de se servir de son droit pour célébrer l'un des proches parents décédés, il se devait de rétrocéder immédiatement son droit à un jeune membre du clan de son père (lequel n'avait pas de compensation à fournir dans la mesure où ce droit, acquis sur un modèle contrôlé par son propre clan, faisait partie de la "nourriture" que tout individu peut espérer obtenir de son groupe). Pour faciliter l'observance de cette règle et éviter de graves conflits interclaniques, le père qui fournit la plus grosse partie de la compensation matrimoniale usait de son autorité pour que son fils épouse une femme de son clan. Ainsi le fils aurait plus tard des enfants appartenant au clan de son père auxquels il ne ferait aucune difficulté pour rétrocéder son droit d'usage. On remarquera que dans ce schéma classique de transfert de droit d'usage d'un *malanggan* entre membres de clans différents, le droit en question allait et venait entre les clans unis par des intermariages à l'instar du "sang" transmis par les hommes, et parallèlement à celui-ci :

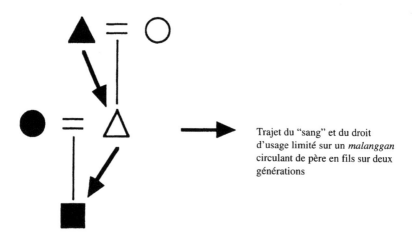

Trajet du "sang" et du droit d'usage limité sur un *malanggan* circulant de père en fils sur deux générations

C'est également du père à son enfant que s'opéraient préférentiellement les transferts de droits d'usage de la terre entre représentants de clans différents. Si tout individu disposait par naissance du droit d'exploiter la terre de son clan paternel, ce droit lui était uniquement acquis pour la durée de vie de son père. Lorsqu'un homme décédait, ses enfants offraient fréquemment un porc au cours des rites funéraires célébrés en sa faveur afin de proroger ces droits d'usage pour la durée de leur propre vie. Pour en rester à la comparaison des transferts père-fils préalablement décrits pour les droits sur les *malanggan*, observons que s'il s'était conformé à la forme pré-férentielle du mariage des fils avec des femmes du clan paternel que renforçait l'institution *malanggan*, l'homme qui avait acquis le droit d'user sa vie durant de la terre du groupe de son père avait la satisfaction de penser qu'après sa mort ces parcelles pourraient être un jour exploitées par ses propres enfants en tant que membres du clan contrôlant le territoire dont elles faisaient partie.

S'il est vrai que tous les transferts interclaniques de droits d'usage de la terre et des *malanggan* ne suivaient pas le "sang", ces transferts s'opéraient toujours entre des clans unis par des intermariages. Par exemple un homme pouvait céder au mari de sa soeur le droit de faire fabriquer un spécimen d'un modèle de *malanggan* de son clan, et un clan pouvait octroyer un droit d'usage à vie sur des parcelles de sa terre à l'époux de l'une de ses femmes. Dans les deux cas, le bénéficiaire du droit était un individu qui avait donné – ou était en situation de donner – son "sang" au clan contrôlant le bien sur lequel portait ce droit, et c'est encore une fois la reconnaissance des liens patrilatéraux qui s'exprimait à travers ces types de transferts.

Enfin, il existait des transferts interclaniques des droits de contrôle de la terre et des *malanggan*, et ceux-ci qui s'effectuaient dans les mêmes contextes (rares) et contre des compensations identiques empruntaient presque toujours le trajet du "sang". Lorsqu'un clan en extinction, soucieux de voir ses morts dignement honorés, cherchait à aliéner le contrôle de son territoire ou de son sous-type de *malanggan* en échange de la réalisation et de la charge financière des rites funéraires dédiés à ses derniers morts, il proposait la transaction au clan des enfants de l'un de ses membres mâles (à défaut, il choisissait un clan dont le territoire était contigu au sien, et qui appartenait vraisemblablement à la même unité duelle, l'échange s'effectuant alors au nom du partage de la "nourriture" qui unit les membres d'une moitié). Par ailleurs, il est probable qu'un clan pouvait accepter de céder le contrôle de parcelles de son territoire ou de l'un de ses sous-types de *malanggan* au clan des enfants de l'un de ses membres mâles qui venait de décéder, à condition que lui soient offerts la vie et le cadavre du plus jeune des enfants du défunt.

"Sang", sacrifice et filiation

Si plusieurs indices solides me permettent d'affirmer que ces sacrifices d'enfants étaient pratiqués dans l'aire mandak[5], je n'ai pu collecter d'informations à leur sujet lors de l'enquête ethnographique de seize mois que j'ai effectuée sur le plateau Lelet en 1983–1984. Les mouvements extatiques issus de sectes évangéliques et fondamentalistes qui avaient infiltré l'United Church étaient alors particulièrement puissants à Lelet, et la condamnation virulente du passé païen dont ils s'accompagnaient ne favorisait pas l'aveu de ces anciennes pratiques à l'ethnologue. C'est dans l'aire barok, la voisine méridionale de l'aire mandak, qu'ont été recueillies les données les plus précises sur ces sacrifices qui fonctionnaient là

---

5. Se reporter à mon article "Sacrifice humain et culte du 'cargo' en Nouvelle-Irlande" (Derlon, à paraître) où l'on trouvera sous forme détaillée les faits rapportés et analysés dans cette section.

uniquement comme un mode d'acquisition d'un bien foncier, l'institution *malanggan* ne s'étant pas diffusée dans cette région.

Les aires mandak et barok qui présentent des tenures foncières similaires partagent de nombreux traits culturels. Bien que les Barok considèrent que la mère joue un rôle dans la formation de la substance de l'embryon, c'est le père, dont le sperme active les capacités procréatrices de la femme, qui est dit donner l'impulsion à la vie de son enfant (Wagner 1986: 62). Comme dans l'aire mandak on dit de l'enfant qu'il est le "sang" de son père, et ce lien de "sang" qui s'étend à leurs unités sociales respectives (Jessep 1977: 69–70 ; Wagner 1986: 62–63) crée une dette dont l'enfant s'acquitte en offrant un porc lors des rites funéraires de son père (Jessep 1977: 71, 235–238). La mère que les Mandak se représentent comme un "contenant nourricier" pour l'embryon perd chez les Barok son association métaphorique à la nourriture, mais elle reste associée à l'image d'un "contenant" pour son enfant à naître (Wagner 1987: 57–58), sa participation à la formation de la matière corporelle de l'enfant lors de la conception semblant ainsi s'effacer dans l'imaginaire au profit de son rôle dans la gestation. Il s'ensuit qu'à l'instar des Mandak, les Barok conçoivent leurs unités sociales exogames (matrimoitiés, matriclans et matrilignages) comme des "contenants maternels" pour leurs membres, et que chacune de ces unités considère qu'elle doit la vie de ses membres à son homologue auquel elle a donné des femmes et qui lui a donc transmis son "sang" (Wagner, *ibid.*).

Ces similitudes socioculturelles entre les aires mandak et barok étant soulignées, examinons ce qui ressort des sept cas de meurtre de l'enfant à la mort du père qui furent rapportés à Jessep (1977: 203–214) près de soixante-dix ans après la disparition de cette coutume. Dans l'aire barok, donc, deux circonstances étaient apparemment susceptibles d'entraîner le sacrifice de l'enfant : soit son lignage[6] désirait ainsi acquérir un terrain qui, jusque-là contrôlé par le groupe du père, présentait des ressources appréciables absentes de son propre territoire, par exemple une portion de rivière poissonneuse ; soit sa mère se trouvait en situation d'immigrée dans le village de son conjoint et cherchait, à travers l'obtention d'un droit de contrôle sur des parcelles de la terre lignagère de son défunt mari, à garantir pour elle-même et ses descendants en ligne maternelle le droit de continuer à vivre dans ce village (les droits d'usage dont dispose tout individu sur la terre de son conjoint et de son père sont limités à la durée de vie de celui-ci, et nul ne peut résider dans un village sans disposer de droits d'usage sur la terre de l'un de ses groupes de filiation). C'est après que le lignage du père décédé ait accepté par avance de céder des parcelles de son territoire que le

---

6. Ce sont les lignages, et non les clans, qui contrôlent la terre dans le nord de l'aire barok (Jessep 1977).

plus jeune des enfants du défunt était battu à mort par un membre de son propre matrilignage, généralement son oncle maternel, qui transportait ensuite son cadavre dans l'enceinte masculine de son lignage paternel et le déposait dans la fosse funéraire où gisait déjà le cadavre du père.

Comprendre la logique sous-jacente à ces sacrifices d'enfant implique de trouver des réponses satisfaisantes aux deux questions suivantes. Premièrement, pourquoi le lignage du père défunt acceptait-il de céder le contrôle de certaines parcelles de son territoire en échange du cadavre de l'enfant, et quel bénéfice retirait-il de cette étrange transaction ? Deuxièmement, pourquoi le cadavre de l'enfant était-il inhumé dans le site funéraire de son lignage paternel et dans la même fosse funéraire que son père, alors que la coutume, en Nouvelle-Irlande, voulait généralement qu'un individu reçoive ses funérailles dans l'enceinte masculine de son groupe de filiation et que deux individus décédés le même jour soit toujours inhumés dans des fosses séparées?

Saisir le sens de cette exceptionnelle inhumation commune du père et de l'enfant est d'autant plus important qu'un pasteur originaire de l'aire barok, dont la jeune soeur fut ainsi tuée à la mort de son père, la présente implicitement comme le but du sacrifice : en effet, dans ses mémoires, il évoque cette coutume en la décrivant comme "le meurtre de l'enfant *pour*[7] l'inhumer avec son père" (Linge 1932: 11). Or, que savons-nous des représentations barok liées au territoire du groupe de filiation et à son enceinte masculine qui inclut le site funéraire ? Selon Wagner, les Barok "décrivent l'appartenance au groupe [de filiation] par l'image du corps contenu dans la matrice, et éventuellement dans le sol du territoire du groupe" (1987: 58), et l'enceinte masculine est pour eux "l'image parfaite du 'contenant' [*containment*]", quelque chose de comparable à "une matrice contenant . . . les morts" (1986: 153–154). Dans le rite qui nous intéresse, nous sommes en présence de deux matrices symboliques : l'enceinte masculine du groupe du père bien sûr, mais aussi et surtout la fosse où reposent leurs deux cadavres. Si l'appartenance à l'unité sociale est ainsi associée à la gestation métaphorique des cadavres dans la terre de leur groupe, ne peut-on alors interpréter comme un rite de changement d'affiliation sociale post mortem la coutume qui consistait à inhumer le cadavre de l'enfant avec celui de son père ? Redevenant dans la mort une pure substance corporelle, comme aux temps où il n'était qu'un embryon, et déposé dans la fosse matricielle creusée pour son père où leur deux corps, d'ailleurs, reposaient vraisemblablement comme des foetus, l'inhumation en Nouvelle-Irlande se pratiquant traditionnellement en position foetale, l'enfant sacrifié qui revivait une nouvelle gestation symbolique dans le même "contenant maternel" que son père était probablement considéré

---

7. C'est moi qui souligne.

comme un membre de son lignage paternel. Autrement dit, dans cette société où les relations sociales se définissent à partir des théories de la conception, le changement d'affiliation sociale de l'enfant, son passage du groupe filiation de sa mère à celui de son père, s'opérait par l'intermédiaire d'un rite funèbre qui permettait de rejouer sa conception pour inverser les rôles de ses parents et faire de cet enfant le produit de la "nourriture matricielle" de son lignage paternel[8].

Nous avons vu précédemment que tout individu disposait par naissance d'un droit d'usage sur la terre de son groupe de filiation et que ce droit était conçu comme transmissible, à sa mort, à ses descendants maternels. En "renaissant" symboliquement dans la mort comme un membre de son lignage paternel, l'enfant sacrifié devait être crédité automatiquement de ce droit d'usage sur des parcelles de ce lignage, et ce droit revenait sur le champ à sa mère et ses descendants qui se trouvaient dans la position paradoxale de parents maternels d'un individu n'appartenant plus à leur groupe de filiation. Et c'est effectivement pour être inhumé avec son père, c'est-à-dire pour prendre l'identité sociale de ce dernier à travers la symbolique de leurs funérailles communes, et permettre ainsi aux membres de son lignage d'origine d'obtenir le contrôle d'un bien foncier sans avoir à donner de lourde compensation financière, que l'enfant était vraisemblablement sacrifié.

Quant au bénéfice retiré par le groupe du père, il était d'ordre principalement symbolique. Réalisés dans le but d'acquérir un bien foncier, ces sacrifices avaient l'avantage secondaire d'être considérés comme un moyen de régler la dette de "sang" des enfants envers leur père (Jessep 1977: 206–207, 312 ; Linge 1932: 50). Celle-ci n'était plus réglée comme à l'accoutumée par un bien doté d'une valeur économique, à savoir le porc qui, offert lors des rites funéraires du père, fonctionne comme un substitut pour la substance corporelle et les biens qu'il a donnés à ses enfants, mais elle était acquittée par un don symbolique, à savoir le retour pur et simple de la substance corporelle de l'un des enfants sous la forme de son cadavre,

---

8. Autrefois, sur le plateau Lelet, le recrutement à un clan pouvait se faire par l'intermédiaire de l'adoption, à condition que l'enfant soit adopté en bas âge et que sa mère adoptive puisse le nourrir au sein grâce à des plantes qui, frottées quotidiennement sur la poitrine, provoquaient – soi-disant – une montée de lait. Prolongement habituel de la gestation à laquelle il était intimement lié, l'allaitement était probablement un artifice qui permettait à la mère adoptive et à son clan de considérer l'enfant comme le fruit de leur "nourriture matricielle", et donc comme un membre à part entière de leur groupe. Ce changement d'affiliation sociale jouait donc là aussi sur une sorte de modification symbolique de la conception de l'individu, la mère adoptive étant considérée comme une mère biologique grâce à l'acte de l'allaitement.

et le rattachement de cet enfant mort au lignage de son père. La satisfaction du lignage du père était de deux ordres : il voyait magnifier par le côté spectaculaire et dramatique du sacrifice offert son rôle de donneur de "sang", et donc de vie, vis-à-vis du lignage de la moitié opposée auquel il était lié par un intermariage ; l'affiliation de l'enfant mort à son groupe lui donnait l'occasion exceptionnelle de pouvoir se considérer, via le père défunt, comme l'origine substantielle et vitale d'un membre de son propre groupe.

Si le transfert d'un bien foncier en échange d'un sacrifice humain, qui s'opérait donc sans compensation financière et uniquement d'un groupe à celui des enfants de ses membres mâles, apparaît d'un côté comme une manifestation remarquable de la force des liens patrilatéraux stigmatisés par le partage du "sang", il apparaît de l'autre comme une démonstration éclatante de la force de filiation maternelle puisque seule l'affiliation post mortem de l'enfant au groupe de son père justifiait – semble-t-il – sa réalisation. Et c'est donc encore une fois par l'entremise du corps, mais ici du corps sacrifié qui était assimilé à un foetus dont le rite rejouait la gestation pour lui fournir un nouveau contenant maternel symbolique, et donc une nouvelle appartenance sociale, que s'exprimaient les caractéristiques fondamentales d'une organisation sociale qui poussait la reconnaissance des liens patrilatéraux jusqu'aux limites extrêmes compatibles avec le maintien du principe de la matrilinéarité de la filiation.

Conclusion : Corps, Socio-Cosmie et Acculturation

En projetant dans la nature humaine, par l'intermédiaire des représentations du corps, ainsi que dans l'ordre cosmique, à travers les croyances relatives aux entités solaire et lunaire, les principes fondamentaux de leur organisation sociale, les Mandak de Nouvelle-Irlande font de leur structure sociale la manifestation culturelle obligée d'un ordre naturel. Ils reconnaissent des matrimoitiés exogames parce que l'humanité est divisée en deux catégories d'individus qui naissent avec des signes physiques distinctifs notamment identiques à ceux de leur mère, et parce que le cosmos lui-même est régi par le dualisme des entités solaire et lunaire considérées comme les chefs mythiques des moitiés. La matrilinéarité de la filiation va chez eux de pair avec une idéologie et des pratiques sociales qui mettent un fort accent sur les liens patrilatéraux parce que l'enfant nourri in utero par sa mère doit toute sa substance corporelle au seul père, et que la fertilité générale de la nature, réactivée par des rites qui l'associent à un enfant symbolique, résulte elle-même de l'union sexuelle d'un principe féminin responsable de la croissance, identifié à la figure maternelle de la lune, et d'un principe masculin fécondant identifié à la figure paternelle du soleil.

On comprendra aisément que dans une société où l'organisation sociale est conçue comme le reflet de principes généraux à l'oeuvre dans l'univers, toute règle nouvelle imposée par des influences extérieures et modifiant l'esprit des fondements de la structure sociale ait suscité de fortes résistances de la part des populations locales. Ainsi, lorsque la politique de démarcation de la terre indigène, inaugurée dans les années soixante par le gouvernement australien, laissa penser aux populations locales mal informées que celui-ci tenait à réformer la tenure foncière pour la remplacer par un système figé, fondé sur la seule règle de la matrilinéarité, certains Néo-Irlandais se révoltèrent à l'idée que leurs enfants, à leur mort, ne pourraient plus obtenir un droit d'usage à vie sur la terre de leur clan, et se mirent à acheter de la terre à leur propre clan, de leur vivant, pour la transmettre à leurs enfants (Jessep 1980: 123). C'est avec une grande colère que mes informateurs évoquèrent cette époque en soulignant le fait que leurs enfants étaient leur "sang", et que c'est à ce titre qu'ils devaient pouvoir acquérir le droit d'user leur vie durant de parcelles de la terre de leur paternel.

Dans un autre sens il paraît logique que le bouleversement des croyances traditionnelles relatives au dualisme de l'ordre cosmique, et plus précisément l'introduction des croyances chrétiennes monothéistes par des missionnaires qui traduisirent "Dieu" par le nom de réservé à l'entité solaire et firent du monde et de toute chose le produit de la création d'une seule entité, ait pu inciter des Néo-Irlandais à accorder leur organisation sociale avec cette nouvelle cosmogonie et à vouloir l'abolition de leur dualisme social. C'est ainsi que pourrait se comprendre un culte du "cargo" qui naquit dans les années 1930 dans la région de Namatanai (aire barok). A la suite du refus par les ecclésiastiques chrétiens de marier deux jeunes gens qui appartenaient à la même unité duelle, un prophète prôna l'abolition des restrictions exogames, annonça que les couples qui ne se conformeraient plus à cette règle donneraient vie à de nombreux enfants, et raconta qu'un cargo venait de quitter Rome et que son chargement de marchandises serait distribué par les morts aux seuls adeptes du culte (Worsley 1977: 117).

S'insurger contre les transformations des pratiques sociales au nom des théories de la conception, ou accepter la nouvelle cosmogonie à condition qu'elle s'accompagne d'une modification de la structure sociale, procédaient de la même volonté de restaurer la cohérence interne rassurante d'un univers où corps, cosmos et société se faisaient intimement écho.

RÉFÉRENCES

ABEML, P.
1906–1907 "Knabenspiele auf Neu-Mecklenburg (Südsee)", Anthropos 2 : 219–229.

CLAY, B.
1977 *Pinikindu, Maternal Nurture, Paternal Substance.* Chicago: University of Chicago Press.

COX, W.
1913 "New Ireland myths", Man 13: 195–199.

DERLON, B.
1989 *Malanggan : objets, rites et société en Nouvelle-Irlande.* Thèse de l'Université Paris X Nanterre.

1994 "Droits de reproduction des objets de culte et tenure foncière en Nouvelle-Irlande", *L'Homme* 34 (2): 29–46.

(à paraître). "Sacrifice humain et culte du 'cargo' en Nouvelle-Irlande".

GODELIER, M.
1982 *La production des Grands Hommes.* Paris: Fayard.

JESSEP, O.
1977 *Land tenure in a New Ireland village.* Thèse : Australian National University

1980 "Land demarcation in New Ireland", *Melanesian Law Journal* 8 (1, 2): 112–133.

KRÄMER, A.
1925 *Die Malanggane von Tombara.* Munich: Georg Müller.

LINGE, O.
1932 *The erstwhile savage. An account of the life of Ligeremaluaga.* (traduit par E. Collins) Melbourne: Cheshire.

PEEKEL, G.
1908 "Die Verwandtschaftsnamen des mitteleren Neu-Mecklenburg", *Anthropos* 3: 456–481.

1910 *Religion und Zauberei auf dem Mittleren Neu-Mecklenburg, Bismarck-Archipel, Südsee.* Munster: Aschendorffschen.

RIVERS, W.
1914 *The History of Melanesian Society.* Cambridge: Cambridge University Press.

WAGNER, R.

1986 *Asiwinarong: Ethos, Image, and Social Power among the Usen Barok of New Ireland*. Princeton. Princeton University Press.

1987 "Figure-ground reversal among the Barok", *in* L. Lincoln (ed.), *Assemblage of spirits: Idea and image in New Ireland*. New York, G. Brasiller, Inc., in association with the Minneapolis Institute of Arts : 56–62.

WORSLEY, P.

1977 *Elle sonnera, la trompette. Le culte du cargo en Mélanésie*. Paris: Payot.

8

Une profondeur qui s'arrête à la surface de la peau : ordre social et corps à Rotuma

Alan Howard et Jan Rensel

Nous voudrions démontrer trois points dans cet article : tout d'abord, que les Rotumans accordent beaucoup plus d'attention aux surfaces corporelles qu'aux fonctions corporelles internes ; ensuite, que cet accent mis sur les surfaces corporelles s'articule bien à un intérêt profond pour les apparences de l'harmonie sociale ; et enfin qu'une focalisation culturelle voilée sur les fonctions internes du corps s'accorde avec un fort courant d'autonomie dans la culture rotumane.

Avant de présenter les données sur lesquelles notre démonstration est fondée dans cet article, quelques remarques préliminaires importantes sont nécessaires. Nous traitons ici des questions de savoir et de croyances culturelles, et il nous paraît essentiel d'expliciter ou de souligner certaines hypothèses concernant ces notions. Pour commencer, nous nous méfions des exposés culturels qui reflètent un haut degré d'uniformité et de cohérence. De notre point de vue, le savoir culturel, même dans les sociétés les plus petites et les plus lointaines, est composé d'un vaste réservoir de propositions, dont beaucoup sont contradictoires les unes avec les autres. A partir de ce réservoir, les individus sélectionnent les propositions qui s'adaptent à leurs buts dans des circonstances données, et celles-ci peuvent apparaître relativement inconséquentes d'une situation à l'autre.

Alors que certaines propositions sont explicites et articulées, d'autres sont axiomatiques et/ou ne sont pas facilement amenées à la conscience. Elles peuvent être fixées dans des structures symboliques telles que les mythes et les rituels, codifiées dans des réalisations et des représentations artistiques, ou manifestes dans des séries comportementales. Les propositions de ce type doivent être inférées par l'analyste et peuvent résister à une vérification extérieure.

Outre les problèmes d'inconséquence et de vérification verbale, il y a la question de la croyance. La croyance est un sujet complexe car elle inclut de multiples dimensions (voir Howard 1992). Les gens peuvent affirmer des propositions qu'ils jugent personnellement fausses, ou du moins qu'ils considèrent comme douteuses. Ils peuvent accepter la véracité d'une proposition sous certaines conditions et non dans d'autres. Construire un modèle culturel conséquent implique donc toujours l'imposition d'une cohérence dans des données qui y sont pourtant intrinsèquement rebelles.

Les problèmes de conséquence propositionnelle et de croyance deviennent plus complexes quand on traite d'une vaste période et d'une population géographiquement dispersée. Nous ferons appel dans cet article à des données qui couvrent une période de deux cents ans, des observations d'un capitaine de vaisseau britannique en 1791 à notre propre enquête de terrain en 1991. Entre ces deux dates, la population totale de Rotuma est passée d'environ trois mille à dix mille personnes, la plupart d'entre elles résidant aujourd'hui ailleurs. En fait, moins d'un quart de la population rotumane totale vit actuellement dans l'île natale. La majorité habite dans les centres urbains de Fidji, et des enclaves rotumanes assez importantes se sont développées en Australie et en Nouvelle Zélande[1]. Une proportion importante de Rotumans sont instruits et cosmopolites ; beaucoup ont des professions libérales. Le fond propositionnel qui constitue la culture cosmopolite occidentale leur est familier.

Le modèle culturel que nous décrivons plus bas doit donc être précisé. Tout d'abord, il est restreint à cette partie de la population rotumane qui est restée dans l'île natale. Ensuite, il représente seulement une des séries de plus en plus diverses des modèles culturels que les Rotumans utilisent pour donner sens à leur expérience. Nous pensons cependant que ce modèle a eu des racines profondes dans la culture rotumane à l'époque de l'intrusion européenne, et bien que modifié par le christianisme, l'administration coloniale et l'éducation occidentale, il reste un motif proéminent dans la culture rotumane d'aujourd'hui[2].

Notions du corps : dedans et dehors

Dans cette partie, nous présentons les données corroborant la thèse que les Rotumans, d'une part, font une distinction marquée entre les aspects

---

1. Après la concession de Rotuma à la Grande-Bretagne en 1881, les Britanniques ont décidé d'administrer l'île comme une partie de la colonie de Fidji. Quand Fidji a acquis l'indépendance en 1970, les Rotumans ont accepté de faire partie du nouveau pays. L'opportunité d'émigrer à Fidji a donc été sans restriction pour les Rotumans (pour un compte rendu sur la migration rotumane à Fidji et ses implications pour l'île natale, voir Howard et Rensel 1992).
2. Les données sur lesquelles cet article est fondé, ont été collectées par Howard pendant une expédition de terrain en 1959–61 et par Howard et Rensel lors de cinq voyages de terrain distincts de 1987 à 1991. Des informations supplémentaires ont été obtenues par des sources publiées et archivées.

externes et internes du corps humain et, d'autre part, accordent plus
d'attention aux premiers. Cette attitude semble pour une grande part refléter
le fait que les surfaces corporelles sont un sujet fréquent du discours
commun et sont par conséquent l'objet d'un savoir systématisé, alors que
les fonctions internes, étant rarement un sujet de discussion, sont l'objet
d'un savoir non-systématique, idiosyncrasique. Le corps humain est bien
représenté d'autres façons, – par exemple dans les arts visuels et dans les
arts du spectacle, ainsi que les rituels-, mais à Rotuma, ces derniers se sont
également focalisés sur les surfaces corporelles, renforçant ainsi le savoir
programmé par le discours.

Tatouage et curcuma

Les voyageurs européens nous fournissent des indices de l'attention que
les Rotumans accordaient aux surfaces corporelles pendant la période du
premier contact (1791 et 1850). Ils ont fait des observations sur deux
coutumes en particulier : le tatouage, et le badigeonnage du corps avec du
curcuma.

La premier séjour européen attesté à Rotuma date du 8 août 1791. Le
capitaine Edward Edwards qui était à bord du H. M. S. *Pandora*, écrivit
que les Rotumans étaient "tatoués d'une façon différente des natifs des
autres îles que nous avons visitées, ayant la figure d'un poisson, d'oiseaux
et une variété d'autres choses marquées sur leurs bras" (Thompson 1915:
64–66). George Hamilton, qui était aussi à bord de ce bateau, écrivit que
"Leurs corps étaient curieusement marqués de figures d'hommes, de chiens,
de poissons, et d'oiseaux, sur toutes leurs parties ; de telle sorte que chaque
homme était un paysage en mouvement. Ces marques étaient toutes en
relief et réalisées, je suppose, en pinçant la peau" (Thompson 1915: 138–
139).

Selon René Lesson, un naturaliste qui visita Rotuma en 1824 à bord de
la *Coquille* :
"Leur ornementation la plus remarquable et la plus caractéristique est
le tatouage, qu'ils appellent *cache*. Le corps, du bas de la poitrine à juste
au-dessus du genou, est entièrement recouvert d'un tatouage régulier qui
rappelle fortement les fragments portés sur les cuisses des anciens chevaliers. Une large bandelette derrière la cuisse empêche les lanières de
tatouage d'entourer totalement la jambe. L'estomac et les reins sont
couverts de lignes courbes cannelées dont la noirceur contraste
agréablement avec la couleur naturelle de la peau laissée vierge. La poitrine
et les bras reçoivent une autre sorte de dessin. Alors que les premiers sont
remarquables pour la masse noire qu'ils forment, les seconds se distinguent
par la délicatesse de leurs motifs : figures fragiles de poisson volant, de
fleurs et d'autres objets gracieux. Certains autochtones ont des lignes de

points noirs sur leurs jambes, alors que d'autres exhibent sur leurs épaules des cicatrices en relief du type courant parmi la race nègre africaine comme parmi ses branches disséminées dans le Pacifique." (Lesson, 1838–9 #93: 426–427 ; traduit du français par Ella Wiswell).

Gardiner, qui visita l'île en 1896, rapporta que les hommes étaient toujours tatoués avec une paire de caleçons allant de la taille à juste au-dessous du genou. Les motifs caractéristiques sur les épaules des hommes comprenaient le *perero* , représentant une fleur au parfum prononcé, com-munément offerte à la personne aimée ; le *moiera*, un buisson également courant ; des étoiles, des cercles, des croix et d'autres motifs géométriques. Les tatouages des femmes étaient limités aux bras et représentaient des cercles entourant des motifs (Gardiner 1898: 414–415).

A. M. Hocart à qui on rapporta que si un homme mourait pendant le combat, son identité pouvait être déterminée à partir de ses tatouages, suggère que les tatouages étaient individualisés :

"Un homme tatouait une partie et non une autre, et ils le reconnaissaient ainsi. On pouvait laisser un espace vierge sur le ventre, un autre sur ses genoux, et ils le reconnaissaient par cela." (Hocart 1913: 4768).

Gordon MacGregor, un anthropologue américain qui visita Rotuma en 1932, inclut dans ses notes de terrain des dessins très semblables à ceux de Gardiner. Il rapporte que les modèles "sont irréguliers et dits être faits à partir des esprits des opérateurs." Selon un des informateurs de MacGregor, les hommes qui étaient tatoués étaient considérés comme convenablement habillés et pouvaient se présenter sans *sulu* (jupe porte-feuille) tout en restant décents. Ce même homme raconta à MacGregor que seules les femmes qui avaient leurs bras et mains tatouées pouvaient faire le kava, et qu'un homme non tatoué ne pouvait pas faire le *fekei* "dessert" (1932).

Bien qu'aucune information ne subsiste concernant la signification sociale des motifs de tatouage, on peut raisonnablement supposer qu'ils représentaient des emblèmes symboliques importants, comprenant au mini-mum des variations locales et familiales[3]. Nous avons donc le sentiment qu'ils codifiaient une information significative concernant la place d'un individu dans la société rotumane.

La coutume du tatouage fut prohibée par les missionnaires européens qui s'établirent après le milieu du siècle, et quand Howard visita pour la première fois Rotuma à la fin de 1959, aucune des personnes âgées n'était tatouée. De nos jours, un certain nombre de jeunes hommes sont tatoués,

---

3. L'art des liens à partir du sinnet dans la construction des maisons fournit un exemple parallèle suggestif. Chaque expert dans cet art avait sa propre signature, qui était associée à sa localité particulière. Si une personne d'une autre localité utilisait son dessin, cela représentait un sérieux manquement aux convenances qui pouvait provoquer un conflit.

en particulier ceux qui ont été marins, mais il n'y a pas de praticiens de cet art dans l'île.

Outre les tatouages, les premiers voyageurs européens firent des observations sur l'utilisation omniprésente du curcuma et de l'huile de noix de coco comme onguent corporel, non seulement dans les occasions cérémonielles comme les mariages, les funérailles et les installations de chefs, mais de façon plus générale. Lesson écrivit :

"Leurs corps sont enduits de poudre de couleur rouge, orange ou jaune, mélangée à de l'huile de noix de coco. Ils extraient ce fard de la racine du curcuma et le conservent dans des blocs en forme de cône. Parfois ils recouvrent tout leurs corps de cette teinte, parfois seulement des bandes largement séparées". (Lesson 1838–39: 421).

Lucatt qui arriva dix-sept ans plus tard, en 1841, fit un compte rendu similaire :

Les mâles et les femelles sont vêtus de la même manière ; ils ont, d'après nos conceptions une façon très désagréable de graisser leurs corps avec une poudre jaune réalisée à partir de la racine du curcuma mélangée à de l'huile, de telle sorte que si vous pénétrez dans leurs maisons, ou entrez en contact avec leurs personnes, vous contractez rapidement une teinture semblable, et de nombreuses ablutions sont nécessaires avant d'en être débarrassé ; ils disent qu'ils l'utilisent comme antidote aux piqûres de moustiques et d'autres insectes (Lucatt 1851: 158).

Une impression plus favorable fut rapportée par Bennett, un naturaliste-physicien qui raconta après un séjour en 1830 que les Rotumans "sont propres à la fois sur leurs personnes et leurs vêtements ;" et que "la coutume qui consiste à frotter leurs corps avec de l'huile de noix de coco parfumée, comme la senteur aromatique du curcuma, leur donne une odeur agréable" (Bennett 1831: 475).

De nombreuses données suggèrent que le curcuma était utilisé de façon cérémonielle pour marquer les passages d'un statut social à un autre, par exemple, de celui du foetus à celui de nourrisson, du célibat au mariage, du statut de roturier à celui de chef, de la vie à la mort. Cependant, il semble également que l'onguent du curcuma et d'huile de noix de coco était considéré comme une protection de la surface du corps contre les intrusions et les pénétrations nuisibles, en particulier la perte de sang. Il était vraisemblablement aussi utilisé de façon médicinale après les traumatismes des surfaces corporelles. Ainsi Elisapeti Inia, un ancien de l'île bien informé, raconte que les coupures et les blessures, comme les diverses maladies de peau, étaient traitées avec cet onguent (communication personnelle).

Bien que l'utilisation du curcumier fut abandonnée avec l'évangélisation, les Rotumans le remplacèrent dans de nombreux contextes qui auraient nécessité le curcuma, par une poudre de talc parfumée. Quand on honore des personnes pour diverses raisons, il est par exemple courant de les inonder de talc, et de parfums liquides[4]. Les remarques de Bennett sur la propreté personnelle (surface corporelle) restent vraies aujourd'hui comme par le passé ; les Rotumans sont presque obsédés dans leur lavage des vêtements, et prennent souvent plusieurs bains par jour.

Maladie et blessure

Dans la mesure où les vocabulaires reflètent l'intérêt d'une population pour les phénomènes, les Rotumans sont préoccupés par les symptômes qui affectent les surfaces corporelles. Ainsi Howard (1979) identifia vingt-deux lexèmes distincts décrivant les états de la peau, comprenant les éruptions de divers types, la décoloration, le gonflement, la démangeaison etc... Une seconde série de lexèmes décrit les états de l'oeil visible. Entre ces deux séries, les mots désignant les états de la peau et de l'oeil rendent compte de presque la moitié du lexique rotuman total de la maladie.

Significativement, la principale technique pour traiter les maux de toutes sortes, incluant ceux qui sont perçus comme affectant les organes internes, est le massage (*sarao*). Dans une étude de la maladie et des stratégies curatives réalisée par Howard en 1960, le massage a été choisi comme la stratégie curative la plus appropriée pour une variété de maux dans cinquante-et-un pour cent des cas. Les traitements externes consistant en feuilles médicinales ou bains avec préparations spéciales furent choisis dans seulement vingt-trois pour cent des cas (Howard 1979: 265–267). La différence entre la médecine externe (*turu*) et la médecine interne (*vai*) est clairement représentée chez le Rotuman, et en décrivant le corps humain, les informateurs rotumans tracent des distinctions marquées entre les surfaces et les intérieurs. En fait cette distinction était un des rares domaines d'accord quand on demandait aux Rotumans de décrire le corps humain et les fonctions des divers organes. Chaque personne interrogée présentait une image cohérente, systématique du fonctionnement corporel, mais on ne trouvait pas deux portraits semblables ; ce qui nous suggère que le fonctionnement (interne) du corps n'a pas été un objet du discours dans la culture rotumane, et que chaque personne a été libre de faire ses propres déductions. Par contraste, les surfaces corporelles sont un objet défini du discours.

Quand ils surveillent l'évolution d'un mal, les informateurs rotumans font très attention à ce que les symptomes restent limités aux surfaces

---

4. Comme l'a démontré Howard ailleurs (pas de date), les Rotumans associent les bonnes odeurs à la vie, les mauvaises odeurs au dépérissement et à la mort. Ainsi, inonder quelqu'un de substances sentant bon est symboliquement équivalent à lui offrir la protection de sa vie.

corporelles. Les éruptions, les plaies et les lésions ne sont pas considérées comme sérieuses tant qu'elles restent confinées à la peau, mais si les infections mènent à de la fièvre, ou d'autres symptômes suggérant des dysfonctionnements internes, la préoccupation s'intensifie dramatiquement. Cette attitude peut refléter, du moins en partie, l'absence d'un savoir culturellement partagé sur le fonctionnement corporel. N'ayant pas de modèle cohérent auquel se référer, les Rotumans éprouvent des niveaux accrus d'anxiété, et recourent aux rites et au surnaturel pour résoudre les problèmes. Le symptôme le plus affligeant est la perte de sang qui, pour les Rotumans, représente le prototype même du danger.

La perte de sang nécessite presque toujours un rituel pour restaurer un sentiment d'ordre. Si une autre personne est la cause de sang versé, soit intentionnellement, soit accidentellement, une demande rituelle de pardon est requise de sa part, accompagnée de la remise d'un porc cuit, d'une fine natte blanche et de racines de kava. Dans les cas graves, l'offenseur doit faire amende honorable en offrant symboliquement sa propre vie. Dans les circonstances où le sang est versé après un accident qui n'implique que la victime (et de nos jours après une opération à l'hôpital), on organise une cérémonie appelée *hapagsu*. Des aliments rituels comprenant des animaux sacrificiels, sont préparés et consommés, avec des prières pour apaiser les esprits (*'atua*) qui peuvent avoir provoqué l'événement.

Notre thèse est que si les surfaces corporelles sont bien connues, et associées à un ferme sentiment d'ordre social, les intérieurs corporels sont culturellement mal définis et associés au désordre et à l'anxiété. Pour l'exprimer par une équation lévi-straussienne :

Surface corporelle : culture : ordre : intérieurs corporels : nature : désordre

Le fait que la cérémonie *hapagsu* soit maintenant accomplie quand un prisonnier est libéré de prison, alors qu'elle ne l'était traditionnellement que quand le sang était versé, corrobore cette thèse. L'épanchement de sang serait équivalent du crime dans la mesure où tous deux sont signes de désordre. Dans les deux cas, la cérémonie *hapagsu* vise rituellement à restaurer l'ordre et à implorer que les actions qui ont provoqué le désordre ne soient pas réitérées.

L'expression inverse de l'équation entre les intérieurs corporels et le désordre social représente le fait que des conflits interpersonnels sont supposés provoquer de sérieux maux (internes). Le mécanisme de la causalité est attribuée aux esprits ancestraux courroucés contre les pertubations sociales, plutôt qu'à la sorcellerie[5].

---

5. Les malédictions de la justice immanente peuvent être invoquées par les parties affligées, mais elles sont supposées ne pas avoir de force indépendante des esprits intéressés. A l'époque moderne, cela inclut le Dieu chrétien.

Du côté positif, les notions de santé et de beauté se focalisent sur les apparences corporelles extérieures, – sur la couleur de la peau et sa tonicité, mais de façon beaucoup plus importante, sur la taille du corps-. Le mot *haharagi* signifie d'abord : gros, juvénile, bien portant, nubile. Les individus corpulents sont supposés être bien portants et heureux, alors que ceux qui sont minces risquent de se faire très souvent questionner sur leur santé et leur bonheur. L'état de l'*ata* ("force de vie", "âme") d'une personne est dit se refléter dans l'état de l'apparence de son corps.

Nous aimerions souligner, à ce tournant de notre discussion, le fait que la société rotumane, bien que physiquement non violente, n'est en aucun cas exempte de violence. En fait, dans un article récent, Howard (1990) a décrit les Rotumans comme "chicaniers". Nous interprétons donc la focalisation rotumane sur les surfaces corporelles comme cohérente avec un intérêt pour les *apparences extérieures* de l'harmonie sociale plutôt que le signe d'un ordre social exempt de conflits.

Contrôle corporel et relations sociales

A la différence de beaucoup de leurs cousins polynésiens, les Rotumans apparaissent souvent comme réservés et inamicaux à l'égard des étrangers. En fait, avec ces derniers, leur bienséance se limite généralement à un niveau marqué. Les expressions faciales et le langage corporel sont atténués, suggérant de la timidité et de la répugnance à s'engager. Jusqu'à ce que leurs dispositions soient clairement connues, les étrangers sont considérés comme des menaces potentielles. En conséquence, les Rotumans ont tendance à davantage couvrir les surfaces de leur peau en leur compagnie. Dans les évènements publics anciens qui rassemblaient de nombreuses communautés, et donc beaucoup de gens qui ne sont pas bien connus, les femmes en particulier, s'habillaient en couvrant presque toutes les surfaces de leur peau. Conformément à ce souci de la pudeur en public, on s'attend à ce que les gens qui traversent un village soient correctement couverts ; on s'attend à ce que les hommes, par exemple, portent des chemises. (Quoique cette pudeur soit clairement une évolution post-missionnaire, sa manifestation particulière, par exemple, la manière dont elle est adaptée à des contextes particuliers, est spécifiquement rotumane.)

Avec les intimes, cependant, la peau joue un rôle communicatif important. Non seulement les corps sont beaucoup plus expressifs et mobiles en présence d'amis et de proches parents, mais le contact physique est ardemment recherché. On voit généralement les intimes marcher main dans la main, s'asseoir en se tenant l'un l'autre, ou se pinçant et se poussant du coude en racontant des plaisanteries. Il serait difficile de surestimer l'importance du contact corporel dans la culture rotumane.

Cela est aussi essentiel pour la communication rotumane que le langage gestuel l'est pour les Italiens du Sud.

Ce n'est pas un hasard si la stratégie de guérison favorite est le massage. Cette imposition des mains, souvent durant de longs moments, signifie intimité et affection, en particulier quand elle est accomplie en présence d'amis et de parents. Le massage dans de tels contextes, résume le symbolisme associé à la fois à la santé recouvrée (ordre corporel) et les relations sociales (ordre social).

Cependant une autre distinction interne/externe semble digne d'attention : elle est centrée sur les émotions, en particulier les émotions pertubatrices comme la jalousie, l'envie et la colère. Celles-ci sont considérées comme des états internes chaotiques qui menacent l'harmonie sociale. Le sentiment de colère en particulier, est rarement reconnu. Nous n'avons jamais vu de Rotumans admettre être en colère, même dans des circonstances de provocation et de frustration intenses. Quand on leur demande comment ils se sentent, ils utilisent le plus souvent des termes qui peuvent être traduits par "contrariés", ou "tristes". Cette attitude est liée à la supposition culturelle que la colère mène à une perte de la maîtrise de soi, à un comportement qui sera la cause de regrets pour tout le monde. La colère est conçue comme un état intérieur assez puissant pour éclater à travers sa peau sociale métaphorique, menaçant de provoquer du désordre. Tout comme la perte de sang nécessite des rituels appropriés pour restaurer l'ordre, les accès de colère requièrent généralement des excuses rituelles et le pardon, si l'harmonie sociale est regagnée.

Pouvoir, autonomie et contrôle des corps

Michel Foucault, Mary Douglas et d'autres ont soutenu de façon convaincante qu'il y a un lien puissant entre l'exercice du pouvoir politique et la discipline du corps. Là où le contrôle politique est dominant et autocratique, le contrôle social est souvent étendu au contrôle du corps. En particulier dans les contextes de socialisation, les autocraties puissantes (comme les Corps de Marines des Etats-Unis) tendent à imposer des contrôles étroits sur l'expression corporelle. Ainsi un haut degré de discipline corporelle est souvent le signe de niveaux élevés de domination et de subordination. Par contraste, un faible degré de discipline corporelle suggère des niveaux peu élevés de domination et de subordination politiques. Nous voudrions affirmer en outre, suivant Foucault, que l'intrusion sociale dans les fonctions corporelles *internes* (incluant le psychisme) marque la forme la plus poussée de la tyrannie politique. En conséquence, l'autonomie sociale coïncide avec une absence de discours ou de savoir partagé et un moindre contrôle sur les fonctions corporelles internes. Nous pensons que c'est le cas pour Rotuma.

L'autonomie sociale est un courant sous-jacent important dans la culture rotumane. Il opère à tous les niveaux : individu, village, île. La conception implicite de ce courant est qu'on ne peut imposer sa volonté à l'autre, qu'un accord volontaire est nécessaire à l'ordre. Les tentatives pour imposer sa volonté contre les souhaits des autres sont considérées comme génératrices de colère, qui est source de chaos social.

Le principe d'autonomie peut être clairement envisagé à travers des modèles de socialisation. Les parents donnent souvent des recommandations aux enfants, mais ces derniers sont rarement punis pour désobéissance. Quand une punition est administrée à cause d'un comportement inapproprié, elle a tendance à être légère, – une faible tape sur le postérieur ou la jambe-. Quand ils grandissent, les enfants racontent qu'ils choisissent de faire des choses pour faire plaisir à leurs parents par sentiment d'obligation et de gratitude plutôt que par peur ou à cause de menaces physiques.

La manière dont les mères lavent les nourrissons est significative. Elles tiennent les nourrissons dans une bassine d'eau et manipulent leurs corps comme il est nécessaire pour que le travail se fasse, mais accordent une attention minutieuse aux mouvements du corps de l'enfant et son centre d'attention. Si le nourrisson pousse dans une direction particulière, la mère ne résiste pas, même si cela entraîne un inconvénient temporaire. On donne libre cours aux distractions de l'attention de l'enfant. Il est clair, d'après des observations répétées (et des enregistrements vidéo), que l'autonomie de l'individu est reconnue et valorisée, même durant la petite enfance.

La socialisation des fonctions corporelles telles que la miction et la défécation est en conséquence relâchée. L'accent est moins mis sur le contrôle des fonctions de son corps que sur le fait d'éviter d'embarrasser ou d'offenser quelqu'un d'autre en le mettant en présence du "sale". Ici aussi, c'est l'apparence de l'ordre qui est soulignée plutôt qu'un besoin de discipliner le corps pour créer et maintenir l'ordre.

L'utilisation contenue de l'autorité par les parents dans la relation aux enfants est dupliquée dans les relations entre les chefs et leurs sujets. Rotuma est divisée en sept districts, chacun dirigé par un chef souverain en titre (*gagaj 'es itu 'u*). Les districts sont subdivisés en petits groupes de maisonnées (*ho 'aga*) qui travaillent ensemble à des tâches communes. Chaque *ho 'aga* est dirigée par un sous-chef (*fa 'es ho 'aga*) qui peut avoir ou non un titre. En outre, certains hommes ont des titres même s'ils n'ont pas d'autorité à l'extérieur de leurs propres maisonnées. Ils reçoivent cependant un traitement privilégié aux assemblées cérémonielles.

Les chefs ont à tout niveau un pouvoir peu coercitif. Si les gens d'une maisonnée ont des différends chroniques avec leur *fa 'es ho 'aga*, ils cessent simplement de coopérer avec lui, ou peuvent se joindre à un autre groupe. Si un sous-chef a un conflit sérieux avec le chef de district, il peut retirer son soutien aux projets dirigés par le chef de district, et réunir de l'aide pour ses propres projets.

L'autonomie des corps en présence des chefs est facilement visible dans les évènements cérémoniels où des discours sont prononcés. Quand les chefs font des discours, les gens gardent le droit de discuter, sortir, manger, et faire d'autres choses. Si la capacité à contraindre l'activité physique est un indicateur du pouvoir coercitif, il est tout à fait clair qu'à de telles fonctions, les chefs rotumans en ont peu.

Cette absence de pouvoir coercitif de la part des chefs, et l'autonomie personnelle correspondante dont jouissent les Rotumans, sont, selon nous, cohérentes avec l'accent mis sur les surfaces corporelles en tant que distinctes des intérieurs corporels. En focalisant l'attention sur l'extérieur du corps, – à savoir sur la peau-, les Rotumans paraissent communiquer les uns aux autres, – y compris à leurs chefs-, leur volonté d'accepter l'ordre social jusqu'à un certain point, mais aussi l'interdiction de l'accès des intérieurs de leurs corps à toute intrusion sociale.

Substance corporelle et chefs cannibales

Dans les mythes rotumans, les chefs sont parfois représentés comme des cannibales qui mangent leur propre peuple (Churchward : 1938–39). Cette représentation est cependant métaphorique. L'idée centrale implique que les chefs qui sont trop sévères, qui exigent plus qu'une part raisonnable de la nourriture des récoltes des gens, sont comme des cannibales (Howard 1986). Cette image est liée à la notion rotumane, – partagée par beaucoup de peuples du Pacifique-, selon laquelle l'essence fondamentale d'une personne est composée des aliments qui la nourrissent comme de son héritage généalogique (conçu socialement plutôt que biologiquement). La clé de la pensée rotumane se trouve dans l'importance des terres ancestrales où sont cultivés des aliments de base comme les patates douces et le taro. Les terres sont rendues fertiles par les esprits ancestraux, qui ont un intérêt dans la survie et la prospérité de leurs descendants. La nourriture des terres ancestrales contribue ainsi pour une très grande part à la substance de la personnalité. En conséquence, la terre est au centre des notions rotumanes de parenté. En fait, l'usage idiomatique rotuman le plus courant en référence à la parenté, consiste à relier l'ascendance à un bloc de pierre auquel on a donné un nom. A la limite, les liens de parenté peuvent être créés par un partage important de nourriture provenant de la même terre, même si ces liens ne sont pas généalogiquement connus.

D'après ce contexte, la raison de l'équivalence entre la confiscation de nourriture des terres ancestrales et le cannibalisme à Rotuma, devient claire. Le cannibalisme peut être conçu comme une forme de comportement dans lequel les essences vitales des gens sont consommées afin d'accroître l'essence vitale du consommateur. Dans les cultures où l'essence vitale d'une personne réside dans le coeur, le foie ou le cerveau, le cannibalisme est centré sur la consommation rituelle des organes. A Rotuma, où la principale source d'essence vitale vient de la nourriture, priver des gens de cette nourriture revient à manger leur essence vitale, et ainsi à les cannibaliser. Il faut également noter que cette forme de cannibalisme reste extérieure au corps humain ; l'intérieur du corps est laissé intact.

La relation entre l'autorité du chef, le cannibalisme et l'accent mis sur les surfaces du corps est clairement manifeste dans le mythe rotuman, Kirkirsasa. Pour résumer :

Kirkirsasa était une femme qui vivait à l'extrémité occidentale de Rotuma. Ses aisselles étaient complètement tatouées. Un jour elle envoya ses deux servantes descendre au bord de l'océan pour rapporter de l'eau de mer afin qu'elle puisse faire du *tahroro* (un condiment à base de noix de coco fermentée). Au lieu de se procurer l'eau de mer, les deux filles se mirent à flâner le long de la plage et rencontrèrent un géant endormi aux dents d'un rouge ardent. Les filles lancèrent des pierres sur les dents du géant qui se réveilla en fureur et les poursuivit jusqu'à la maison de Kirkirsasa. Les filles racontèrent à Kirkirsasa ce qui s'était passé et la supplièrent de ne pas se mettre en colère. Kirkirsasa réprimanda les filles et leur dit que le géant allait venir les manger.

Quand le géant apparut il était épuisé et il s'assit. Kirkirsasa lui offrit alors de danser pour lui pendant qu'il se reposait, avant de manger les deux filles. "Danse et laisse nous regarder." Kirkirsasa dansa, tapant ses aisselles tatouées, faisant des bonds et chantant une chanson :

"Tape les aisselles devant le roi,
Avec un ho! hi! hey!
Lève les bras, plus bas maintenant, danse et chante,
Avec un ho! hi! hey!"

Le géant se mit à rire, et quand Kirkirsasa cessa de danser, il lui demanda si elle pouvait rendre ses aisselles comme les siennes. Si elle le pouvait, dit-il, il ne mangerait pas les deux filles.

Kirkirsasa ordonna à ses gens de faire un feu et de chauffer des pierres jusqu'à ce qu'elles deviennent rougeoyantes. Ils attachèrent le géant avec du sennit aux poteaux centraux de la maison et posèrent des rocs rouges entre ses aisselles. Le géant hurla de douleur, annonçant qu'il les mangerait tous quand il serait libéré. Mais les gens continuaient à poser des pierres chaudes entre les aisselles du géant, et ils les frottèrent sur son estomac et son visage jusqu'à ce qu'il périsse.

Kirkirsasa réprimanda ses deux servantes pour leur désobéissance et leurs recommanda de ne plus jamais recommencer dans le futur.

Dans son interprétation du mythe, Vilsoni Hereniko (1995), un chercheur qui est également auteur de pièces de théâtre, suggère que le géant symbolise les hommes, les chefs et les rois, tandis que Kirkirsasa symbolise les femmes, les gens du peuple et la terre. Ses tatouages renforcent son association à la culture et la domesticité, selon Hereniko, en opposition au géant qui n'est pas tatoué et qui est par conséquent sauvage et inculte.

Le géant symbolise l'oppression d'après Hereniko. Il dort pendant le jour, ce qui signifie la paresse, et ses dents d'un rouge ardent suggèrent la gloutonnerie (cannibalisme). Le mot géant, *mam'asa* se traduit aussi par "cruel" et "monstre". En bombardant de pierres les dents du géant, les servantes dénoncent et défient son oppression.

Le fait que les filles supplient Kirkirsasa de ne pas se mettre en colère est significatif pour Hereniko. Il écrit :

"Etre en colère, c'est ne plus se contrôler, un état émotionnel que les Rotumans considèrent comme destructeur des relations interpersonnelles et de la communauté . . . Etre capable de contenir sa colère est un signe de force ; il est même préférable de ménager son adversaire. Danser dans l'adversité, cependant, est une preuve de totale maîtrise de soi, car il est impossible de danser quand on a peur, en particulier si on est face à un cannibale". (1995: 57).

Ainsi, le mythe présente Hereniko comme l'essence même du contrôle culturel. Ses interactions avec le géant avant sa soumission suivent à la lettre les règles de convenance, suggérant que la conformité aux règles culturelles a un pouvoir en soi (en contraste avec le comportement inconvenant des servantes qui était inefficace).

Hereniko reconnaît l'équivalence évidente dans le mythe entre le tatouage et la cuisine, et remarque en outre que le frottement des pierres chaudes sur le corps du géant évoque le *sarao* (massage). Toutes ces opérations, – tatouage, cuisine et massage –, dans la culture rotumane, sont symboliquement associées à la domestication des forces incultes, sauvages et non réfrénées. Pour les Rotumans, l'exemple-type de cet état d'inculture est le cannibale, qui par conséquent doit être cuit, tatoué et/ou massé pour être placé sous contrôle culturel. Le fait que les trois processus soient limités à la surface du corps du géant est significatif pour notre discussion.

Le tatouage à Rotuma peut donc être interprété comme un moyen de lier la nature sauvage intérieure d'une personne (incarnée par la gloutonnerie, la colère et la cruauté d'un cannibale) dans le but de préserver la société. Le curcuma peut être compris comme un moyen de protéger la personne du mal ou du chaos induits de l'extérieur, – par les insectes, les accidents et les esprits maraudeurs-. Les deux pratiques ont disparu avec la christianisation, mais des substituts subsistent. De nos jours les vêtements servent à signifier la contrainte sur le désordre intérieur, alors que les poudres et les parfums sont utilisés à la place du curcuma, symbolisant la vie sur le dépérissement et la mort. L'apparence d'ordre social et le souci pour l'autonomie personnelle (intérieure) restent des thèmes forts à Rotuma aujourd'hui. Quoiqu'on puisse considérer que la culture rotumane ait une profondeur qui s'arrête à la surface de la peau, c'est une peau qui s'est montrée résistante et tenace. Et cela a bien servi le peuple rotuman.

BIBLIOGRAPHIE

BENNETT G.
1831 *A Recent Visit to Several of the Polynesian Islands.* United Service
    Journal 33, 198–202, 473–482.

DOUGLAS M.,
1970 Natural Symbols. Harmondsworth, Penguin Books.

FOUCAULT M.
1977 Discipline and Punish: The Birth of the Prison. Londres, Penguin
    Press.

GARDINER J. S.
1898 *Natives of Rotuma.* Journal of the Royal Anthropological Institute
    27, 396–435, 457–524.

HERENIKO V.
1995 Woven Gods: Female clowns and Power in Rotuma. Honolulu, Uni-
    versity of Hawaii Press.

HOCART A. M.
1913 Field Notes, Rotuma. Wellington, New Zealand, Turnbull Library.

HOWARD A.
1979 *The Power to Heal in Colonial Rotuma.* Journal of the Polynesian
    Society 88, 243–275.

HOWARD A.
1990 *Dispute Management in Rotuma.* Journal of Anthropological Research
    46, 263–292.

LESSON R.
1838–9 Voyage Autour du Monde ... sur ... "La Coquille". Paris, Pourrat
    Frères.

LUCATT E.
1851 Rovings in the Pacific, 1837–49 ... by a Merchant Long Resident in
    Tahiti. Londres, Longman, Brown, green, and Longman.

MACGREGOR G.
1932 Rotuma Fields Notes. Honolulu, Hawaii, Bishop Museum Archives,
    SC MacGregor.

THOMPSON B.
1915 Voyage of H. M. S. 'Pandora'. Londres, Francis Edwards.

9

Le Corps Entre Deux vents : A Propos du Mythe "Two-Men" dans le nord-Ouest Australien

Barbara Glowczewski[1]

La plupart des points d'eau, rochers ou collines et certains arbres sont perçus par les tribus aborigènes[2] du nord-ouest comme des traces physiques, empreintes ou métamorphoses du corps, des organes ou des substances corporelles d'êtres ancestraux. Dans chaque tribu, de tels sites sont considérés comme sacrés et reliés par des itinéraires qui retracent les déplacements des êtres mythiques. Chaque segment d'itinéraire est sous le gardiennage rituel d'un groupe dont les membres se définissent comme les descendants et incarnations spirituelles des voyageurs correspondants. A ce titre, la terre en tous ses accidents topographiques est non seulement une extension du corps des ancêtres mais aussi de celui des hommes. Des groupes de tribus de langues différentes peuvent se référer aux mêmes ancêtres mythiques, dès lors que ceux-ci sont dits avoir marqué des sites sur des terres respectivement détenues par ces groupes. Les Aborigènes se réfèrent aux êtres ancestraux, à leurs itinéraires de voyage et aux totems qui leurs sont souvent associés, par divers termes de leurs langues respectives qu'ils traduisent en anglais par Dreaming "Rêve" ou Law "Loi". Des héros ou Rêves différents transportent des Lois différentes qui recouvrent les rites et règles sociales qu'ils ont inaugurés.

Il sera question ici de la Loi WATI-KUTJARRA, "Two-Men", "Deux-Hommes". J'ai recueilli le début de ce mythe chez les Warlpiri du désert central pour lesquels les héros sont deux frères, fruits d'une union incestueuse entre un père et ses filles. En travaillant dans le Kimberley, j'allais découvrir que leur itinéraire se poursuit jusqu'à la côte ouest et qu'en chemin les Deux-Hommes deviennent "beaux-frères". C'est dans

---

1. Chargée de recherche – Laboratoire d'Anthropologie Sociale – CNRS

2. Le nord-ouest de l'Australie, notamment la région connue sous le nom de Kimberley, regroupe à elle seule huit des douze familles linguistiques que l'on rencontre sur le continent. Et ces huit familles se diversifient à leur tour en plus d'une vingtaine de tribus différentes. J'emploie le terme tribu, bien que critiqué par certains Australianistes, dans la mesure ou les Aborigènes utilisent l'expression en anglais (tribe) pour identifier leurs différences linguistiques et leur appartenance territoriale.

cet écart entre une relation de fraternité et une relation d'alliance que je
propose de chercher l'émergence d'une Loi qui concerne à la fois le cosmos, le corps social et le destin de chaque individu. Ayant laissé des traces
de leur passage dans le paysage et nommé ces sites, les deux êtres agissent
aussi sur l'environnement sous la forme des vents de l'est et de l'ouest
associés aux pluies saisonnières. Leur souffle est actif dans la reproduction
et la santé des humains et ils assistent les chamanes par leur pouvoir de
guérir. Enveloppant et pénétrant la terre et le corps humain dans un même
mouvement, la Loi que les deux héros incarnent leur attribue l'introduction
de certaines étapes de l'initiation masculine, et de plusieurs modes de classification en termes parentaux qui changent selon les régions : huit sous-
sections et moitiés générationnelles dans le désert, quatre sections à la
bordure riverine du désert et le long de la côte ouest. A noter que ces
termes classificatoires qui répartissent les membres de la tribu en deux,
quatre ou huit catégories sont appelés en anglais "skin", "peau", ou "body",
"corps", par les Aborigènes.

1.   Un Mythe Intertribal célébré par les hommes et les femmes

Emergeant du désert de Tanami en Australie centrale, chez les Warlpiri,
l'itinéraire des Deux Hommes longe le désert de l'ouest sur plus de mille
kilomètres, passant chez les Kukatja, Ngarti, Wangkajungka, Walmatjari
(Glowczewski, 1991b). Après leur passage chez les Mangala, Nyigina et
Yawuru, où se trouve l'actuelle ville de Broome, puis leurs voisins côtiers
du sud, les Garadjeri et Nyangumarda, les deux héros sont montés au ciel
(Piddington 1932, Capell 1949, McCarthy 1961, Dalton 1964). Mais leur
itinéraire repart vers l'est : après avoir traversé les chaînes Warburton dans
le sud de l'Etat de l'Australie Occidentale (Tindale 1936), ils se retrouvent
à Ooldea en Australie Méridionale (Roheim, 1974 ; cf. carte). En décrivant
le mythe Deux Hommes chez les groupes côtiers ou proches de la côte,
tous les auteurs insistèrent sur son association avec l'initiation masculine
et le fait que le récit est réservé aux hommes. Or dans le désert, j'ai pu
constater que les femmes ont leur savoir sur ce mythe et lui rattachent
diverses pratiques rituelles. Elles célèbrent leur version mythique par des
peintures corporelles, des chants et des danses qui retracent l' itinéraire
Deux-Hommes. Dans ces chants, elles se réfèrent à divers toponymes qui
pour elles, comme pour les hommes, matérialisent la transformation du
corps des deux êtres en traits du paysage, tels que des collines.
      J'ai visité trois de ces sites répartis entre les territoires des Kukatja,
Ngarti et Walmatjari : sur chacun de ces lieux séparés par 200 km se dressent
deux collines qui "sont" les Deux-Hommes. Leurs gardiennes respectives
qui vivent dans la communauté de Balgo me montrèrent à proximité d'un

Itinéraire approximatif du Rêve-mythe "Deux-Hommes" associés aux vents de l'Ouest et de l'Est et aux oiseaux : noir WIR (pluies du nord-ouest) et rouge GIRDIR (pluies du sud-est)

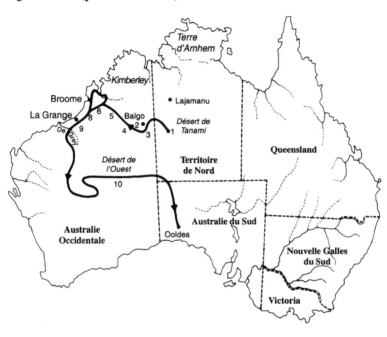

Groupes linguistiques
(tribus)

8 sous-sections {	1 Warlpiri
	2 Walmatjari et Kukatja
	3 Ngarti
	4 Wangkajunka
	5 Mangala
4 sections {	6 Nyigina
	7 Yawuru
	8 Garadjeri
	9 Nyandgumarda
8 sous-sections ou seulement moitiés générationnelles {	10 Ngadadjara et autres groupes du désert de l'Ouest (Pitjantjatjara)

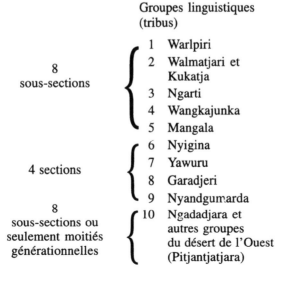

des lieux une dalle de pierre avec des cercles concentriques, trace du passage des Pléiades ; en apprenant que j'avais recueilli chez les Warlpiri de Lajamanu un récit pour les Pléiades, ces femmes de Loi me confirmèrent qu'il s'agissait de la même histoire que celle des Deux-hommes. Un an plus tard, filmées par mon mari pour un documentaire sur le Kimberley[3], les femmes de Balgo choisirent d'interpréter le Rêve Deux-Hommes sur le site à deux collines le plus proche de la communauté. Elles invitèrent une femme de Lajamanu alors en visite à se joindre à la danse, au motif qu'elle est gardienne du début de l'histoire Deux-Hommes en territoire warlpiri. La gardienne du site walmatjari choisi pour la danse, Ivy Napangardi, expliqua que ce Rêve est très important pour toutes les mères, en ce qu'il leur permet de donner de la force à leurs fils lorsqu'ils deviennent des hommes (en d'autres termes lorsqu'ils sont retirés à leur mère pour être initiés, en particulier circoncis). Les danses et les chants des femmes sont de leur point de vue indispensables au processus d'initiation. L'association des Deux-Hommes avec l'initiation est directement évoquée par une des danses où deux danseuses à genoux (comme dans certains rituels masculins) miment les deux héros qui s'embrassent et s'appellent *yalpurru* "co-initiés" (cf. photo). Ivy déclara à la caméra que le Rêve Deux-Hommes poursuit son itinéraire vers l'ouest, jusqu'à "l'eau salée" (la mer) à Broome. Deux semaines plus tard, une trentaine de femmes de Balgo se rendaient à Broome

---

3. Wayne Barker, "Milli Milli", 52 min., 16 mm, couleur, diffusion ABC Australie, 1993.

pour le premier festival aborigène du Kimberley : elles choisirent de se peindre sur la poitrine et de danser le Rêve Deux-Hommes, façon de relier leur savoir mythique à ce territoire étranger qu'est la côte.

Les responsables rituelles de Balgo avaient organisé deux mois plus tôt, en juin 1992, une rencontre intertribale dans le désert réservée exclusivement aux femmes pour quatre jours d'échanges de danses et de chants. J'ai participé à cette rencontre qui a réuni en pleine brousse plus de 400 femmes provenant des communautés du nord, du centre et du désert de l'ouest. Certaines femmes de la côte nord-ouest, jusqu'à présent considérées comme n'ayant pas de "Loi" propre, cherchent, selon leur terme, à "réveiller" un savoir féminin concernant les mythes, les rites et les sites. Une occasion pour avancer dans cette entreprise leur fut donnée par cette rencontre. Il est intéressant de noter, en contrepoint, que les hommes du désert sont parfois choqués que les femmes de la côte voient des emblèmes en forme de croix de fil, qui sont fabriqués pour les cérémonies mixtes des groupes côtiers et dont l'origine est attribuée aux Deux-Hommes ; dans le désert, de tels objets sacrés ne peuvent être vus des femmes. Autrement dit, d'un groupe à l'autre la séparation homme/femme ne se symbolise pas de la même manière.

2. Deux "Tricksters" au Père Incestueux

Voici le résumé du mythe que j'ai recueilli auprès d'un ancien et de plusieurs femmes warlpiri[4]:

> Le père des Deux-Hommes, qui s'appelait Invincible, ne voulait pas de fils et demandait à ses épouses de tuer tout nouveau-né de sexe mâle. Engendrant des filles, il les épousait à leur tour et se perpétuait ainsi à l'infini. Or ses filles-épouses cachèrent deux bébés garçons qui grandirent seuls. Jeunes gens, ils décidèrent de se venger de leur père, et inventèrent une ruse pour le faire attaquer par un étranger. Celui-ci frappa Invincible qui se morcela en mille morceaux, mais Invincible se recomposa et tua à son tour l'assaillant dont les organes se dispersèrent dans tous les sens, créant divers toponymes correspondant à son dos, son cerveau ou ses testicules. Invincible, lui, était vivant mais touché aux organes génitaux qui se mirent à suppurer, l'empêchant de marcher. Ses épouses l'aidèrent dans sa pénible marche mais il finit par disparaître sous terre. Elles le cherchèrent en frappant le sol avec leurs bâtons à fouir comme on fait pour attraper un lézard, mais en réapparaissant il attrapa tous leurs bâtons et les emmena sous terre. Alors un Serpent Arc-en-Ciel surgit de la terre et avala les femmes, les engloutissant sous

---

4. En partie commenté dans Glowczewski et Pradelles de Latour, 1987.

terre pour les recracher sous la forme des Pléiades quelque part du côté de Balgo. Invincible lui, considéré comme l'ancêtre des *maparn*, ceux qui ont le pouvoir de guérir, se retrouva aussi au ciel sous la forme d'Orion.

La suite de l'histoire me fut racontée par une gardienne warlpiri du Rêve Vent (*Mayawunpa*) qui vit à Lajamanu et se considère comme l'incarnation d'un des esprits brûlés par les Deux-Hommes[5].

Les deux fils continuèrent leur chemin vers l'ouest, voyageant un temps avec une vieille femme qu'ils appelaient "mère". Ils entendirent en chemin des chants qui annonçaient une initiation mais n'en dirent rien à leur mère. Asphyxiant avec un feu de brousse les gens qui faisaient la cérémonie, ils donnèrent à manger de cette chair rôtie à leur mère qui mourut[6]. Puis ils séduisirent des femmes qui se disputèrent à propos de leur répartition. Ils se transformèrent alors en tornade (*willy willy*) et les avalèrent, puis continuèrent à voyager vers l'ouest, en chantant et dansant.

Les femmes de Balgo se réfèrent à divers épisodes dans leurs chants et peintures qui évoquent les sites que les Deux-Hommes ont formés[7].

---

5. récit intégral dans *Yapa*, Glowczewski, 1991b.

6. Le cannibalisme est mentionné dans de nombreux mythes australiens, en général comme une preuve de désordre. L'ingestion de certaines parties ou substances corporelles constituait des rites secrets lors des initiations (le sang coagulé) ou des funérailles (moëlle des os, foie, etc.). Les groupes ont tendance à accuser de cannibalisme ceux avec lesquels ils ne pratiquent pas d'alliance (cf. Glowczewski, 1991: pp. 263–271). Daisy Bates (1985) a beaucoup insisté sur le fait que des nourrissons étaient donnés à manger pour permettre la survie de l'aîné. Du point de vue indigène, il y a de multiples connexions entre le fonctionnement du corps et l'influence des esprits mythiques. On connait le débat "semen versus spirit-child": les Aborigènes expliquent toujours la conception comme la matérialisation dans le corps de la mère d'un esprit-enfant semé en un lieu particulier par un être de Rêve (c'est en rêve, que le nom du lieu et celui du semeur mythique sont révélés pour devenir le site de conception, voire le totem ou le prénom de l'enfant) ; la transmission de substances par le père ou la mère ne semble pas vraiment les concerner, ce qui ne veut pas dire qu'ils ignorent la fonction reproductrice de l'acte sexuel. L'influence du monde des esprits sur le corps relève d'une logique complexe. Un exemple: une femme warlpiri mère d'un enfant dont l'esprit-enfant fut mangé par deux héros cannibales, rend responsable cet événement mythique du fait qu'elle ne put allaiter son bébé : le foetus aurait asséché son lait.

7. cf toiles pp. 71, 73, 75 dans *Yapa*, Glowczewski 1991b.

En traversant le territoire kukatja, les Deux-Hommes s'appellent *yalpurru* "co-initiés" et portent de longs cheveux qu'ils coiffent d'un bandeau. Ils cherchent encore des femmes mais celles qu'ils rencontrent rejettent leurs avances. En dansant, elles forment la plaine de Parakurra au bout de laquelle une chaîne de rochers les matérialise assises, se reposant après la danse. Derrière cette chaîne, une sorte de dalle de pierre enfoncée dans la terre est couverte de cercles concentriques, traces des Sept Soeurs, les Pléiades.

Passant l'actuel territoire des Ngarti plus au nord, les Deux-Hommes se reposent en chemin avec une femme qu'ils appellent "mère" et dont la trace est visible sous la forme d'une colline. En arrivant encore plus au nord, chez les Walmatjari, ils se retrouvent à nouveau avec une "mère" matérialisée par une colline qui accompagne les deux autres qui les représentent. Plus loin des femmes allument un feu de brousse faisant fuir les Deux-Hommes. Ils transportent dans leur corps des pierres aux couleurs arc-en-ciel qui ne sont pas sans rappeler les quartz, attributs des chamanes.

En fait, ces pierres sont précisément leur *maparn*, le pouvoir de guérir et de voir "à travers" (comme par rayons X) des chamanes, ce même pouvoir

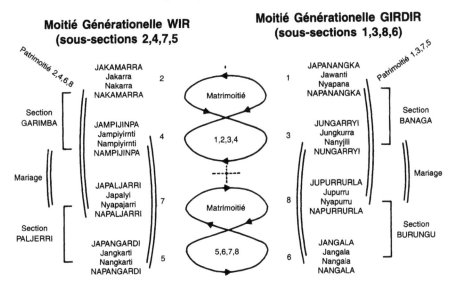

Moitié Générationelle WIR (sous-sections 2,4,7,5

Moitié Générationelle GIRDIR (sous-sections 1,3,8,6)

Patrimoitié 2,4,6,8

Patrimoitié 1,3,7,5

Section GARIMBA

JAKAMARRA
Jakarra
Nakarra
NAKAMARRA
2

Matrimoitié

1
JAPANANGKA
Jawanti
Nyapana
NAPANANGKA

Section BANAGA

JAMPIJINPA
Jampiyirnti
Nampiyirnti
NAMPIJINPA
4

1,2,3,4

3
JUNGARRYI
Jungkurra
Nanyjili
NUNGARRYI

Mariage

JAPALJARRI
Japalyi
Nyapajarri
NAPALJARRI
7

Matrimoitié

8
JUPURRURLA
Jupurru
Nyapurru
NAPURRURLA

Mariage

Section PALJERRI

JAPANGARDI
Jangkarti
Nangkarti
NAPANGARDI
5

5,6,7,8

6
JANGALA
Jangala
Nangala
NANGALA

Section BURUNGU

Les termes de sous-sections ("peau") commencent par J pour les hommes et N pour les femmes. Sont donnés en capitales les termes en warlpiri et en minuscules leurs équivalents en warlmatjari et mangala.
Les termes de sections ("pea") sont les mêmes pour les hommes et les femmes. Hommes et femmes de même nom de "peau" s'appellent "frères" et "sœurs". Les flèches des deux cycles de matrimoitié indiquent les enfants d'une femme.

dont leur père Invincible était le jaloux possesseur. Les guérisseurs warlpiri, kukatja et ceux d'autres tribus du Kimberley disent qu'ils sont habités par deux esprits qui les assistent : ce sont les esprits respectifs des Deux-Hommes. Mais ces pierres à pouvoir des chamanes ancestraux ne leur servent pas qu'à guérir, elles sont aussi liées à l'organisation de la parenté.

> Un jour, racontent les femmes de Balgo, les Deux-Hommes s'amusaient avec leurs pierres de couleur et les mélangèrent de manière à jouer un tour aux humains. Ils provoquèrent la confusion dans les règles de parenté, condamnant les hommes à ne pas toujours respecter les prescriptions de mariage entre les "peaux".

Les noms de "peaux" correspondent aux huit sous-sections, système pratiqué par les Kukatja, Walmatjari, Ngarti et Warlpiri, dont les membres vivent à Balgo ou d'autres communautés du désert. A noter que les mariages des Kukatja et Walmatjari sont beaucoup moins orthodoxes du point de vue de ce système que chez les Warlpiri où débute le mythe Deux-Hommes. Il est à rappeler que si les sous-sections se présentent comme un système de classement parental, son utilisation est avant tout rituelle permettant lors de certaines cérémonies une distribution de rôles selon ces catégories. Dans le mythe Deux-Hommes, lorsqu'ils introduisent la confusion des règles de parenté, le système à huit sous-sections existe déjà, ils sont eux-mêmes appelés par un de ces noms de sous-section, Japaljarri. En fait, certains Aborigènes du désert leur attribuent d'avoir inauguré le système. On pourrait donc en déduire que les pierres des chamanes, un peu comme la boîte de Pandore, symbolisent le système avec son potentiel d'ordre s'il est respecté et de désordre s'il n'est pas maîtrisé.

3. Instauration des Moitiés Générationnelles

Un ancien Mangala m'a précisé :

> Les Deux-Hommes après s'être initiés tout seuls ont donné la Loi de cette initiation aux groupes qu'ils rencontraient sur leur passage. Voyageant à l'occasion sous la forme des vents de l'est et de l'ouest, ils sont accompagnés de deux oiseaux, qui annoncent respectivement les pluies de l'est et de l'ouest. Ces deux oiseaux donnent leurs noms, Wir et Girdir, aux moitiés générationnelles.

Phillis Kaberry (1939) a relevé chez les Walmatjari ces mêmes deux termes pour les moitiés générationnelles et leur association avec les pluies ; la moitié Wir regroupe quatre des sous-sections et la moitié Girdir comprend les quatre autres (cf. schéma). Le principe des moitiés générationnelles est qu'Ego se trouve dans la même moitié que ses grands-parents et petits-enfants, alors que ses parents et enfants sont dans l'autre. Les moitiés générationnelles sont donc endogames: on se marie dans sa moitié et non dans l'autre où se trouvent les parents et les enfants. Myers (1986) a remarqué que pour les groupes du désert de l'ouest la division en moitiés générationnelles est la plus importante qui régule les mariages. Ainsi les groupes qui ont adopté les sous-sections récemment, tels les Pintupi dans les années 30, acceptent des mariages non conformes au système à condition que soit respectée l'endogamie des moitiés générationnelles[8]. La division en moitiés générationnelles s'avère en outre être le propre de la plupart des initiations où par principe les novices sont séparés des parents et ont pour tuteurs rituels leurs beaux-frères réels ou potentiels. Les frères et soeurs jouent également un rôle crucial[9].

Nos deux héros se situent par rapport au mariage et à la circoncision de manière ambivalente. Supposés apporter la circoncision aux groupes qu'ils rencontrent, eux-mêmes se sont circoncis tout seuls et se retrouvent sans épouse promise. Reprenons l'épisode warlpiri qui relate la métamorphose des Deux-Hommes en tornade, *willy willy* en australien, c'est un vent particulier qui soulève tous les objets légers sur son passage et notamment prend au piège des oiseaux. Dans le mythe, ce sont des femmes que les Deux-Hommes avalent lorsqu'ils deviennent tornades, femmes qui se disputaient à leur propos ; les unes voulaient le monopole d'un mari, les autres envisageaient de se les partager. Nous avons donc là une absence de règle matrimoniale, renvoyant d'une part à l'opposition monogamie/polygamie, d'autre part au célibat des femmes qui ont des relations hors mariage, enfin à l'absence de catégories de parenté qui puissent dire si ces femmes sont éligibles par rapport aux Deux-Hommes.

---

8. Daisy Bates avait noté dès le début du siècle l'existence de termes désignant de telles moitiés, mais ses données ne furent pas comprises par Radcliffe-Brown car au lieu d'être designées par des termes sociocentrés comme les deux oiseaux mentionnés, elles étaient désignées par des termes egocentrés : chez les Yawuru de la côte ouest "Yarradoogurjarra" pour la moitié d'Ego et "Yinnera" pour l'autre (chez les Warlpiri "ma chair" pour la moitié d'Ego et "autre chair" pour la moitié des parents).

9. Les parents, eux, sont en position d'endeuillés alors que les beaux-parents sont en relation tabou. C'est l'initiation qui confirme ce tabou pour chaque nouveau garçon initié car on lui choisit alors des beaux-parents potentiels en lui promettant une épouse. Une fois initié, il doit respecter le tabou qui lui interdit de converser avec ou même d'approcher non seulement la belle-mère qui lui a été attribuée mais aussi toutes les femmes classificatoirement "soeurs" de celle-ci (ayant par exemple le même nom de section ou sous-section). Le futur beau-père est également touché par ce tabou d'autant plus qu'il est souvent designé pour être le circonciseur, activité suprêmement sacrée et secrète, qui le rend anonyme publiquement.

Pourtant les deux héros portent eux-mêmes des noms de sous-sections :
ils sont de "peau" Japaljarri en territoires des Warlpiri, Kukatja, Ngarti
et Walmatjari. Ce qui implique qu'ils ne devraient avoir de relations sexuelles
qu'avec des femmes Nakamarra. Or Nakamarra est le nom de "peau" de
celle qu'ils appellent leur mère, alors que les épouses de leur père
transformées en Pléiades, bien qu'elles soient collectivement leurs mères,
ont pour nom de "peau" Napaljarri, soit le même que les Deux-Hommes, ce
qui les définit comme "frères" et "soeurs" (cf. schéma). C'est du fait de
l'inceste du père qui épousait ses propres filles que les deux héros se
retrouvent effectivement avoir pour mères leurs soeurs. A ce titre, ils
incarnent à la fois la confusion des générations et celle des sous-sections.

Mais si par les circonstances de leur naissance les Deux Hommes
symbolisent une confusion parentale, leur survie même les amène à
instaurer de l'ordre. D'abord, en réussissant à survivre contre l'injonction
de leur père qui ne voulait pas de fils, ils affirment la nécessaire succession
des générations. Succession qui va même jusqu'à l'hérédité des fonctions
puisque c'est le père, Invincible, qui détient le pouvoir des chamanes
(*maparn*), mais ce sont les deux fils qui deviennent guérisseurs *maparn*
et vont assister par leur esprit, à l'éveil et en rêve, les guérisseurs humains.
Les Deux-Hommes vont donc symboliser les générations pour s'être
opposés à l'ordre incestueux imposé par leur père qui épousait ses filles ;
ainsi ils séparent leurs mères de leurs soeurs (jusque-là confondues) et
inaugurent le principe de l'alliance. A partir du mythe d'"enfance", on peut
donc voir se développer la logique qui assigne aux Deux-Hommes le
principe classificatoire en moitiés générationnelles : elles leur sont
attribuées en ce qu'ils marquent la coupure des générations, la séparation
des enfants des parents. Le fait qu'eux-mêmes grandirent sans parents et
s'initièrent tout seuls renvoie au principe d'autonomie que tout jeune
homme doit acquérir au terme de son initiation, condition nécessaire pour
conclure une alliance avec les ancêtres et les hommes, c'est-à-dire la
promesse de mariage et celle de recevoir du Rêve de futurs enfants.

4.   Initiation et Alliance : Des Frères aux Beaux-Frères

Les Nyigina, voisins de l'ouest des Mangala, ainsi que les groupes côtiers,
Yawuru, Garadjeri et Nyangumarda, qui ont des termes égocentrés pour les
moitiés générationnelles, disent que les Deux-Hommes leur ont apporté le
système des quatre sections (Capell 1949, McCarthy 1961, Dalton 1964).
Les moitiés générationnelles peuvent séparer les quatre sections d'une
manière qui respecte la relation d'équivalence avec le système des huit
sous-sections (cf. schéma). En effet chaque section condense en elle deux
sous-sections qui sont en relation *jaja* (terme de parenté qui se retrouve
dans des terminologies de langues différentes), c'est-à-dire "ego/grand-mère

maternelle ou grand-oncle maternel", des personnes appartenant donc à la même moitié générationnelle. Il est courant d'ailleurs d'appeler "frère" ou "soeur", des hommes ou des femmes en position classificatoire de grands-parents.

Or, selon un chant rapporté par Capell (1953), les Nyigina associent deux oiseaux à deux hommes qui soufflent le vent de l'est et le vent de l'ouest mais ces oiseaux séparent les quatre sections en deux matrimoitiés (cf schéma) : Wadawi (spotted nightjar) regroupe Garimba et Banaga, tandis que Djirigun (owlet nightjar) regroupe Baljari (Paljerri) et Burungu. Les Nyul Nyul, situés sur la côte plus au nord ne semblaient pas avoir les quatre sections lors du passage d'Elkin en 1928, mais ils les ont adoptées depuis les années 40, avec le même principe des matrimoitiés que les Nyigina (Capell 1952). Chez les Garadjeri, les deux oiseaux Wadawi et Djirigun divisent en revanche les quatre sections en deux patrimoitiés. Capell compare ces termes avec Wodoi et Djunggun qui désignent aussi les patrimoitiés chez les Ungarinyin, groupe du nord Kimberley qui n'a ni sections, ni sous-sections.

Nous voila donc confrontés à des énoncés en apparence contradictoires. Avec les nombreux mariages intertribaux qui ont lieu depuis une ou deux générations, les Aborigènes eux-mêmes ne sont pas toujours d'accord sur la répartition des sections en moitiés. Se trouvant associés à différentes moitiés selon les régions, les Deux-Hommes à la fois apportent de nouveaux systèmes et semblent créer de la confusion. Comme dit le mythe dans le désert de l'ouest : ils jouent un tour aux hommes. Un peu à l'instar de l'histoire de la tour de Babel qui suscita des langues différentes, ici nos deux héros génèrent de la différence partout où ils passent : ils relativisent les règles de parenté chez les groupes du désert qui ont les huit sous-sections, tout en incarnant les moitiés générationnelles, mais en donnant les quatre sections aux groupes côtiers de l'est, ils relativisent localement leur division en moitiés qui deviennent patrilinéaires ou matrilinéaires. Est-ce une séquence historique nous donnant l'origine de trois systèmes ou s'agit-il d'autre chose?

Selon le linguiste Mc Convell (1985), le système des huit sous-sections n'aurait pas plus de mille ans. Les quatre sections en revanche seraient plus anciennes, mais rien ne permet de dire que les groupes qui ont aujourd'hui huit sous-sections avaient quatre sections précédemment. Divers groupes du désert de l'ouest qui n'avaient que les moitiés générationnelles ont adopté les huit sous-sections sans passer par les quatre sections. Du point de vue du mythe des Deux-Hommes, l'ordre "historique" est même inversé puisque les héros ont d'abord des noms de sous-sections, puis en continuant leur voyage vers l'ouest, ils introduisent le système à quatre sections.

Selon un texte garadjeri relaté par Capell (1949 : p. 108), en établissant les quatre sections chez les Nyangumarda, les Deux-Hommes se présentent eux-mêmes comme de section Banaga. Pour Davidson (1949 : note p. 93), un seul s'appelle Banaga alors que l'autre devient Karimera (équivalent de Burungu dans une autre région). Dans les deux cas, ils ne respectent pas l'équivalence entre les huit sous-sections et les quatre sections : car si c'était le cas ils seraient tous deux devenus Paljerri (cf. schéma). En prenant deux noms de "peau" différents, au lieu de se définir comme "frères" qu'ils étaient précédemment, ils se redéfinissent dans une relation de "beaux-frères".

Piddington (1932), parle de deux hommes qui ont établi l'anomalie qui régule le système des quatre sections dans la région de De Grey, au sud des tribus précédemment citées : là un Banaga au lieu d'épouser une Burungu comme dans le nord, y épouse une Paljerri. Selon l'auteur c'est parce que les deux héros étaient de sections respectives Paljerri et Karimba et qu'ils ont rencontré une femme Banaga. Bien que Piddington distingue ces deux héros de nos Deux-Hommes, cette histoire qui, du point de vue des rapports entre voisins de langues différentes, a semé la confusion dans les règles de mariage entre sections, rentre idéalement dans la logique du mythe Deux-Hommes. Petri (in Worms 1986) a confirmé par la suite qu'il s'agissait des mêmes personnages. A noter que dans la région de De Grey, l'un des deux héros prend le nom de section, Paljerri, qui respecte l'équivalence avec sa sous-section du désert, Japaljarri, alors que l'autre, en devenant Karimba, se situe comme son "beau-frère", même relation que celle des Deux-Hommes au nord.

Je propose de voir plusieurs niveaux dans ce glissement d'une relation de fraternité (dans le désert) à une relation d'alliance (sur la côte). D'abord les deux héros s'étant initiés sont maintenant destinés à l'alliance. Or la relation beaux-frères renvoie à la fois au mariage et à l'initiation ; les tuteurs des novices sont choisis parmi les beaux-frères, ce que j'ai déjà signalé, mais un beau-frère qui est du même âge que le novice peut aussi être initié en même temps que lui et donc devenir son co-initié, *yalpurru*, terme par lequel les Deux-Hommes sont souvent désignés dans les chants, notamment ceux des femmes. La deuxième chose que le glissement de frère à beau-frère souligne c'est que les deux relations maintiennent toujours les héros dans la même moitié générationnelle. A un niveau schématique, qu'ils soient affins ou alliés, germains ou en relation grands-parents/petits enfants, tous les membres d'une moitié générationnelle peuvent s'appeler entre eux "frères". Autrement dit, le changement de nom de "peau" des Deux-Hommes, qui de frères les transforme en beaux-frères, semble jouer avec le fait que du point de vue des co-initiés comme des moitiés générationnelles, frères et beaux-frères sont équivalents.

A un autre niveau, en prenant deux noms de "peau" différents dans le système à quatre sections, les Deux-Hommes renvoient à une nouvelle division qui vient se croiser avec celle des deux générations alternées : les enfants d'un frère et d'une soeur qui s'appellent "frères" et "soeurs" du point de vue de leur moitié générationnelle, ne peuvent plus le faire avec le système des quatre sections qui leur donne deux noms de "peau" différents. Cette différence de section les situe alors précisément comme beaux-frères s'ils sont de même sexe et époux potentiels s'ils ne le sont pas. Je rappelle qu'il s'agit avec les quatre sections de catégories classificatoires, et que les Garadjeri, comme leurs voisins, insistent sur le fait, qu'une relation de sang (par opposition à de "peau") entre cousins croisés devrait empêcher le mariage.

Considérant que les Deux-Hommes avaient leurs soeurs pour mères (et qu'ils appelaient "mère" celle qui aurait dû être· leur épouse), on peut voir dans l'instauration des quatre sections, l'injonction que si l'inceste père/fille a produit cette situation, l'inceste frère/soeur (et donc mère/fils) doit être empêché. En effet, en présence des seules moitiés générationnelles, des frères et des soeurs sont collectivement parents des mêmes enfants, tous membres de l'autre moitié, raison pour laquelle ces moitiés sont appelées endogames. Avec les quatre sections, les enfants de frères et soeurs se distinguent entre eux et les quatre noms de "peau" deviennent des catégories exogames, tout en respectant l'interdit de mariage dans l'autre moitié générationnelle : on n'a ainsi le droit de se marier que dans une des quatre sections, la seule qui n'étant pas comme la sienne est de même moitié générationnelle : les deux autres sont les sections à la fois des enfants et des parents d'ego, par définition de l'autre moitié (cf. schéma).

5.   Quand le Deux Prend la Place du Quatre

Dalton (1963) a recueilli une soixantaine de chants pour les Deux-Hommes auprès d'un Nyigina vivant à Broome. Ces chants appartiennent à un cycle dont le nom secret est celui des tablettes (de type churinga) que les Deux-Hommes ont apportées aux hommes. Le cycle est chanté aux jeunes garçons lors de leur réclusion après leur circoncision. Il relate le voyage des Deux-Hommes depuis chez les Mangala, jusque chez les Garadjeri, en passant par les territoires des Nyigina, Yawuru et Nyangumarda, groupes à quatre sections. Ces chants enseignaient aux novices les toponymes et réserves d'eau de leur territoire, mais aussi comment identifier les diverses espèces selon leur habitat, et leurs habitudes, pour mieux les chasser et survivre dans leur environnement.

En chemin les Deux-Hommes nomment à la fois des lieux et des espèces, particulièrement de nombreux oiseaux ; en les nommant, ils les touchent de leurs tablettes sacrées. Et ce geste donne un "pouvoir" de Rêve à chacune de ces espèces, sa caractéristique telle que voler rapidement ou de nuit, ou faire tel ou tel cri. Dans les sites qu'ils nomment, ils font surgir de l'eau, créant autant de sources.

Après avoir longé une partie de la côte ouest, les Deux-Hommes montèrent au ciel où ils virent quatre hommes assis en cercle. Le premier leur donna un nom propre, Bagadjimbiri ; c'était le seul des quatre à être défini par un nom de sous-section, Jangala (à noter que nous sommes dans une région où les Deux-Hommes ont déjà changé leurs noms de sous-sections pour adopter des noms de sections). Le deuxième homme du ciel était assis face au sud et se trouvait être responsable de la mort de nombreux garçons circoncis avec le feu. Les Deux-Hommes le chassèrent et introduisirent alors l'usage des couteaux de pierre. Le troisième homme assis dans ce cercle céleste était dit se nourrir exclusivement de sang dont il partageait les restes avec son chien qui portait le même nom que lui.

Dalton n'a rien précisé à propos du quatrième homme. Elkin (notes) décrivant une cérémonie d'initiation chez les Garadjeri remarque qu'à un moment les hommes dessinent au sol la position de quatre hommes ainsi que des Deux-Hommes Bagadjimbiri. Ce dessin au sol introduit au rite d'ingestion du sang par les novices, qui répètent ainsi le geste ancestral de l'homme au chien, figuré sur le dessin. En recueillant le mythe Deux-Hommes auprès d'un homme d'origine wangkajungka vivant à Fitzroy, une femme d'origine Yawuru[10], a obtenu l'épisode suivant :

Les Deux-Hommes mangeaient la viande à moitié crue car il la cuisait rapidement sur un grand feu, ce qui leur donnait mal à la tête à cause du sang qui n'était pas assez "sec". Les Deux-Hommes étaient de puissants docteurs, mais ils voulaient la viande saignante. Depuis ce temps du Rêve, les hommes cuisent la viande autrement : non plus sur un grand feu, mais en la faisant "sécher", c'est-à-dire cuire doucement et longtemps.

A noter que les groupes du désert (dont les Wangkajungka) mangent la viande très cuite, sèche comme ils disent, alors que les gens de la côte l'aiment plus saignante. D'autres aspects sont relatifs au sang "cuit" : lors des initiations (Worms, 1938), les hommes ne boivent pas le sang mais attendent qu'il se coagule, c'est-a-dire sèche, donc "cuise", pour le manger.

Il existe chez les groupes côtiers un cycle de chants se rapportant aux Deux-Hommes, appelé Wala Walong, qui correspond à un degré d'initiation supérieur à celui du cycle Deux-Hommes décrit par Dalton. Wala Walong, cérémonie encore récemment célébrée à Broome en présence de femmes, y

---

10. Theresa Barker, responsable du projet d'histoire orale des femmes Yawuru, Jarndu Yawuru Oral History Project (Communication personnelle).

fut aussi observée et décrite au début du siècle par Daisy Bates (*opus cit.* :
179) comme le 4ème degré de l'initiation des garçons. Cette cérémonie lie
cette fois les Garadjeri et Yawuru à leurs voisins du nord, les Bard qui
n'ont pas les quatre sections mais des systèmes de parenté très différents,
utilisant toutefois des termes pour les moitiés générationnelles. Le père
Worms (1942) qui a travaillé sur la côte ouest avec les Garadjeri, Yawuru
et Bard, rapporte que les Deux-Hommes sont non seulement associés aux
premiers degrés de l'initiation (circoncision et subincision) mais aussi aux
étapes finales, notamment le culte Gurangara, réservé aux hommes, qui
s'est transmis à travers le Kimberley, et qui a pour objet l'apprentissage de
pratiques magiques permettant de venger des défunts ou de séduire des
femmes. Selon Worms, dans le Gurangara, également appelé culte de
Djanpa, Djanpa désigne l'esprit des Deux-Hommes qui sont aussi désignés
par le terme Djangala (Jangala), un des huit noms du système à sous-
sections.

   Or Jangala est aussi le nom de "peau" de l'un des quatre hommes qu'ils
ont rencontrés au ciel : celui qui les a nommés Bagadjimbiri (Dalton 1964).
Je propose d'interpréter toute la séquence de la rencontre avec les quatre
hommes au ciel comme une substitution de positions. L'histoire nous dit
qu'ils chassent du ciel celui qui circoncisait avec le feu et faisait face au
sud. En introduisant les couteaux de pierre pour la circoncision, ils prennent
logiquement sa place comme circonciseurs. De même, en instaurant la pratique initiatique qui consiste à manger le sang, ils prennent la place de
l'homme au chien qui se nourrissait de sang. On peut envisager dans cette
logique qu'ils prennent aussi la place de celui qui les nomme. Par rapport à
leur nom de sous-section originel, Japaljarri, la sous-section de cet homme,
Jangala, est en position de frère de leurs mères si celles-ci étaient en position d'épouses avec Invincible, c'est-à-dire de sous-section Nangala, au
lieu d'être ses filles, les Pléiades de sous-section Napaljarri (cf. schéma).
On aurait donc dans ce scénario des neveux prenant la place de leur oncle
maternel, c'est-à-dire devenant frères de leur mère. Or c'est précisément
ce qu'ils sont depuis le début, puisqu'ils ont été mis au monde par leurs
soeurs.

   Mais si les deux héros prennent la place des quatre hommes du ciel :
celui qui les a nommés (eux ont nommé les plantes et les animaux), celui
qui circoncisait (ils ont amélioré la technique) et celui qui partageait le
sang avec son chien (ils ont restreint la consommation du sang à l'initiation
et provoqué la cuisson de la viande), que faisait le quatrième homme?
Aucun des mythes rapportés ne nous le dit. J'aurais tendance à raccorder
les bouts en disant que ce quatrième homme au ciel, dont par excellence ils
prennent la place, c'est Invincible, leur père devenu Orion, et dont ils ont
hérité le pouvoir des chamanes. Un élément du mythe des Deux-Hommes
qui se poursuit hors du Kimberley (cf. carte) avec les deux héros qui
repartent vers le sud-est et le désert plaide en ce sens : en effet ils vont

voyager avec les Pléiades comme épouses. Or on se souvient que les Pléiades sont leurs mères/soeurs du début de l'histoire, c'est-à-dire les épouses d'Invincible leur père.

La boucle semble se boucler, en s'étant néanmoins déployée vers la création d'une multitude de différences. Différences que les Deux-Hommes génèrent, aussi bien en nommant les lieux et les espèces, qu'en passant chez des gens de langues différentes chez qui ils suscitent des systèmes de parenté dictincts. On pourrait même se demander si le fait que "deux" hommes prennent la place de "quatre" au ciel ne renvoie pas aussi à la condensation des quatre sections dans les deux moitiés, non plus générationnelles mais exogames, façon de traduire leur rapport d'alliance.

6.   Gurangara et Autres Cultes Historiques

Le culte Gurangara serait venu à Broome juste avant l'arrivée des Européens, vers le début du XIXe siècle, en provenance des déserts d'Australie Centrale et de l'ouest, écrit Capell (1953). Plus précisément selon Petri (1950 cité par Micha 1970: 294), des "Waringari", terme par lequel les Aborigènes du nord-ouest désignent les tribus du désert situées vers le sud-est, ou des "Warmala", nom que se donnent les groupes du désert, en particulier pour désigner les Warlpiri (Wailbri). Or, à ma connaissance, en territoire warlpiri où démarre le mythe Deux-Hommes, il n'est pas associé au culte Gurangara. Meggitt (1955) nie également l'existence d'un culte de ce nom chez les Warlpiri bien qu'il ait recueilli des données sur des esprits appellés Djanpa – nom des Deux-Hommes dans le culte Gurangara de la côte. Selon Meggitt, ces esprits Djanpa ne sont pas directement identifiés aux Deux-Hommes mais lorsque ceux-ci allèrent en territoire des Waringari vers l'ouest, ils virent une foule de Djanpa, et s'arrêtèrent pour camper plus loin. Des femmes vinrent les prévenir que les Djanpa les avaient vus. Les Deux-Hommes creusèrent alors un grand trou pour s'y coucher couverts par des branches, évitant ainsi l'attaque des Djanpa. Les Djanpa se retrouvent encore dans deux autres mythes warlpiri rapportés par Meggitt : 1) le peuple du Rêve Courlis[11] dut voyager sous terre pour fuir les Djanpa avant de se transformer en oiseau ; 2) les Djanpa firent également peur aux héros du culte Gadjari, deux-hommes appelés Mamandabari. Meggitt ajoute que dans tous les cas les Djanpa apparaissent comme redoutables et qu'aujourd'hui seul le pouvoir des chamanes peut s'opposer à eux.

Dans le Kimberley, les Djanpa sont en fait perçus comme tout esprit qui en rêve révèle à tout homme ou femme des chants, des peintures ou des

---

11. *Windigi* désigne les Courlis et non Ibis comme l'a cru Meggitt (1954)

danses, c'est-à-dire provoque la diffusion d'un nouveau coroboree, rituel public, ou bien de Lois aux cérémonies plus secrètes. Un Aborigène de l'est du Kimberley, a écrit dans une biographie (Banggaiyeri : *the story of Jack Sullivan*, 1983) : "C'était un homme sauvage, il est parti de Fitzroy et Balgo (...) Les Djanpas ne sont pas des animaux sauvages mais des hommes sauvages (...) Les hommes magiques les voient, et aussi quiconque trouve un coroboree (60) Le Djanpa coroboree est venu récemment, je crois que ça a commencé de l'autre côté de Broome et Derby. Tout ça c'est le pays des Djanpa (...) ça appartient aux terres basses du côté de Derby, et Broome, et ça remonte dans le désert (157) il a donné différents coroboree à différents *blackfellers* (Aborigènes) ... le Wangga ici à Port Keats et le Mandiwaa à tous les Ngariman autour de Wave Hill, et les coroboree pour circoncire, faire les jeunes hommes. Et il y avait une autre Loi dangereuse ... de Djanpa à nouveau, le Balga qui est venu de Kalamburu jusqu'à Derby était de Djanpa aussi. Et le Big Sunday (158)". Wangga, Mandiwaa, Balga sont des noms de cérémonies, des "Lois" très importantes pour les groupes concernés, la Loi "dangereuse" ici mentionnée pourrait être le Gurangara lui-même. Quant au Big Sunday, il s'agit du Gadjari dont les deux héros, selon Meggitt, auraient été effrayés par des Djanpa[12]. Nous avons donc d'un côté des héros mythiques effrayés par des manifestations spirituelles, les Djanpa, qui ne sont contrôlables que par les chamanes, et de l'autre des cultes qui sont dits inspirés aux hommes par ces mêmes manifestations spirituelles.

Petri, dans son commentaire d'éditeur du livre de Worms (1986: 131), identifie les Djanpa du culte Gurangara (ou Kurang-gara) aux êtres mythiques Wanji qui ont remonté les rivières depuis la côte ouest (Broome, Derby, Lagrange), hommes et femmes avançant en lignes parallèles vers le désert. Dans tout le désert de l'ouest, ces hommes sont identifiés aux initiateurs primordiaux connus sous le nom de Dingari et auxquels sont associés divers groupes de femmes, en particulier les Kana(puta), "Bâtons à fouir" ; Il remarque à propos des Deux-Hommes Bagadjimbiri qu'ils ont adopté des traits d'une autre paire de héros appelés "les deux Djanpas", deux femmes originaires du désert (Wolawora, point d'eau non identifié) qui changèrent de sexe en les rencontrant. Petri (in Worms, 1986: 137) propose une séquence mythico-historique : avant les Wanji, il y avait d'autres héros, notamment liés au Serpent arc-en-ciel et encore célébrés par certains groupes de la côte ou du désert. Après les Wanji, qui découvrirent les points d'eau, donnèrent forme au paysage et établirent diverses institutions, sont venus les Deux-Hommes (Wati-kutjarra, Bagadjimbiri, Gagamaran et Gumbarin), qui sortirent de sous-terre pour séparer le ciel et la terre avec leur tablette sacrée et établir

---

12. sur ce culte aujourd'hui orthographié Kajirri, voir Glowczewski 1991.

l'équinoxe. Petri a ajouté que les êtres Wanji du Gurangara, venant à l'origine de l'ouest, ont traversé la terre des Dingari, pour atteindre l'eau salée de l'autre côté ; ce qui revient vers le nord-ouest aujourd'hui, autrement dit les Djanpa, ne seraient pas les êtres du Gurangara originel mais leurs "spirit-doubles". Les Deux-Hommes seraient ainsi des "doubles" d'autres ancêtres mythiques communs aux groupes de la côte et du désert.

On pourrait aussi dire qu'ils partagent tous le même esprit qui se manifeste dans les rêves des hommes. A ce titre que le Gurangara soit dit venir du désert mais ne se rencontre que dans le Kimberley correspondrait au fait qu'il s'est élaboré à l'ouest comme une nouvelle cérémonie tout en intégrant des éléments rituels venant de l'est. Il est intéressant de souligner que pour les Aborigènes l'orientation des allers-retours est-ouest a une pertinence seulement à un moment donné de la circulation des cultes ou d'autres échanges et non du point de vue de la reconstitution d'une genèse : la condensation temporelle apparaît ici comme le moteur même de l'innovation. Ce qui rejoint l'impossible détermination de l'ordre d'introduction des divers systèmes de parenté.

Chez les Garadjeri (Piddington 1932), les Deux-Hommes différencient deux dialectes et arrachent quelques – uns de leurs longs cheveux pour les distribuer à tous les groupes locaux. Le don de cheveux renvoie à la fois à l'alliance entre beaux-frères, aux échanges commerciaux et au pouvoir de guérison. En effet, les cheveux tissés sous forme de corde étaient traditionnellement chargés d'une valeur qui les faisait utiliser dans des rituels de guérison ou pour construire des emblèmes totémiques, les cordes s'échangeant aussi comme une monnaie lors des alliances et des cérémonies funéraires.

Un mythe de Terre d'Arnhem[13] célébré au cours des rites funéraires, parle de deux hommes, l'un détenant le vent qui souffle depuis la mer vers l'intérieur et l'autre détenant le vent contraire. Selon les gardiens du mythe, ils représentent les échanges commerciaux entre les humains : leurs vents sont le cadeau qu'ils échangent. On pourrait donner la même interprétation à nos Deux-Hommes Vents du Kimberley qui symbolisent l'échange à différents niveaux. D'abord en s'appelant respectivement "co-initiés" ils se définissent dans une relation d'obligations réciproques, telle que celles qui engagent à vie les jeunes hommes initiés ensemble. Ensuite, en prenant la place de l'un des quatre hommes qui au ciel portait le même nom que son chien, ils soulignent deux éléments liés à l'échange : 1) dans les langues de la côte le terme pour homonyme, *gumbali*, désigne le partenaire d'échange, avec lequel toute sa vie un homme ou une femme participe au grand cycle des échanges du Kimberley appelé Wonan ; 2) la figure du Chien renvoie à des mythes, souvent très secrets chez les Aborigènes du

---

13. cf. Film *Waiting for Harry* de Kim McKenzie AIATSIS, Canberra.

désert comme de la côte, et dont certains articulent des éléments de l'échange et du rapport entre les genres.

Dans son récent livre *Dingo Make us human*, "les Dingo nous font humains", Debbie Rose (1992) montre comment l'ordre de la société s'est développé à partir des ancêtres Chiens. Annette Hamilton (1978), en rappelant que les dingo ne sont arrivés en Australie qu'il y a 6000 ans, alors que les Aborigènes y étaient depuis au moins 50 000 ans, suggère que cette migration canine a pu changer le mode de production. On peut concevoir le scénario suivant : les chiens convoitant la même nourriture carnée que les hommes, rentrent en compétition avec eux, suscitant une diversification des ressources qui se serait accompagnée d'une division du travail entre les hommes et les femmes : chasse du gros gibier réservé aux hommes, petit gibier et collecte aux femmes, avec une partielle domestication des chiens pour la chasse. Or, la version de Piddington (1932) souligne que les Deux-Hommes étaient des chiens avant de devenir humains. Nos deux héros seraient-ils liés à l'instauration d'un nouvel ordre (parenté, échanges) du fait de l'arrivée des chiens? L'hypothèse est envisageable mais elle ne rend pas compte de leur articulation comme esprits oniriques et forces cosmiques.

Dans les années 1940, Petri étudiant le Gurangara arrivé du sud-est chez les Ungarinyin (nord du Kimberley) et Lommel assistant à sa transmission par les Ungarinyin et Worora aux Unambal constatèrent que le culte présentait des aspects messianiques absents des descriptions antérieures (Lommel 1950). Chez ces groupes du nord (qui n'ont pas de sous-sections, ou sections, mais des patrimoitiés) les deux héros utilisaient des objets introduits par les Européens, et un message annonçait un changement dans l'ordre du monde : notamment que les femmes supplanteront les hommes[14]. Il est possible que ce message traduise l'inquiétude face au bouleversement des rapports traditionnels entre hommes et femmes provoqué par le contact avec les Européens. Les femmes de Balgo, en venant, au nom de leur communauté c'est-à-dire en représentant aussi les hommes, danser en public leur portion du mythe Deux-Hommes devant des hommes et des femmes de la côte.démontrent à leur façon un pouvoir féminin. Mais de leur point de vue, il ne s'agit pas de supplanter les hommes, au contraire. Lors de la rencontre intertribale qu'elles organisèrent pour les femmes, elles insistèrent sur le soutien indispensable que la Loi des femmes apporte à celle des hommes. En revanche, le fait qu'hommes et femmes aient tendance aujourd'hui à raccorder de manière publique des segments d'itinéraires mythiques dont traditionnellement les connexions étaient secrètes, réservées aux plus initiés, traduit, me

---

14. Capell (1952) donne aussi un texte Nyigina parlant d'une femme se rendant au Gurangara, alors que les femmes n'y participent pas.

semble-t-il, le souci de montrer à leurs enfants et aux non Aborigènes que par delà les diverses identités tribales il existe un enjeu commun qui serait d'ordre terrestre et métaphysique, concernant à la fois la vie, l'avant-naissance et l'après-mort. L'identification des Deux-Hommes aux Vents relève non seulement d'un phénomène climatique mais aussi d'un phénomène spirituel qui traverse de manière solidaire la terre et les humains[15].

7. Le Vent lie l'esprit au Corps

La notion de vent est déterminante pour la conception kukatja du corps, de la maladie et de la guérison, précise Peile (1985)[16] dans la mesure où le vent est le souffle du Rêve qui anime l'esprit du foetus, puis maintient en santé le corps, notamment en lui assurant une basse température. C'est une des raisons pour lesquelles, selon lui, les Kukatja de Balgo ne supportent pas de rester enfermés, et particulièrement dans l'air conditionné. Ce rapport au dehors et à l'exposition au vent est généralisable à la plupart des Aborigènes élevés en plein air. Selon Peile, "lorsque le vent, à juste température – pas trop chaud et pas trop froid – entre dans le corps, principalement par le nez, mais aussi la bouche et les oreilles (sic), il devient "souffle" *na : njba*. Utilisant l'eau comme véhicule, il se répand dans le corps et entoure toutes les parties corporelles. Ce souffle enveloppe donc l'"esprit intérieur", apportant la vie à l'individu. Ce souffle permet aux organes et aux vaisseaux sanguins de palpiter et respirer." J'ajouterai que pour les Kukatja comme pour leurs voisins Warlpiri, le corps palpite à l'image de la terre qui respire : dans les cérémonies des femmes du désert, mimer cette palpitation, avec les mains tournées vers le sol est un moment très sacré qui souvent clôt les danses.

La conception de la respiration vitale serait basée, selon Peile, sur deux théories de la santé : a) le concept populaire : le corps doit être sec et froid (le vent à juste température le maintient dans cet état) ; b) le concept spirituel : l'esprit d'une personne est dans son estomac, et plus spécialement dans la région ombilicale (l'esprit d'une personne vraiment malade, va vers le dos ou sort du corps). Par définition l'esprit se répand sans cesse :

---

15. Des données récentes suggèrent que les Deux-Hommes sont aussi liés au Juluru, culte intertribal qui ritualise la violence de la colonisation (Glowczewski, 1983, 1996).

16. Le Père Peile a aussi rédigé un manuscrit d'environ 600 pages entièrement consacré aux concepts du corps chez les Kukatja ; n'ayant pas eu le temps de le publier de son vivant, ce texte extraordinaire ne peut malheureusement être cité pour l'instant.

laissé par les héros de Rêve dans les points d'eau et les arbres, il vient habiter les hommes en pénétrant la mère (par le pied disent les Kukatja) et les quitte en rêve, lors des maladies et à la mort (également par les pieds, à l'exception des bébés chez lesquels il sort par la fontanelle). En cas de certaines maladies, les chamanes du désert ont le pouvoir de faire revenir l'esprit notamment en refroidissant le corps et en aspirant le mauvais sang qu'ils recrachent.

Pour les groupes côtiers, c'est également dans le ventre que se loge l'esprit vital, sorte de baromètre de l'état émotionnel, psychique et physique de tout individu. Les associations vent/santé et vent/pluie définissent les attributs même du chamane de la côte qui est dit avoir le pouvoir non seulement de guérir mais aussi de faire tomber la pluie. Dans le désert les deux fonctions sont séparées : les faiseurs de pluie sont les membres des clans du Rêve-totem Pluie dont les sous-sections, Jangala, Jampijinpa, Jakamarra ou Juburrurla, les font tous appartenir à une seule patrimoitié (cf. schéma) ; les chamanes, bien que se trouvant associés à l'autre patrimoitié par le mythe des Deux-Hommes, de sous-section Japaljarri, et de leur père Invincible, de sous-section Jungarrayi, peuvent en fait appartenir à n'importe quelle sous-section, à condition que des signes apparus au cours de leur enfance et leur entraînement ultérieur les confirment dans ce destin. Nous retrouvons dans cette différence entre le désert et la côte quelque chose qui renvoie aux diverses manières dont peuvent s'organiser les pierres aux couleurs arc-en-ciel détenues par les Deux-Hommes : pouvoir de combiner ou séparer le sec qui maintient en santé et l'humide qui fertilise la terre, pouvoir de faire et défaire les règles de parenté.

La Loi Deux-Hommes garante tant de la santé des hommes, de la fertilité de la terre que du maintien ou du renouvellement de règles et de rites, inscrit tout cela dans un ordre cosmique.

Après leur rencontre avec les quatre hommes au ciel, selon Dalton (1964), les deux héros ont revoyagé sur terre pour finalement monter à nouveau au ciel où ils sont devenus deux lézards que l'on peut voir dans les Nuages de Magellan (deux galaxies qui ne sont visibles que dans l'hémisphère sud, et qui présentent la même apparence laiteuse que la Voie Lactée).

Piddington (1932) donne une autre version qui sert de référence à l'initiation garadjeri.

La montée au ciel des Deux-Hommes se passa après une inondation de lait provoquée par leur mère, appelée Dilga, qui se vengea ainsi de ce que ses fils avaient été tués par le Chat Ngariman. Le meurtre eut lieu en territoire des Nyangumarda (Nangamada) alors que la mère fut avertie de la mort de ses fils par l'odeur de décomposition transportée par le vent du sud-est en territoire garadjeri. Le lait noya les meurtriers mais il

ressuscita les Deux-Hommes dont l'esprit *bilyur* forma les Nuages de
Magellan alors que leur corps se transformait en Serpent Arc-en-Ciel
Bulany.

La métamorphose du corps des deux héros en Serpent-Arc-en-Ciel, c'est-
à-dire en gardien des pluies, selon cette version de la côte, coïncide avec
l'association des Deux-Hommes aux vents porteurs de pluie dans le désert.
Bilyur, nom de l'esprit des Deux-Hommes métamorphosé en Nuages de
Magellan désigne aussi l'esprit de tout homme, ce qui lui permet de rêver,
et qui, à la mort, le quitte. Il est dit sur la côte que les défunts rejoignent
ainsi les Deux-Hommes (McCarthy 1961). Les Warlpiri du désert, où le
début de l'histoire est situé, disent d'une part que l'un des Nuages de
Magellan représente le circonciseur et d'autre part que les deux Nuages
semblent se rapprocher à la mort de toute personne âgée, signe qu'ils
aspirent son esprit *pilirrpa*[17].

Dans le désert, comme sur la côte, l'esprit qui va au ciel n'est pas la
seule substance spirituelle des humains. Il y a au moins deux autres "substances" : 1) l' "esprit-enfant" (*murungkur* chez les Kukatja, *rai* sur la
côte) qui, venant d'un site terrestre – point d'eau, arbre, rocher –, pénètre la
mère à la conception et à la mort retourne sur ce site en attendant de se
réincarner ; 2) l'esprit "totémique" (*guruwarri* dans le désert, *bugarri-
garra* sur la côte), l'image ou ombre qui lie tout individu à un Rêve-
itinéraire particulier et qui à sa mort se dissout avec les esprits de ses
ancêtres totémiques. Les trois substances spirituelles de tout individu se
définissent et interagissent les unes sur les autres de manière différente
dans le désert et sur la côte. Toutefois elles ont cette même particularité
d'être à la fois indissociables et distinctes puisqu'une seule se fond à l'esprit
des Deux-Hommes transformés en Nuages de Magellan. Roheim (1974)
voyait dans la paire des héros australiens une transposition de la dualité
fusionnelle de la mère et l'enfant. Il faudrait repenser la place de la mère
comme personnage tiers du mythe des Deux-Hommes. En attendant, je
préfère déplacer l'hypothèse psychanalytique de Roheim vers une autre
question : si les Deux-Hommes symbolisent le souffle du cosmos qui
s'actualise dans le corps et les rêves de tous les humains, notamment pour
susciter des innovations culturelles, cette intériorisation d'un infini
cosmique rejoindrait-elle la notion du sujet comme divisé?

---

17. étymologiquement proche de *bilyur*, dans la mesure ou le son dur "p" devient
"b" sur la côte, et que le "pa" terminal n'est qu'une forme stylistique systématique
en warlpiri, comme en kukatja.

BIBLIOGRAPHIE

BANGGAIYERI :
1983 *the story of Jack Sullivan*, Canberra, AIAS: 60 et 157.

BATES, D.
1985 *The Native tribes of Western Australia*, edited by I. White, National Library Press.

CAPELL, A.
1949 & 1950 "Some myth of the Garadjeri", *Mankind* , vol. 4 n° 2: 46–61; vol. 4 n° 3: 108–125; vol. 4 n° 4: 148–162.

CAPELL, A.
1952 & 1953 "Notes on the Nyigina and Warwa tribes", *Mankind*, vol. 4 n° 9: 351–360 & n° 11: 450–469.

DALTON, P.
1964 "Two Men", manuscrit non publié, AIATSIS, Canberra.

DAVIDSON, D. S.
1949 "The interlocking key design in Aboriginal Australian Decorative Art", *Mankind*, vol 4 n° 4: 85–98.

ELKIN, A. P.
1927 notes non publiées, microfilm, AIATSIS, Canberra.

GLOWCZEWSKI, B.
1983 "Manifestations rituelles d'une transition économique : 'Le Juluru', Culte intertribal du cargo". *L'Homme* 23(2): 1–35.

GLOWCZEWSKI, B.
1991 *Du Rêve à la loi chez les Aborigènes – Mythes, rites et organisation sociale en Australie*, PUF.

GLOWCZEWSKI, B.
et C. H. Pradelles de Latour, 1987, "La Diagonale de la belle-mère", *L'Homme*, 104: 27–53

GLOWCZEWSKI, B.
(textes réunis par) 1991b, *Yapa, peintres aborigènes de Balgo et Lajamanu*, Paris, Baudoin Lebon éd.

GLOWCZEWSKI, B.
1996 "Histoire et ontologie en Australie aborigène". *L'Homme* 137: 211–225. Non publié.

HAMILTON, A.
1978 *Timeless transformation*, Phd. Macquarie University, Sydney.

KABERRY, PH.
1939 *Aboriginal woman, Sacred and Profane*, Londres, Routledge et Kegan Paul.

LOMMEL, A.
1950 "Modern culture and the Aborigines", *Oceania*, 21(1): 14–24

MC CARTHY, F. D.
1961 "The story of the Mungan or Bagadjimbiri Brothers", *Mankind*, vol 5 n° 10: 420–425.

Mc CONVELL, P.
1985 The Origin of Subsections in Northern Australia, *Oceania*, 56(1): 1–33.

MEGGITT, M.
1955 Djanba among the Walbiri, *Anthropos*, 50: 375–403.

MICHA, F. J.
1970 Trade and change in Australian Aboriginal cultures: Australian Aboriginal Trade as an Expression of Close Culture Contact and as a Mediator of Culture Change, in Piling A. R. & Waterman R. A. (eds), *Diprotodon to detribalization*, Michigan State University Press.

MYERS, F.
1986 *Pintupi country, Pintupi self.* Washington, Smithsonian Institution Press.

PEILE, A. R.
1985 "Le concept du vent, du souffle et de l'âme chez les Aborigènes dans le désert de l'Australie", *Bulletin d'Ethno-médecine* n° 33: 73–83

PETRI, H.
1950 "Kurangara", Zeitschrift für Ethnologie, LXXV: 43–51 (extrait traduit et cité par Micha, 1970).

PIDDINGTON, R.
1932 "Karadjeri initiation", *Oceania*, 3(1): 46–61.

ROHEIM, G.
1974 *Les Héros éternels du rêve, Paris*, Gallimard (traduction).

ROSE, D.
1992 *Dingo make us human – Life and Land in an Australian Aboriginal Culture*, Cambridge University Press

TINDALE, N. B.
1936 Legend of the Wati-kutjarra, *Oceania*, vol VII: 166–175.

WORMS, P. E.
1986 *Australian Aboriginal Religion* (version commentée par H. Petri,

traduction d'une partie du livre *Les religions du Pacifique*, P. E. Worms et Nevermann, lui-même traduit de l'allemand, Payot)

WORMS, P. E.
1942 Die Goranara-feier im Australischen Kimberley, *Annali Lateransi*, vol VI: 207–235.

WORMS, P. E.
1938 Die Initiationsfeiern einiger küsten- und binnenlandstaemme in Nord-Westaustralien, *Annali Lateransi*, vol II: 147–174.

10

Être en relation. A propos des corps à Tanebar-Evav (Kei, Indonésie de l'est)

Cécile Barraud

Une réflexion sur le corps humain dans la société de Tanebar-Evav[1] suscite d'abord des observations qui semblent se contredire. Empiriquement on peut observer des villageois très préoccupés de la maladie, de la souffrance par exemple (ce qui pour nous, observateurs occidentaux, évoque immédiatement l'idée de la relation au corps), tandis qu'ils manifestent un manque total d'intérêt pour le sujet du corps humain en lui-même, pour son aspect extérieur, pour sa décoration, pour sa beauté ou sa laideur. Le corps est évalué comme grand, gros ou petit, selon qu'il est bien ou mal nourri. A propos des générations passées, les habitants déclarent qu'autrefois les hommes étaient beaucoup plus forts, qu'ils faisaient des jardins de millet beaucoup plus grands et qu'il y avait ainsi toute l'année de la nourriture en quantité. De même, disent-ils, ils construisaient et ils vendaient beaucoup plus de voiliers, les maisons étaient immenses et beaucoup plus belles, les hommes aimaient beaucoup faire la guerre, et revenaient le plus souvent victorieux parce qu'ils étaient plus forts qu'aujourd'hui. Ces réflexions passéistes viennent à l'appui d'un constat de mauvaise santé, de morts trop nombreuses, d'une perte de bras due à l'émigration, dont les conséquences sont des jardins plus petits, des récoltes plus maigres et un manque de nourriture.

L'analyse montre d'une part que cet état de choses n'a rien à voir avec la santé mais avec une détérioration des relations. La bonne santé est due en partie à la nourriture, mais surtout à l'état des relations sociales bonnes ou mauvaises entretenues avec les vivants comme avec les morts ou les

---

1. La petite société de Tanebar-Evav sert de référence à cette réflexion. Elle est composée d'un seul village sur une île du même nom, au sud-ouest de l'archipel de Kei, dans les Moluques, en Indonésie de l'est. Elle est structurée par le rituel de la culture du millet et caractérisée par l'existence de maisons, groupes sociaux, constitués selon une double référence : le cycle annuel de la culture du millet d'une part, la relation aux morts d'autre part (la relation aux morts constitue les maisons, par leur interrelation même, et non pas : les maisons sont les pôles ou les partenaires d'une relation, Barraud, 1990b).

esprits (un homme qui défriche un tout petit jardin est un homme malade et dont les relations sont mauvaises, il est peut-être l'unique membre de sa maison ou bien il a été rejeté de celle-ci). La récolte elle-même n'est que l'effet visible de ces relations (comme le répètent à l'infini les invocations et les rituels nécessaires à la culture du millet). On constate d'autre part que l'état des jardins ou des voiliers ou des maisons est évoqué de la même manière que le serait celui d'un "corps" *itumun* (le "corps" de la maison ou du voilier, le "corps" de l'être humain) c'est-à-dire dans une certaine *relation* avec d'autres êtres, et dans l'interrelation entre ces différents états. Un même mot, *inan*, qualifie l'ardeur au travail, l'humeur (qui peut être bonne ou mauvaise suivant l'épithète), les récoltes du jardin, les résultats d'un travail ou l'harmonie des relations (c'est-à-dire leur conformité aux règles traditionnelles).

A partir de là, il est possible de s'interroger sur le corps. Si pour la société de Tanebar-Evav, il existe un mot pour dire "corps", ce mot ne se rapporte pas primordialement ni exclusivement à l'humain. On ressent quelques difficultés, à partir des données recueillies dans cette société, à isoler la notion de "corps humain", et à faire de ce dernier un objet, même de discussion.

Difficulté d'abord à cause du qualificatif "humain" associé au mot "corps", créant ainsi un objet spécifique, le "corps humain", opposé par définition à d'autres corps non humains. Il semble qu'en français, les multiples sens et usages du mot corps soient dérivés de la notion de corps humain (ou animal), doué de vie, organisme vivant (ou mort) dans sa matérialité, et font du corps humain un modèle qui fonde tout un vocabulaire métaphorique. A Tanebar-Evav, comme nous le verrons, des êtres et ce que nous appelons des choses sont doués d'un corps, comme l'homme, non par métaphore mais au titre des relations homologues qui les constituent.

Difficulté aussi parce que le "corps" évoque une opposition entre matériel et immatériel, l'idée d'une finitude, de limites, rapportées pour nous à l'individualité, et met en avant l'idée de substance. Le corps humain forme pour nous une totalité qui se suffit à elle-même, siège du sujet et de l'identité individuelle, qui fait que les êtres humains, selon notre conception de l'humanité, sont tout à la fois semblables ontologiquement quoique tous différents physiquement. Cette conception est cependant loin d'être universelle, comme le montrent les faits relevés dans la société de Tanebar-Evav.

Difficulté comparative enfin parce que, contrairement à certaines sociétés de l'est de l'Insulinde (à Timor, Sumba, ou Flores par exemple), la mort violente ou la destruction d'un corps humain d'ancêtre n'est pas à l'origine des semences ou de l'apparition des plantes cultivées. Le corps humain n'a pas à Tanebar-Evav l'importance qu'il revêt ailleurs en tant que corps fondateur. Dans les sociétés mentionnées, le renouveau de la société passe chaque année par la répétition rituelle de l'acte fondateur, la mort de l'ancêtre et la division de son corps dont chaque partie donne naissance à une plante comestible ou à un arbre porteur d'une certaine identité avec l'être humain (cocotier, sagoutier). A Tanebar-Evav par contre, le renouveau annuel de la société passe par l'acte de "nourrir", en divers lieux, l'île elle-même, "notre propre corps" (*itumud i'it*) qui, dit on, a faim. Ces termes expriment non une métaphore – l'île à l'image du corps humain – mais une relation d'identification : là où ailleurs les hommes s'identifient à l'ancêtre fondateur, à Tanebar-Evav ils s'identifient à l'île elle-même[2].

Deux directions s'offrent à qui veut comprendre à Tanebar-Evav la notion de corps : isoler arbitrairement la notion de corps humain et examiner selon quels contrastes et selon quelles relations celui-ci participe de la constitution d'un être spécifique, l'être humain, ou bien prendre la notion de corps seulement, en la dissociant de l'humain.

Sur le premier point, quelques réflexions à propos des rituels de naissance et de funérailles montrent par quelles relations sont constitués les êtres humains, quelle est la place du corps dans cette constitution et dans les échanges, et enfin ce qu'il en est de l'interruption des relations, et de la disparition du corps. Ceci nous conduira à souligner des différences entre êtres humains, différences dues non à leur corps physiquement mais aux relations constitutives de leur être et dont leur corps est le témoignage.

En second, on évoquera la question du corps en général, telle qu'elle est significative dans l'idéologie globale de la société de Tanebar-Evav .

Précisons cependant d'emblée que dans cette société, il n'y a pas de terme général pour désigner cette classe d'êtres dont la caractéristique est de présenter une certaine relation entre *itumun*, un "corps" et *mat inya*, approximativement un "principe âme"[3]. Ainsi, et à la différence de notre notion séparée d'être humain, comme en français ancien, qui distingue d'abord l'ensemble des êtres vivants – animés du souffle vital – par oppo-

---

Plusieurs enquêtes de terrain ont été menées à Kei, d'abord de 1971 à 1973, mission financée par le Laboratoire d'Ethnologie et de Sociologie Comparative de l'Université Paris X, puis en 1978, 1985, et 1992, missions financées par l'U.P.R. 262, E.R.A.S.M.E. du Centre National de la Recherche Scientifique, sous les auspices du L.I.P.I. (Lembaga Ilmu Pengetahuan Indonesia) de Jakarta et en coopération avec l'Université Pattimura d' Ambon, capitale de la Province des Moluques.

2. La lecture d'un certain nombre d'auteurs a favorisé la réflexion comparative sur cette question de l'idée de corps dans la pensée moderne et dans les sociétés traditionnelles, notamment Coppet 1992, 1995, Cuisinier 1951, Dumont 1973, Friedberg 1989, Headley 1987, Iteanu 1991, Platenkamp 1992.

3. A défaut de meilleure traduction, on utilise ici les termes principe-corps et principe-âme pour désigner les deux principes visible et invisible dont la relation définit la vie de certains êtres, tandis que la disparition du premier équivaut à la mort.

sition aux êtres inanimés, aux choses, cette première classe d'êtres à Tanebar-Evav comprend les hommes (*umat*), les maisons, les voiliers, les grands arbres, des animaux comme par exemple les porcs sauvages ou domestiques, les gros animaux marins, l'île elle-même, etc. et s'oppose aux petites choses sans importance. Il n'est donc pas possible a priori de distinguer les êtres humains de tout le reste, et nous parlerons donc des "êtres" pour qualifier tout ce qui, dans la pensée keyoise, est conçu comme ayant une existence et une certaine réalité, au-delà même de la distinction entre la vie et la mort, entre le matériel et l'immatériel, etc.

1. L'entrée dans la relation et la sortie : naissance et funérailles

L'analyse des rituels de naissance et de funérailles (Barraud 1990b et c) donne des indications sur la composition de l'être humain. Sans entrer dans le détail, en voici un résumé.

Dès que la femme se sait enceinte, l'existence d'un principe-âme *mat-inya* est reconnue. Le dieu soleil-lune et des esprits proches du dieu (esprits des fausses couches et des foetus morts-nés) placent le *mat-inya*, le principe âme, dans le ventre de la mère. Deux mythes et l'existence de ces esprits permettent de suggérer une très forte association entre le sang et ce principe âme, au moment de la gestation. Si le sang est donné par les deux parents, on constate cependant une plus forte association du sang avec le côté maternel.

La période de la gestation est marquée par un certain nombre de rituels et d'offrandes faites aux ancêtres de la future mère, c'est-à-dire ceux d'une maison différente de celle de l'enfant à naître.

L'accouchement, appelé par une expression difficile à rendre en français, mot à mot "être-maison", a lieu dans la maison d'origine de la mère, où mère et enfant resteront confinés jusqu'à la nomination. L'apparition de l'être est ainsi, à travers cette expression, immédiatement liée à l'existence de la maison. Cet être n'est pas encore pleinement un être humain, bien qu'il ait un principe-âme, comme on l'a vu, et l'apparence d'un corps, mais s'il meurt (de même que les foetus de fausse-couche et les enfants morts-nés) il n'appartient pas à la catégorie des morts, *nit*. La période est dangereuse, mère et enfant doivent se protéger des attaques des principes-âmes indifférenciés associés au sang de la naissance.

Le placenta, considéré comme l'aîné de l'enfant, est enterré sous la maison, et "retourne" dans la terre-mère où il est nourri d'offrandes.

De l'enfant, on dit qu' "il vient au jour". Ceci rappelle notre expression "voir le jour", et marque un contraste avec l'invisibilité de l'être, le principe-âme, avant son apparition sous la forme d'un corps. (A la question "peut-on voir *mat – inya* ", les gens répondent : on voit *itumun*, le corps, c'est cela. D'un nuage qui prend la forme du corps de quelqu'un, on dit que c'est son principe-âme que l'on voit.)

L'enfant devient socialement un être social, que l'on peut alors qualifier d'être humain, *umat*, le jour de la cérémonie où il reçoit un nom, généralement celui d'un grand-père ou d'une grand-mère maternels, vivant ou mort. Dans cette cérémonie sont offertes aux ancêtres maternels (*duad-nit*) des prestations similaires à celles échangées entre deux maisons liées par une relation ancestrale et entre lesquelles se nouent des mariages orientés. L'acte de vraie naissance consiste alors à porter l'enfant sur le seuil de la maison et à le présenter à bout de bras au village dans une sorte de balancement en déclarant très fort : "c'est un garçon" ou "c'est une fille". On dit qu'il "accoste", comme un voilier. Il entre en contact avec le sol de l'île, en sortant ainsi pour la première fois de la maison d'origine de sa mère (et non de la maison de son père) où il était confiné avec sa mère depuis sa naissance. A partir de ce moment-là, l'enfant est reconnu comme un être à part entière, un être humain, avec un corps sexué, appartenant à une maison et pourvu de relations sociales avec la maison et les ancêtres dont il porte le nom, relations qui participent de son identité et qui se fondront à nouveau avec celle des maisons après sa mort. Il est ainsi doué d'un corps *itumun* et toujours d'un principe-âme, *mat-inya*, qui pourra quitter provisoirement l'aspect-corps, souvent en raison d'une conduite non conforme à la coutume, provoquant un état que nous appelons maladie. Le lieu où l'enfant naît, une maison, est une sorte de matrice intermédiaire entre le ventre de la mère et la société du village ; c'est un lieu où le principe-âme devient visible sous la forme de l'enfant qui vient de naître, avant d'être pleinement manifesté par son corps, *itumun*, reconnu comme constitué de relations entre maisons.

Le corps lui-même se compose d'os et de chair, de peau et d'artères où circulent le sang, éléments qui ne sont pas caractéristiques des humains mais aussi d'autres êtres.

A la mort, on observe le cheminement inverse, avec de nouveau, une station intermédiaire dans ce lieu, une maison (généralement la maison de leur père, pour les hommes, la maison de leur mari, pour les femmes), où l'être humain-cadavre est exposé mais n'est déjà plus un corps *itumun*. Dès l'instant de la mort, on ne parle plus d'*itumun*, mais de *nit*, nom générique donné aux morts et au cadavre. Le principe-âme (les sept âmes) est encore protégé par cette apparence visible alors appelée "un arbre moisi", *a vutan*. Mais très rapidement[4], avant le coucher du soleil, le cadavre doit être enterré. Et le principe-âme meurt aussi, dit-on, et redevient invisible. Explicitement, on rapporte alors que les "sept *mat-inya*" se manifestent et

---

4. Dans l'association corps-principe âme, ce dernier n'est pas dangereux. Les principe-âmes sans corps seuls sont dangereux, on s'en protège comme d'ennemis.

"retournent" quelque part, ils vont peupler sept catégories d'êtres avec lesquels ils se confondent, c'est-à-dire le dieu, les esprits des foetus, les *nabi* (esprits des tortues et des porcs), les esprits *mitu* protecteurs du village, les morts *nit*, les êtres "disparus" (sans funérailles), le lieu de la sépulture (le cimetière), autrement dit la terre. Toutes ces déités sont régulièrement nourries d'offrandes et particulièrement pendant le cycle rituel de la culture du millet. A la mort, le principe-âme retourne donc vers la totalité indifférenciée de chacune de ces catégories de déités, chacune jouant un rôle spécifique en relation avec le rituel pour la culture du millet qui structure l'organisation de cette société. Ainsi, les principes dont est fait chaque être humain se fondent dans les relations constitutives de la société et de son renouvellement. Ceci montre que l'agencement caractéristique de l'être humain, l'aspect visible d'un corps donné au principe-âme invisible est temporaire, tandis que les maisons (dont le corps est périodiquement réparé à grand renfort de prestations) sont, de même que la structure du rituel et de la société, permanentes.

Ainsi l'être humain passe-t-il de l'indifférenciation, de la non-visibilité, caractéristiques du principe-âme, à la différenciation par son corps et le nom qu'il porte, en référence à une maison *en relation* à d'autres maisons ; il est pleinement humain, condensé provisoire de relations sociales fondamentales. Le nom d'une personne grandit au cours de l'existence et peut subsister par-delà la mort, en raison de la célébrité des hauts faits de celui qui l'a porté, comme à travers les descendants qui le porteront à leur tour. De nouveau, à la mort, il y a indifférenciation et multiplicité. L'expression "corps" de l'être humain n'a finalement d'existence que par rapport à une maison dans sa double acception de lieu d'habitation et de groupe social, c'est-à-dire, un ensemble de relations constituées, tandis que l'expression "âme" a, pourrait-on dire, une existence autonome et indifférenciée.

Il faut cependant préciser cette définition de l'être social, car les relations entre maisons, à elles seules, ne formeraient pas une société (Barraud 1979, 1990c). Aux maisons en tant que groupe social sont attachées des terres sur le territoire spécifique que forme cette île, terres qui à l'origine de la société ont été attribuées par les ancêtres fondateurs en même temps que des charges socio-rituelles, pour accomplir le cycle rituel annuel de la culture du millet, dont le but ultime est de "nourrir" l'île. Détentrices d'une charge dans le rituel, les maisons ont chacune une position par rapport à la totalité formée par la société. Elles ont un nom, un emplacement particulier dans l'espace du village qui renvoie à l'organisation globale de la société. Cette disposition spatiale est significative et immuable, marquée par le nom des places, des portes, des murs du village, etc. ; de même la localisation des déités en divers points de l'espace constitue autant de repères sur l'ensemble du territoire en référence à la terre de l'île. Ainsi doit-on admettre que l'idée même d'être humain, manifesté par ses deux principes, est constituée, par l'intermédiaire des maisons, dans une étroite relation avec ce territoire particulier avec lequel doivent se confondre les êtres après leur mort, le cadavre avec la terre elle-même tandis que le principe-âme rejoint l'ordre socio-cosmique. Ceci est confirmé par l'existence de rituels de rappel vers l'île ou vers le corps du principe-âme, évoqués ci-dessous.

Comment exprimer cette association de deux "principes" dont la vie est issue ? Nous pourrions parler d'aspect visible et d'aspect invisible de l'être si ces expressions ne portaient pas autant l'idée de substance. Mais il s'agit ici de relations. Le corps manifeste un certain niveau de relation, le principe-âme un autre niveau. Le lien entre les deux est le sang qui semble être la manifestation à la fois d'un principe-âme et de ce que nous qualifions de corps.

Il serait juste aussi de dire que le corps est l'expression du principe-âme. En effet, le corps ne fait que se conformer aux états de l'âme. Si quelqu'un est malade, ce n'est pas une cause physique (et plus ou moins objective) qui est à l'origine de la maladie, c'est un désordre tel que le principe-âme s'éloigne du corps, est caché par les esprits sur ordre du dieu. Ainsi le corps peut-il sembler fatigué, malade, faible (cette personne est fatiguée : *itumun nbek*, "son corps est faible"), voire être volontairement détruit lors d'un suicide, le principe-âme n'en est pas altéré pour autant, il est simplement dissocié temporairement ou définitivement de son autre aspect, le corps. Le principe-âme ne subit jamais aucune transformation, aucune disparition, il suit un cycle, contrairement au corps qui se forme, se transforme, se déforme, "moisit", revient dans la terre.

2. Composition différentielle des êtres humains

Les êtres humains ne sont pas tous constitués de la même façon et peuvent aussi voir leur identité, celle qui leur est donnée par leur appartenance à une maison, changer au cours de leur existence. De plus, certains êtres humains "hors relations" n'ont presque pas de principe corps. D'autres changent de maisons, donc de relations et quittent le territoire-société où ils sont nés.

La société est composée de gens qui sont soit *mel*, approximativement des nobles, soit *ren*, des gens de l'origine (de *renan*, mère). Aux maisons nobles sont attachés des dépendants.

Les *mel* et les *ren* sont considérés comme aînés et cadets, détiennent des fonctions socio-rituelles différentes dans l'organisation de la société, appartiennent à des maisons différentes et ne peuvent s'intermarier.

L'existence des dépendants par contre n'est pas liée aux relations qui lient deux maisons entre elles, puisqu'ils appartiennent à une seule maison, celle d'un noble, par définition. En conséquence de quoi ils n'ont pas le même statut dans la société. On pourrait exprimer cette idée en disant que les humains sont évalués à l'aune des relations dans lesquelles ils sont engagés au nom de leur maison d'appartenance.

L'origine des dépendants montre que cette différence de statut est attachée à leur corps. Ce sont en effet d'anciens nobles déchus, accueillis par une maison noble ou capturés à la guerre ou reçus en compensation après une victoire. En cas de faute grave, comme par exemple des incestes, des adultères ou des mariages non conformes au rang, la qualité de *mel* peut être perdue, le coupable pouvant alors être racheté, comme dépendant, par un noble à la maison duquel il appartient désormais. En cas de victoire lors d'une guerre, les victimes tuées pouvaient être remplacées par des hommes du village ennemi, lesquels devenaient des dépendants, perdant toute attache avec leur territoire d'origine. Toutes ces fautes font référence à une loi particulière, venue d'ailleurs, celle des esprits Adat et Hukum. La perte du *mel* est ainsi la perte de la relation constitutive d'un corps, celle qui relie les maisons et qui relie au territoire. En ce sens, le corps *itumun* des dépendants n'est pas constitué de la même manière que celui des autres humains, puisque qu'ils ne sont pas constitués de l'interrelation entre maisons, et de là, à un territoire.

Ceci s'observe dans certaines prestations. En cas de meurtre par exemple, si la victime est un noble, une prestation (*tuv*) doit être offerte en guise de sanction et selon la loi de l'esprit Hukum, à sa famille (et non à la maison de sa mère qui est à l'origine de son corps, comme lors des funérailles, voir plus bas). Elle se compose de monnaies – un canon pour le tronc, un gong pour la tête, des bijoux et de l'argent pour les membres. Un bijou considéré comme la "part du sang" est donné non à la famille mais à l'esprit, Hukum, dont l'une des fonctions est de régler les cas d'inceste, de meurtre et d'adultère.

Si la victime est un dépendant, l'acte est sanctionné par la prestation de bijoux et d'argent pour remplacer les seuls membres de la victime. Si le dépendant a bien un corps, ce corps n'est pas valorisé de la même manière que celui du noble. Le dépendant appartient à la maison d'un noble et il est nommé par un terme de parenté qui désigne le neveu. Il participe de l'identité de cette maison, qu'il ne quitte jamais, sauf quand il est donné par exemple à une autre maison comme parmi les biens qui accompagnent une femme quand elle quitte sa maison natale lors de son mariage. A ce moment-là, son corps n'est pas "remplacé" non plus, contrairement à celui de la femme qui se marie. Il ne participe pas du flux des échanges constitutifs des maisons dans leur interrelation, il est au service de la maison. Son identité est attachée à la relation à son "maître" (*maduan*), le noble qui représente la maison, elle ne dépend pas des relations aux ancêtres d'une autre maison.

Mais si l'identité peut être perdue pour faute, elle peut aussi se transformer. Ainsi les femmes, qui par mariage quittent leur maison d'origine pour appartenir à la maison de leur mari, voient leur identité changer. De même, les hommes qui seront adoptés pour tenir une charge socio-rituelle à la tête d'une autre maison, dépourvue d'héritiers mâles. Nés d'une maison, descendants par leur mère des ancêtres d'une autre maison, ces êtres humains deviennent par leur mariage ou leur adoption, membre à part entière d'une troisième maison, constituée par d'autres relations, c'est-à-dire que la référence de leur corps à un territoire particulier change. Cela est rendu possible, comme nous allons le voir, par une procédure faite de prestations et du "remplacement" de leur propre corps, auprès de leur maison d'origine. Et au moment du mariage, une prestation particulière est donnée à la société du village, pour montrer la "destruction du mur d'enceinte", expression qui signifie qu'une fille du village se marie dans une autre village, c'est-à-dire change de territoire, comme si le fait de quitter le village était une sorte de destruction de l'être-village et de l'être-île.

3. Le remplacement

Si le principe-corps de l'être humain est lié à son appartenance à une maison, comprise comme un ensemble de relations constituées entre maisons, le corps est lui-même un instrument de ces relations – un corps *itumun* est remplaçable par un autre corps *itumun* – en même temps que les personnes changent d'appartenance le long de ces relations. Ceci est explicite dans des expressions comme *in holok itumun, in lalin*, "ceci remplace le corps, ceci est à la place de". Les mariages, les adoptions, les naissances et les funérailles (Barraud 1985, 1990b et c), la vente de voiliers, la construction des maisons, sont des occasions où "corps" et monnaies circulent et, selon cette expression, sont "mis à la place de" et sont donnés par ceux qui reçoivent la femme en mariage, l'enfant en adoption ou qui acquièrent un voilier. La prestation du canon est faite pour *holok itumun*, "remplacer le corps". Le terme *itumun* ne désigne en effet pas seulement le corps de l'être humain, mais aussi celui du voilier, de la maison, d'un arbre.

Néanmoins, lorsqu'il y a échange ou circulation d'un corps *itumun*, l'appellation *itumun* du bien donné ou échangé désigne alors une partie seulement du principe-corps.

Lors du mariage, par exemple, on désigne par le mot *itumun* le tronc de la femme remplacé nommément par un canon, alors que sa tête et ses membres sont remplacés par d'autres objets précieux, gongs, bijoux, et monnaie courante. (Autrefois dit-on, la compensation matrimoniale était composée d'un voilier, d'une chose "de terre" – un opossum, d'une chose "de mer" – un coquillage). Le nom même de la prestation du canon, "quille et première planche du voilier", rappelle aussi que la quille est la pièce maîtresse du voilier, le canon étant ici encore la partie pour le tout. Enfin, lorsque cette prestation du canon n'est pas faite au moment du mariage mais à l'occasion de la construction d'une maison, elle est appelée "poutre faîtière", là encore la pièce maîtresse du faîtage. Dans toutes ces prestations, on dit que le canon "remplace le corps". Dans l'adoption, où un enfant de soeur peut être acheté "comme une femme" par son oncle maternel afin de lui succéder dans sa fonction rituelle, on dit que l'enfant "remplace" son oncle : un corps remplace un autre corps.

Après la mort, longtemps parfois après l'enterrement, un canon est offert à la maison natale de la mère (ou de la grand-mère) du mort ou de la morte, pour "remplacer" son corps. Si le corps de l'être humain témoigne des relations entre deux maisons, celle de son père et celle de sa mère, son remplacement au moyen d'un canon par une troisième maison témoigne de la continuité des relations constitutives des différentes maisons.

Dans toutes ces occurrences, cette partie centrale d'un corps est tellement fondamentale qu'elle est prise pour le tout du corps mais aussi de l'être en question et remplace cet être dans sa totalité, en référence aux relations entre maisons qui l'ont constitué et à la terre à laquelle il appartient (contrairement au canon donné pour un meurtre, qui fait référence à la relation à l'esprit Hukum seulement, non à l'interrelation entre maisons). Un canon, des monnaies, mis à la place des corps, réparent ce qui est ressenti comme une destruction partielle de l'être-territoire.

Il faut cependant ici hiérarchiser[5]. Cette position fondamentale d'une partie (le corps) de l'être n'indique pas que cette partie est le tout ou qu'elle est plus importante que d'autres parties. Elle indique que l'on se trouve à un certain niveau de l'idéologie où les relations dont le corps participe sont supérieures. C'est le niveau des relations entre maisons, manifesté par la circulation des êtres et les échanges, un niveau subordonné par rapport au tout de l'idéologie globale. A ce niveau, les relations entre maisons donnent à l'être son expression-corps qui dans les échanges apparaît comme la plus fondamentale. La relation corps-principe âme et le principe âme sont alors subordonnés.

On peut donc observer, en relation à l'aspect corps des êtres humains *umat*, certaines différences entre ceux qui peuvent être "remplacés" (les femmes, les adoptés), ceux qui ne peuvent pas l'être (les dépendants), ceux qui ne le sont jamais (les hommes en général). Mais c'est toujours au titre de leur corps, non au titre du principe-âme.

Ainsi, à considérer la notion de corps humain comme constituée d'une relation entre des principes, eux-mêmes parties prenantes des relations

---

5. Par hiérarchie, nous entendons l'agencement des faits-idées à des niveaux différents de l'idéologie en référence à la totalité exprimée par la configuration de valeurs propre à une société particulière. A un certain niveau de relations, certains faits-idées sont supérieurs, à un autre niveau ils peuvent être subordonnés, dans la référence à la totalité. L'idée de hiérarchie est clairement exprimée dans Dumont 1979 et 1983.

constitutives de la société (les relations entre maisons, la relation à la terre, la relation aux déités, la relation au millet), on peut dire que parmi les êtres humains, *umat*, certains sont constitués différemment, et cela en relation avec l'aspect-corps de leur être.

Nous avons évoqué les compensations pour meurtre, dans lesquelles les parties du corps sont compensées par des biens précieux. Notons cependant que la seule "partie" du corps pour laquelle rien n'est donné à la famille de la victime est le sang. On a déjà observé que le sang est à la fois associé au principe-âme (comme en témoignent mythes et récits sur les naissances et la mort) et à la constitution du corps. A la jonction du principe-corps et du principe-âme, en cas de mort violente, le sang doit être compensé auprès de l'esprit Hukum, au nom d'une loi différente de celle des ancêtres, et non être remplacé dans une maison particulière. Plus que tout autre élément, il circule, à la fois dans la référence aux maisons (par l'intermédiaire des ancêtres maternels *duad-nit*) et dans la référence à la globalité formée de la relation entre l'île et certains esprits (voir 4, la relation entre *lór* et *haratut*).

Par contraste, nulle part il n'est dit qu'on "remplace" le principe-âme. Celui-ci est "rappelé", ramené, en diverses circonstances, vers le lieu de son origine, c'est-à-dire la terre de l'île, après un long voyage à l'extérieur de l'île par exemple, comme si la séparation d'avec le territoire avait permis de dissocier l'étroite relation entre les deux principes.

On rappelle de même auprès du corps le principe-âme après une maladie ou avant l'accouchement si l'on s'attend à une naissance difficile. Après une noyade, on rappelle dans l'île le principe-âme par un rituel au cours duquel des monnaies sont jetées en mer, comme si là, principe-âme et corps n'étaient plus différenciés ; on "accompagne" alors cérémonieusement le principe-âme au cimetière après avoir reconstitué le corps du disparu avec un canon déposé à la place habituelle du cadavre lors des funérailles ordinaires, au centre de sa maison.

Il existe un autre cas majeur de non-différenciation : pendant la chasse rituelle organisée avant la moisson au cours du rituel de la culture du millet, si les chasseurs ne parviennent pas à tuer des porcs sauvages, il se peut que l'âme d'un malade en soit la cause. Il faut alors la nourrir, comme si elle était mise à la place du corps . Le corps est, là, "remplacé" par l'âme. Soulignons que durant cette période, les corps sont devenus invisibles dans le village – tout le monde est dans la forêt – afin de laisser la porte ouverte aux principes âmes appelés de l'extérieur. Le principe âme est à ce moment-là le plus important et, nourrir l'être humain, c'est nourrir alors son principe âme seulement.

Dans certaines circonstances, après une dispute, par honte, après un acte socialement réprouvé, des hommes ont, dit-on, disparu dans la forêt. On appelle ces êtres les "disparus", on les nourrit d'offrandes régulièrement en certains endroits particuliers de l'île, généralement des lieux impropres à la culture, des fourrés, des marécages. Leur corps n'a jamais été enterré, ils ne sont pas devenus des *nit*, des morts-ancêtres placés dans le cimetière. Ils peuvent être bénéfiques ou maléfiques. Ils sont invoqués et nourris (on dit : puisqu'ils sont nourris, c'est qu'ils ont un corps, mais qu'on ne voit pas) lors des rituels de la culture du millet, certains d'entre eux sont associés à la venue de la pluie. Leur "disparition" est manifeste dans le fait qu'ils ne sont pas nourris de nourritures comestibles, mais d'épluchures, de cosses vides, etc. Ils ont disparu, et leurs deux principes – corps et âme, contrairement aux morts, n'ont pas été dissociés.

A ce point, nous pouvons parler de différents niveaux de relations où se manifestent le principe-corps et le principe-âme : principe-corps identifié aux relations entre maisons, principe-âme indifférencié en relation à l'univers socio-cosmique. Autrement dit : l'expression-corps de l'être humain, c'est sa relation à la maison, à la fois lieu d'habitation et groupe social (et à défaut d'une relation complète aux maisons, comme c'est le cas pour les dépendants, le principe corps semble incomplet) ; l'expression-âme est la relation aux éléments constitutifs de l'univers socio-cosmique, relation à l'île-société, aux déités.

Si la séparation prolongée par rapport à la terre semble entraîner une perte d'identité, par éclatement et partage du principe de vie corps-âme, on peut faire l'hypothèse que l'unicité de la personne, son identité, serait dépendante d'une terre localisée et spécifique. En ce cas, la conceptualisation même des êtres humains serait dépendante du lien entre les êtres et la terre, la localité.

4. L'expulsion de la relation : l'inceste et le meurtre

Il existe un cas où l'on ne "remplace" pas le corps, lorsqu'il y a atteinte à la totalité même de la maison ou du voilier, c'est-à-dire de la société, c'est le cas de l'inceste. Pour parler d'inceste, il faut évoquer l'ordre des valeurs.

L'analyse de cette société de Tanebar-Evav a montré que les éléments des relations qui organisent la totalité s'agencent en une hiérarchie de valeurs exprimée par la relation entre deux termes *lór* et *haratut* (Barraud 1979). Ces deux termes ensemble désignent la société de Tanebar-Evav, mais chacun peut être employé séparément dans certaines circonstances. Deux niveaux s'opposent hiérarchiquement. La société comme *haratut* exprime une configuration de relations aux maisons fondatrices, aux ancêtres, à la terre de l'île, au dieu, et pour simplifier, à l'organisation formelle de la société autour du rituel du millet. La société comme *lór* exprime les relations avec l'ailleurs, ce qui est alentour, lieu de certains esprits (Hukum déjà mentionné à propos du meurtre) dont la loi punit le meurtre, l'inceste et l'adultère, qui encerclent l'île et la défendent de ce qui arrive (les épaves sur le rivage) ; lór désigne aussi une configuration de relations entre les villages de l'archipel, incluant peut-être les limites du monde connu ; c'est un synonyme de la multitude (dans notre acception, on dirait l'universel), référent ultime et garant nécessaire de la force du nom de chaque société particulière[6] et de sa permanence. Le niveau supérieur de l'idéologie est exprimé par les termes *lór-haratut*, expression de la relation entre ces deux ensembles de faits-idées et qui définit la société de Tanebar-Evav.

Plus que le meurtre et l'adultère, et directement, l'inceste met en péril la société tout entière. De l'inceste le proverbe dit : "l'eau (s'infiltre) par la cale du voilier, l'eau (s'infiltre) par la poutre faîtière de la maison". Ce n'est pas seulement la maison des coupables qui est en danger, ce sont les récoltes annuelles de toute l'île (les animaux et parasites qui appartiennent à lór détruisent alors les récoltes ; *lór* n'a pas eu sa part – les compensations *tuv* pour meurtres, les paiements à Hukum pour inceste, etc. – et se sert). La sanction autrefois était de noyer les coupables en pleine mer, c'est-à-dire l'expulsion de la terre de l'île sans retour possible. Dans ce cas, l'être humain disparaît dans sa totalité – principe-corps, principe-âme – il n'a plus sa place dans la circulation des éléments constitutifs de l'univers. On dit aussi que plus récemment, au lieu de noyer les coupables-on envoyait par le fond un canon, un gong et des biens précieux ; on n'emploie pas alors l'expression "remplacer le corps". Il n'y a de "remplacement" que dans le cadre d'une relation établie entre maisons. Avec l'inceste, comme avec le meurtre, la relation entre les deux niveaux de valeur de la société, relation entre *lór* et *haratut* est interrompue. Le canon "compense", sanctionne une mort, il ne "remplace" pas le mort "hors-relation" au contraire de l'être vivant.

5. Le corps non humain et les équivalences

Ces différents exemples montrent que si le corps fait partie de la constitution de l'être humain, sa présence ne suffit ni à différencier les humains des non-humains, ni non plus à former une classe unitaire, puisque la qualification comme être humain social, membre d'une maison et donc partie prenante de cette société et de sa permanence dépend des relations sur lesquelles est fondée cette constitution du corps.

Pour essayer de comprendre ce qu'est le corps, on peut mettre en perspective les différentes équivalences et les transformations entre les catégories d'êtres. La maison par exemple est considérée comme un corps

---

6. Dans sa relation aux autres sociétés, la force rituelle de l'île-société est manifestée par la célébrité de son nom. Ce nom est réaffirmé chaque année par le succès du rituel de la culture du millet, c'est-à-dire, une récolte superbe. Ce succès ne peut être garanti que par le travail rituel de tous les êtres de l'île.

féminin, tandis que le voilier est un corps, composé d'os et d'artères, à la fois masculin et féminin. Le voilier est l'image de la société dans sa totalité (comme le témoigne l'organisation du rituel du millet). Les rituels et les cérémonies qui accompagnent sa construction et son lancement rappellent les cérémonies entourant la naissance et le mariage. Ils sont l'occasion d'échanges de prestations. Les arbres, produits de la terre du territoire de l'île, sont aussi des corps, *itumun*, équivalents du corps humain et souvent mis à sa place.

Un "corps" humain – en fait l'être humain en totalité, on l'a vu, exprimé par son corps à un certain niveau de relations – peut être remplacé par un canon. De même, les voiliers étaient "vendus" dans les îles voisines et échangés contre des biens précieux, entre autres des canons. La quille du voilier a pour équivalent la poutre centrale du plancher de la maison, tandis que la prestation du canon lors du mariage s'appelle du nom de la quille du voilier ou de la poutre faîtière de la maison. Mais si humain, maison et voilier sont équivalents du point de vue du corps, seuls voiliers et humains circulent. L'équivalence, à ce plan, de la femme et du voilier se fonde sur leur séparation d'avec le territoire de l'île qui leur a donné existence, la différenciation d'avec la société *haratut*, donc la relation à *lór*.

Si les êtres humains n'ont d'existence que par rapport aux maisons, à l'inverse, la maison et le voilier, en tant qu'êtres, n'ont d'existence qu'avec l'inclusion de l'être humain avec laquelle ils sont considérés comme "complets" (ceci est clairement spécifié dans leur mode de construction et dans les rituels). Un voilier ne meurt que si l'homme le conduit à sa perte, tandis qu'une maison meurt ou disparaît si elle n'a plus de descendants direct ou adopté pour continuer à la remplir. Outre le facteur humain, la maison ne se conçoit que par rapport à un territoire particulier, en relation à d'autres maisons attachées à d'autres territoires. Le voilier, quant à lui, en tant qu'image de la société, ne se conçoit que voguant sur la mer, c'est-à-dire en relation avec l'ailleurs – d'autres sociétés.

Ces différents corps ne se situent pas au même niveau structural et à ce titre, certains sont plus permanents que d'autres. En cela résiderait le principe d'une différenciation possible des différents êtres doués de corps, qui à l'évidence, et dans le vocabulaire même, ne sont pas assimilables les uns aux autres. Les maisons, les voiliers n'ont de signification sociologique qu'au plan de la société globale, dans une relation à l'humain en général. Le principe "maison", dans son ancrage sur un territoire est supérieur à l'histoire particulière des êtres qui appartiennent à la maison. Tandis que le corps de la maison est périodiquement réparé à grand renfort de prestations, une maison ne se comprend que par rapport à un territoire au service duquel elle et ses membres se trouvent, soit seule soit associée avec d'autres en un village ou en un ensemble spécifique de maisons. L'interrelation entre maisons, principe premier de leur existence qui assure leur continuité, s'inscrit dans la configuration d'idées et de valeurs propre à la relation entre *lór* et *haratut*, où la relation à un extérieur fonde le renouvellement des principes internes. Par contraste, les maisons et leurs interrelations ne se défont pas.

Dans cette classe formée par ces différents êtres, la place du corps semble être la même. Le corps *itumun* désigne la totalité de l'être en même temps qu'une de ses parties : c'est un corps humain *et* le tronc par opposition aux membres, c'est la quille *et* la coque du voilier, c'est l'arbre *et* le tronc, c'est la maison et la poutre faîtière.

L'ancrage de ces êtres dans un territoire particulier semble être la caratéristique de ce type de société. Les êtres humains, aisément remplaçables, appartiennent aux maisons qu'ils remplissent de leur descendance et dont ils assurent la pérennité qui les dépasse. Les arbres dans leur principe sont identifiés à un territoire, mais en tant que fruits d'une terre appartenant à une maison, ils s'identifient à cette maison en rapport à cette terre. La même chose est vraie des porcs et des sangliers, les uns offerts à l'esprit *mitu* de la maison, les autres chassés au nom de la société, et offerts aux *mitu* de la société ; lorsqu'ils sont chassés hors du temps et du travail rituel, ils sont offerts au *mitu* de la maison du chasseur. Ceci est vérifié aussi en ce qui concerne les grands corps marins, tortues ou vaches de mer, offertes aux ancêtres *wadar* des maisons mais néanmoins destinées à la société dans sa totalité (Barraud, 1990a).

Du fait que les personnes sont nées de maisons, elles sont constituées de ce rapport au territoire, comme en témoignent les cérémonies de "rappel" des âmes pour prévenir de leur retour l'ensemble des êtres du territoire et le territoire lui-même conçu comme un être, quand elles (leur corps) ont quitté l'île depuis longtemps. Ce rapport d'appartenance à la terre se résume dans le terme *duan*, traduisible aussi bien par "au service de", que par "gardien" ou "maître". En tant que porteurs du titre *oho nuhu duan*, "serviteurs de l'île", les habitants appartiennent à cette terre au service de laquelle ils sont.

Si certains êtres peuvent être définis d'après leur équivalence, d'autres par contre le sont par les transformations qu'ils ont subies ou qu'ils peuvent subir. Chez les êtres humains, le corps mort – le cadavre qui n'est plus un *itumun* – et le principe-âme de son vivant comme après la mort appartiennent aux éléments de l'univers. L'être humain vivant, composé de son corps, appartient à une partie de l'univers, la maison.

Certains êtres, parmi les déités, sont des êtres dont le corps n'est pas visible (on les appelle *kavinin*, de *fak vinik*, cacher). Certains sont, selon le mythe, d'anciens êtres humains, d'autres pas ("si on les nourrit, c'est bien qu'ils ont un corps"). Il n'y a donc pas de coupure nette entre les êtres dits "surnaturels" et les autres, mais plutôt un continuum entre tous les êtres à travers leurs variations.

D'autres êtres vivants ont un principe âme, mais pas de corps *itumun*, le millet par exemple, les vents, etc.

Les corps sont remplaçables, interchangeables, réparables, (repérables) mais non le principe-âme. Celui-ci est à la fois multiple et non identifiable. L'aspect social et individuel des êtres est dans leur corps, dans la mesure où celui-ci est une résultante de relations. Le principe-âme est associé aux déités qui peuplent l'univers.

Cette association hiérarchisée entre différents corps, plus ou moins équivalents, forme un système qui différencie les êtres composés d'*itumun*, principe-corps et de *mat-inya*, principe-âme, de tous les autres êtres composés différemment, même si ceux-ci ont un principe-âme. On peut donc poser une différence entre d'une part les êtres ou les choses entre lesquels s'établit une équivalence, et tout le reste pour lequel aucune équivalence n'est admise. C'est dire que la classe d'êtres est définie par cette équivalence et cette possible transformation. A l'intérieur de cette classe, les distinctions sont fondées sur des relations différentes. Il n'y a pas d'identité intrinsèque attachée à chaque individu en tant que membre d'une classe.

Dans cette hiérarchie des êtres, il faut parler du millet – si important pour cette société – à la fois consommé par chaque membre de la société et conservé au nom de la société dans le grenier communautaire, mais qui ne "remplace" jamais rien ou n'est jamais remplacé par rien. Une hypothèse est permise. Pour remplir quel corps appelle-t-on le principe-âme des jardins (au moment des rituels du millet), si ce n'est celui de l'île, conçu comme corps humain, "notre propre corps" *itumun i'it*, englobé par la terre-mère, *bum*, l'une des déités ? Le millet ne serait-il pas ce qui par excellence circule, au-dedans des êtres, hommes et maisons, mais aussi entre *lór* et *haratut* et qui fait la jonction entre les corps et les principes-âmes, entre la terre de l'île et les sociétés alentour, proclamant le nom de la société dans le monde qui l'entoure ? Ne serait-il pas comparable au sang, lié à la fois au principe-âme donné par le dieu et au principe-corps, constitué du travail relationnel des êtres vivants ?

6. La valeur des corps

Tout d'abord il n'y a pas des "corps humains" faisant une classe distincte d'autres corps à Tanebar-Evav, mais une opposition principe-corps/principe-âme qui caractérise toute une classe d'êtres. Ces deux principes sont indissolublement liés, même s'il peut y avoir des corps momentanément privés de principe-âme (maladie) et des principes-âme sans corps ; lors de la phase principale du rituel du millet, pendant la chasse rituelle, tant que sept porcs sauvages (offerts à sept déités) n'ont pas été capturés, le principe-corps *itumun* des humains de l'île, mais aussi des voiliers qui ne peuvent prendre la mer, mais aussi des maisons aux foyers éteints, doit comme disparaître physiquement du village afin d'y laisser entrer les principes-âme venant d'ailleurs. Là encore, ne sont pas seulement concernés les corps "humains", mais tous les corps, puisque les âmes recherchées sont celles des jardins, des porcs sauvages chassés, des humains, des lieux, des places etc.

D'autre part, dans la relation entre les deux principes fondamentaux de l'être humain, on ne peut dire que l'un des principes est hiérarchiquement supérieur à l'autre, ce serait une sorte de réification. On peut dire par contre que l'être humain se rapporte à deux types de relations qui appartiennent à deux niveaux de l'idéologie et dont l'un est supérieur à l'autre. Ainsi, le principe-corps se manifeste et exprime le niveau subordonné des relations dans la société, les relations entre maisons, tandis que le principe-âme se manifeste au niveau de la société dans sa totalité.

Ensuite, dans le classement des êtres, il faut distinguer ceux qui sont constitués de deux principes en relation à un territoire particulier, et ceux pour lesquels la notion de principe-corps n'est pas pertinente car ils n'entrent pas dans une relation particulière entre entités mais dans la relation directe à l'univers socio-cosmique, comme le montre l'existence de leur principe-âme.

Enfin, il y a de telles similitudes entre l'être humain, la maison et le voilier qu'on est tenté de faire une hypothèse. Au-delà de leur apparence physique, considérons-les tous comme des êtres sociaux et vivants. L'être humain semble bien avoir une double définition, par son principe-âme il vit, mais par son principe-corps il témoigne de relations qui font de lui un être social. Il a été noté dans l'introduction que la maison, groupe social, avait une double définition : en référence à la culture du millet et à l'interrelation entre maisons. De même, le voilier, image de la société, c'est-à-dire la société, a une existence en soi par rapport aux maisons et au territoire, mais aussi une existence par sa relation aux autres sociétés : c'est en tant que voilier en mer qu'est définie la société après l'accomplissement du cycle rituel. Au-delà des similitudes attachées à l'idée du corps physique, ces trois catégories d'êtres, à des niveaux différents comme on l'a vu, sont de même nature : les deux principes qui les animent se manifestent à des niveaux différents de relations sociales.

Ainsi peut-on dire que les êtres vivants, doués d'un corps et d'un principe-âme, sont des contenants de relations sociales. A l'inverse, l'absence de corps n'est pas absence de vie, mais plutôt le point d'origine de la constitution des relations à un certain niveau, le degré zéro des relations elles-mêmes. Le meilleur exemple est celui des ancêtres *duad-nit*, ces ancêtres les plus importants d'un homme, ceux de la maison dont sa mère est originaire, ancêtres dont il porte souvent le nom et dans la maison desquels il est né. Ces ancêtres qui participent de la constitution de la vie des êtres, sont aussi appelés *itin kan*, "pied de la tige de millet vidée de ses grains", de son contenu, de sa chair. Pas de corps, mais seulement des relations qui se reproduisent sans fin.

Cette rapide étude sur le corps à Tanebar-Evav apporte quelques éléments pour la compréhension de cette société. Tout ce qui "est" a un principe-âme, disent les Keyois, signifiant ainsi la relation des êtres – et donc aussi des choses – avec l'univers socio-cosmique animé par cette société. Au contraire et d'abord tout n'a pas un corps. D'autre part, les différences entre les corps manifestent les différents types de relations qui organisent la société, relations entre maisons, entre sociétés voisines et relation fondatrice entre *lór* et *haratut*.

Les êtres, quels qu'ils soient, sont définis par leur appartenance au territoire, et leur corps en est la manifestation visible. Les manquements à la coutume sont une atteinte à ce lien au territoire, et sont sanctionnés par une perte, une diminution du corps, qui n'est plus ni valorisé, ni remplaçable par un canon. Les nobles déchus le sont pour être sortis de la relation, leur corps n'ayant plus ni valeur, ni sens. Ainsi les rangs dans la société sont-ils ordonnés selon ces différents statuts des corps.

L'expression "compensation matrimoniale" habituellement employée pour désigner les biens qui circulent lors du mariage traduit bien mal le fait que le corps même de la femme change lorsqu'elle change de maison, qu'il n'est plus composé des mêmes relations, et que la prestation du canon marque cette transformation.

L'être humain plein, complet, est celui qui participe de la relation, sous la forme invisible de son principe-âme et sous la forme visible de son principe-corps, à la fois multiple et pourvu d'une identité temporaire, descendant d'une maison et en remplissant une autre, prenant ainsi sa part dans le maintien de la permanence du tout. En cela il s'associe aux autres êtres doués de corps, les maisons, les voiliers, les arbres, les gros animaux terrestres et marins, l'île, dont les relations s'agencent et prennent sens, suivant les niveaux, soit dans l'unicité de *haratut*, soit dans la relation entre *haratut* et l'indéfini de *lór*. On compend mieux l'expression utilisée pour parler de l'île-village constitutive de cette société, *itumud i'it* "notre corps, nous-mêmes". Nous, Occidentaux, pensons à un corps humain pour nous référer à un ensemble organiquement agencé, un organisme dont la constitution interne, limitée à elle-même, justifie l'existence. A Tanebar-Evav, le corps lie au contraire son existence à des relations au-delà de ses limites apparentes : ainsi le corps de l'île existe, est nourri, quand son nom est reconnu dans la relation au monde alentour.

RÉFÉRENCES

BARRAUD, C.

1979 *"Tanebar-Evav. Une société de maisons tournée vers le large"*. Cambridge University Press-Editions de la Maison des Sciences de l'Homme, Cambridge-Paris.

1985 The sailing-boat: Circulation and values in the Kei Islands, Indonesia, in *"Contexts and Levels : Anthropological Essays on Hierarchy"*. Barnes, R. H, Coppet, D. de, and Parkin, R. J., eds, JASO, (Occasional Papers n°4), Oxford, 117–130.

1990a A turtle turned on the sand in the Kei Islands. Society's shares and values, in *"Rituals and Socio-Cosmic Order in Eastern Indonesian Societies"*. Barraud, C., and Platenkamp, J. D. M., eds, Bijdragen tot de Taal–, Land– en Volkenkunde, Part II, 146, I: 35–55.

1990b Wife-givers as ancestors and ultimate values in the Kei Islands. *Bijdragen tot de Taal-, Land – en Volkenkunde*, 146, 2: 193–225.

1990c Kei society and the person. An approach through childbirth and funerary rituals. *Ethnos*, 3–4: 214–231.

COPPET, D. DE

1992 De l'action rituelle à l'image ; représentations comparées, in *"Philosophie et anthropologie"*, Centre Georges Pompidou, Paris, 115–130.

1995 'Are'are society: a Melanesian socio-cosmic point of view. How are bigmen the servants of society and cosmos?, in *"Society and Cosmos"*. Coppet, D. de, and Iteanu, A., eds, Berg, London.

CUISINIER, J.

1951 *"Sumangat. L'âme et son culte en Indochine et en Indonésie"*. Gallimard (coll. L'Espèce Humaine, 7), Paris.

DUMONT, L.

1973 Absence de l'individu dans les institutions de l'Inde, in *"Problèmes de la personne"*. Meyerson, I., éd, Mouton, Paris-La Haye.

1979 *"Homo Hierarchicus. Le système des castes et ses implications"*. Gallimard, coll. Tell [1ère éd. Gallimard 1967], Paris.

1983 *"Essais sur l'individualisme, Une perspective anthropologique sur l'idéologie moderne"*. Le Seuil, Paris.

FRIEDBERG, C.

1989 Social relations of Territorial Management in light of Bunaq Farming Rituals, in *"Rituals and Socio-Cosmic Order in Eastern Indone-*

sian Societies". Barraud, C., and Platenkamp, J. D. M., eds, *Bijdragen tot de Taal –, Land – en Volkenkunde, Part I*, 145, IV: 548–562.

HEADLEY, S.,
1987 The Body as a House in Javanese Society, in *"De la hutte au palais. Sociétés à "maisons" en Asie du Sud-Est"*. Macdonald, Ch., ed, C.N.R.S. Paris.

ITEANU, A.,
1991 The Concept of the person and the ritual system : an Orokaiva view. *Man* (N.S.) 25: 35–53.

PLATENKAMP, J. D. M.,
1992 Transforming Tobelo Ritual, in *"Understanding Rituals"*. Coppet, D. de, ed, Routledge, London and New-York (E.A.S.A.).

11

Le corps mis en scène
À propos du mariage en Inde

Francis Zimmermann

Le corps, dans les situations que ces quelques pages vont évoquer, est l'instrument d'une énonciation des règles du mariage et des sentiments qui s'y attachent. Nous voudrions faire ressortir le décalage existant entre l'analyse classique des règles sociales régissant le mariage et la parenté et une description des comportements engendrés par ces règles qui prendrait en compte l'imaginaire, la sexualité, le corps. Un exemple de la façon dont le lévirat est vécu en pratique nous permettra de fixer les termes de cette analyse.

Les traités sanskrits de droit brahmanique prescrivent une forme de lévirat dans laquelle, si le mari est mort sans enfant, son cadet doit épouser sa veuve pour lui donner un fils. Une coutume assez répandue dans l'Inde aujourd'hui s'inspire de cette règle, en lui ôtant sa rigidité et son ritualisme ; cette coutume permet à une veuve, même si elle a déjà des enfants, de se remarier avec le frère cadet de son mari.[1] Ce lévirat au sens large du mot forme l'intrigue d'un roman contemporain en langue urdu, que Sudhir Kakar a pris pour point de départ d'un excellent petit livre sur la sexualité indienne (Kakar, 1989). Il s'agit d'un roman de Rajinder Singh Bedi (1961) intitulé *Ek Chadar Maili Si (Un drap, mais quelque peu souillé)*. C'est l'histoire d'une pauvre famille sikh dans un village du nord Punjab. Tiloka fait le taxi sur son *tonga* (cariole à cheval) pour les pèlerins qui se rendent au temple de Vaishno Devi dans les collines avoisinantes. Il est marié à Rano, pétulante jeune femme d'une trentaine d'années qui lui a donné une fille, adolescente, et deux garçons, encore petits. Tiloka a un frère cadet, Mangla, vingt ans. Tiloka est un bon-à-rien, un ivrogne, et Rano se bat bec et ongles pour l'empêcher de boire tout ce qu'il gagne. Les scènes de ménage sont violentes, elle en sort brutalisée et humiliée. Un jour, Tiloka se rend complice du viol d'une de ses clientes. Le frère de la victime la venge en assassinant Tiloka. Les anciens du village tiennent conseil et décident que Mangla, qui a repris le *tonga* de son frère pour nourrir la

---

1. Pauline Kolenda (1987) fait le point sur le lévirat en Inde.

veuve et les orphelins, doit aussi épouser Rano, ce qui se dit "la couvrir d'un drap". Indiquons l'essentiel de l'intrigue. La fille de Rano épousera le meurtrier de son père. Par ce meurtre il vengeait sa soeur, puis par ce mariage il répare les conséquences du meurtre. Le stéréotype du mariage par rapt est implicite dans cette intrigue, mariage "quelque peu entaché d'impureté", d'où le titre du roman. Mais ce titre fait aussi référence au mariage, lui aussi quelque peu impur, entre Rano et Mangla. Je m'en tiendrai à ce point particulier de l'histoire.

En décidant que le frère cadet du mort épousera sa veuve, les anciens du village suivent la coutume très respectable du lévirat, et leur décision est l'expression et l'instrument du Dharma, l'ordre social et cosmique. Mais voici en quoi ce roman va nous apporter quelque chose qui manquait dans l'analyse classique du lévirat. Pour un anthropologue de notre génération, une définition du lévirat en termes de règles ne suffit plus. Il faut que la règle sociale que nous étudions soit mise en situation, il faut qu'elle fasse l'objet d'une énonciation, au sens précis du mot en linguistique aujourd'hui, et c'est alors que l'émotion, les fantasmes, les représentations du corps entrent en scène.

Il se trouve que Rano avait élevé Mangla comme si c'était son fils. Treize ou quinze ans auparavant, lorsque Rano allaitait sa fille qui venait de naître, le petit Mangla avait lui aussi réclamé sa part et Rano lui avait un moment donné le sein. Toute une anthropologie des émotions et des stéréotypes culturels de la sexualité et de la maternité est à prendre en compte dans cette intrigue : la date tardive du sevrage en Inde, la promiscuité au sein de la famille indivisée (collatéraux sous le même toit), etc. On comprend alors que les souvenirs d'enfance tétanisent littéralement Mangla, treize ou quinze ans après, et qu'il ressente le mariage avec Rano comme un inceste. C'est pourquoi, le jour de la cérémonie, il s'enfuit dans les champs. Les hommes du village le rattrapent, le battent et le ramènent à la maison où il est marié de force.

A ce point de l'intrigue, nous allons voir comment les catégories de la pensée collective telles que le pur et l'impur, expressions idéologiques de la hiérarchie dans les rapports sociaux, sont énoncées, c'est-à-dire mises en scène, dans les sentiments et les actions de protagonistes concrets. Dans le langage de l'anthropologie classique, on dirait ici qu'un mariage entre Rano et Mangla était un mariage "légitime", certes, mais un mariage "secondaire", de statut inférieur au mariage primaire jadis contracté entre Rano et Tiloka. C'est ce que l'idéologie locale traduit en disant qu'il est "légèrement entaché d'impureté". Cette impureté que l'anthropologue décrit en termes de statut et hiérarchie, Mangla la ressent physiquement et émotionnellement comme un inceste. La violence physique est inscrite dans l'essence même de ce mariage et de cette impureté. Dans un premier temps, Mangla refuse de consommer le mariage. Il subvient aux besoins du ménage, mais il reste dans son coin, fuyant dans une sorte d'exil intérieur.

Mais voilà qu'un jour, dans les affaires de son frère, il trouve une bouteille d'alcool et s'enivre. Rano lui fait une scène, comme jadis à son premier mari, et Mangla la frappe. Sa tête heurte un mur, elle saigne abondamment. Mangla dessoûlé s'efforce en pleurant d'étancher le sang qui coule. La violence a rompu une digue. Mangla battait Rano, maintenant il l'embrasse. Cette nuit-là le mariage est consommé, le couple conjugal formé. Ce que je voudrais suggérer en résumant cette histoire, c'est qu'on ne saisit pas vraiment comment fonctionne l'institution du lévirat, mariage secondaire moins pur qu'un mariage primaire, tant que les corps, premiers agents du drame, ne sont pas mis en scène.

Les choses du corps et les règles du droit

Attardons-nous un instant sur le lien que nous établissons habituellement entre la société et le cosmos. Il n'y a pas d'illustration plus classique de ce thème, le corps humain comme expression et instrument de l'ordre social et cosmique, que dans la théorie hindoue selon laquelle la pureté (l'absence de souillure sur le corps humain) est l'expression et l'instrument du Dharma (mot sanskrit qu'on traduit souvent en disant "l'ordre sociocosmique"). Les indianistes ont ainsi fait de la polarité du pur et de l'impur un concept opératoire pour analyser le système des castes ; c'est une approche qui s'inscrit dans la perspective théorique du holisme en anthropologie.[2] Cependant, on peut s'étonner de voir à quel point les textes juridiques de l'Inde ancienne, les *Traités du Dharma*, ont déterminé les idées que nous nous faisons encore aujourd'hui de la culture et de la société hindoues. Il me semble que nous ne saurions reprendre à notre compte sans discussion le lien idéologique qui est ainsi établi entre la société et le cosmos.

L'une des idées les plus fortement ancrées dans le discours des indianistes sur la culture hindoue, c'est que l'on peut observer, dans les textes sanskrits comme dans les rituels orthodoxes, une coupure nette entre d'un côté les choses du corps, la biologie, l'amour physique, et de l'autre les règles du Dharma, l'ordre social et cosmique. Voici une référence parmi cent autres. Dans son ouvrage sur la sanskritisation du culte de la déesse Pattini à Sri Lanka, Gananath Obeyesekere construit, au sens de Max Weber, le type idéal de la Parfaite épouse, et les traités du Dharma lui en dictent les termes : le mariage a un triple but, réaliser *dharma* (un devoir religieux), produire *praja* (une progéniture, car une femme doit donner un fils à son époux) et jouir de *rati* (le plaisir amoureux). Dans cette liste, le plaisir est subordonné au devoir. Ce qui est déterminant, du point de vue

---

2. John Leavitt (1992) présente une remarquable analyse critique du holisme.

sociologique, c'est le *pativrata*, "la loyauté (d'une femme) envers son époux"... "et ses concomitants" comme dit l'auteur, à savoir, la virginité au moment du mariage, la chasteté, la soumission.[3] Cette lecture de l'idéologie hindoue est implicitement fondée sur une division entre la sphère des choses privées (les choses du corps, la sexualité) et la sphère des liens proprement sociaux (les droits et les devoirs, les obligations du mariage). Cette division est fidèle aux textes. Les *Lois de Manu*, par exemple, enseignent que le bonheur, c'est quand une femme plaît à son mari et qu'un homme plaît à son épouse (III. 60). Il faut qu'une épouse soit séduisante, car, sans plaisir amoureux (*pramoda*), pas de progéniture (III. 61). Une femme parfaite a donc l'amour pour premier devoir, et le désir amoureux est un élément essentiel du lien conjugal.

Les indianistes ont accoutumé de partir de ces textes fortement orientés dans le sens d'un ordre moral, pour opérer sur le lien conjugal, tel qu'il est vécu dans la réalité, une abstraction parfaitement classique et constamment pratiquée en anthropologie de la parenté depuis Rivers jusqu'aux années 1970. C'est l'abstraction qui permettait d'épurer la notion de *descent*, de la débarrasser de toutes ses connotations biologiques, pour développer la théorie de la filiation en anthropologie sociale. C'est l'abstraction qui permettait d'isoler, au sens chimique du terme, le lien d'*affinité*, pour construire la théorie de l'alliance de mariage. Il s'agissait d'exclure du champ de la parenté et du mariage tous les éléments qui paraissent relever de la psychologie, de l'affectivité ou de la biologie, pour définir le lien conjugal et la filiation en termes strictement sociologiques. Je ne peux qu'esquisser ici l'analyse de ce dualisme très rigoureux de l'anthropologie sociale, qui conduisit nos classiques à distinguer soigneusement entre le *politico-jural domain* où se déployaient les systèmes de parenté et le *domestic domain* où se confinait l'affectivité.[4] Je veux simplement suggérer que ce dualisme, qui n'était au départ qu'un principe méthodologique permettant de distinguer les liens sociaux des liens affectifs, se trouve projeté dans les choses mêmes lorsque, sur un sujet donné comme le mariage, on privilégie les textes de Dharma en sous-estimant d'autres sources comme le *Kamasutra*.

Les indianistes nous disent que le Kamasutra a pour but d'enseigner les jeux d'une séduction purement physique et que le lien amoureux qu'il décrit est d'un tout autre ordre que le lien conjugal décrit ailleurs, dans les textes

---

3. Obeyesekere (1984) cité et commenté par Dennis B. McGilvray (1988: 103). Cette formule traditionnelle de la hiérarchie des fins du mariage est analysée de la même façon par Louis Dumont (1966: 92 n. 31c), puis par Charles Malamoud (1989: 158).
4. L'histoire de cette distinction est retracée dans Francis Zimmermann (1993).

de Dharma et la littérature religieuse. Comme si dans l'Inde les amoureux étaient ballottés entre deux postulations simultanées. "Tout se passe, écrit Madeleine Biardeau (1981: 59), comme si le sentiment n'existait pas, ou comme s'il ne comptait pas. On sait ce qu'est l'affection entre mère et enfant, entre amis. Dès qu'il s'agit d'un homme et d'une femme, mariés légitimement ou non, c'est l'attirance physique qui est décrite, à moins qu'on ne saute immédiatement au niveau des obligations du Dharma." Le lien amoureux est tiré du côté physique, tandis que le lien conjugal est tiré du côté moral et religieux. Nous esquisserons ci-dessous une autre lecture de ce fameux Kamasutra, qui précisément nous parle du mariage vécu au quotidien.

Or les études ethnographiques de la relation entre époux telle qu'elle est vécue au jour le jour dans tous les petits riens de la vie quotidienne sont extrêmement rares, du moins pour l'Inde. La démarche de l'anthropologue est habituellement de projeter les rapports de pouvoir et les structures de parenté qu'il étudie sur une description aussi complète que possible des cérémonies de mariage, des cérémonies et des rites qui la compléteront (à la naissance des enfants par exemple) et des prestations auxquelles elles donnent lieu. Ce qui ressort de cette approche, c'est l'exceptionnelle valorisation des mariages primaires, que l'on idéalise dans le nord de l'Inde en les définissant comme *kanya-dan*, en hindi, "le don d'une jeune fille (vierge)". La cérémonie qui exprime cette idéologie peut se décrire comme une réalisation du Dharma, l'ordre social et cosmique, et Charles Malamoud (1989: 62) note qu'elle peut se lire comme un sacrifice dans lequel le sacrifiant est le père de la jeune fille, et la jeune fille la victime, cependant que le mari joue le rôle de dieu qui reçoit l'offrande. "Le mariage", écrivait déjà Louis Dumont (1966: 76–77), "le seul rite de passage, remarquons-le, qui ne s'accompagne d'aucune impureté, donne l'impression, par le prestige qui en rayonne et bien d'autres traits, que l'Hindou s'y trouve symboliquement et provisoirement arraché à sa condition et assimilé à la plus haute, celle de prince ou de Brahmane pour un non-Brahmane, celle de dieu pour un Brahmane". Il me semble, cependant, que dans cette présentation du mariage en Inde, un vaste pan de la réalité a été refoulé hors du champ de l'anthropologie, comme si cette réalité relevait de facteurs purement individuels et subjectifs : c'est le mariage tel qu'il se joue au quotidien dans l'expression des sentiments et les rapports de force à l'intérieur de la maison.

Mariage et violence

La question de l'ambiguïté des paroles et des attitudes, du mensonge et de l'inconscient est centrale, on en conviendra, dans une enquête sur le corps comme "expression et instrument" de la violence (les désordres) et de la

loi (les ordres sociaux). Pour situer brièvement cet essai dans le contexte
d'aujourd'hui, je ne peux qu'évoquer en deux mots le rapprochement avec
la psychanalyse et le retour en grâce de Malinowski en anthropologie de la
parenté. Relancer le débat sur parenté et sexualité, en effet, c'est reprendre
l'étude des relations sentimentales entre la mère, le mari de la mère et les
enfants au sein de la famille individuelle en revenant aux perspectives
ouvertes par Malinowski dans les années 1920–1930 (Zimmermann, 1993:
178 et suiv.). Mais je m'en tiendrai ici à quelques références sur l'Inde.

Dès que l'observateur s'efforce de tenir compte du non-dit, toutes les
paroles et attitudes tournant autour des rapports hiérarchiques dans une
famille indienne apparaissent délibérément entachés d'ambiguïté. Veena
Das (1976) esquissait naguère l'analyse de ces ambiguïtés intentionnelles
dans un article intitulé "Masques et visages", où elle rapportait au sein
d'une famille punjabie l'observation suivante. Au cours d'une querelle entre
sa sœur et son épouse, un jeune marié bat sa femme, affirmant ainsi sa
loyauté envers sa sœur et sa mère et confirmant apparemment la subordination de la jeune épouse aux consanguins de son mari, conformément aux
règles de la parenté. Mais le garçon s'y prend de telle façon qu'il vide de
sens cette conformité aux règles. Il bat sa femme, certes, mais le soir même
il lui fait l'amour de manière tellement indiscrète qu'il devient clair pour
tous qu'il n'y a entre eux aucune brouille. La jeune femme dira ensuite à
Veena Das que, bien que battue, elle était gagnante, et sa belle-mère
ridiculisée.[5] Il faudrait suivre dans le détail les analyses de Veena Das dans
cet article et de Margaret Trawick dans le livre cité plus loin pour voir
émerger une véritable ethnographie du mariage en Inde.

Limitons-nous à la question du corps dans la parenté. Les océanistes
ont accumulé depuis trente ans une immense littérature sur les théories
indigènes de la procréation et sur les antagonismes de sexe, opérant une
percée qui nous invite à prendre conscience, par contraste, de tout le
"refoulé" des études indiennes sur ce sujet. Le premier thème d'une
comparaison possible entre idéologies en Océanie et en Inde est celui du
mélange des fluides paternel et maternel au moment de la conception. C'est
à ce niveau qu'en premier lieu se nouent les rapports entre corps, parenté et
pouvoir, et nombre de contributions océanistes au présent ouvrage en sont
l'illustration. De toutes les interprétations de la parenté bâties sur ce modèle,
ce sont assurément celles qu'enseignait David Schneider à Chicago dans
les années 1960–1970 qui ont le plus influencé les indianistes.[6] Depuis

---

5. Veena Das (1976: 10–11) citée et commentée par Alan Roland (1988: 222).

6. Son enseignement précède ses publications de plusieurs années sur ce sujet.
L'intérêt de David M. Schneider pour "les théories biologiques indigènes" s'est
d'abord manifesté dans *American Kinship* (1968, 1980), mais il revient aux études
océanistes dans *A Critique of the Study of Kinship* (1984), spéc. p. 135–136 (sur
Malinowski) et p. 28, 72–73, 121, 126 : "ignorance" initiale, à Yap (l'île de

cette époque ont été publiées différentes enquêtes sur les théories de la conception en Inde ; elles mettent en lumière la croyance populaire en l'existence de deux spermes, l'un masculin et l'autre féminin, qui se combinent dans la procréation.[7] Un admirable livre de Margaret Trawick montre aussi comment on peut dépasser ce que j'appellerais l'imagerie première, c'est-à-dire l'inventaire des divers fluides vitaux qui se transmettent dans la procréation et les corrélations inévitablement superficielles entre conceptions du corps et règles de parenté, pour analyser dans toutes leurs nuances les conceptions locales de la personne, de la sexualité et de la reproduction de la vie.[8] La linguistique est ici au cœur des choses. Par exemple la sémantique, si l'on veut comprendre comment le mot tamoul *uyir* peut désigner, dans différents contextes, "la vie", "l'âme"… et le fluide séminal féminin, la part féminine de la transmission dans l'idéologie de la parenté. Ou bien encore l'étude de la diglossie sanskrit-tamoul, si l'on veut comprendre comment fonctionne la substance séminale sécrétée à la fois par l'homme et par la femme, qu'on appelle en tamoul *intiriyam* et en sanskrit *indriya*, à la fois "sperme" et "faculté de sensation et de motricité" ; l'étymologie sanskrite met l'ethnologue directement en prise sur les textes classiques de médecine et de philosophie.

Il y a donc une première approche du corps comme expression et instrument de la violence et de la loi dans laquelle on prend le corps pour texte, sa physiologie et les fluides qui le composent ; on peut déchiffrer dans ce texte des rapports de domination, des antagonismes de sexe, etc. Une approche différente mais voisine, qui relève elle aussi de l'analyse du discours, c'est de mettre en lumière les mêmes rapports de domination, les antagonismes de sexe, les interdits et transgressions qui sont exprimés sous une forme voilée dans les récits où le corps est mis en scène. Je limiterai mes exemples à la question des rapports entre mariage et violence. En Inde comme en différents endroits d'Asie du sud-est et d'Océanie, la fugue (*elopement*) et le rapt (*abduction*), par exemple, comptent parmi les formes de mariage légales et codifiées, étant entendu que le rapt, quand il est pratiqué, est une mise en scène (*mock-abduction*) le plus souvent montée de concert avec la victime pour torpiller par exemple un projet de mariage

---

Micronésie dont il est l'ethnographe), du rôle du coït dans la procréation, puis, sous l'influence de la colonisation, apparition d'une nouvelle image dans l'idéologie collective, celle du jardin et de la graine.

7. Les plus intéressantes sont Marriott et Inden (1974), Inden et Nicholas (1977), McGilvray (1982), Daniel (1984).

8. Comme le note Trawick (1990: 133), on trouve assurément des connexions entre les règles de mariage et l'ethnophysiologie locale, mais superficielles et variables d'un informateur à l'autre.

arrangé.[9] S'il en est ainsi, alors ce n'est sûrement pas la formule du *kanyadan* (le don d'une jeune fille, le don d'une vierge) qui peut expliquer l'institution du mariage : ce n'est qu'une idéologie, ce n'est qu'une figure de rhétorique, redoublée d'ailleurs quand les indianistes nous disent que le mariage est "un sacrifice" et que "l'Hindou" est un dieu pour sa femme ; ce n'est que l'idéalisation d'une institution qui comporte en réalité une part de violence.[10]

Le don d'une vierge n'est que l'une des huit formes légales de mariage énumérées dans les Traités du Dharma, et l'on ne saurait négliger le reste de la liste dans la mesure où toutes ces formes sont des notions fabriquées par les pandits pour promouvoir l'idéologie du mariage-sacrifice, en se servant du mariage par achat ou du mariage par rapt comme de repoussoirs. L'image qui nous donne la clé de cette institution du mariage, est-ce vraiment celle du don ? Ne serait-ce pas plutôt celle du rapt ? C'est la suggestion que fait James Boon, en évoquant d'innombrables récits mythologiques dans lesquels le mariage conduit au viol, comme celui ci-dessous qui met en scène Shiva et son épouse Umâ dans une légende hindoue recueillie à Bali.[11]

Boon rappelle d'abord que le rapt est une forme de mariage ordinaire à Bali, spécialement quand on se marie sur un coup de tête.[12] L'amour romantique et l'escapade des amoureux sont des thèmes littéraires traditionnels. Mais la légende de la déesse Umâ (dont on récite en Indonésie d'innombrables versions) offre un bel exemple de mise en scène, dans laquelle on peut lire sur le corps de la déesse antagonismes, domination,

9. Pour l'Océanie on peut se référer à Schwimmer (1973: 197–198, quatre formes : achat, échange, fugue, rapt), Juillerat (1986: 275 et 315, la mise en scène des enlèvements).

10. A propos du livre de Gloria Goodwin Raheja (1988), Gérard Toffin (1990 : 136) écrit : "Le don de la vierge (*kanyadan* [hindi]), acte central des cérémonies de mariage, peut-il être considéré comme un don empoisonné? Il faut se rendre à l'évidence : de telles interprétations ne trouvent guère d'appui dans les textes littéraires et religieux classiques." Il me semble, au contraire, qu'il faut se rendre à l'évidence exactement inverse : d'une part, même dans les *Traités du Dharma*, la promotion idéologique du *kanyadana* (sanskrit) est équilibrée par la mention des formes violentes de mariage, et d'autre part toutes sortes de schémas narratifs traduisent la violence et l'ambiguïté de ce don dans la mythologie hindoue.

11. Contribution de Boon (1983: spéc. 193) à l'enquête collective des indianistes américains sur la Personne, reprise dans Boon (1982, spéc. 184). Ce texte, parfois obscur, souligne néanmoins de façon convaincante la place centrale du rapt dans l'idéologie hindoue, en citant McLennan et le *Ramayana*, "le texte par excellence sur le rapt et les Râkshasas" (démons qui représentent le rapt incarné).

12. Boon (1983: 191; 1982: 183) : *the ordinary marriage of commoners and auxiliary marriages of rajas or anyone else who is smitten* (qui est "mordu").

hiérarchie. Umâ erre parmi les hommes à la recherche du lait d'une vache vierge noire. Au cours de ses pérégrinations, elle se blesse contre une pierre et s'ouvre le gros orteil du pied gauche. Mais voici que Shiva se met en tête d'éprouver la fidélité de son épouse ; thème récurrent dans les textes sanskrits, l'héroïne est toujours et partout soupçonnée, oubliée, abandonnée ou répudiée pour être finalement réhabilitée. Shiva descend donc sur terre sous les traits d'un jeune et beau bouvier, et Nandî, le taureau blanc qui lui sert de monture, se métamorphose en une vache vierge noire. Pour prix du lait de cette vache, le bouvier veut obtenir les faveurs d'Umâ, qui, en désespoir de cause mais fidèle à son époux, ne s'offre qu'à demi, tant et si bien que la semence du dieu tombe sur le sol[13]... où elle s'infiltre dans l'orteil fendu, qui alors se met à enfler ; des triplés naîtront de cette grossesse. Quelle que soit l'interprétation qu'on donnera de ce viol de la déesse par son époux, son corps est bien ici l'expression et l'instrument d'une mise en ordre ambiguë des rapports entre les sexes. La substitution fatale de l'orteil au vagin, en effet, sauve la hiérarchie en instituant en quelque sorte une distinction entre les grossesses conjugales légitimes (le ventre) et celle qui sont peu ou prou entachées d'impureté (l'orteil).

Le corps, le texte, l'énonciation

Non seulement notre enquête soulève le problème de l'inconscient et des rapports de l'anthropologie avec la psychanalyse, mais elle pose aussi la question des sources ethnographiques et du contexte dans lequel nos informations ont été recueillies. Le document que nous venons d'emprunter à James Boon, par exemple, était coupé de son contexte. Il est sans doute préférable de partir d'une expérience de terrain dans laquelle les règles sociales, les représentations du corps et l'idéologie font l'objet d'une énonciation, soit que l'ethnologue s'implique dans les extériorisations de la vie affective dont il va rendre compte, soit que l'ethnologue recueille des textes, écrits, dialogues, chansons, etc., en situation d'énonciation. Qui parle dans ces textes, qu'est-ce qui, implicitement, se joue ? Ces textes ne sont ni le reflet ni la charte des faits sociaux qu'on veut enregistrer. Ce sont des documents dotés d'un pouvoir performatif, ils ne sont pas le reflet de règles préexistantes, ils énoncent ces règles et d'une certaine façon ils les créent, spécialement quand ils mettent en scène le corps humain comme "expression et instrument" de ces règles sociales : la pragmatique et l'énonciation, on le voit, sont bien au centre de nos débats.

---

13. C'est un motif inlassablement repris dans la mythologie hindoue, comme l'a montré Wendy Doniger O'Flaherty (1973) : voir *21e* (*spill seed*) dans *l'Index of Motifs*.

Il se peut que le *Kamasutra* de Vatsyâyana[14], sur lequel je travaille dans cette perspective, n'ait pas d'équivalent ailleurs qu'en Inde. En ce cas, les illustrations que je vais proposer du corps comme expression et instrument de la violence et de la loi seront difficilement comparables à d'autres contributions sur le même sujet, qui contrairement à celle que je propose s'appuient directement sur une enquête de terrain. Mais dans la mesure où ce texte corrobore sur quelques points-clés comme le mariage des cousins croisés, on va le voir, les données ethnographiques existantes, il permet à l'ethnologue se faisant historien d'explorer les ambiguïtés, les silences, les niveaux de langue, la rhétorique qu'une ethnographie trop directe, si fine fût-elle, laisserait échapper. Partons de l'analyse d'un procédé stylistique fondamental, les règles qu'édictent les sages cités par Vatsyâyana, un pieux brahmane, sont entrecoupées de petits récits ou scénarios, diaprés de toutes les nuances de l'ironie. Le ressort du *Kamasutra*, c'est cette commutation perpétuelle de la règle au récit, du récit à la règle. C'est en cela qu'il y a énonciation : le texte ne "reflète" pas les moeurs du temps, il "génère" des comportements sentimentaux, par imitation, par adhésion, d'où sa résonance dans toute l'Inde.

Voici comment se nouent les rapports entre le corps, le texte, les règles de mariage et la violence. Les textes brahmaniques, y compris le *Kamasutra*, énumèrent huit formes de mariage. Les quatre premières sont des variantes du *kanyadana*, "le don d'une jeune fille", tandis que la 5e est le mariage par achat, la 6e le mariage par consentement mutuel, la 7e le mariage par rapt, et la 8e le mariage (officialisé comme tel) consécutif au viol d'une fille endormie ou droguée. Le dénominateur commun est, à mon sens, la relation d'appropriation qui s'instaure, de gré ou de force. Mais on interprète d'habitude cette classification traditionnelle en fonction des prestations mises en jeu, en opposant le mariage comme don (formes 1 à 4) au mariage comme achat ou vol (formes 5 à 8). Il s'agirait en somme d'une théorie des prestations : parmi les gens orthodoxes, elles vont des donneurs de la fille et de sa dot à ceux qui la prennent en mariage, tandis que dans les castes moins relevées on observe l'existence de prestations bilatérales ; certaines prestations allant des preneurs aux donneurs ressemblent à un prix d'achat (Dumont, 1966 : 153 n. 54c). Pandurang Vaman Kane, dans

---

14. On se reportera avec précautions au *Kâmasûtra* traduit par Alain Daniélou (1992). Le rôle que joue la rhétorique classique dans la composition de ce texte (antérieur au VIIe siècle de notre ère, sans qu'on puisse être plus précis) appelle la comparaison avec le *Galatée* de Della Casa ou le *Livre du courtisan* de Castiglione : "manières courtoises", dit Alain Pons, en présentant sa traduction de Giovanni della Casa (1991 : 13), " recueillies, fixées, codifiées dans des textes (petits poèmes puis véritables traités) qui marquent le début de ce que Norbert Elias appelle le processus de la civilisation".

son monumental ouvrage sur les *Traités du Dharma*, résume la situation qui prévaut aujourd'hui aux yeux d'un juriste orthodoxe, en disant que deux formes sont en vogue : le don d'une jeune fille et le mariage par achat, tandis que le mariage par consentement mutuel "est, dit-on, tombé en désuétude" (Kane, 1974: 525). Il est clair que dans cette présentation des choses, l'inclusion des formes violentes de mariage dans la classification traditionnelle est totalement escamotée, tandis que le mariage par consentement mutuel, le mariage *gandharva*, semble dépourvu de toute pertinence sociologique. Je voudrais montrer, au contraire, que l'idée de rapt n'est jamais absente des conceptions qu'on se fait du mariage, et que la forme la plus significative, la forme de mariage universellement décrite dans la littérature sanskrite, la forme à laquelle on adhère spontanément en Inde, c'est le mariage *gandharva*, le mariage par consentement mutuel... non dépourvu d'une pointe de violence.

On remarquera d'abord que le don d'une jeune fille et le consentement mutuel ne se situent pas au même niveau : les deux démarches peuvent se combiner, le consentement mutuel est une stratégie matrimoniale que l'on peut adopter tout en se conformant à la règle matrimoniale du don d'une jeune fille. C'est ce qui se passe en Inde du sud, quand on épouse une cousine croisée "proche", une cousine germaine, une jeune fille du même village, que l'on connaît depuis toujours et que l'on aime. Les statistiques[15] semblent indiquer qu'en Inde du sud, les mariages se font entre cousins croisés proches ou carrément entre non-parents, plutôt qu'entre cousins croisés éloignés. Le mariage des cousins croisés, qui réalise la forme de mariage idéale du *kanyadana*, est beaucoup plus une option dont on tire parti pour concrétiser un attachement personnel, qu'une règle appliquée pour reproduire une alliance.[16] Or il y a le même décalage entre les *Traités du Dharma*, qui fixent les règles, et le *Kamasutra*, qui met en scène des stratégies matrimoniales. Rien d'étonnant à ce que ceux-là favorisent le *kanyadana*, tandis que celui-ci glorifie le mariage *gandharva*. Il enseigne ce qu'il convient de faire quand un jeune homme ne peut obtenir la main d'une jeune fille qu'il aime, parce qu'il est trop pauvre, parce qu'il manque d'éducation, parce qu'elle a été promise à un autre, ou autres handicaps. Il lui faut trouver un moyen de l'épouser malgré tout. Faute d'un mariage par

---

15. Discutées par Thomas R. Trautmann (1981: 216–222).

16. "Les statistiques, comme dit à juste titre Margaret Trawick (1990: 151), qui montrent qu'en Inde du sud on préfère concrètement épouser un non-parent ou un cousin croisé proche, c'est-à-dire quelqu'un que l'on connaît personnellement et pour lequel on peut avoir de l'attachement, en négligeant la possibilité qu'on aurait d'épouser un cousin croisé éloigné, témoignent de ce que l'on se sert de l'institution du mariage des cousins croisés pour confirmer des liens personnels, plutôt que pour reproduire des alliances classificatoires."

"don" (qui dépend du père de la jeune fille), il doit s'emparer d'elle en obtenant son "consentement" personnel : "et pour cela il doit personnellement gagner l'affection de cette fille dès l'enfance".[17] Un paragraphe du *Kamasutra* évoque expressément l'Inde du sud et le mariage dravidien, le mariage avec une cousine croisée matrilatérale. Non pas une cousine classificatoire, cependant, mais une cousine germaine, qu'un jeune homme, qui a grandi à ses côtés, aime depuis son enfance:

> Un garçon souffre de handicaps du genre de ceux dont on a parlé. Nous sommes en Inde du sud, il est orphelin de père et de mère dès son enfance et il a été recueilli dans la famille de son oncle maternel. Il sera sûrement éconduit, sa cousine est inaccessible pour lui, parce qu'elle est trop riche ou parce qu'elle est déjà promise à un autre. Il doit donc l'enlever.
>
> ... Mais "on ne peut qu'approuver", comme le dit Ghotakamukha, "quand le garçon et la fille s'aiment tendrement depuis leur enfance dans le respect du Dharma".[18]

Concrètement, le mariage *gandharva* commence par un enlèvement ou, à tout le moins, une fugue dans laquelle la fille est consentante, un enlèvement "conforme au Dharma" (*dharmya*) et qui a valeur de mariage en bonne et due forme, mais sans dot (sauf régularisation ultérieure). Cette stratégie fondée sur l'initiative personnelle n'empêche pas, dans le cas évoqué ci-dessus, de respecter la règle du mariage des cousins croisés ; les deux démarches peuvent se combiner.

Mais le mariage par consentement mutuel représente infiniment plus qu'une stratégie individuelle. C'est une valeur fondamentale dans l'Inde. En écrivant cette phrase, j'ai conscience d'aller à l'encontre des idées reçues qui surestiment l'importance du Dharma et méconnaissent les connotations subjectives du mariage dans l'idéologie hindoue, à savoir, le libre choix, l'affection mutuelle, le bonheur. Mais précisément, il s'agit de savoir quelle est pour l'ethnologue la perspective la plus pertinente. Est-ce celle des brahmanes qui se focalise sur les rites et les lois du Dharma, ou bien celle que délimitent les mises en scène de l'union conjugale dans le *Kamasutra*, dans la littérature narrative, le théâtre, la poésie, les chansons ? Trois strophes du *Kamasutra* suggèrent d'opérer ce changement de perspectives, en partant de la liste stéréotypée des huit formes de mariage (indiquée ci-dessus):

Les mariages (dans cette liste) sont rangés du meilleur au pire   28a
en prenant pour critère leur conformité au Dharma.   b

---

17. *Kamasutra*, III, 3, 2. Toutes les citations que je fais sont traduites par mes soins, et je corrige ici un contresens de Daniélou (1992: 274).
18. *Kamasutra*, III, 3, 3–5.

C'est quand celui qui précède est irréalisable   c
qu'on doit passer au suivant de la liste.   d
Mais puisque les mariages réussis   29a
ont pour fruit un amour partagé (*anuraga*),   b
même s'il est placé au milieu de la liste,   c
le meilleur de tous est le mariage *gandharva*.   d
Parce qu'il donne du bonheur (*sukha*) et peu de peines (*klesa*),   30a
parce qu'il est sans cérémonie,   b
et parce qu'il est fait d'amour partagé (*anuragatmakatvac ca*),   c
le *gandharva* est bien le plus parfait de tous.[19]   d

Comment mieux exprimer une vision de l'union conjugale affranchie radicalement de l'idéologie bien pensante du Dharma ? Il me faudrait certes tout l'espace d'un livre pour justifier ma traduction, désamorcer toutes sortes d'interprétations réductrices et montrer que *sukha*, par exemple, désigne bien le "bonheur" et non pas le "plaisir", et *anuraga* l'"amour partagé" et non pas une "attirance physique".

Ce qui prouve néanmoins l'importance du mariage d'amour, c'est l'exploitation de ce thème dans toutes les littératures de l'Inde. A tel point qu'une ruse enseignée pour séduire une jeune fille, c'est de lui raconter l'histoire de Shakuntalâ. Pouvoir performatif des textes. La *Sakuntala* de Kâlidâsa, le drame qui met en scène l'exemple canonique du mariage *gandharva*, n'est pas alors un témoignage qui "reflèterait" les mœurs de l'Inde ancienne, mais une histoire qui "inspire" des comportements sentimentaux conformes à un stéréotype culturel. Pour séduire la jeune fille, en effet, "lorsqu'une histoire la captive, il faut stimuler sa passion (*anuraga*), il faut la charmer avec des contes qui vont dans le même sens et qui lui font perdre la tête"[20] ; c'est alors qu'on lui raconte Shakuntalâ. Ou bien encore, l'entremetteuse "doit lui raconter l'histoire d'autres jeunes filles de la même caste qu'elle, comme Shakuntalâ, qui vraiment sont heureuses après s'être unies à un époux qu'elles avaient choisi de leur propre gré".[21]

---

19. *Kamasutra*, III, 5, 28–30 (Daniélou, 1992: 308, plusieurs contresens). Ces strophes sont des *sloka*, distiques de quatre fois huit syllabes. L'ensemble du texte est en prose, mais des strophes "résomptives" (comme disait Louis Renou) viennent conclure chaque chapitre. Je dispose ma traduction de façon à distinguer l'un de l'autre les hémistiches octosyllabiques en sanskrit.

20. *Kamasutra*, III, 3, 19. L'idylle de Shakuntalâ et du roi Dushyanta, qui tombent éperdûment amoureux l'un de l'autre à leur première rencontre au cœur d'une forêt et qui s'unissent par consentement mutuel, émut toute l'Europe romantique au début du XIXe siècle.

Mais dans ce choix entre une part de violence. Au moment de donner son consentement, la jeune fille s'inquiète : "Est-ce que je commets une faute ? Ma vertu est-elle en danger?" Le héros doit apaiser les craintes de son amante.[22] Lui-même ou son entremetteuse forcent la décision en usant de casuistique:

> L'entremetteuse doit insister et dire à la jeune fille : "Notre héros veut se saisir de toi par force, comme si tu ne savais pas (*ajanatim iva*)!", en précisant : "Le mariage n'en sera pas moins valable!"
> *Commentaire.* "Puisqu'on t'enlève de force, tu ne commets pas de faute!"[23]

Il y a donc une équivoque et une confusion latente entre le mariage par consentement mutuel et le mariage par rapt : la femme est "conquise", alors même qu'elle "consent", on lui arrache son consentement. Nous devons reporter à plus tard l'inventaire des stéréotypes de comportement qui expriment ce rapport fondamental de domination masculine ; je voudrais seulement, pour conclure, citer encore deux brefs passages du *Kamasutra* parmi bien d'autres, dans lesquels le corps des protagonistes est véritablement l'expression et l'instrument de ce rapport de domination.

Ne parlons plus du cosmos

On se doute bien que les attitudes stéréotypées abondent, dans ce traité de la séduction, qui font du corps le sujet d'une énonciation. Ce sont à la fois des signes et des moyens, des signes destinés à manifester des émotions et des moyens utilisés pour provoquer des émotions.[24] Le moment où l'interprète est le mieux à même de les appréhender, c'est quand ces structures émotionnelles sont nommées dans le texte, parce que les noms permettent de les inclure dans un répertoire et les font donc émerger dans l'espace public. Nous avons déjà rencontré l'une de ces structures

---

21. *Kamasutra*, III, 5, 5.

22. Lire l'admirable analyse des raisonnements casuistiques que le roi Dushyanta tient à Shakuntalâ (dans la version épique de l'histoire), publiée sous le titre " Le mariage Gândharva et la liberté de la femme", par Georges Dumézil dans ses Mariages indo-européens (1979: 41–45).

23. Kamasutra, III, 5, 11. Le commentaire sanskrit cité est celui de Yashodhara (XIIIe siècle) qui accompagne le texte dans toutes les bonnes éditions.

24. C'est Charles Malamoud (1989: 172) qui repère ce concept-clé : les *hava*, "appels" en sanskrit, "attitudes stéréotypées, tantôt signes tantôt moyens, destinées à manifester et à faire aboutir l'intention de plaire ... Même quand elles correspondent à une passion tout à fait sincère, ces attitudes sont des feintes ...".

émotionnelles et l'un de ces noms. C'est la "candeur jouée" dont on formule l'indication scénique en disant en sanskrit : *ajanatim iva* (accusatif), *ajanativa* (nominatif), "comme si (l'héroïne) ne savait pas ou ne comprenait pas (où son partenaire veut en venir)", elle fait semblant de ne pas comprendre. Candeur qui est un appel au coup de force. Dans le passage cité plus haut, c'était, pour la jeune fille, consentir implicitement à un enlèvement. Dans un autre contexte, ce sera par exemple une feinte pour surmonter la timidité du garçon:

> Quand il la prend dans ses bras, elle ne montre pas son trouble, elle accepte ses timides avances comme si elle ne comprenait pas (*ajanativa*), pour le forcer à prendre ses lèvres de force.
> *Comm.* "Comme si elle ne comprenait pas" : c'est pour dissimuler sa propre audace.[25]

Ce n'est pas le scénario lui-même qui importe ici mais plutôt la formule sanskrite qui sert à nommer le cliché de la "candeur jouée" et qui fonctionne comme un marqueur, puisqu'elle fait récurrence dans différents contextes. A partir du moment où l'on peut dresser la table de concordance de ses différentes occurrences, la formule de la "candeur jouée" est un fait social. Elle ne représente, cependant, ni une règle ni une valeur ni une catégorie de la pensée collective, mais simplement des gestes et des sentiments tels qu'ils sont habituellement mis en scène dans le contexte social auquel le *Kamasutra* fait référence : dans un milieu urbain, dans un milieu profane, chez des gens fortunés mais sans qu'il soit formellement question de princes ni de courtisans.[26] Nous sommes dans cette analyse très en retrait par rapport à la sociologie des valeurs et à l'inventaire des catégories qui permettent de définir une société comme un tout et de faire le lien entre "la société et le cosmos". Mais pourquoi serait-il nécessaire de faire ce saut du corps humain au système social compris comme une totalité socio-cosmique ? Les gestes et les sentiments sociologiquement pertinents n'ont pas tous nécessairement une résonance cosmique, et la formule selon laquelle le rite (le geste rituel) est le modèle (l'archétype) de toute action (mouvement par lequel le corps humain se fait l'expression et l'instrument de quelque chose) est une brillante définition de l'idéologie brahmanique, mais non pas une vérité sociologique. Il me semble qu'on peut donc faire l'économie du cosmos et de l'anthropologie religieuse dans l'analyse ethnographique des rapports entre le corps humain, les textes performatifs qui formulent sa mise en scène et les rapports de domination dont il est

---

25. Kamasutra, III, 3, 43.
26. C'est un trait sociologique dont nous reprendrons ailleurs l'analyse : le contexte social du Kamasutra n'est pas la cour mais la ville.

l'instrument. Je terminerai cette analyse dans une perspective résolument profane, sur un exemple à peu près symétrique de la "candeur jouée", c'est le cliché de la "passion contenue" chez un homme.

Attendant avec impatience l'arrivée de celle qui doit venir au rendez-vous, notre héros s'agite : il se lève, puis s'assied, puis se relève et fait quelques pas vers la porte. "Il ne tient pas en place ; " Mais puisque le texte n'a pas pour objet de décrire mais de prescrire une attitude codée, la traduction exacte de la phrase en question dans le commentaire de Yashodhara est qu'il "ne doit pas" tenir en place : "Il ne doit pas s'asseoir pour l'instant... pour exprimer son respect et sa passion (pour celle qu'il attend)."[27] Yashodhara scande les indications scéniques en répétant, de contexte en contexte, la formule qui sert de marqueur pour repérer le stéréotype de la passion contenue : *gauravanuraga-khyapanartham*, "pour exprimer son respect (*gaurava*) et sa passion (*anuraga*)", bref, une attitude dans laquelle il exprime la violence de ses sentiments et fait de l'énonciation de cette violence contrôlée un moyen de séduire. Si celle qu'il attend tarde à venir...

> Il leur dépêche des messagères, ou bien, il y va lui-même.
> *Comm.* Il leur dépêche des messagères, si l'heure fixée est passée. Et si, malgré ce message, par caprice elles ne viennent toujours pas, il y va lui-même pour exprimer son respect et sa passion.
>
> . . .
>
> Un jour de mauvais temps, celles qui n'ont faute de venir au rendez-vous ont leur toilette gâtée par la pluie. Le galant lui-même la répare, l'ami d'une dame en effet est à ses soins.
> *Comm.* C'est le galant et nul autre qui vient à leur secours. Pour exprimer son respect et sa passion à celle qui est l'objet de ses vœux, il répare la toilette que la pluie a gâtée...[28]

J'espère avoir montré comment fonctionne le stéréotype de la "passion contenue". C'est une indication scénique à l'intention du héros : Combinez l'attitude du maître à celle de l'amoureux! Soyez macho, si j'ose dire. Dans cet univers théâtral, des femmes capricieuses aiment des hommes machos.

Je ne crois pas m'être éloigné du thème de cet ouvrage, en posant la question des sources de notre ethnographie et des conditions dans lesquelles le corps humain se fait "l'expression et l'instrument" de quelque chose, autrement dit, la question de l'énonciation et de la valeur performative des textes lorsque, comme c'est le cas dans les études indiennes, l'ethnologue travaille sur des textes. Certains thèmes, qui font l'objet de discours

---

27. Kamasutra, I, 4, 10 Commentaire.
28. Kamasutra, I, 4, 11 et 13.

abondants dans l'idéologie de la société que nous étudions, nous paraissent livrer les clés de son organisation politique et sociale, et nous disons alors qu'ils représentent des valeurs ou des catégories fondamentales. C'est le cas de la pureté, du don, du sacrifice et de l'alliance de mariage dans les *Traités du Dharma* et la littérature religieuse de l'Inde. Mais pourquoi privilégier cette interprétation dévote des choses de l'Inde ? Je crois qu'une autre grille de lecture est possible, qui mettra en lumière, dans l'institution du mariage par exemple, d'autres clés comme la passion, la violence des sentiments, la feinte, la conquête et les ambiguïtés du consentement mutuel, les antagonismes de sexe et la domination masculine dont le corps des protagonistes est l'expression et l'instrument.

BIBLIOGRAPHIE

BEDI, RAJINDER SINGH
1961 *Ek Chadar Maili Si*, Allahabad, Neelam Prakashan.

BOON, JAMES A.
1982 *Other Tribes, Other Scribes*, Cambridge, Cambridge University Press.

BOON, JAMES A.
1983 "Incest recaptured: Some contraries of Karma in Balinese symbo-
logy", *in* Charles F. Keyes and E. Valentine Daniel, Eds., *Karma. An
Anthropological Inquiry*, Berkeley/Los Angeles/London, University
of California Press: 185–222.

DANIEL, E. VALENTINE
1984 *Fluid Signs. Being a Person the Tamil Way*, Berkeley/Los Angeles/
London, University of California Press.

DANIELOU, ALAIN
1992 *Kâmasûtra, Le Bréviaire de l'amour*, traduit par Alain Daniélou, Mo-
naco, Editions du Rocher.

DAS, VEENA
1976 "Masks and faces: An essay on Punjabi kinship", *Contributions to
Indian Sociology*, n.s., vol. 10, no. 1: 1–30.

DELLA CASA, GIOVANNI
1991 *Galatée ou Des manières*, Paris, Quai Voltaire, 1988; rééd. Livre de
Poche-Biblio.

DUMEZIL, GEORGES
1979 *Mariages indo-européens*, Paris, Payot.

DUMONT, LOUIS
1966 *Homo hierarchicus*, Paris, Gallimard.

INDEN, RONALD B., NICHOLAS, RALPH
1977 *Kinship in Bengali Culture*, Chicago, University of Chicago Press.

JUILLERAT, Bernard
1986 *Les Enfants du sang*, Paris, Ed. de la M.S.H.

KAKAR, Sudhir
1989 *Intimate Relations. Exploring Indian Sexuality*, New Delhi, Viking
(Penguin Books, India).

KANE, Pandurang Vaman
1974 *History of Dharmasastra*, vol. II, part 1, 2nd. ed., Poona, Bhandarkar
Oriental Research Institute.

KOLENDA, P.
1987 "Living the levirate: The mating of an untouchable Chuhra widow", *in* Paul Hockings, Ed., *Dimensions of Social Life. Essays in Honor of David G. Mandelbaum*, Berlin/New York/Amsterdam, Mouton de Gruyter, 45–67.

LEAVITT, JOHN
1992 "Cultural holism in the anthropology of South Asia. The challenge of regional traditions", *Contributions to Indian Sociology*, n.s., vol. 26, no. 1: 3–49.

MALAMOUD, CHARLES
1989 *Cuire le monde. Rite et pensée dans l'Inde*, Paris, La Découverte.

MARRIOTT, MCKIM, AND INDEN, RONALD B.,
1974 "Caste Systems", *Encyclopaedia Britannica*, 15th ed., vol. 3, 982–991.

McGILVRAY, DENNIS B.
1982 "Sexual power and fertility in Sri Lanka: Batticaloa Tamils and Moors", *in* Carol P. MacCormack, Ed., *Ethnography of Fertility and Birth*, London, Academic Press, 25–73.

McGILVRAY, DENNIS B.
1988 "The 1987 Stirling Award Essay: Sex, repression, and sanskritization in Sri Lanka?", *Ethos*, vol. 16, no. 2 : 97–127.

OBEYESEKERE, GANANATH
1984 *The Cult of the Goddess Pattini*, Chicago, University of Chicago Press.

O'FLAHERTY, WENDY DONIGER
1973 *Asceticism and Eroticism in the Mythology of Siva*, London, Oxford University Press.

RAHEJA, GLORIA GOODWIN
1988 *The Poison in the Gift. Ritual, Prestation, and the Dominant Caste in a North Indian Village*, Chicago, University of Chicago Press.

ROLAND, ALAN
1988 *In Search of Self in India and Japan. Toward a Cross-Cultural Psychology*, Princeton, Princeton University Press.

SCHNEIDER, DAVID M.
1968, 1980 *American Kinship. A Cultural Account*, Second Edition, Chicago, University of Chicago Press.

SCHNEIDER, DAVID M.
1988 *A Critique of the Study of Kinship*, Ann Arbor, University of Michigan Press.

SCHWIMMER, Erik
1973 *Exchange in the Social Structure of the Orokaiva*, New York, St. Martin's Press.

TOFFIN, GÉRARD
1990 "Hiérarchie et idéologie du don dans le monde indien", *L'Homme*, vol. 30, n° 2 : 130–142.

TRAUTMANN, THOMAS R.
1981 *Dravidian Kinship*, Cambridge, Cambridge University Press.

TRAWICK, Margaret
1990 *Notes on Love in a Tamil Family*, Berkeley/Los Angeles/London, University of California Press.

12

Montagnes sacrées, os des ancêtres, sang maternel – le corps humain dans une communauté tibétaine du Nepal (les Khumbo)[1]

Hildegard Diemberger

Introduction – Le mythe de l'ombre et l'ordre social et cosmique des Khumbo

Notre problème est posé par un mythe des Khumbo un groupe ethnique tibétain qui vit dans le nord-est du Nepal. Pasteurs et agriculteurs, les Khumbo habitent un territoire sacré connu comme la "vallée cachée de l'Artemise" (Beyul Khenbalung [*sbas-yul mKhan-pa-lung*]), qui se situe historiquement à la périphérie de l'état tibétain[2].

---

1. Les données ethnographiques ont été rassemblées au cours de plusieurs périodes de recherches (34 mois à partir de 1982) dans le nord-est du Nepal et dans le sud du Tibet financées par le projet italien Ev-K2-CNR, le Ministére Fédéral Autrichien de la science et de la recherche et le Fond zur Förderung der Wissenschaftlichen Forschung Autrichien. Je remercie les nombreux collègues et les amis tibétains qui ont contribué à mon travail. En particulier je remercie Christian Schicklgruber, Maria Antonia Sironi, Giancarlo Corbellini avec qui j'ai partagé le "terrain" et Maurice Godelier pour son support dans l'élaboration des donnés et dans le travail d'édition.
Les termes en dialecte tibétain des Khumbo sont donnés avec leur prononciation suivie en crochet par la forme tibétaine écrite (transcrite selon le système proposé par Wylie).
2. Selon la tradition tibétaine qui remonte à Rindzin Godem [*Rig-'dzin rGod-ldem-can*] (1337–1409) (cf. Dargyay 1979: 129 ff), Khenbalung est l'une des vallées cachées dans l'Himalaya qui seront miraculeusement ouvertes dans des moments de crise au Tibet.
Les vallées cachées en tant que refuges et places sacrées de réalisation spirituelle étaient déterminantes dans les mouvements migratoires tibétains dans les régions cis-himalayennes.

Les prêtres – Lama [*bla-ma*] et Lhaven [*lha-bon*][3] – racontent ce mythe qui parle de l'impureté – le "*dip*" [*'grib*] – et de l'inceste. C'est sur ce mythe qu'ils fondent un ordre social qui s'inscrit dans les rapports de parenté et dans le corps humain : suivant l'exemple du chien qui ne connaissait pas la terminologie de parenté (qui "ne disait pas mère, ne disait pas soeur"), le fils d'un être humain commit un inceste fatal en faisant l'amour avec sa mère, une émanation de la terre mère (*Sashi Ama* [*sa-gzhi a-ma*]). Puisqu'il avait voulu rentrer d'où il était sorti, il était dans l'ombre du "*dip*" et il devait mourir. Par conséquent, pour toute l'humanité la terre mère (*Sashi Ama*) s'ouvre et se brise à la naissance et à la mort au lieu même par lequel le corps va retourner à elle. Pour cette raison naissance et mort sont " *dip* ", sont impures.

Le "*dip*" – litt. "l'ombre" – hormis la naissance et la mort, est causé par la transgression des règles sociales en général. Il coupe les relations parmi les hommes et entre les hommes et les divinités. C'est un état contagieux qui expose les êtres humains à l'influence des mauvais esprits, des maladies et qui, par conséquent, interdit la commensalité et entraîne la marginalisation sociale. L'état de "dip" peut être supprimé par des rituels de purification (tu [*khrus*], sang [*bsangs*]). Ceux-ci (serkyim [*gser skyems*]) constituent avec les libations une part liturgique fondamentale des rituels célébrés en l'honneur des divinités du clan, des divinités de la montagne "propriétaires du sol" (sadag [*sa-bdag*]) et des divinités du Bouddhisme : l'ouverture au printemps et la fermeture en automne de la vallée cachée où se trouvent les pâturages d'été ; l'attribution d'un nom à un enfant ; le mariage ; l'inauguration d'une nouvelle maison etc. En marquant les transitions dans le temps et dans les espaces de la communauté, dans le cycle de la vie humaine, dans les relations de parenté, dans les rapports avec les divinités, ces rituels délimitent un ordre à la fois pratique et cosmique.

La Théorie de la Conception – parenté et cosmos dans le corps humain

Selon le mythe du "dip", l'inceste est la racine et le symbole de toute impureté. La naissance, qui détermine la relation mère/fils, est impure

---

Khenbalung prend son nom de "l'Artémise" une herbe sacrée et médicinale ; le texte tibétain qui decrit cette "vallée cachée" se trouve dans les maisons des Lama et son titre est cité en bibliographie.

3. Les Lama des Khumbo sont des prêtres mariés appartenant à la tradition bouddhiste des Nyingmapa, les Lhaven [*lha-bon*] sont des prêtres qui s'occupent en particulier des divinités claniques et du territoire. Leur nom et leur fonction les

jusqu'au moment de sa purification rituelle. Pour les Khumbo cette purification ne peut avoir lieu que si le père donne l'identité sociale à son enfant. C'est la loi que les ancêtres reçurent du ciel selon laquelle c'est le père qui, avec son sperme, transmet les os des ancêtres à ses descendants. En effet, le clan exogame patrilinéaire est défini littéralement comme l'"os" (ru [rus]), ce qui est commun en Asie Centrale. La mère – en tant qu'"émanation de la terre mère" (*Sashi Ame tulba* [*sa-gzhi ama'i sprul-ba*]) – transmet la chair et le sang qui lient l'individu soit à la mère de la mère, soit au clan maternel. Même s'il lie l'individu au côté maternel de la parenté, le sang manque d'une ligne propre de transmission, car, si on remonte dans les généalogies sur trois ou quatre genérations, les liens de sang unissent tous les "os" des Khumbo[4]. On pourrait considérer le sang comme une substance corporelle transmise à travers la parenté de façon cognatique. Le sang manifesterait le caractère bilatéral des rapports de filiation, si l'on distingue, comme le faisait Meyer-Fortes et, après lui, Leach, filiation et descendance. Celle-ci privilégie le côté paternel pour l'affiliation des enfants et la transmission des terres. Elle passe donc exclusivement par les hommes et est unilinéaire. La "linéarité" de la transmission des os et l'impureté attachée au sang transmis par les femmes et diffusé à travers tous les clans fondent ce privilège et constituent l'idéologie dominante de la société en matière de descendance.

Les Khumbo ont cependant un système de parenté flexible qui laisse ouverte la possibilité d'une prééminence du lien matrilatéral au niveau de la pratique sociale (uxorilocalité, appartenance politique au groupe du père de la femme) à condition que cela soit l'objet d'un consensus de tous et surtout de celui des "grands hommes" [*mi che che*]) qui font la politique de la communauté. Une ambivalence est donc inhérente au sang en tant que métaphore des relations de parenté : d'une part le sang possède une valeur positive liée à l'importance politique des relations avec la parenté matrilatérale, de l'autre une valeur négative en tant que substance impure qui ne transmet pas de continuité comme le sperme le fait en devenant l'"os", le clan.

Sperme et sang ne suffisent pas à produire un enfant, il faut en plus un principe spirituel. Ce principe vital de l'être humain, une espèce d'âme, peut être défini soit comme "la" [*bla*], lié aux montagnes sacrées qui donnent la prospérité, la fertilité et la protection aux Khumbo, soit comme

---

rapprochent des anciens prêtres *lha-bon* qui existaient au Tibet avant l'introduction du Bouddhisme (cf. Diemberger 1992)

4. La terminologie de parenté présente des caractéristiques relevant d'un système Omaha (mais avec une certaine flexibilité pour des termes alternatifs plus symétriques) (Cf.Diemberger 1993: 88–127). Pour une analyse de la pratique des règles de mariage cf. Schicklgruber 1993: 343–353.

"*namshe*" [*rnam-shes*] (lit. " principe de conscience ") lié au cycle de la réincarnation en termes propres au Bouddhisme tibétain. Pour le Khumbo le "la" est un principe vital concret qui réside dans le corps humain, mais qui peut résider aussi dans des arbres, des rochers, des lacs et surtout des montagnes[5]. Dans ce cas le siège extérieur du "la" et le destin de la personne sont intimement liés. Si le "la" s'enfuit ou est volé par des divinités, il peut être rappelé par les rituels de "rappel de l'âme" (*lagu* [*bla 'gug*]). Si le "la" abandonne le corps définitivement, la vie (sog [srog]), le souffle (ug [dbug]), l'énergie (*lung* [*rlung*]) cessent. A la mort, le principe vital des prêtres se rend sur les sommets des montagnes sacrées de Khenbalung, seigneurs du territoire (*sadag* [*sa-bdag*], lit. "proprietaires du sol"), auxquelles est lié dès l'origine chaque être humain ; les autres "*la*" s'établissent à leurs pieds[6]. Cependant il n'y a pas de notion précise de réincarnation. Le "*la*" se situe plutôt au sein d'un ensemble de relations entre communauté humaine et territoire. Les montagnes sacrées en tant que "*lari*" (lit. "montagne-âme"), sont le siège d'une âme de la communauté et du territoire auxquels ils garantissent l'énergie vitale.

A la notion de "*la*" se superpose celle de "*namshe*". C'est le principe de conscience bouddhique, un des composants psychophysiques (skt. *skandha*) de l'individu. Dans la réalité "relative" dont les humains font partie en tant qu'êtres animés, le "*namshe*" (qui selon la théorie bouddhique n'est pas une entité métaphysique par rapport à la réalité "absolue" du Nirvana) est le support de la perception (illusoire) du monde et de soi. En tant que tel il est le support des actions qui tiennent l'être humain prisonnier du Samsara, au sein duquel, de réincarnation en réincarnation, tous les êtres animés ont déjà été père et mère l'un de l'autre. A la mort, quand ce principe de conscience abandonne le corps, le poids de ses actions passées (*karma*) le pousse vers une réincarnation. Selon le Livre des Morts tibétain (Le "Bardo thödöl" [*Bar-do thos-grol*] utilisé dans les funérailles par les Khumbo comme par les autres Tibétains) quand un couple s'unit sexuellement et qu'un enfant est conçu, le "*namshe*" rentre dans le ventre de la mère. S'il ressent de l'attraction pour la mère, le nouvel être sera de sexe masculin ; si l'attraction est pour le père, il sera de sexe féminin

---

5. Il s'agit d'une notion ancienne très répandue dans tout le Tibet (cf. Karmay 1987: 97–130). Cette notion tout en étant en principe liée à l'ancienne cosmologie tibétaine prébouddhique présente des caractéristiques spécifiques dans chaque communauté qui dérivent du contexte local et des combinaisons avec le Bouddhisme.

6. Les montagnes ne sont pas liées aux ancêtres des clans mais plutôt aux ancêtres de la communauté comme telle, comme tout. Il existe des montagnes spécifiques pour chaque tradition religieuse et le fait que les non-prêtres restent au pied des montagnes réflète la hiérarchie sociale des vivants.

(Trungpa-Freemantle, 1975: 84). Si le *"namshe"* est "illuminé", renonçant au Nirvana immédiat, il peut décider de se réincarner pour aider tous les autres êtres animés dans leur chemin vers l'illumination – c'est le cas du Bodhisattva[7].

Ce qui "anime" le corps humain lie donc chaque membre de la communauté à la fois au territoire sacré qui les entoure et à l'univers bouddhique auquel les Khumbo appartiennent, même si c'est marginalement.

Les montagnes sacrées en tant que siège d'une "âme" (*"la"*) de la communauté, font l'objet d'une croyance tibétaine ancienne encore répandue (Stein 1986: 157 ; Karmay 1987). Par contraste, dans le Tibet Central, au cours de l'histoire, les clans définis comme "os" ont perdu l'importance qu'ils avaient au temps des anciennes confédérations et de l'ancienne monarchie en faveur des principes bouddhistes. A partir du 13ème siècle l'idée de la réincarnation d'un principe de conscience indépendant de la parenté est devenue la base conceptuelle pour penser la réincarnation des personnalités politico-religieuses (les *"tulku"* [*sprul-sku*], véritables lignes de hiérophanies dont le Dalai Lama est l'exemple le plus connu (cf. e.g. Seyfort Ruegg 1988: 1249), et ceci s'est passé à l'époque et là où la religion bouddhique est devenue le facteur structurant de la société. Dès lors, en général les noms claniques ont disparu en tant qu'indicateurs d'identité en faveur des noms de localités et des noms de communautés religeuses d'appartenance.

Pour les Khumbo, dont l'histoire s'est déroulée à la périphérie de l'état tibétain, l'identité sociale qu'expriment leurs rituels est définie à partir d'un ordre cognitif religieux fondé soit sur les divinités du clan patrilinéaire et du territoire, soit sur celles du bouddhisme. Cet ordre social et cosmique s'inscrit dans le corps humain à travers les procès de la conception et de la naissance d'une nouvelle vie humaine. Avant sa naissance, un individu est attribué à un groupe social et à un territoire par la nature même des composants de son être (os, sang, principe spirituel). Au fur et à mesure qu'il – ou qu'elle – s'appropriera son corps en grandissant, ces représentations culturelles construiront son identité.

Nous décrivons brièvement les phases de la procréation humaine : les rapports sexuels sont vécus dans le cadre de la commensalité rituelle et d'un espace cosmique orienté entre haut et bas, entre ciel et terre ; la conception s'accomplit dans l'utérus défini comme une fleur qui s'épanouit chaque mois (si elle n'est pas fécondée la fleur se fane en provoquant la

---

7. Selon la conception Mahayana répandue au Tibet, l'illumination concerne l'ensemble des êtres vivants. L'être illuminé peut contrôler le temps, la manière dont se sépare du corps le principe de conscience et sa future réincarnation dans l'un des six royaumes entre lesquels se partagent les êtres.

menstruation) : la grossesse avec les rituels de "rappel de l'âme" (*lagug*) ; la naissance marquée par l'ombre de l'impureté ; la naissance sociale réalisée par les rituels qui donnent le nom et déclarent l'enfant fils ou fille du clan paternel sous la protection des divinités du territoire et du bouddhisme. Ces rituels dans le cas du premier enfant d'un couple marquent aussi pour les parents le passage à l'identité adulte désignée par la technonymie : de partenaires sexuels ils deviennent des parents ; d'objets d'alliances matrimoniales ils deviennent sujets de stratégies sociales.

Pourquoi les femmes ne peuvent pas toucher les armes sacrées ?

Dans les maisons Khumbo il y a toujours un autel orienté vers les montagnes sacrées. Près de l'autel il y a une lance et un couteau, c'est le siège du Dabla, la divinité de la défense. Tout ce qui est lié au Dabla et à ses armes sacrées est interdit aux femmes. Selon une croyance commune au Tibet, l'impureté des femmes détruirait le pouvoir des armes sacrées dont dépend la défense du territoire (aujourd'hui plutôt symboliquement que réellement)[8]. Les femmes ne tuent pas, elles ne portent pas le couteau comme les hommes et elles ne peuvent jamais toucher les armes sacrées. Le pouvoir et l'honneur des armes n'appartiennent qu'aux hommes.

Les femmes, par contre, ont un autre pouvoir, le pouvoir sur la vie. C'est un pouvoir nécessaire, reconnu mais, comme le sang menstruel – son symbole – impur, à moins qu'il ne soit protégé et purifié par les divinités, c'est à dire qu'il ne soit intégré dans l'ordre social et religieux des clans. Si les femmes produisaient des enfants sans père reconnu, elles se comporteraient comme des chiennes et amèneraient l'impureté dans toute la communauté humaine. Il n'y aurait plus de clans et on risquerait l'inceste... Ce serait un contre-pouvoir qui susciterait la rage divine. Et si on n'arrive pas à trouver des solutions informelles pour donner un statut à des enfants illégitimes, la grêle et les maladies qui tombent sont attribuées à cette transgression, qui fait qu'un être humain ne peut plus sortir de l'impureté de la naissance.

A cause de leur sang impur qui ne transmet pas l'"os", à cause des divinités claniques et à cause de Dabla qui lie les "os" à la défense du

---

8. Historiquement au Tibet et dans l'Himalaya le culte des armes sacrées était lié à de vraies guerres. L'intégration dans des états comme le Nepal et la Chine ont réduit l'importance effective des armes. Pourtant parfois dans le cadre de conflits locaux et lorsque se confrontent les deux pouvoirs, de l'Etat et de la périphérie, les armes peuvent encore représenter un moyen offensif ou défensif efficace.

territoire, les femmes doivent quitter la maison de leurs parents pour devenir des belle-filles subordonnées ailleurs. Quand elles deviendront des "mères de maisons" (*drongpa ama*), à la tête d'une unité familiale, elles conquerront un pouvoir spécifique comme administratrices de l'économie, des alliances et de la commensalité. A partir de cette position elles exerceront une influence sur la politique interne de la communauté puisque la commensalité y joue une fonction fondamentale et que la pratique sociale ne sépare pas le monde féminin du monde masculin.

Transgression et transcendance – Le langage du corps utilisé à l'envers

Le langage du corps exprime un ordre cognitif socialement construit dont les symboles peuvent être aussi utilisés à l'envers. Ce sont les cas de transgression délibérée ou de recherche d'une transcendance dans le sens religieux au-delà de l'ordre social normal. Les conflits, la magie noire, l'accusation d'empoisonnement se servent de ce langage : on exhibe les parties génitales comme provocation grave, on utilise les substances impures dans la magie noire, on voit dans l'empoisonnement, dont les femmes sont les coupables, une inversion du pouvoir de la commensalité et de la nourriture. Comme la commensalité rituelle unit les hommes et les dieux, le poison suscite la peur et divise les habitants du village. Il coupe la communication jusqu'au moment où un rituel d'exorcisme met à l'épreuve toutes les femmes du village[9].

La femme oracle (*lhakama* [*lha-bka'-ma*])[10] se trouve toujours en dehors des règles de la commensalité, puisqu'elle est possédée par les dieux, les esprits des morts et les esprits des ancêtres. Pendant son initiation elle s'est confrontée avec des lieux impurs et des expériences terrifiantes. Par sa

---

9. Le rituel s'appelle "na kyalce" [*mna' skyel-ba*], "prêter serment", et consiste dans la réunion du village autour d'un bûcher sur lequel l'une après l'autre sont placées toutes les femmes du village. Les prêtres leur mettent une pierre sur la tête et invoquent les divinités en déclarant que la (ou les) coupable(s) d'empoisonnement doivent mourir dans la semaine. Après être descendue du bûcher chaque femme boit du chang d'un pot collectif. La journée finit avec toute la communauté du village en état d'ivresse. Après ce rituel le village peut se considérer purifié et les gens des autres villages peuvent revenir lui rendre visite.
10. Ce nom signifie "celle qui donne la parole aux dieux". Le nom et la fonction de cet oracle renvoient à des anciennes formes d'oracle au Tibet (cf. Nebesky Wojkowitz 1975: 425). Pour une analyse plus détaillée de cette tradition cf. Diemberger 1991.

fonction d'oracle elle a un pouvoir qui peut parfois dépasser celui des grands prêtres. C'est quand les conflits, qui causent maladies et catastrophes naturelles, deviennent menaçants, insolubles, que l'oracle intervient en révélant, sous l'effet d'une possession divine, ce que personne n'oserait dire. Souvent le malheur des jeunes belles-filles y trouve son expression. L'oracle provoque une catharsis qui permet de redéfinir en partie les relations mais cependant c'est toujours une solution individuelle bien intégrée dans les règles de base de la société.

L'activité et l'expérience de ces femmes remarquables se rapprochent beaucoup de la philosophie du Tantrisme à laquelle elles ne sont pas étrangères : la confrontation avec tout ce que la perception commune considère comme horrifiant et impur est considérée comme un moyen d'émancipation spirituelle[11]. Les catégories de la perception se révèlent en tant que catégories subjectives et socialement déterminées et sont transcendées. Cadavres, os, sperme et sang, en tant que symboles rituels puissants ont dans ce contexte un sens spirituel profond que je ne peux mentionner.

Conclusion – L'histoire réinterprétée dans le mythe

Le corps humain parle donc d'autrui et d'autre chose. Avant tout, il parle de la relation qui lie un être humain à ceux dont il dérive, et du cosmos dans lequel il est conçu et mis au monde. Mais les relations de parenté à travers l'attribution des enfants à des parents expriment aussi d'autres relations qui concernent l'économie, la politique, la religion.. Les institutions, pour se reproduire de génération en génération, passent à travers la parenté en lui donnant une forme qui peut souligner le côté maternel ou paternel ou bien exprimer une bilatéralité ouverte à des alternatives contextuelles (Godelier 1990). Ce choix social pour les Khumbo (et pour les Tibétains) est théorisé dans les termes de composants de l'être humain : sperme, os, sang, chair, principe spirituel.

Quand, dans les années 70 dans ces régions himalayennes arrivèrent les Khampa, les guerrilleros tibétains, tout le monde était convaincu de leur

---

11. Je me réfère ici soit à l'approche tantrique en général (avec sa symbologie sexuelle et sociale utilisée à l'inverse des paramètres communs), soit en particulier à des traditions comme le *gcod*. Cette tradition fondée par une femme tibetaine, Machig Labdrön [Ma gcig Lab sgron] au 12ème siècle est présente chez les Khumbo. Selon cette tradition en se donnant soi-même aux démons, dans les places les plus impures, on coupe l' "attachement" à l' ego et aux catégories communes de la perception. On obtient de cette façon la libération spirituelle.

invincibilité. Ils étaient protégés par les divinités, par la bénédiction du Dalai Lama, par Dabla et ses armes sacrées. En fait ils étaient aussi soutenus par la CIA (cf. Avedon 1984: 125 ; Tibet Review etc.). En 1971 grâce à Kissinger, la Chine et les USA se rapprochèrent et le soutien aux guerrilleros tibétains fut abandonné par les Américains. Le manque d'armes, les pressions du gouvernement chinois sur le roi du Népal qui intervint militairement causèrent la défaite de ce qui était une lutte désespérée. Mais les gens des hautes vallées ne connaissaient rien des jeux politiques internationaux et ne comprenaient pas la défaite de ceux qu'ils considéraient comme invincibles par la protection divine. Une explication se répandit bientôt : les Chinois ayant découvert que la force des guerrilleros résidait dans leurs amulettes et dans leur protection divine, auraient rempli les balles de leurs fusils avec du sang menstruel. Seul le plus fort des contre-pouvoirs avait pu vaincre des soldats sacrés. Un langage ancien, répandu dans toute l'Asie Centrale, exprimait une fois de plus à travers le corps, la société et les forces occultes de son histoire.

BIBLIOGRAPHIE DE RÉFÉRENCE

ANONYME.
Thun mong rten sgrig byed pa'i lha rnams mnyes byed bsangs yig bzhugs so. Manuscrit tibetain du texte rituel appartenant à la tradition Byangter .

AVEDON, J.
1984 [1979] *In Exile from the Land of Snow.* New York: Alfred A. Knopf. 2nd ed.

DARGYAY, E.M.
1979 *The Rise of Esoteric Buddhism.* Delhi: Motilal Banarsidass.

DIEMBERGER, H.
1991 *Lhakama [lha-bka'-ma] and Khandroma [mkha'-'gro-ma] – On Sacred Ladies of Beyul Khenbalung [sBas-yul mKhan-pa-lung].* In: "Tibetan History and Language, Studies in Honour of Geza Uray" Steinkellner, E., ed., Vienna: Arbeitskreis fur Tibetische und Buddhistische Studien

DIEMBERGER, H.
1992 *Lovanga [Lo 'bangs pa?] Lama and Lhaven [Lha bon]: Historical Background, Syncretism and Social Relevance of Religious Traditions among the Khumbo (East-Nepal)".* In "Tibetan Studies" Ihara S. et Yamaguchi Z., eds, Narita : Naritasan Shinshoji.

DIEMBERGER, H.
1993 *Blood, Sperm, Soul and the Mountain* in: Del Valle, T. (ed.) Gendered Anthropology, London, Routledge.

FORTES, MEYER.
1953 *The structure of unilineal descent groups.* In: American Anthropologist 55: 17–41.

FREMANTLE, F. ET TRUNGPA, C.
1975 (trad.) *The Tibetan Book of the Dead.* Berkeley: Shambala.

GODELIER, M.
1990 *Inceste, parenté, pouvoir.* In: Psychanalystes, no. 36 Septembre (no. special 'Le Sexuel Aujourd'hui'): 33–51.

NEBESKY WOJKOWITZ, R. DE.
1975 *Oracles and Demons of Tibet* Graz: Akademie Verlag

KARMAY, S.
1987 *L'ame et la turqoise.* In: L'Ethnographie, XXXIII: 97–130.

REGMI, M.C.
1978 *Land Tenure and Taxation in Nepal* Kathmandu: Ratna Pustak Bhandar

Rig –'dzin rGod-ldem-can, *sBas yul mKhan pa lung gi lam yig sa spyad bcas pa bzhug so* Manuscrit tibetain

SCHICKLGRUBER, C.
1992 *'Grib: On Significance of the Term in a Socio-Religious Context.* In "Tibetan Studies" Ihara S. et Yamaguchi Z., eds, Narita: Naritasan Shinshoji.

SCHICKLGRUBER, C.
1993 *Who Marries Whom and Why among the Khumbo.* In "Anthropology of Tibet and the Himalaya" Ramble C. and Brauen M., eds, Zurich: Ethnological Museum of the University of Zurich.

SEYFORT RUEGG, D.
1988 *A Karma bKa' brGyud Work on the Lineages and Traditions of the Indo-Tibetan dBu ma (Madhyamaka).* In "Orientalia Iosephi Tucci Memoriae Dicata", Gnoli G. and Lanciotti L., eds, Roma: IsMEO.

STEIN, R. A.
1987 *La civilization Tibétaine*, (edition definitive). Paris : l'Asiateque.

URAY, G.
(sous presse), *The Personal Names in the 7th–8th century Tibetan Sources and the Study of Tibetan History.* Communication dans la "2nd Hungarian Conference of Onomastics", Budapest, 1969, publiée en hongrois (Budapest: Akadémiai Kiado, 1970). A paraître en anglais dans la collection en honneur de Burmiok Athing Densapa du Sikkim, Dharamsala (India): Library of Tibetan Works.

13

Pourquoi les Yanowamï ont-ils des filles ?

Catherine Alès

S'interroger sur les rapports corps/parenté/pouvoir chez les Yanowamï[1] nous mène à considérer les représentations des substances corporelles, comme le sang et le sperme, ainsi que la conception du genre. Cela nous conduira à réfléchir sur la façon dont est légitimée l'asymétrie des sexes dans une société qui ne s'appuie pas, comme on peut le rencontrer dans d'autres cultures amazoniennes, sur une mythologie explicite de la domination masculine. Il n'y a pas davantage chez eux un discours de "dénigrement" des femmes, puissamment intégré à une machine initiatique masculine, comme dans l'exemple baruya analysé par M. Godelier (1984, 1992). En effet, cette société acéphale et égalitaire, mais où règne une certaine valorisation des hommes au détriment des femmes, est dépourvue d'institutions[2] qui formaliseraient la disjonction des sexes. Les mythes n'insistent pas sur le pouvoir masculin comme étant le bon ordre ou sur les dangers que l'insubordination des femmes ferait encourir à la société tout entière ; ils soulignent simplement la spécificité des femmes en tant qu'épouses et reproductrices, notamment au travers du thème des premières règles.

---

1. Je travaille depuis 1975 avec les Yanomami du Venezuela chez lesquels j'ai séjourné plus de quatre années. Les données sur lesquelles est basé ce texte ont été recueillies auprès des Yanowamï de la Sierra Parima. Les Yanowamï ou Yanomamï (terme identique à la transcription nord-américaine Yanomamö) vivent pour la plupart au Venezuela. Selon la division proposée par E. Miggliazza (1972), ils sont l'un des quatre sous-groupes qui composent avec les Sanema ou Sanúma, les Yanam ou Ninam, et les Yanomam, la famille linguistique Yanomami (encore rencontrée sous le terme de Yanoama ou Yanomama dans la littérature). Celle-ci occupe un territoire qui s'étend de part et d'autre de la frontière venezolano-brésilienne. Depuis plusieurs années, le terme Yanomami est celui qui s'est imposé localement, tant au Brésil qu'au Venezuela, pour désigner l'ensemble de l'ethnie, tous groupes confondus.

2. Telles que les grandes initiations masculines, les maisons des hommes ou les rites masculins secrets dans le cadre desquels des masques ou des instruments de musique sont prohibés à la vue des femmes.

Je m'intéresserai essentiellement ici aux représentations du processus d'engendrement et de fabrication des corps. Cela m'amènera à parler, indirectement, des rites de transformation des corps, comme le rite d'homicide ou le rite des premières règles. Si, dans un premier temps, les représentations de la procréation font bien appel à la complémentarité des sexes, une autre dimension de la reproduction révèle le processus de hiérarchisation dont cette complémentarité est l'enjeu. D'un côté, la fécondité est féminine, elle correspond au sang des menstrues et au sang de l'enfantement. De l'autre, la fécondation est masculine, elle est associée au sperme. Néanmoins, la reproduction est homosexuée : le genre des personnes, leur apparence physique, leur caractère ou leurs qualités, sont conçus comme étant transmis aux femmes par les femmes, aux hommes par les hommes. Nous apprécierons comment les Yanowamï jouent sur la dissociation des sexes par le truchement d'une filiation parallèle qui distingue les destins féminins et masculins. Cette disjonction dualiste est une des formes du travail symbolique de distinction des sexes qui est le clivage préalable indispensable à l'établissement de leur valence différentielle hiérarchique[3]. Cette logique symbolique s'exerce au niveau de tous les rapports sociaux, en particulier de la parenté et de l'alliance, de la sphère économique et de celle du politique ainsi qu'au niveau des moyens qui permettent la reproduction symbolique de la société.

Le fondement symbolique du principe de la fécondité féminine et de la parturition : la fertilité et le sang

Le sang des menstrues et le sang des meurtres

La contribution féminine au processus de reproduction en général et au processus de procréation en particulier est associée à la substance sanguine. Elle est liée au sang que les femmes produisent périodiquement lors de leurs règles et à celui qui est nécessaire pour précipiter l'expulsion de l'enfant au moment de l'accouchement.

Ce flux de sang doit être contrôlé pour ne pas se prolonger au delà d'une certaine période, et c'est en quelque sorte à cet effet coagulant que

---

3. Le terme valence est employé ici dans son sens étymologique d'origine latine *valentia* (valeur), et selon l'expression de Françoise Héritier (1981: 50) qui définit *"la valence différentielle des sexes"* comme *"la place différente des deux sexes sur une table des valeurs"*, plus généralement la dominance du principe masculin sur le principe féminin.

correspondent – entre autres – différents rites comme le rituel des premières menstruations, le rituel des règles périodiques et celui du *post-partum*.

Le sang qui chemine dans le corps de la femme à l'occasion des menstrues et de la délivrance provient d'une "explosion" à laquelle est sujet le coeur. Sous l'effet du choc, celui-ci libère soudain un flux sanguin qui apparaît à chacun de ces orages physiologiques féminins. Mais, au delà de cette explication mécanique, d'où vient la capacité que possèdent les femmes de produire du sang, d'être *nï iyê*, "faiseuses de sang"?

La capacité de fécondité des femmes relève de héros des temps mythiques dont le sang s'est versé et épandu dans la forêt au moment de leur mort. Le premier s'appelait Sarigue-souris, le second Tortue[4]. Chacun de ces personnages possédait une particularité bien précise, celle d'avoir été tout d'abord des meurtriers avant que leur propre sang ne s'écoule. Depuis, l'*itupï*[5], le "double" de ce sang se perpétue, comme incorporé, dans le sang menstruel de tous les êtres reproducteurs (Alès 1987).

Pour éclairer ce point fondamental, entendons brièvement le mythe du héros Tortue, l'homicide qui s'est enfui après avoir dévoré la cervelle de sa victime. A son début, l'histoire raconte que Tortue se promène dans la forêt quand il rencontre Jaguar. Ce dernier commence alors à l'examiner sous tous les angles, intrigué par les trous de sa carapace. Au moment où il regarde le trou correspondant à la tête, Tortue brusquement se déploie, mord l'oeil de Jaguar et aspire l'intérieur de son crâne. Une fois le cerveau de Jaguar absorbé, Tortue s'enfuit et, dans sa course, franchit un cours d'eau sur des troncs d'arbres assemblés qui servent de passerelle. A cet instant, la cervelle ayant gonflé dans son estomac, Tortue explose. Son sang éclabousse toute la forêt alentour et inonde la rivière, dont les eaux se colorent de rouge et deviennent ainsi éternellement de sang.

De prime abord, le sens de cette histoire se rapporte au meurtre et aux dangers encourus par un meurtrier qui, après s'être enfui, ne parviendrait pas à réaliser le rite de l'homicide. Pourtant, implicitement, ce qu'explique ce mythe est l'origine du sang menstruel et du sang de l'enfantement. Est ainsi engendré non seulement le sang de toutes les femmes yanowamï mais également celui de toutes les espèces animales capables de procréer Il s'agit en effet d'un sang *parimi*, c'est-à-dire perpétuel, or le sang que

---

4. Il s'agit des ancêtres *Narô* et *Mosotori*. Le nom de *Mosotori* correspond à une tortue terrestre, celui de *Narô* (Opossum-Souris) à une espèce d'opossum (parmi *Marmosa, Micoureus, Gracilianus, Marmosops species)* de la famille des *Didelphidae* (Marsupiaux).

5. Le terme *itupï* désigne la notion du double ; il correspond au dédoublement de l'"âme" de tout être, esprit, élément, etc., animé. Lorsque l'on parle de l'*itupï* d'une personne ou d'un élément, il ne s'agit donc pas directement de son double, mais du "double" de son "âme", de sa "force de volonté" (*cf.* note 26).

possèdent tous les êtres qui se reproduisent est généré par ce sang initial. Ce dernier, en effet, était encore suffisamment épais au moment où il s'est mêlé à l'eau de la rivière pour que sa dilution permette d'assurer l'éternité de la périodicité des êtres du genre féminin. Si Tortue n'avait pas explosé (*homoprou*) et si son sang n'était pas tombé dans la rivière, les femmes yanowamï d'aujourd'hui ne seraient pas assises par terre (*roo*) pendant toute la durée de leurs règles[6] et leurs coeurs n'"éclateraient" pas. Si son sang n'avait pas été suffisamment dense, il n'aurait pu se démultiplier efficacement afin de pourvoir aux besoins de la périodicité perpétuelle de l'univers.

Cette pérennité du sang de la fécondité féminine associée à la périodicité menstruelle et à la parturition se dévoile donc comme le résultat d'un meurtre et du cannibalisme qui lui est afférent. Or, dans la réalité sociale, l'homicide, nous le verrons, est le fait exclusif des hommes. Ce serait ainsi un principe masculin qui gouvernerait en amont la reproduction biologique, dans les principes physiologiques mêmes rendant possible cette reproduction : la fertilité et l'enfantement.

Il y a bien, en effet, une relation entre le sang féminin de la fécondité et les meurtres virils de vengeance, vus sous l'angle de la périodicité : les homicides accomplis régulièrement étant l'avatar ou, pour dire plus juste, la copie, l'imitation des meurtres perpétrés par les ancêtres. S'éclaire alors sous un nouveau jour le rite du bain qu'effectuent, au retour d'une expédition belliqueuse, les guerriers venant de commettre un homicide dès lors qu'ils se considèrent hors d'atteinte. Il intervient avant que les meurtriers ne poursuivent, une fois rentrés chez eux, un rituel d'évitement et de jeûne qui s'étale sur plusieurs jours[7]. L'homicide se défait tout d'abord

---

6. Les jours de menstruation, les femmes évitent les sorties en forêt. Elles restent assises au sol (position dite "*roo*") dans leur foyer. La nuit, toujours assises au sol, elles dorment en s'appuyant le dos contre leur hamac, la tête y reposant sur un de leurs bras replié. Elles sont posées en général sur des bûches de bois, sur lesquelles s'écoulent les flux sanguins avant d'imbiber la terre. De temps en temps, elles peuvent saupoudrer de terre le sang échappé sur le sol. Cette position est également observée, de jour comme de nuit, durant toute la période du *post-partum*. Le nouveau-né étant tenu dans les bras de sa mère, elle persiste jusqu'aux relevailles, moment où l'accouchée *hisirayou* (action de se hisser), c'est-à-dire se relève et se couche pour dormir dans son hamac. On remarquera que cette phase de positionnement au sol correspond aux trois ou quatre semaines où des lochies sont évacuées.

7. L'homicide est censé vomir, sous forme de cheveux, rognures d'ongles, chairs putrides, caillots de sang..., la marque du crime (*unokaï*) dont il est porteur, puis le rite d'homicide (*unokaïmou*) perdure encore au travers d'une série de bains, destinée à ôter parfaitement la souillure de façon à recouvrer la santé, avant de se clôturer par un rite de parure (*paushimou*). Rappelons que, la durée du rite, le corps de l'homicide vit une évolution parallèle à celle du corps de la victime. Il réagit par

de son arc et de ses parures – tous éléments porteurs, à l'instar de son corps, de la marque du meurtre *(unokaï)* – avant d'être lavé à l'aide d'une poignée de feuilles, par ses pairs, sur le bord de la rivière : il a métaphoriquement assimilé sa victime, non moins que Tortue a réellement ingéré le cerveau de Jaguar, et il se baigne pour se nettoyer de manière figurée du sang de l'homicide, de même que le sang de Tortue s'est concrètement mêlé à l'eau de la rivière. Ajoutons que l'eau est *parimi*, éternelle et que, identiquement, la marque d'un meurtre sur les lieux mêmes du crime est dite, elle aussi, pérenne[8].

Tout se passe donc comme si le meutrier d'aujourd'hui imitait – tout en évitant d'en mourir – l'action de Tortue et renouvelait en se lavant l'efficacité et la densité de la rivière en matière de fécondité ; tout se passe comme s'il y avait une circulation de l'énergie vitale dans l'accomplissement des vengeances : un meurtre vient en quelque sorte "raviver" le principe procréateur initié aux temps mythiques. Le premier bain lors du retour d'un raid funeste pourrait donc bien être une réplique roborative du sang de l'assassin Tortue dans la rivière[9]. On peut mettre en parallèle ce bain initial, qui permet de nettoyer une première fois la souillure du meurtre conçue sous la forme d'une matière graisseuse suintant sur le front (ce gras *(tapï-tapï)* lavé par l'eau de la rivière étant le symbole de l'anthropophagie figurée du meurtrier, la métaphore du mort incorporé), et le corps éclaté et sanglant de Tortue dans le lit de la rivière, qui imprègne celle-ci d'un sang suffisamment concentré pour que sa dilution ait un pouvoir démultiplicateur et alimente les flux sanguins de tous les êtres reproducteurs. De cette proposition découle que le sang des meurtres périodiques régénère l'*"itupï"*, le "double" de la rivière de sang (Alès 1987).

---

analogie en fonction du traitement du cadavre dans le camp ennemi. Ce dernier essaye, en effet, de faire échouer l'homicide – corps et âme sous l'emprise délétère du "double" de l'"âme" de la victime – dans sa tentative de survivre à l'épreuve (cf. AlES 1984 ; sur le thème de l'*unokaï*, voir également ALBERT 1985).

8. Afin de conjurer cette éternité, les proches du défunt assassiné brûleront plus tard, à condition qu'il se situe sur un territoire où ils puissent accéder, l'endroit du sol (ou l'arbre, la forêt, le jardin...) où le corps est tombé mort au moment de son assassinat. Néanmoins, ce lieu restera entaché perpétuellement de la marque de son sang et désigné, nous le verrons un exemple plus loin, comme tel.

9. Les Yanowamï de la Parima situent effectivement une rivière de couleur rouge, *iyêwei kë u*, la "rivière ensanglantée", dans la région des Waika (c'est-à-dire, de leur point de vue, de l'autre côté de la frontière brésilienne), qui est supposée avoir été rougie par le sang de Tortue quand ce dernier a éclaté. Cette rivière ensanglantée par le héros du mythe a un homonyme du côté vénézuélien, qui se trouve être un affluent droit du bas Ocamo. Du côté brésilien, signalons en outre une rivière nommée *iyê-iyê kë u*, rivière du sang, et une autre *parimi kë u*, rivière éternelle, appelée Rio Parima sur les cartes.

Certes, dans le discours explicite, les homicides viennent compenser par la négative le déficit affectif occasionné par les morts du groupe, et cette compensation peut être interprétée comme un principe d'équilibre des qualités ou de l'"efficacité de production" perdue des défunts. *Implicitement* toutefois, les hommes assurent également par leur activité guerrière une continuité qui est loin d'être négligeable puisqu'ils garantissent la perpétuation du principe de reproduction des êtres humains, tout comme des animaux et, nous allons le voir, des plantes. Il y a nécessité de tuer pour reproduire : la mort permettrait dès lors la vie. Grâce à l'apport de sang versé, "sang" en quelque sorte "incorporé" puis suinté, exsudé, les homicides maintiennent la permanence du principe de fécondité. Plus concrètement, de meurtre en meurtre, se transmet l'itupï, le "double" du sang déversé originellement par Tortue ; de la même manière que, d'homicide en homicide, parvient celui de Sarigue-souris, cet autre meurtrier initial évoqué plus haut, dont l'"esprit" pénètre les guerriers yanowamï pour les rendre "waitheri"[10], capables de braver le danger. C'est pourquoi le coeur des femmes "explose" toujours actuellement à l'image de Tortue qui a éclaté sous la pression du sang du corps dévoré ; c'est la raison pour laquelle les hommes du temps présent continuent d'assassiner sur le modèle des ancêtres qui ont détruit Sarigue-souris afin de venger les crimes qu'il avait commis[11].

Ce héros mythique commet en quelque sorte le premier meurtre qui est intervenu. Autour de cet événement va s'organiser la première coalition

---

10. Le terme *waitheri* désigne avant tout une personne courageuse, téméraire, osée, vaillante, bref, quelqu'un qui n'a pas peur ; que ce soit dans un contexte quotidien banal comme dans une situation plus grave. Il peut très bien dans certains cas signifier la combativité, l'agressivité ou la violence d'une personne. Le champ sémantique de ce terme poussé à son extrême, comme dans le contexte guerrier qui nous intéresse, sous-tend l'idée d'une personne qui non seulement est capable d'affronter l'ennemi, mais en outre réussit à écarter les risques encourus par le fait d'avoir combattu : ici, perpétrer un ou plusieurs meurtres tout en gardant une bonne santé. Cela demande, d'une part, de surmonter les risques mortels encourus par le "double" vengeur de la victime incorporé en soi, donc de réussir le rite d'homicide, et, d'autre part, de survivre aux attaques de représailles, ce qui suppose éviter flèches et charmes de sorcellerie létaux.

11. On peut penser que le sang de Lune joue une fonction similaire à celui de Sarigue dans certaines parties du territoire. N.A. Chagnon (1968: 47) parle en effet d'un mythe dans lequel Lune est blessé par les flèches de Scorpion tandis qu'il remonte au ciel après avoir dévoré des enfants sur terre : du sang de Lune qui s'est répandu naissent les Yanomami, c'est pourquoi ils sont "waitheri" et se font la guerre. Si on le met en relation avec nos données, on peut comprendre dans un même sens ce mythe dans les régions où il opère, c'est-à-dire, comme un mythe de fécondité articulée au sang des meurtres. Précisons toutefois que cette histoire

guerrière entre alliés, suite à une fête de funérailles. Cette histoire est donc, entre autres, un mythe de la guerre et de la vengeance chez les Yanowamï. Sarigue déjoue tout d'abord de nombreuses attaques, puis s'engage une folle poursuite au terme de laquelle il est finalement assassiné sur un arbre de la forêt. Son sang va éclabousser la forêt alentour, les plantes et les animaux (c'est là l'origine de la couleur rouge dans le plumage de certains oiseaux ou de la couleur de la robe de certains animaux), et également les humains.

Dans certaines versions, les poursuivants vont alors peindre entièrement leur corps de son sang. Les Yanowamï disent dans leurs commentaires exégétiques que les ancêtres ont pensé ainsi, à l'image de Sarigue, réussir leur rite d'homicide *unokaïmou*. Autrement dit, ils ont voulu imiter Sarigue qui était parvenu à tuer tout en survivant à la prégnance de son crime : à son instar, ils pourront occire tout en évitant que leur corps ne se décompose ensuite sous l'influence funeste du "double" de la victime. A l'inverse de Tortue, Sarigue-Souris est en effet le parangon du meurtrier qui réussit son rite d'homicide. On comprend mieux ainsi la raison pour laquelle c'est son "double", et non celui de Tortue, qui s'incarne dans les guerriers actuels. Est introduite ici une différence capitale entre les deux héros mythiques qui font figure de meurtrier : Sarigue meurt assassiné par blessure externe, au contraire de Tortue qui décède, faute d'avoir surmonté les effets délétères de son crime cannibale, d'une blessure interne, et non d'une atteinte extérieure due à des guerriers. L'histoire de Sarigue par conséquent est également un mythe du rite du meurtrier, même si la relation entre le mythe et le rite n'est pas de prime abord manifeste.

Elle ne l'est d'ailleurs pas davantage si un considère le rituel. Toutefois, quand ils estiment le rite d'un homicide venu à sa fin – et donc réussi-, les hommes se rendent en forêt en compagnie de celui-ci afin d'attacher au fût d'un arbre son hamac d'écorce, les bâtonnets employés pour se gratter indirectement et sa gourde d'eau. Il s'agit des objets qui ont été utilisés par le meurtrier le temps de son rituel et qui sont donc, par contamination, porteurs de la marque de son crime. Or il est remarquable que l'arbre choisi pour fixer ces éléments et celui où, dans le mythe, Sarigue décède, sont précisément d'une seule et même espèce. Au cours de la cérémonie, tout se passe comme si cet arbre-témoin catalysait la marque de l'homicide ou le "double" du défunt. Il permet que s'opère une identification entre le meurtre réel et l'homicide mythique de Sarigue. Autrement dit, ce rite relie

---

n'est pas racontée par les Yanowamï de la Sierra Parima et que ceux qui l'ont entendue, auprès de leurs voisins qui vivent en aval, n'attribuent nullement à Lune un rôle identique à celui de Sarigue : Lune remonte à l'aide d'une liane dans le ciel mais il n'est pas la cible des flèches de Scorpion, il ne peut donc y avoir de sang de Lune qui se répande au sol.

directement le sang du crime contemporain et les qualités bénéfiques du sang du meurtre de Sarigue.

Par le truchement du "double" du sang des victimes temporelles, les hommes activent bien la fécondité générale des êtres du cosmos et, en particulier, la fécondité des humains, ils permettent que le "double" du sang qui s'est déversé des deux homicides primordiaux s'incorpore dans les femmes. C'est seulement au prix de cette opération que la pérennité du sang de la fécondité peut être garantie et assurée la perpétuation du sang des menstrues, de la parturition et des flux du *post-partum*. Si les Yanowamï ne tuaient pas aujourd'hui d'autres Yanowamï, le "double" du sang ne se transmettrait plus, les femmes n'auraient plus leurs règles, elles n'auraient plus d'enfants, les Yanowamï seraient desséchés. Si le sang de Sarigue-souris n'avait pas d'abord ensanglanté la forêt, la terre, les arbres, les feuilles, les gibiers, l'eau, les humains ne l'auraient pas été davantage ; et s'ils n'avaient pas été couverts de sang, il n'y aurait pas de Yanowamï, ils ne vivraient pas, les gibiers n'auraient pas de progéniture, les arbres n'auraient pas de fruits, les poissons n'auraient pas d'alevins, les humains n'auraient pas de descendance : ils seraient secs! Ils ne vivraient pas dans la forêt, leurs enfants non plus. Les nourritures végétales ne pousseraient plus, les oeufs des animaux ne se développeraient pas! De même, si le sang de Tortue n'avait pas ensuite éclaboussé la forêt, les animaux et la rivière, les femmes ne seraient pas de nos jours enceintes. Présentement, si les Yanowamï ne tuaient pas d'autres Yanowamï, les femmes ne seraient plus pénétrées par le "double" du sang, elles n'auraient pas leurs règles et des Yanowamï ne pourraient pas naître[12]

En somme, le rôle de guerrier rempli par les hommes les place *de facto* comme les maîtres du sang dont les femmes sont les dépositaires. Cela peut expliquer – ou, mieux, peut étayer – l'absence d'un véritable discours de dénigrement et de dévalorisation sur le sang féminin : en quelque sorte les femmes sont symboliquement homicides à l'inverse des hommes qui sont réellement meurtriers, mais elles traduisent concrètement dans leurs corps ce que l'expérience virile exprime métaphoriquement.

Le rite de réclusion des premières règles

Quels rapports peut-on établir entre ces données mythologiques et le rite des premières règles ? Celui-ci est analogiquement aux femmes ce que le rite d'homicide est aux hommes. Il peut être désigné dans la conversation par le nom même du rite d'homicide (*unokaïmou*), comme le rite d'homicide peut être désigné par celui de la ménorrhée (*nipïmou*). La

---

12. Ce thème a été développé par ailleurs cf. C. Alès 1993.

similarité des rites, y compris dans l'aire caribe (cf. Cocco 1972) ou plus largement dans de nombreuses sociétés amérindiennes, a depuis longtemps frappé les observateurs. Dire que le lien évident entre les deux rites est le sang ne permet guère d'avancer dans la question. Encore faut-il expliquer quelle est la nature de ce lien. On peut se demander : "De quel homicide les jeunes pubères sont-elles responsables lorsqu'elles accomplissent leur rituel de réclusion pubertaire?". En fait, se poser la question symétrique : "De quel principe de procréation les homicides sont-ils responsables lorsqu'ils accomplissent le rituel de purification post-homicide?", se révèle rapidement plus fructueux. Enfermer l'analyse des rôles féminins et masculins dans une opposition complémentaire du type reproduction/destruction rend bien imparfaitement compte de ce qui se joue réellement dans cette reconnaissance des rôles respectifs des sexes : et si les hommes, dans le même processus, tout en étant des destructeurs étaient à la fois des reproducteurs ? Ou, pour dire autrement, s'ils étaient des producteurs réels des moyens symboliques de la reproduction biologique ? Cela conduit naturellement à s'interroger à nouveau, en retour, sur le rôle de reproduction des femmes : et si celles-ci tout en étant des reproductrices étaient analogiquement des destructrices de vie ? Les flux menstruels et les enfantements seraient alors aux femmes ce que les expéditions guerrières et les homicides sont aux hommes[13].

Le rite de puberté féminin peut être interprété – entre autres – comme un rite d'assèchement[14] pour éloigner la fillette de tout élément froid ou humide. Il s'agit certes, tout d'abord, d'éviter qu'elle ne sorte exsangue de l'opération et ne perde la vie comme il est advenu à Tortue. Mais pas seulement. La mythologie insiste sur la dérive que connaîtrait la société tout entière si une femme ne respectait pas le rite de réclusion pubertaire. La jeune pubère est bien dans la situation rituelle d'un tueur, celle du meurtrier du mythe dont le sang, à sa mort, s'est mêlé à l'eau de la rivière, mais son sang ne doit surtout pas être dilué – et donc se démultiplier – car l'écoulement sanguin des femmes, tout en étant un principe perpétuel, doit périodiquement s'interrompre.

---

13. Il est tentant de mettre en relation cette analyse avec les données de la Grèce ancienne et d'évoquer la question posée par J-P Vernant : "Accoucher, serait-ce traverser l'épreuve virile la plus accomplie de la femme?". On sait en effet qu'à Sparte, les femmes mortes en couches et les hommes morts au combat étaient de même honorés par la cité. Nicole Loraux souligne que "les signes de la guerre sont au coeur de ce que les Grecs disent de la maternité" (cf. Loraux1989: 37; Veranant 1974).

14. La chaleur nécessaire pour assécher le flux sanguin joue ici en rapport avec deux logiques associées, celle du chaud et du froid, celle du sec et de l'humide.

Un sévère contrôle s'exerce donc pour séparer la jeune fille de l'élément liquide et, par là, de sa propre puissance physiologique et de sa traduction météorologique. S'il pleut lors de sa première réclusion menstruelle, les hommes, furieux, décideront de se rendre en forêt pour abattre une liane et décrocher une termitière[15] afin de provoquer un changement météorologique. Ils veulent ainsi faire cesser la pluie et rendre possible la réapparition du soleil. Cette pratique entraîne par la même occasion l'assèchement du flux menstruel de la fillette, qui, en revanche, vieillira précocement. *De facto,* sa vie de femme féconde sera réduite. Cette relation néfaste des femmes avec l'élément aqueux durant la période de réclusion des premières règles est à rapprocher de l'interdit fait aux fillettes prépubères de consommer des cendres salines végétales (*yupu una*)[16] : ingurgiter trop jeunes et de façon immodérée ce condiment les rendra *maapï,* "faiseuses de pluies", lors de leur rite de puberté. C'est en effet une femme céleste, Tafirayoma, qui, la première, a provoqué la pluie lors de sa réclusion pubertaire pour avoir pris avec excès du sel végétal, or elle est également la maîtresse céleste de l'eau éternelle, la responsable des pluies et des éclairs[17].

Le rite des premières règles peut donc être interprété comme un rite de contrôle des flux féminins ou, autrement dit, du pouvoir procréateur de la femme. Il est en même temps un rite de contrôle de la sexualité des femmes : le rite leur apprend la retenue, il les conditionne aux comportements de crainte, de réserve et de honte (réclusion, mise à l'écart).

---

15. La termitière constitue un élément sec par excellence, on s'en sert comme combustible même par temps de pluie. Elle est en outre un remède dessiccatif contre la ménorragie. Le nid des termites reshemi en question ici est appelé *koko* ; le coeur est également souvent désigné par ce même terme qui réfère à une forme ovoïde. Or cette termitière est analogue à un coeur par sa forme et également par sa texture, mais elle ressemble à un coeur qui serait exsangue car il s'agit d'un élément extrêmement sec. Rien d'étonnant alors que ce soit une termitière que les femmes utilisent pour faire cesser des règles trop abondantes, elles en mâchent des morceaux, et une termitière encore que les hommes se procurent pour faire cesser la pluie lors du rite de réclusion des jeunes filles.

16. Ce condiment culinaire se prépare sous forme d'une dilution obtenue en filtrant, au moyen d'eau, les cendres végétales déposées dans un petit tamis. Le mélange est recueilli, en dessous, dans un récipient en provenance d'une calebasse ; les aliments, le plus souvent les poissons, sont trempés dans la sauce ainsi obtenue avant d'être portés à la bouche.

17. Sur ce thème, voir Alès 1990 b. Cela éclaire singulièrement une pratique demeurant jusque-là bien obscure. Lors de la fabrication du sel végétal en forêt, les ouvrières prennent bien soin de recouvrir de larges feuilles le foyer qui a servi à réduire en cendres des espèces végétales appropriées afin qu'il ne soit martelé par la pluie. Si un tel événement venait à se produire, ce serait de mauvais augure.

Toujours implicitement, le rite contrôle encore l'agressivité verbale de la femme par l'imposition d'un comportement de discrétion élocutoire. Les filles doivent chuchoter durant tout le rite des règles et, par la suite, à chaque fois qu'elles ont leurs règles. Or la violence phonatoire des femmes est particulièrement redoutable et redoutée des hommes. Elle est d'ailleurs réputée mener ces derniers à leur perte, notamment en temps de guerre. Durant ces périodes, où ils encourent plus spécialement le risque d'être la cible des flèches ennemies, ils demandent alors aux femmes une trêve afin qu'elles laissent de côté leurs talents de hurleuses (Alès 1988, 1990 b).

Le rite de réclusion de la jeune pubère signale également l'exclusion des femmes des moyens d'agression physique. La jeune pubère ne peut, en effet, se déplacer avant la fin du rite de réintégration sans croiser les bras de manière à cacher ses mains sous les aisselles. Ce geste d'occultation des mains des femmes n'est pas sans évoquer le meurtre commis par une héroïne mythique répondant au nom de Têrêmi. Celle-ci découpa son mari un jour qu'elle l'accompagnait à la collecte des fruits *hayu (Pseudolmedia sp.)* : elle était sortie en forêt malgré ses premières règles. Quand ils arrivèrent au pied d'un arbre *hayu*, son époux grimpa dans les branches. Pendant ce temps là, la main de Têrêmi s'était en réalité solidifiée, comme réifiée ; elle était devenue coupante à la façon d'une hache. Au moment où son mari redescendit de l'arbre, Têrêmi lui perfora le corps en son milieu et d'un geste qui remontait du bas vers le haut, le pourfendit en deux. Têrêmi réussit à s'enfuir une fois son homicide accompli, elle vit toujours depuis dans une partie lointaine de la forêt. Elle est devenue éternelle. L'arbre à fruits *hayu* au pied duquel son mari a été tué devint également pérenne, il s'est transformé, témoignage du crime, en *unokaï fii,* en un arbre porteur de la marque d'un meurtre.

Ce mythe suggère l'interdit qui est fait aux femmes d'utiliser leur potentialité de destruction de la vie[18] et d'être des guerrières. Depuis, les

---

18. Les femmes yanowamï n'ont accès à aucune des formes de destruction de la vie, que ce soit par les armes de percussion directe ou par les charmes de sorcellerie homicides. Les femmes secondent les hommes en période de belligérance, notamment, elles dénoncent la présence de guerriers ou des sorciers embusqués en forêt lors de leurs sorties, elles tentent de les chasser par les boniments qu'elles leur adressent à voix haute. De même la nuit, lorsque les Yanowamï pensent leur maison collective encerclée par des belligérants, ce sont elles qui tentent de dissuader ces derniers. Elles font également des actes de sorcellerie à l'aide du charme *horeprema (Cyperus sp.)* redoutés par les ennemis. Cependant, si elles protègent ainsi les leurs, elles n'attentent pas à la vie des guerriers. Elles ne participent pas aux raids, pas plus qu'elles n'emploient mortellement d'armes patentes ou occultes contre eux. Corrélativement, elles ne sont que rarement la cible des flèches ennemies ; les plus jeunes d'entre elles peuvent – dans de rares occasions – être enlevées, toutefois elles réussissent le plus souvent à s'enfuir lors du retour du raid ou bien par la suite. Exposées, elles tentent donc plutôt de fuir mais elles

femmes doivent cacher leurs mains lors de leurs premières règles de manière à éviter qu'elles ne se transforment en armes tranchantes[19]. Le mythe vient ainsi confirmer l'analyse qui avait vu le jour plus haut selon laquelle les jeunes pubères sont des meurtrières en puissance lorsqu'elles ont leurs règles. En contrôlant le pouvoir procréateur des femmes sous prétexte de conserver leur vie, le rite de puberté féminine ne viendrait-il pas en définitive contrôler leur pouvoir de destruction pour préserver la vie des hommes ?

La représentation de la procréation : la fécondation et le sperme

L'effet emménagogue du sperme

Le contrôle symbolique du principe des substances féminines qui fait appel à la mythologie et au rite est relayé par un contrôle réel – il est pensé comme tel – de l'apparition des flux sanguins et, inversement, de leur disparition.

Nous avons vu, avec le mythe de Tortue, que la venue des règles dans le corps de la femme est conçue comme une explosion du coeur qui libère le flux de sang. En réalité, le coeur éclate car il a peur du sperme que l'homme fait pénétrer dans le corps de la femme. L'alchimie des menstrues répond pour ce faire à une logique du différent entre le chaud et le froid. Effrayé, le coeur a froid et la venue du liquide séminal, substance chaude, provoque la fluidité et la descente du sang. L'humeur virile est donc le régulateur des

---

n'affrontent jamais physiquement les ennemis. Interrogés sur ce point, question incongrue à leur yeux, les informateurs répondent que, même s'ils s'en prenaient à elles-mêmes ou à leurs enfants, elles ne se défendraient pas ou ne tueraient pas les attaquants.

19. On pense bien sûr à la corrélation mise en lumière par Paola Tabet (1979) entre les hommes et la possession et l'utilisation des outils capable de faire couler le sang, possession et usage dont les femmes sont en général exclues. Néanmoins, dans le quotidien yanowamï, il est juste de remarquer que, depuis leur introduction, les femmes manipulent les haches (comme les machettes ou les couteaux) pour aller notamment couper le bois de chauffage ; dans un couple, l'épouse peut parfois posséder elle-même cet outil (car l'homme s'en sert plus épisodiquement pour abattre des arbres en forêt ou pour faire l'essart). C'est toutefois un bien de prestige des plus valorisés, qui n'est obtenu que par les hommes, par le biais des échanges, et qu'ils utilisent comme arme d'apparat (et potentielle) dans les réunions publiques ou comme arme réelle dans les combats.

flux périodiques de sang, du sang obstétrical qui permet la délivrance[20], comme du retour des menstrues suite à la longue période d'abstinence sexuelle *post-partum*. Dans cette logique, le sang féminin est solidaire de la semence masculine, il n'y a apparition de règles que s'il y a apport de substance spermatique et donc rapport sexuel.

Les prescriptions comme les proscriptions de la sexualité font écho à cet axiome. Les tabous sexuels sont levés pour la fille à sa puberté alors qu'ils perdurent beaucoup plus longtemps pour le garçon. Celui-ci doit en effet attendre d'avoir tous ses poils pour faire l'amour.

Les interdits alimentaires concernant la catégorie des jeunes gens viennent également inscrire la sexualité dans une chaîne de relations avec la consommation d'une série de gibiers "à risque" où, en définitive, les époques d'abstinence alimentaire correspondent aux périodes d'abstinence sexuelle. Les femmes cessent d'éviter les "gibiers dangereux" à leur première grossesse, les hommes après qu'ils aient eu deux enfants, soit beaucoup plus tard que les filles qui sont généralement enceintes dès l'âge de quinze ans.

Le sperme fabrique le corps de l'enfant

Au double contrôle du principe de fécondité féminine et du déclenchement du processus du sang féminin vient s'adjoindre une représentation masculine de la procréation de l'enfant. Selon cette conception, les femmes représentent le *pei sikï*, "la peau", l'enveloppe, grâce à l'Esprit Marakayoma, l'Esprit Calebasse. Autrement dit, elles sont un contenant en forme de gourde. Elles constituent la cavité "vaginale" dans laquelle la semence masculine va être accumulée, l'élargissant ainsi peu à peu. En effet, l'homme forme par le truchement du liquide séminal petit à petit le placenta et le corps de l'enfant. Une métaphore de cet ouvrage a été proposée par un informateur, celle des alvéoles de cire des abeilles qui sont graduellement constituées avant d'être progressivement emplies par du miel. La première étape correspond à la fabrication du placenta, la seconde à celle du foetus. Ajoutons enfin que l'humeur virile ne peut se transformer en chairs qu'au moyen de la nourriture – procurée par le père – que la mère mange et qui tombe dans la bouche de l'enfant.

---

20. La réaction en chaîne suit les séquences suivantes : la quantité de sperme accumulé pendant la grossesse dans le corps effraie le coeur, ce qui provoque son explosion ; celle-ci va alors libérer le flux de sang qui est nécessaire pour déclencher le processus de délivrance. On est en présence ici, comme on le verra également plus loin, d'une sorte de "mécanique des fluides", qui n'est pas sans évoquer les exemples analysés par F. Héritier dans son dernier ouvrage (1994).

Le sperme et le sang opposent les sexes selon un principe de distinction des fluides en fonction de leur densité. Aux hommes correspond le liquide épais et coagulé que constitue la substance spermatique, et aux femmes le liquide clair, dilué, que représentent le lait maternel, les flux menstruels ou obstétricaux. Une logique des contraires est ainsi à l'oeuvre dans la conception des principes procréateurs de l'un et l'autre sexe : le sperme dense est aux hommes ce que le sang dilué est aux femmes. Cette fluidité nécessaire à la fécondité féminine s'accorde avec ce que nous avons appris par le mythe de Tortue.

Cette opposition des fluides rejoint celle, déjà exprimée, où la femme formait l'enveloppe et l'homme la matière de l'enfant. Elle se prolonge par une logique de différenciation des sexes en fonction de la consistance des corps, qui induit une distinction des genres selon la vitesse et la durée de leur phase de reproduction. La femme qui est du côté de la peau, du contenant, est associée au bananier, genre végétal qui possède un tronc – un stipe – de même matière et consistance que les feuilles[21]. Au moment des "relevailles" en effet, un mois environ après l'accouchement, la mère accroche au tronc d'un bananier *paishimi (Musa paradisiaca)* le reste de cordon ombilical qui s'est détaché du corps de la fille nouveau-née quelques jours après sa naissance, ainsi que son premier bandeau de portage. Remarquons que cette plante possède un tronc mou et qu'elle est la première à produire dans un nouveau jardin : elle répond à une reproduction rapide mais, en revanche, de courte durée. L'homme, qui est du côté de la matière, du sperme constituant le foetus, est associé à un palmier cultivé, le *rasha* (*Guilielma gasipaes*). A l'inverse du bananier, cette espèce végétale est dotée d'un tronc de bois très dur, elle concorde avec une reproduction lente mais, en revanche, durable. C'est au tronc de cette plante, la dernière à produire dans le jardin, mais se perpétuant de nombreuses années[22], que

---

21. La femme est un contenant comme les feuilles sont les enveloppes des aliments, c'est-à-dire de la substance carnée, or les femmes sont du côté des feuilles le terme "feuille" est utilisé pour désigner métaphoriquement les femmes après leur mort.

22. Les Yanowamï ouvrent une nouvelle parcelle chaque année. Les jardins produisent essentiellement la première année de leur exploitation, subsidiairement l'année suivante pour certaines espèces, puis ils sont laissés à l'abandon. De cycle lent, les palmiers *Guilielma gasipaes* poussent et fructifient dans les vieux jardins, longtemps après que les parcelles aient été délaissées ; les Yanowamï se déplacent spécialement à la saison pour cueillir leurs fruits. Or on dénomme *"suwë pata"*, littéralement "femme âgée", "vieille femme", un terme qui qualifie le stade de maturité correspondant à la vieillesse, les anciens jardins. Cela n'est pas sans rapport avec le contraste que nous soulignons.

sont ligotés le morceau desséché de cordon ombilical et le bandeau de portage du petit garçon[23].

Le cycle agricole offre de cette manière une image, en raccourci, du cycle de vie humain : la femme et l'homme occupent deux positions extrêmes, comme le bananier *paishimi* représente la première plante du cycle à porter des fruits et à disparaître tandis que le palmier *rasha* est la dernière, fructifiant et subsistant bien après que le jardin ne soit devenu improductif. Nous verrons que ce thème de l'asynchronie des destins féminins et masculins resurgit et traverse plusieurs des faisceaux de représentations relatifs au cycle de vie de l'un et l'autre sexe. Ces séries d'oppositions (dilué/dense, mou/dur, éphémère/durable, rapide/lent) sont cohérentes entre elles. Un léger glissement sémantique suffit pour passer d'un schéma d'opposition à un autre. Toutes ces logiques sont concourantes, elles s'unissent entre elles pour définir plus finement le champ sémiotique des genres.

Revenons au processus d'engendrement. Pour faire croître le foetus, les rapports sexuels et les dépôts de sperme doivent se multiplier. Dans le cadre de cette théorie, il peut y avoir plusieurs géniteurs qui participent à la formation de l'embryon ; en général, l'un d'entre eux prédomine et sera reconnu comme le père social de l'enfant. En résumé, comme dans de nombreux cas amazoniens, la procréation est due à l'accumulation de substance séminale qui, grâce à des coïts répétés, petit à petit constitue le foetus ; la femme est dans ce cas de figure un contenant et ne participe pas à la production de la matière composant l'embryon. Sachons également que des esprits protègent et participent à l'élaboration de l'enfant dans la matrice. Ces esprits – sans lesquels l'enfant ne pourrait être mené à terme et être viable – ne rejoignent pas directement l'utérus maternel : ils transitent exclusivement par le biais de la semence paternelle.

La fécondation et la parenté

Jusqu'à présent il semble se dégager de ces conceptions une asymétrie qui fait de l'enfant un produit quasiment fabriqué à cent pour cent par les

---

23. On retrouve ailleurs dans le monde ce type de relations. A Madagascar (M. Bloch 1986), par exemple, le mode de reproduction du bananier est également associée à l'identité féminine ; chez les Bamoun, le placenta du nouveau-né est enseveli au pied d'un bananier-plantain quand il s'agit d'une fille, et au pied d'un palmier dans le cas d'un garçon (C-H. Pradelles de Latour, *comm. pers.*). Chez les Melpa, le bananier est proverbialement associé avec l'identité masculine, et non féminine. Ici, la canne à sucre et les espèces de bananes sont en réalité les dernières à mûrir dans un jardin, les légumes verts, les concombres, les plantes à bulbe ou à tubercule devenant toutes matures plus rapidement. Dans ce contexte local, la canne à sucre et la banane sont donc vues comme dures et masculines, ce qui concorde en fait avec le modèle général (A. Strathern, *comm. pers.*).

hommes, la femme n'étant que le moyen nécessaire à mettre au monde le petit d'homme. Toutefois, du point de vue de la pratique du système de parenté seule l'identité des "vagins" confère une "consanguinité" à cent pour cent des descendants, comme pour rappeler le cognatisme et la bilatéralité du système. Les enfants de plusieurs mères, si elles sont soeurs, sont dits sortir d'un "seul vagin" – et ceci quel que soit le père. Il est dit que deux soeurs ayant le même mari, mais aussi deux maris différents – frères ou non-, produisent de "vrais" germains, de "vrais" parents (*"mashi yaï"*), soit une progéniture dans le degré le plus proche d'identité[24]. En revanche, un père qui a deux enfants de mères différentes – non soeurs – ne suffit pas à leur assurer une aussi pleine, une aussi "vraie" germanité. Ce raisonnement n'est que le développement de la contrepartie logique de la théorie de l'accumulation du sperme par la multiplication des rapports et, concurremment, de la pluralité éventuelle des géniteurs : *de facto,* seule la filiation utérine confère une "véritable" vraie germanité.

C'est pour avoir des enfants "vrais" *mashi,* vrais parents, que les Yanowamï, qui pratiquent la polygynie, cherchent à réaliser autant que possible leurs unions au sein d'une même fratrie féminine. Seule la figure de la polygynie sororale, si possible redoublée par ses frères, permet ainsi à un homme yanowamï de produire des germains "vrais" qui constitueront une fratrie masculine nombreuse et fortement solidaire. Cela est cohérent avec une société où les solidarités s'exercent avant tout en fonction du degré de proximité "consanguine" et géographique, où les *nuclei* agnatiques composés par le père et ses fils, ses frères et leurs fils, sont la base sur laquelle s'édifient les unités locales[25]. En bref, la polygynie sororale non exclusive, grâce au caractère d'identité transmis par les femmes, permet à un homme de doter sa descendance des moyens propres à engendrer une unité sociale forte, capable d'assurer sa défense dans une société où les conflits sont réglés par l'emploi de la force.

De la même manière, l'inflexion agnatique au niveau de l'affiliation résidentielle, qui ressort du modèle de composition des maisons et de résidence post-maritale patri-virilocale, est contrebalancée par le fait que les enfants reçoivent également l'affiliation résidentielle de leur mère. Il y a donc, dans cette société organisée sur des bases masculines, un constant rappel de l'aspect bilatéral ou indifférencié du système de parenté.

---

24. Dans un système de classification de type dravidien, distinguant les parents bilatéralement en consanguins et en affins sur deux degrés de collatéralité et où les consanguins correspondent globalement aux parallèles, la classe des consanguins se dessine à travers le père et ses frères, la mère et ses soeurs. Pour les différentes extensions du terme *"mashi"*, voir Alès, 1990a.

25. Sur ce thème, voir Alès 1990 a.

La transmission du genre, la différence hiérarchisée des *pufi*, le système des *norami* ou analogons animaux : conception de la reproduction biologique et du genre sexuel

Filiation parallèle et disjonction des sexes

Nous avons vu jusque-là que l'homme fabrique le corps des enfants quel que soit leur sexe, cependant, le genre sexuel de l'enfant est déterminé selon un schéma homosexué et fait appel à la femme lorsque l'être conçu est du genre féminin. L'identité sexuelle est transmise en ligne paternelle pour les hommes, maternelle pour les femmes, les hommes engendrent les garçons, les femmes engendrent les filles. L'hérédité sexuelle suit un modèle de filiation parallèle qui réalise une disjonction radicale des sexes. Cette séparation est la condition indispensable pour mettre les sexes dans un rapport d'opposition, opposition nécessaire à la différenciation des destins féminins et masculins et à l'établissement d'une valence différentielle hiérarchisée des sexes.

La conception du coït

La conception du rôle de la femme dans l'acte sexuel est péjorative, elle la situe à la fois du côté de la passivité et du côté de la souillure. On considère qu'elle a un *pufi shami*, une "âme"[26] sale, du fait qu'elle a des rapports sexuels, qu'elle *shamimou*, fait des saletés : elle ne peut par conséquent avoir beaucoup de *pufi*, une grande puissance ou capacité. C'est ce manque ou faiblesse[27] de *pufi* qui justifie qu'elle ne puisse accéder aux statuts prééminents, aux rôles socialement prestigieux comme devenir chamane (même s'il peut y avoir par exception des femmes chamanes). Les hommes ont dès lors *de facto* le monopole des rôles socialement actifs, ils exercent les activités destructrices et les activités reproductrices qui demandent que l'on soit doté d'une forte puissance personnelle. La supériorité de qualité

---

26. "Âme" au sens philosophique du terme, c'est-à-dire principe de vie et de pensée. Le *pufi* (ou *puhi*) représente la force de volonté, la capacité, la puissance, l'énergie, l'efficacité de l'individu ; il préside à la fois à l'activité motrice et spirituelle ; il correspond au siège des sensations comme à celui des émotions, des sentiments, des affects ; le terme peut également se traduire par esprit, pensée.

27. Il est fréquent d'entendre dire, et ceci par les hommes comme par les femmes, que les femmes n'ont pas de *pufi*. Elles en ont un, bien évidemment, puisqu'il s'agit d'un principe vital attaché à chaque être, mais leur *pufi* est idéologiquement conçu comme étant peu de chose par rapport à celui des hommes, leur volonté n'étant pas douée d'une forte puissance.

du *pufi* des hommes, celui de la femme étant sale et par conséquent inexistant, n'est pourtant pas fondée sur un dénigrement particulier des substances féminines. A la fois le sang menstruel et le sperme sont sales, nauséabonds et provoquent le dégoût. C'est pourquoi, les femmes, qui retiennent dans leur corps, et la substance féminine, *et la substance masculine*, sont sales parce qu'elles font des enfants : elles sont doublement souillées.

Dans ce cadre, toute masculine que soit la conception de la procréation, comment donc imaginer un homme faisant une fille ? L'explication donnée à la confection, non d'un garçon, mais d'une fille est la suivante : c'est lorsque la femme a un *pufi* plus fort que celui de son partenaire masculin qu'elle transmet son propre sexe à l'enfant qu'il fabrique. Nous allons voir que dans son principe, la transmission du genre suit une logique dualiste sexuée de conjonction des contraires tels qu'ils s'expriment dans les oppositions du chaud et du froid, de la colère et du calme, de l'agressivité et de la passivité. Lors de l'accouplement en effet, quand l'homme a un *pufi* puissant, son visage se couvre de sueur, il a très chaud : il engendre alors un garçon. Dans ce cas, la femme en revanche est froide, elle ne s'échauffe pas. Inversement, quand la femme a un *pufi* fort et qu'elle est chaude, l'homme est froid et une fille est procréée. Mais sur quelle base la force du *pufi* est-elle définie ? L'homme a un *pufi* qui domine quand il est en colère, lorsqu'il est *waitheri*, combatif : son *pufi* s'échauffe car son sang entre en ébullition dans le coeur, il pénètre alors dans le foetus et détermine son sexe à l'identique. Symétriquement, c'est quand la femme est en colère, quand elle est agressive, qu'elle fait une fille.

Remarquons au passage que si la transmission du genre suit une loi symbolique et idéologique d'opposition des *pufi* forts et des *pufi* faibles associée à la capacité de colère et d'agressivité – *waitheri* – , tout est alors pensé pour créer plus de garçons que de filles. Et il est peu de dire la préférence pour la naissance de garçons chez les Yanowamï !

Ainsi, en ce qui concerne l'activité procréatrice, les femmes transmettent leur sexe à leurs filles tandis que les hommes confèrent le leur à leurs fils, mais c'est par cette symétrie même que s'établit la disjonction des genres qui conditionne la possibilité d'un montage idéologique d'une valeur différenciée, hiérarchisée des sexes. Ce travail symbolique comprend l'attribution d'une asymétrie de valeur aux *pufi* féminin et masculin, asymétrie qui va légitimer et sur laquelle vont se fonder la hiérarchisation de toutes les autres valeurs, comme la valeur des biens produits, celle des activités et, à travers elles, la valeur des êtres, ainsi que la différence de droits entre eux.

Revenons un instant sur l'héritage du sexe. Dernièrement, j'ai obtenu une théorie supplémentaire de la conception des genres, théorie que l'on pourrait qualifier de lunaire. Lorsque les premiers accouplements ont lieu à la lune croissante, plus tard naîtra une fille. Inversement, lorsqu'ils se produisent à la lune descendante, c'est un garçon qui est conçu. Les rapports entretenus par la femme avec la lune montante, par l'homme avec la lune décroissante s'éclairent dès que l'on sait que le coït, alors qu'il fait grossir la femme, fait en revanche maigrir l'homme. L'engendrement du genre ne suit là qu'une logique de l'identique de l'évolution cyclique[28] de l'un et l'autre sexe. Cependant, si l'on rapproche maintenant cette recette de la préférence marquée des hommes comme des femmes yanowamï pour les garçons[29] on ne peut éviter de se dire que la suprématie du *sex ratio* masculin (déséquilibre longtemps expliqué en termes d'infanticide et de négligence dans l'entretien des filles) pourrait prendre aux yeux des Yanowamï une autre signification. Il s'agirait d'un contrôle, réalisé au coeur même du processus de reproduction, et du genre des enfants et du nombre d'individus de chaque sexe grâce à la maîtrise des dates de fécondation. Par une orientation ou une sélection du choix du genre au moment de

---

28. Je dois m'expliquer sur l'emploi du terme cyclique. Il ne faut pas comprendre le phénomène de la conception comme étant un événement relativement peu fréquent, éventuel ou limité comme cela l'est devenu, tout récemment, dans nos sociétés. Dans le cadre de la totalité de la séquence reproductive des individus, la conception se reproduit à intervalle régulier. Le rapport sexuel est indissociable de la fécondation : on "thaï", littéralement on "fait", on "fabrique" un enfant chaque fois qu'on fait l'amour. Les grossesses sont régulées par un temps de latence après un accouchement où les rapports sexuels entre époux sont prohibés (de manière à ne pas devoir sevrer trop tôt l'enfant encore au sein en raison d'une naissance trop rapprochée de la précédente), la durée moyenne de l'intervalle intergénésique étant de deux ans et demi. L'image de la femme successivement enceinte/non enceinte/ enceinte/non enceinte/etc., (ou réglée/non réglée/etc., ce qui se traduit par la succession positionnelle positions assise/hissée dans le hamac/etc.) illustre particulièrement cette idée de cycles en rapport avec la procréation. L'homme et la femme passent bien par des phases opposées de poids qui reviennent cycliquement, si bien qu'ils se trouvent d'un point de vue synchronique dans des phases opposées. L'homme maigrit quand la femme grossit, puis il reprend son poids, donc grossit, tandis que la femme reprend son poids et donc maigrit après l'accouchement. A l'inverse de son mari, elle prendra du volume à la grossesse suivante, puis en perdra à nouveau et ainsi de suite durant toute sa période reproductive. L'évolution cyclique des formes et des positions de la lune offre donc une analogie intéressante à la fois pour les cycles masculins et les cycles féminins.

29. L'idéal exprimé est d'avoir quatre garçons et deux filles. Il répond à deux sortes d'arguments. Le premier est d'ordre stratégique et politique : il est nécessaire de disposer de fratries masculines fortes pour que les garçons puissent se défendre solidairement dans le cadre des conflits. Le second est d'ordre affectif, la préférence des garçons est aussi justifiée par le fait que les femmes sont "attrapées" par les hommes non seulement de gré mais aussi de force (*cf. infra*) : les souffrances qui attendent une fille en tant qu'être féminin incitent les parents – des deux sexes – à appréhender la naissance de filles.

l'engendrement, se définirait et pourrait être en effet limité le nombre de filles (ou inversement augmentée la production d'enfants de sexe mâle). A côté de la domination "idéelle" des *pufi* féminins, les hommes disposeraient ainsi d'un moyen d'asseoir "matériellement" la suprématie masculine.

La symétrie de la reproduction parallèle des genres se trouve doublement contrebalancée. D'une part, par le biais de la souillure attachée aux substances masculines, il y a un travail idéologique de dévalorisation du *pufi* des femmes – alors qu'il possède la capacité de dominer éventuellement celui de l'homme pour déterminer le sexe de l'enfant. D'autre part, par la symbolique du rite de réclusion des premières règles, la capacité d'agressivité (c'est-à-dire d'être *waitheri*) est idéologiquement contrôlée chez les femmes et, à l'inverse, conformément au rôle défensif qu'il exerce dans la société, elle est valorisée chez l'homme. Avec la théorie lunaire de la genèse des genres, les hommes auraient le moyen de verrouiller le système de contrôle des pouvoirs féminins relatifs à la reproduction de leur sexe. Pourtant il reste encore aux femmes, exclues de l'emploi des armes ostensibles ou dissimulées qui détruisent la vie, un pouvoir de mort, celui qu'elles possèdent sur les nouveau-nés au moment de la naissance[30]. Elles n'hésitent d'ailleurs pas à en user dans la réalisation de leurs vengeances à l'égard des hommes qui les ont maltraitées ou bien délaissées.

La conception homosexuée des genres dans la théorie des analogons animaux

La dichotomie sexuelle des rôles dans la procréation et, par là même, cette conception parallèle de la reproduction se retrouvent dans la représentation des analogons animaux, les *noreshi* ou *norami*, qui rendent possible la vie même de tout être humain, de tout Yanowamï. La relation entretenue entre un humain et son double animal n'est pas de type hiérarchique, il s'agit d'une relation parfaitement symétrique : il n'y a pas de *noreshi* sans humain qui lui corresponde et vice versa[31]. La théorie des analogons animaux rend

---

30. La délivrance se déroule en dehors de la présence masculine : les hommes, terrorisés, fuient systématiquement la vue de cette scène. Hormis la nuit, les femmes se rendent régulièrement en forêt pour enfanter ; elles y vont seules ou bien accompagnées d'une autre femme, généralement une mère ou –, à défaut, une soeur ou une belle-soeur (le plus souvent, si elles n'habitent pas le même village, les épouses retournent vivre auprès de leur mère dans les derniers temps de la grossesse). Elles peuvent alors décider – pour des raisons diverses – d'éliminer l'enfant immédiatement après avoir accouché.

31. Cette représentation n'est pas sans offrir une similarité avec celle que l'on connaît du *nagual* méso-américain (*cf.* Foster 1944 ; Lopez Austin 1989: 416–432).

compte des destins individuels, de la personnalité de chaque être humain, mais aussi du destin des groupes Yanowamï en tant qu'êtres collectifs. Ajoutons que cette représentation spéculaire des individus et des unités locales est également le moyen d'une projection macrocosmique de la société des humains.

L'aspect parallèle de cette représentation de l'héritage des genres est cohérent, d'un point de vue cognitif, classificatoire, avec le système de parenté. Il y a bien à l'oeuvre dans la société un principe mnémotechnique de repérage des "consanguins", des parents classés en tant que *mashi,* soit, dans un sens restreint, des parents parallèles, qui s'effectue en fonction d'un même sexe (ce qui est bien sûr une unilatéralisation par rapport à un système parfaitement bilatéral par ailleurs)[32]. Une classification selon un principe de filiation parallèle est en fait sous-jacente, déductible d'une matrice dravidienne de la parenté : on trouve dans les pratiques de mariages des Yanowamï, dans le cadre d'une nomenclature de parenté dravidienne qui renvoie *a priori* aux cousins croisés, une véritable "inflexion parallèle"[33].

---

32. Selon une filiation parallèle, ceci donne la clef des équivalences consanguines au(x) niveau(x) générationnel(s) inférieur(s) qui peuvent être interprétables, dès lors que l'on prendra en compte les deux sexes qui en sont issus, comme des parents d'épousables : ils sont effectivement des frères et des soeurs classificatoires et présentent en outre un degré d'éloignement recommandé dans la réalisation des alliances (*cf.* note suivante). Cette dichotomie est une extrapolation de la bipartition qu'effectue en premier lieu une nomenclature dravidienne dans l'univers des parents, c'est-à-dire dans une parentèle bilatérale, entre les affins et les consanguins (*cf.* Dumont 1953, 1957, 1975) et qui correspond *a priori* à deux classes, celle des croisés et celle des parallèles. Cette "comptabilisation" monosexuée des parents parallèles – à caractère d'identité – se dégage de la nomenclature dravidienne qui crée en elle-même cet écart entre les sexes – à caractère de différences – à partir duquel se déploie la terminologie en classant entre affins et consanguins. Le rapport avec un système terminologique de type dravidien d'"une affiliation sexuée" ou d'une "transmission parallèle d'un statut de classe de parent" a été aussi signalé par H. W. Scheffler et F. G. Lounbury (1971) et récemment par A. Hornborg (1993).

33. Les préférences matrimoniales ne vont pas vers le mariage entre cousins croisés au premier degré mais vers l'union entre croisés au deuxième degré ou plus qui fait intervenir, non des issus de parents issus de sexes croisés, mais des issus de parents issus de sexes parallèles. Ces préférences renvoient à une figure recherchée, l'union entre issus de frères et soeurs classificatoires (eux-mêmes issus donc d'une paire de germains de même sexe, classificatoire ou non) ; signalons qu'elle est parfaitement compatible avec une autre forme d'union appréciée, celle qui met en jeu des issus de croisés de même sexe (c'est-à-dire de deux beaux-frères ou de deux belles-soeurs) (*cf.* Alès 1994).

Rien de surprenant donc dans cette conception de reproduction du genre à l'identique, elle se retrouve inscrite, elle se déduit plutôt du système même de classification des parents. L'analyse des doubles humains animaliers va nous permettre de comprendre tout d'abord la conception de la reproduction du biologique et du genre sexuel, mais aussi le destin individuel personnalisé de chaque être humain et au-delà encore la théorie des groupes chez les Yanowamï.

La notion de *noreshi* recouvre dans la pensée yanomamï un champ très particulier par rapport à la représentation de la composition du corps en ce sens qu'elle n'est concernée que par le vivant. Le double animal meurt en même temps que l'être humain mais ne se transforme pas, il n'occupe pas de place dans le futur *post mortem* de l'individu. Nous sommes là au coeur des mécanismes de la reproduction vitale de l'être humain, de sa vitalité.

Disjoints dans l'espace mais conjoints dans le temps et l'action, les animaux *noreshi* et les humains réagissent simultanément à toute situation vécue par l'un deux : si l'un est blessé, l'autre sera malade etc. Un Yanowamï et son double animal vivent en principe loin l'un de l'autre et n'ont jamais de contact direct. La séparation est même pensée comme maximale puisqu'un Yanowamï ignore où est son double et ne connaît pas la région où il vit. Celle-ci correspond à une partie lointaine de la forêt située aux confins de l'univers connu. Les *noreshi* d'une maison commune ou d'un groupe local sont censés vivre, selon le même modèle résidentiel, sur le territoire d'autres Yanowamï inconnus. Symétriquement, dans leur propre région vivent les doubles animaux de Yanowamï eux aussi inconnus. Il y a autant de groupes de *noreshi* que de groupes de Yanowamï ; ils sont dispersés dans la forêt à la manière dont les Yanowamï vivent de façon disséminée.

Blesser un animal *noreshi* équivaut à meurtrir un humain, le percer d'une flèche à tuer la personne qui lui correspond. Ce dernier cas implique d'effectuer un rite d'homicide identique à celui que l'on accomplit lorsqu'on a commis le meurtre d'un être humain. Dans la situation inverse, lorsqu'une mort est interprétée comme le résultat de la destruction du double animal du défunt, un animal *noreshi* est chassé en forêt en guise de représailles. Le capital vital d'un groupe est ainsi à la merci d'un autre groupe yanowamï inconnu et réciproquement.

En fait, la distance qui existe entre un individu et son double a un aspect stratégique, elle permet d'éloigner les dangers mortels qu'encourt l'être humain. La dissociation du schéma corporel dans l'espace rend possible l'ubiquité somatique. Ici, il y a la peau, l'enveloppe charnelle de l'individu, mais son corps interne, lui, est ailleurs. On peut même dire que la personne est elle-même le double de son double, et non le contraire, car c'est le double animal qui est le corps véritable. Il est beau, tandis que l'humain a une enveloppe corporelle qui s'abîme, une peau qui vieillit, elle n'est pas considérée comme réellement vitale : quand un Yanowamï veut signifier qu'il est "mort" car il n'a plus d'"'âme", il dit qu'il est *pei sikï*, peau, il est enveloppe charnelle et non plus corps organique animé. Il est alors logique que le dédoublement corporel imagé avec le *noreshi* ne soit autre que l'incarnation, la corparalisation à leurs yeux réelle et matériellement tangible, de cette entité qu'est le *pufi*, de l'"'âme", l'énergie vitale de l'être[34]. Le corps organique *noreshi* ou *norami*, le véritable corps d'un individu, est donc loin de lui et ne peut être en principe vu des autres Yanowamï, si ceux-ci découvraient son double animal, il serait alors sous la menace de leurs flèches. Une des interprétations possibles serait de voir dans ce dispositif des doubles un système de protection, les Yanowamï, en quelque sorte, se cachant et se protégeant ainsi de leurs ennemis. Cela est cohérent avec le système autocentré d'agression yanowamï dans le cadre duquel l'agression diminue une fois passé un certain rayon d'interaction sociale (Alès 1984, 1990a). De cette façon se réaliserait une préservation du stock vital de la société dans un espace situé hors d'atteinte et à l'extrême opposé du lieu de vie réel des individus (Alès 1987).

Les noreshi et le cycle de vie

Les *noreshi* féminins sont tous en principe des *hâhâmï*, des animaux terrestres vivant parmi les roches des rivières. Les *hâhâmï*, probablement les chiens sylvestres (*Speothos venaticus*), sont très difficiles à voir tant ils sont vigilants. Ils font entendre un bruit "hâ! hâ! hâ!", d'où est tiré leur nom. Ils sont très *waitheri*, combatifs, – les Yanowamï disent qu'ils peuvent mordre les testicules quand on s'en approche et qu'ils n'ont pas peur d'attaquer des animaux de plus grande taille qu'eux comme les cervidés – et se révèlent particulièrement agressifs lorsqu'ils veillent sur leur progéniture. Ils aiment leurs petits qu'ils ont en grand nombre. Ils sont réputés très compétents à la chasse puisqu'ils parviennent à tuer les cervidés et les pacas. Leur robe, qu'elle soit rousse, noire ou avec des taches blanches est très belle – comme sont très belles les femmes. Bref, les *hâhâmï* incarnent bien la personnalité et la compétence des femmes, principalement leur habilité productive et leur beauté.

Les *noreshi* masculins sont généralement des *mahekirimi*, "ceux qui possèdent des plumes", c'est-à-dire des oiseaux. Ce sont des *nonami*, des aigles-harpies. Comprenons maintenant que le terme *nonami*, ou *norami*,

34. On comprend là l'erreur qui consiste à qualifier trop rapidement ce type de notions d'entités ou de composantes "spirituelles" de l'être. Cette donnée est à mettre en relation avec le caractère matériel du *pufi* dans la représentation du corps propre chez les Yanowamï tel que l'a montré J. Chiappino (1994).

qui est l'équivalent du mot *noreshi* que l'on peut traduire par double, image matérialisée (la photographie est ainsi désignée), signifie aussi l'apparence. Classés selon leurs caractères physiques et leurs personnalités, les hommes ont des *noreshi* plus diversifiés. Le jaguar, le coati, diverses espèces de singes sont aussi des *noreshi* masculins. Les Yanowamï prudents sont tous des *mahekirimi*, des aigles. Tandis que les Yanowamï *waitheri*, combatifs et téméraires, c'est-à-dire ceux qui lancent leurs flèches sur l'ennemi et n'hésitent pas à frapper lors des conflits interalliés, sont des jaguars, des coatis, des guêpes, des fourmis vingt quatre . . . L'analogon de celui qui a de longs bras est un singe-araignée, de celui qui est "large" et fort, un jaguar ou un aigle ; les hommes "courts", petits, sont des toucans ou des singes hurleurs.

Pourtant à bien y regarder il ne s'agit pas là d'espèces animales communes, ces animaux sont plus grands, invisibles ; ils vivent au bord de l'eau, dans de grands arbres situés dans les parages d'une chute d'eau, certains chassent le jour, d'autres la nuit. Les emplacements propres à recéler des *noreshi* sont tous les lieux-dits un peu fantastiques de la forêt : les chutes chaotiques, les paysages uniques comme les marécages, les lagunes profondes, tous des endroits inquiétants et dangereux que les Yanowamï craignent d'approcher.

Naissance et cycle de vie des noreshi

Durant la grossesse et après la naissance, le double animal de l'enfant de sexe masculin (parfois également féminin, selon les versions) est un petit lézard appelé *têimariwë*. Tandis que le petit garçon va garder ce double transitoire jusqu'à ce qu'il grandisse, le double de la petite fille se transforme rapidement en *hâhâmï*. Son double a une croissance physique rapide, identique à celle des chiens et, se développe de manière parallèle à la croissance de la petite fille : quand elle a ses premières menstrues, son double est également réglé, quand elle devient enceinte, son double fait de même. La vie, la croissance et la maturité physique du double animal féminin sont donc dans une relation de synchronie avec celles de son analogon humain.

Par contre, le jeune garçon conserve plus longtemps son double initial car son *noreshi* n'est en fait pas conçu au moment de la naissance. C'est seulement à l'époque où il entre dans l'âge de la puberté qu'un *norami*, un aigle, va pondre un oeuf dans un nid situé sur la cime d'un grand arbre. Tant que l'oeuf est dans le nid, le garçon n'a pas encore, d'une certaine manière, de *norami*, il faut attendre le moment où cet oeuf éclôt. Puis l'aiglon va grandir jusqu'à parvenir à l'âge adulte. En réalité, la maturation du double suit la même séquence que la progression du nombre d'enfants de l'individu. Ainsi l'éclosion de l'oeuf se fait-elle à l'occasion de la venue au monde du premier enfant ; au second, correspond la sortie du duvet et des premières plumes ; au troisième, ses plumes ont poussé et il commence à voler, etc., et il devient adulte au quatrième enfant. Alors seulement le *norami* de l'homme a grandi et atteint l'âge adulte.

On note une première opposition haut/bas dans le complexe des doubles. Les doubles masculins sont des oiseaux et ils volent, ils sont liés à la cime des arbres ; quand ce sont des animaux terrestres, ils sont capables de grimper et de se déplacer dans les arbres. Les doubles féminins sont terrestres et aiment nager dans l'eau. Cette distinction est clairement exprimée par les informateurs : le niveau vertical est aux hommes ce que le niveau horizontal est aux femmes. On peut donc en conclure que ces espaces sont symboliquement marqués selon les sexes dans l'univers. Pour comprendre ce marquage, je pense qu'il faut prendre en compte l'analogie établie entre les humains et leurs doubles animaux, autrement dit, les traits de caractère retenus pour chacun des sexes dans leurs rapport avec leurs doubles respectifs. D'un côté, les femmes sont montrées comme des êtres agressifs, aboyants et prêts à mordre dès que l'on s'approche de leur progéniture (modèle du chien sylvestre dont la femelle est réputée d'une agressivité particulièrement redoutable) ; de l'autre, les hommes ont des aigles difficiles à atteindre car ils volent haut dans le ciel, ce qui, traduit en termes de préservation de soi, qualifie des êtres pusillanimes. Les hommes téméraires, c'est-à-dire, ceux qui osent s'aventurer dans des espaces risqués, sont des jaguars ou des coatis, précisément des animaux qui vivent au sol où ils sont en théorie plus exposés. Toutefois, combatifs et très rusés, ils sont aussi doués de la capacité de se déplacer dans les arbres.

Cette opposition a de quoi surprendre. Elle inverse en effet la polarité sexuée, précédemment exposée, des caractères dans le cadre de laquelle les hommes étaient du côté de l'agressivité et de la témérité, les femmes du côté de la crainte et de la honte. Or elle renvoie à un tout autre aspect de la conception du monde des Yanowamï dans le contexte duquel les femmes sont mises en avant, faisant en principe moins l'objet d'attaques, tandis que les hommes évitent de s'exposer à l'extérieur : cela correspond très exactement à la position de l'un et l'autre sexe dans le foyer et l'habitation[35]. Symétriquement et inversement, par un effet de renverse-

---

35. Dans le foyer, l'épouse suspend son hamac au fond de la maison (dans le *shika*, le fond), autrement dit, au plus loin de l'espace public communautaire situé au centre. Ce faisant, elle se trouve en bordure de l'espace externe de la maison, celui qui se trouve prioritairement exposé aux dangers extérieurs (guerriers, sorciers, démons, bêtes féroces). L'homme, en revanche, est en position *"fefa"*, c'est-à-dire au premier plan par rapport à l'espace interne et à l'espace public que représente la place centrale (*fefa*), mais au dernier par rapport à l'espace externe.

ment de perspective, les *noreshi* sont au plus loin de l'espace externe, de l'univers, comme pour protéger les corps physiques des dangers externes immédiats dans l'espace proche de l'environnement où ils se meuvent quotidiennement pour vivre, produire, festoyer et guerroyer.

Cette projection en miroir dans l'espace du microcosme de la maison yanowamï, unité socio-politique locale, se retrouve bien d'ailleurs, quand on les considère d'un point de vue général et non plus particulier, dans la conception englobante du système des *noreshi*. Celle-ci souligne que les groupes des doubles animaliers des humains sont dispersés dans la forêt à l'image des maisons yanowamï. En définitive, les *noreshi*, répliques corporelles animales des individus dans le cosmos, offrent la matière à penser les corps individuels comme un collectif[36] ; ils sont l'occasion de penser ce collectif, distinct et identifié, comme la réplique des autres collectifs indistincts et inconnus. Ils permettent de concevoir un certain degré d'indivision cosmique des autres Yanowamï, la représentation spéculaire des individus et des unités locales comme collectifs étant le moyen d'une projection macrocosmique de la société des humains[37]. Comment lier maintenant cette représentation à la problématique de départ, si ce n'est par le fait que le corps individuel est bien à la merci d'autrui et vice versa ? Cela justifie du même coup la relation d'interdépendance, d'aliénation et donc d'échange – amical et/ou hostile – avec les autres Yanowamï.

L'asynchronie dans la maturation des doubles

La seconde opposition repérable dans le complexe des doubles est l'asymétrie selon les sexes dans le cycle de vie des *noreshi*. Cette asymétrie apparaît dans les mécanismes de reproduction comme dans ceux de la croissance et de la maturation physique. Diffèrent l'engendrement, la vie prénatale, la naissance et le développement physique du double masculin. C'est aussi une manière de *disjoindre la naissance biologique réelle d'un homme par rapport à l'élément féminin – sa mère –*, une façon de l'éloigner du temps de son enfantement par une femme. Ce décalage dans le temps équivaut pour l'être masculin à se mettre en quelque sorte lui-même au monde lorsqu'il atteint l'âge de sa propre

---

36. Ce qui est à mettre en rapport avec le fait que c'est la corésidence qui a le caractère de *"corporate group"* chez les Yanomami.

37. Ce niveau correspondrait au degré d'inclusion supérieur de leur groupe comme étant représentatif d'un tout, à la représentation "tribale" que les Yanowamï ont d'eux-mêmes (Alès 1990a: 95–96). Remarquons toutefois que dans ce cadre l'identité se construit par rapport à une altérité qui reste interne à la société.

période de fécondité (mue pubertaire), puis de procréation (premier enfant, deuxième enfant etc.). Les enfants font "naître" le père, engendrent son développement physique et achèvent sa maturation physique. Pour ainsi dire, c'est l'enfant qui permet la création du père, puisque l'homme doit reproduire pour être produit, puisqu'il doit créer pour exister lui-même. Constatons que ce faisant il tend à s'auto-reproduire.

Mais cette opération en présuppose une autre, qui nous permettra de faire le lien avec ce qui suit. Le décalage dans le cycle de vie entre l'homme et la femme, ralentissement pour l'un, accélération pour l'autre, est une figure qui revient comme un *leitmotiv* à travers la symbolique des cycles de vie différenciés de l'un et l'autre sexe. Nous l'avons précédemment introduit à propos de l'opposition sexuée symbolisée par la croissance rapidement productive du bananier et la croissance lente et tardivement productive du palmier ; nous l'avons également repéré à travers le décalage dans la durée des proscriptions alimentaires des gibiers dangereux. L'homme alors ne serait pas tant dans une dynamique d'auto-production que dans une dynamique d'auto-reproduction.

C'est la dissociation de la complémentarité des sexes dans le processus de reproduction qui est ainsi réalisée ; elle permet de fonder la représentation de la procréation des hommes par les hommes, des femmes par les femmes, sans nécessité d'un partenaire hétérosexué. A ce point de l'analyse, on peut supposer que le problème de fond est celui d'une impossibilité à penser que les hommes puissent produire des femmes, êtres sous-valorisés : cela autorise une rationalisation du type de celle de la domination du *pufi* de la femme sur celui de l'homme dans l'acte sexuel pour étayer, comme nous l'avons vu plus haut, la création du genre féminin. Mais créer une femme est-ce une impossibilité à penser lorsqu'on est homme, ou une volonté de dédoublement des capacités de reproduction de l'homme au travers du dédoublement de son cycle de vie?

Pourquoi les Yanowamï ont-ils des filles ?

La véritable question[38] ne serait-elle pas celle-ci : L'homme fait le corps des enfants, il conçoit les garçons, mais il doit passer par une femme pour cela, comment dès lors s'approprier totalement les corps fabriqués si la femme est incontournable ? Comment les enfants vont-ils lui appartenir?

Les hommes s'approprient les corps des enfants en contrôlant la reproduction de plusieurs manières. Nous avons vu qu'ils maîtrisaient les flux

---

38. Cette question présente un caractère relativement universel, mais le travail comparatif qui serait nécessaire pour en traiter déborde le cadre du présent article.

de sang féminins par le sperme et par les gibiers qu'ils donnent à manger à la femme ; en outre, ils dominent à la fois symboliquement et réellement leurs facultés de fécondité par l'intermédiaire des homicides et par le biais du rite de réclusion des premières règles.

Ils fabriquent le corps des enfants à l'aide du liquide séminal ; la femme est un contenant, elle n'est pas active, elle est sans puissance, sans *pufi* car celui-ci est souillé par la substance masculine dans l'acte sexuel : elle n'a donc pas un *pufi* compatible avec une forte activité cynégétique, domaine réservé à l'homme qui la nourrit, elle-même et son enfant, grâce à ses chasses. Par l'intermédiaire du sperme passent également les esprits propres à faire expulser au moyen du sang de parturition les eaux intra-utérines.

Enfin, les enfants appartiennent à l'homme, et non à la femme, car il alimente l'épouse et l'enfant, notamment pendant la procréation et pendant la lactation, mais surtout du fait qu'il nourrit sa conjointe depuis qu'elle est toute petite. Le gendre peut réserver sa femme dès sa naissance, il doit aux parents de l'épouse des prestations matrimoniales de longue durée : elles durent en fait toute la vie, et perdurent même après la mort.

Le mythe de référence qui rend compte de la façon dont les Yanowamï acquièrent leurs femmes est celui qui narre comment le démiurge Omawè a attrapé dans la rivière la fille d'Anaconda, le démon des eaux, et lui a fait l'amour sur la berge. Depuis, les Yanowamï savent qu'il faut s'accoupler sans faire de bruit. S'enclenche corrélativement pour Omawè tout le cycle des rapports – tendus – de dépendance vis-à-vis des beaux-parents. Son beau-père est le Maître de l'horticulture et c'est lui qui a donné toutes les nourritures cultivées aux Yanowamï.

Le beau-père possède donc les nourritures cultivées, tandis que le gendre yanowamï dépose chez les beaux-parents, dans le cadre de son service marital, des dons de nourritures sauvages, carnées et végétales. On dit de ces dons alimentaires qu'ils *iyamaï*, "nourrissent" sa future femme, qu'ils la *"patamaï"*, la "font grandir". Or c'est le service marital effectué au profit de ses beaux-parents qui confère au gendre ses droits sur son épouse et, non seulement sur celle-ci, mais également sur toute sa descendance.

Si on analyse la symbolique du service matrimonial[39], on peut dire que, du fait que le mari fait grandir sa femme, la relation des époux est transmuée

---

39. Je ne peux développer dans le cadre de ce texte l'analyse des relations entre le gendre et ses beaux-parents, ainsi que les apports substantiels de nourriture du gendre à ses beaux-parents et à son épouse, thème que j'ai présenté par ailleurs et sur lequel je reviendrai. Je désigne plus loin cette sphère de relations par l'expression "atome d'alliance", entendant par là, de manière analogique à l'"atome de parenté" analysé par C. Lévi-Strauss (1968, 1973), les relations qui s'établissent entre un père, une mère, leur fille et son époux, autrement dit, entre un beau-père, une belle-mère, leur gendre et son épouse.

en une relation de type Père/Fille. Pour être bref, il y a transmission d'un droit d'usage du Beau-père au Gendre, relation transcendée par la relation Beau-Frère/Beau-Frère. Mais que réalise par là l'homme yanowamï, qui travaille de nombreuses années dans l'attente qu'une épouse bien plus jeune soit d'âge nubile, si ce n'est un décalage temporel, une désynchronisation des destins féminins et masculins ?

Si l'on se tourne à nouveau vers la mythologie, on découvre un mythe qui explique l'apparition des femmes, la première grossesse féminine et, à partir de là, la reproduction des Yanowamï[40]. Au départ, il n'y avait que deux hommes ; les femmes n'existaient pas. Ces hommes copulaient alors entre les orteils, si bien que le mollet de l'un d'eux fût enceint. Une fille naquît de l'explosion du mollet. Celui qui l'avait mise au monde attendit qu'elle devienne pubère, ce qui fut très rapide, et il l'épousa. Dans le cadre de cette union, la jeune femme devint promptement enceinte et mit au monde une fille, que le père donna à son partenaire, pour qu'il puisse à son tour avoir une femme. C'est ainsi que les Yanowamï se sont multipliés. Celui qui obtenait une femme, l'engrossait ; quand une fille voyait le jour, il la donnait à celui qui n'en avait pas.

Que nous disait d'autre l'asynchronie constatée dans les destins masculins et féminins au travers de la théorie des doubles animaux ? Que voulait nous signaler la lenteur du cycle de vie, tardivement productif, de l'homme par rapport au cycle ultra-rapide, immédiatement productif, de la femme exprimée dans la métaphore du bananier et du palmier au sein du jardin ? Et, si l'on se souvient, que nous signifiait le décalage de la durée des interdits alimentaires des gibiers "dangereux" liés aux interdits de la sexualité ? Le travail symbolique de la société nous ramène toujours à une même figure : grâce au décalage temporel inscrit avec insistance dans la construction symbolique des genres, l'homme se trouve en position d'épouser sa fille. Il peut par là être en âge de procréer quand il a déjà eu quatre enfants et, en quelque sorte, il devient nubile quand ses filles parviennent également en âge de se marier.

Peut-on dès lors être surpris par le fait que des hommes d'âge mûr, déjà mariés avec une ou plusieurs femmes ayant accompli la majeure partie de leur séquence reproductive, prennent à nouveau une petite fille pour épouse ? Ils peuvent se rendre alors chez ses parents accomplir une forme de service marital, tandis que les premières conjointes vivent plus indépendamment, retournant souvent, en compagnie de leurs enfants, habiter avec leurs parents et/ou leurs frères. D'une manière générale, les garçons se marient beaucoup plus tard que les filles. Ils doivent – pour le moins – avoir atteint l'âge adulte, contrairement aux filles qui, en principe, sont nubiles à l'annonce de la puberté mais, en pratique, sont promises et

---

40. *Cf.* les récits relevés par J. Lizot (1975: 13).

donc "nourries" par un époux bien avant celle-ci. Un écart conséquent, même lors du premier mariage, est ainsi creusé entre un mari et son épouse. Il arrive en outre que des hommes demandent une femme alors qu'elle n'est âgée que de deux ou trois ans seulement. Parfois certains vont même jusqu'à réserver pour épouse l'enfant d'une femme enceinte dans le cas où il s'agirait d'une fille.

Le mythe du mollet enceint est également cohérent avec la symbolique de l'atome d'alliance. Comme dans le mythe où l'homme fait naître une fille et s'unit à elle, le gendre "épouse" une "fille" en se substituant au père. C'est donc, non une soeur, mais une fille qu'il doit rendre, de même qu'il a pris une fille à un autre homme. Le mythe énonce bien cette règle de faire une fille – ce que le gendre réalise au travers des beaux-parents auxquels il se substitue-, de la faire grandir vite – comme le gendre "nourrit" son épouse, la "fait grandir"-, puis de l'épouser pour faire des enfants, obligation étant faite de donner ses filles aux hommes qui n'ont pas de femmes, et ce de manière à ce que les Yanowamï se multiplient[41]. Ce mythe éclaire du même coup la relation à plaisanterie des beaux-frères, faite de rires et d'érotisme symbolique homosexuel. Il énonce la règle de partage des femmes entre les hommes au travers de la reproduction. Le gendre ne peut pas en effet refuser de donner ses filles aux hommes, avec lesquels il entretient des relations amicales, qui les lui demandent.

Par là même, ce mythe annonce la solidarité masculine entre alliés au détriment de la fille, terme d'une dette infinie sur laquelle se fonde l'ordre masculin de la société pour contrôler la sexualité des femmes et leur circulation. Les pères ne peuvent défendre aux hommes d'"attraper" leurs filles quand ces derniers sont en droit de les prendre pour épouse. Ils n'interviennent pas, y compris lorsque celles-ci s'y refusent, comme ils vont les rechercher lorsqu'elles s'enfuient avec un autre homme afin de les rendre à leurs gendres. L'homme qui désire garder une femme mariée entraîne le désordre social : les conflits yanowamï s'ancrent directement dans cette problématique, ils se nouent quand l'homme et/ou la femme transgressent la loi de l'échange ou l'ordre masculin du partage des femmes[42].

---

41. Le modèle structurel, sur le plan mythologique, est celui d'une "succession positionnelle" telle que le modèle formel en a été dégagé par E. Leach (1982) dans son remarquable essai, qui a suggéré le titre de ce texte, intitulé *"Why have Moïse a sister ?"*. La succession de positions est basée ici sur un inceste père/fille – on vieillit la fille plus rapidement, on rajeunit le père.

42. En effet, nombre de conflits sont soulevés à propos des femmes, ils renvoient généralement à la transgression, par des membres de groupes alliés, d'un droit matrimonial en exercice. Ils provoquent des affrontements qui entraînent la fission dans une maison commune ou une distanciation entre des maisons voisines,

Au terme de cette errance dans le dédale des représentations yanowamï sur le corps et sur la différence des genres, la femme apparaît bien toujours dans une position de reproductrice, elle est pour l'homme le moyen de faire des enfants. L'ensemble des conceptions de la reproduction que nous avons successivement examinées fait appel à la complémentarité des sexes : la fécondité est en dernière analyse féminine et la fécondation est masculine même si le corps organique, le genre, les caractères physiques et psychiques correspondent quant à eux à une reproduction homosexuée. Mais chacun de ces principes, d'un point de vue idéologique, est englobé au sein d'une hiérarchie suivant un principe de domination masculine. La complémentarité des sexes apparaît alors comme nécessaire pour créer la valeur. Elle fige la différence des sexes et c'est à cette condition, et à cette condition seulement, que peut s'établir une hiérarchie de valeurs au sens où l'entend Louis Dumont (1983).

Les théories du double animal des individus reflètent plusieurs préoccupations ; les doubles ne peuvent se comprendre que dans le cadre d'une polysémie fonctionnelle. Ainsi le ralentissement, de même que le dédoublement de la vie de l'homme deviennent-ils des instruments majeurs du pouvoir des hommes et du contrôle des femmes, analogues dans ce cas aux initiations viriles chez les Baruya. Que la culture yanowamï souligne l'asynchronie des destins de l'un et l'autre sexe retient en effet particulièrement l'attention, surtout par la manière extrêmement sophistiquée dont elle construit ce décalage temporel et par la façon dont elle l'utilise. Or on a souvent attribué la différence d'âge entre les époux à un déficit de l'élément féminin ou encore à des pratiques telles que la polygynie qui grèverait le nombre de femmes disponibles pour une génération, contraignant les hommes à demeurer célibataires et à contracter une union avec une partenaire considérablement plus jeune qu'eux. Je souhaite avoir montré ici qu'elle ne relève pas de l'ordre de la nécessité : le mariage avec de toutes jeunes fillettes, même s'il signifie une attente de longue durée pour sa consommation, loin d'être une contrainte obéissant à des facteurs d'ordre démographique, est bien avant tout une préférence qui repose sur tout un appareil symbolique. Le décalage de génération qui est opéré entre

---

voire une guerre – à la condition qu'une mort intervienne dans un des camps. Notons toutefois que les conflits suscités par l'enlèvement d'une femme mariée sont en principe réglés par des combats réguliers, qui se déroulent donc entre communautés amies et n'ont pas pour objet de provoquer la mort des participants. Il faut distinguer ces conflits, et leur règlement, des raids de guerre proprement dits, qui, contrairement aux thèses suggérées par Chagnon, n'ont pas pour objectif le rapt de femmes. Les affrontements belliqueux ont pour but d'exécuter une vengeance en réponse à des pertes humaines subies par un groupe (qu'elles soient attribuées à des pratiques ouvertes *ou* à des pratiques occultes) et sont effectués contre des communautés – *de facto* – ennemies (*cf.* Alès 1984).

les époux oriente *de facto* la valence des sexes, il revient à positionner la femme en tant que "fille" par rapport à son mari. Ainsi se trouve une nouvelle fois illustré ce que permettent la non-équivalence des femmes et la subsumption des capacités féminines de procréation, c'est-à-dire, l'occasion qu'elles offrent de créer des solidarités masculines et plus généralement l'ordre social.

RÉFÉRENCES CITÉES :

ALBERT, B.
1985 *"Temps du sang, temps des cendres. Représentation de la maladie, système rituel et espace politique chez les Yanomami du sud-est (Amazonie brésilienne)"*. Thèse de Doctorat, Université de Paris X, Nanterre.

ALES C.
1984 "Violence et ordre social dans une société amazonienne. Les Yanomamï du Venezuela", in *Etudes Rurales* 95–96: 89–114.

1987 *"Le Sang de Tortue. Croyances et représentations mythiques et rituelles de la reproduction"*, communication présentée au Colloque franco – britannique "Physiologie et Cosmologie en Amazonie", 22–24 mai, Azay – Le-Ferron.

1988 *"Le Geste de la Parole"*. communication présentée au symposium "Words of the Tribe: Amerindian Conceptions of Language, Amerindian Linguistic Conceptions", 46° Congrès International des Américanistes, 7–11 juillet, Amsterdam.

1990a "Chroniques des temps ordinaires. Corésidence et fission yanomamï", in *L'Homme* 113, XXX(1): 73–101.

1990b "Entre Cris et chuchotements. Représentations de la voix chez les Yanomamï", in C. Alès (ed.), *L'Esprit des Voix. Etudes sur la fonction vocale* : 221–245. Grenoble : La Pensée Sauvage.

1993 *"Circuits énergétiques socio-cosmiques chez les Yanowamï"*, communication présentée aux Journées d'études "Les sociétés et leur monde : mouvement et conversion des relations composant les êtres", 31 mars – 1° avril, Museum National d'Histoire Naturelle, Paris.

1994 *Terminologie dravidienne et Stratégies matrimoniales : le cas des Yanomami,* communication présentée à la 3rd EASA Conference, Oslo, June 24–27.

BLOCH M.
1986 *From blessing to violence.* Cambridge: Cambridge University Press.

CHAGNON N. A.
1968 *The Fierce People.* New-York: Holt, Rinehard & Johnson.

CHIAPPINO J.
1994 "Corps matériel, pensée chamanique et modernité chez les Yanomami", (à paraître in *Techniques et Cultures*).

COCCO L.
1972 *Iyêwei-teri.Quinze años entre los Yanomamos*. Caracas : Escuela tecnica popular Don Bosco.

DUMONT L.
1953 "The Dravidian kinship terminology as an expression of marriage", in *Man* 53: 34–39.

1957 *Hierarchy and Marriage Alliance in South Indian Kinship*. (Occasional Papers of the R.A.I., n° 12), London: Royal Anthropological Institute.

1975 *Dravidien et Kariera. L'alliance de mariage dans l'Inde du sud et en Australie*. Paris : Mouton.

1983 *Essai sur l'individualisme*. Paris : Le Seuil.

FOSTER G. M.
1944 "Nagualism in Mexico and Guatemala", in *Acta Americana II*, 1–2: 85–103.

GODELIER M.
1984 *La Production de Grands Hommes*. Paris : Fayard.

1992 "Corps, Parenté, Pouvoir(s) chez les Baruya de Nouvelle–Guinée", in *Le Journal de la Société des Océanistes*, 94: 3–24.

HERITIER F.
1981 *L'Exercice de la parenté*. Hautes Etudes, Paris : Gallimard-Le Seuil.

1994 *Les deux Soeurs et leur mère*. Paris : Editions Odile Jacob.

HORNBORG A.
1993 *"Serial Redundancy in Amazonian social structure: towards a renewed comparative effort"*, communication présentée à la Table ronde "Dravidian, Iroquois and Crow-Omaha kinship systems", 3–5 juin, Maison Suger, Paris.

LEACH E.
1982 *Structural Analysis of the biblical mythology*. Cambridge: Cambridge University Press.

LÉVI-STRAUSS C.
1968 *Anthropologie structurale*. Paris : Librairie Plon.

1973 *Anthropologie structurale II*. Paris : Librairie Plon.

LIZOT J.
1975 *El Hombre a la pantorilla preñada*. Monografia n° 21, Caracas : Fundacion La Salle.

LÓPEZ AUSTIN A.
1989 *Cuerpo humano e ideología.* Las Concepciones de los antiguos Nahuas. Tome I, México : Universidad Nacional Autónoma de México.

LORAUX N.
1989 *Les Expériences de Thiresias.* Paris : Le Seuil.

MIGGLIAZZA E.
1972 *Grammar and intelligibility.* Ph.D. Indiana University.

SCHEFFLER HW. & F. G. LOUNBURY
1971 *A Study of structural semantics: the Siriono kinship system.* Englewood Cliffs: Prentice Hall.

TABET P.
1979 "Les Mains, les outils et les armes", in *L'Homme* 3–4: 5–61.

VERNANT J-P.
1974 *Mythe et société en Grèce ancienne.* Paris : Maspéro.

14

Corps immortels, devoir d'oubli : formes humaines et trajectoires de vie chez les Achuar

Anne Christine Taylor[1]

Un texte influent paru en 1979 sous la plume de R. Da Matta, A. Seeger et L. Viveiros de Castro proposait d'aborder les structures sociologiques amazoniennes – notoirement difficiles à appréhender et à analyser en raison de leur faible degré d'explicitation et d'institutionalisation – à travers l'étude des mécanismes de construction de l'identité, et plus précisément des formes de traitement du corps par lesquelles ils se manifestaient. Ces auteurs soutenaient en effet que les cultures de cette aire géographique axaient leurs pratiques et leurs représentations de la vie sociale sur la production de personnes bien davantage que sur la formation et la reproduction de groupes. Les travaux menés depuis une quinzaine d'années dans les basses terres d'Amérique du Sud ont largement confirmé la pertinence de cette stratégie de recherche, visant à définir la société par la saisie de ses effets sur le corps, autrement dit par l'analyse de la division du travail sou-jacent à la création d'identités singulières. Que ce soit au Xingu (Viveiros de Castro 1979), chez les Gê (Crocker, 1977, 1985; Viertler 1979), les Tukano orientaux (C.Hugh-Jones 1979) ou les Yanomami (Albert 1985), les modes de traitement du corps apparaissent bien comme l'instrument principal de la sociologie indigène tout en étant son expression privilégiée.

Toutefois, si ces travaux ont permis un saut qualitatif dans l'anthropologie des sociétés amazoniennes ils ont également mis en évidence l'extrême complexité du rapport postulé par ces cultures entre corporéité, composantes de la personne et formes de réflexivité. Cette complexité tient à des raisons qu'on peut, en dépit de la variabilité empirique des systèmes symboliques amazoniens, ramener à trois ordres de facteurs. Tout d'abord, l'incertitude de la relation entre "le propre de l'homme" et sa forme corporelle. En effet, la corporéité humaine n'est jamais pleinement garante de l'humanité d'un corps : des êtres présentés

---

1. La partie centrale de ce texte reprend, sous forme remaniée, certains dévelop-pements d'un article paru dans *Man* (vol. 28, dec. 1993, n° 4, pp. 653–678), sous le titre "Remembering to Forget. Mourning, Memory and Identity among the Jivaro".

comme humains – notamment dans les mythes – se cachent à l'occasion sous les apparences propres à d'autres espèces, tandis que l'inhumain rôde volontiers sous une enveloppe impeccablement humaine. Bref, le corps ne fait pas l'homme, mais c'est à travers et avec lui qu'on le construit à l'issue d'un modelage social plus ou moins long ou élaboré. Loin d'être une donnée "naturelle", le corps est avant tout un horizon en même temps qu'un projet collectif. C'est pourquoi la formation et le fonctionnement du corps biologique – à supposer encore qu'il soit perçu comme un organisme spécifique – est toujours fortement sous-déterminé par rapport au travail culturel nécessaire à la gestation, à l'existence et à la santé d'un corps-personne. Second facteur de complexité, l'extrême parcellarisation sociologique des tâches dans la construction du corps social, en permanence écartelé entre une multitude de contributeurs : des uns vient le nom, ou les noms successsifs, des autres telle ou telle substance comme le sang ou les os, d'autres encore l'apparence ou cette deuxième peau que sont les parures, d'autres enfin la faculté de voir, d'entendre ou de parler, ou celle d'agir en héros. Ainsi, chaque individu renvoie d'emblée à l'ensemble de la société plutôt qu'à tel ou tel de ses segments, et son corps est un palimpseste de l'existence collective plutôt que la pièce d'une mécanique ou même le microcosme d'un système englobant. Que cet œcuménisme dans la distribution des composantes des corps-personnes soit une cause ou un effet du cognatisme si largement dominant en Amazonie, c'est une question qu'on s'abstiendra d'aborder ici ; reste que la minutieuse division du travail qui régit la construction de la personne a certainement partie liée avec la rareté dans les basses terres de structures d'unifiliation. Enfin, divisés tout au long de leur existence entre une multitude de donateurs ou de fabricants, ces corps-personnes chroniquement instables et toujours partagés sont voués de surcroît à un état d'inachèvement intrinsèque, faute d'un espace conceptuel propre à leur totalisation : lors même qu'elle est parvenue à une entière maturité sociale, la personne reste le plus souvent incomplète, privée de l'instance qui lui conférerait sa plénitude. De nombreuses cultures amazoniennes assignent en effet à l'individu un double spéculaire qui lui est à la fois intimement et même vitalement lié, tout en étant irrévocablement séparé : ainsi le double animal ou *noreshi* des Yanomami (Alès, ce volume, ou le compagnon rituel des Kraho – Carneiro da Cunha 1978). Cette relation d'incomplètude peut être pensée sur le mode collectif : ainsi bien des sociétés posent l'accession à l'identité et à la corporéité sociale pleine et entière comme une destinée exclusivement post-mortem. Citons l'exemple des Arawete, qui se perçoivent comme une médiocre mais nécessaire ébauche de la véritable humanité, celle des dieux qui se perpétuent en les cannibalisant (Viveiros de Castro 1992). Bref, le travail social intense et prolongé investi dans le corps pour le rendre veritablement humain débouche sur la fabrication d'une personne toujours inaboutie, qui n'appartiendra ni à elle-même, ni à tel ou tel segment de la collectivité, ni même à la société toute entière, puisque celle-ci ne se conçoit totalisée que dans l'ailleurs.

Une description sommaire des idées que les populations de culture jivaro se font de l'origine, de la composition et de la destinée de la personne nous permettra d'illustrer concrètement quelques-unes de ces topiques amazoniennes et la manière dont elles peuvent s'articuler. Les Jivaro constituent un ensemble macro-tribal culturellement très homogène, regroupant aujourd'hui quelque 80.000 personnes réparties entre le nord-est du Pérou et le sud de l'Equateur[2]. On distingue généralement cinq unités dialectales au sein de l'ethnie : les Aguaruna, les Shuar proprement dits, les Shiwiar, les Huambisa et les Achuar, lesquels nous fourniront l'essentiel des matériaux ethnographiques évoqués dans ce texte[3]. Les "tribus" sont sous-divisées en groupements territoriaux ni nommés ni formellement bornés, définis par une relation d'intermariage privilégiée ; ces nexus endogames, issus d'un mariage répété entre cousins croisés bilatéraux proches, incluent une dizaine de maisonnées chez les Achuar, soit en moyenne 150 personnes ; elles gravitent autour de la figure d'un *uunt*, un "vieux/grand", dont le poids social lui vient de son prestige de guerrier, de sa capacité à gérer de multiples liens d'alliance et de sa force rhétorique. Les unités domestiques, très dispersées, regroupent un chef de maisonnée, ses épouses et leurs enfants, auxquels s'ajoutent éventuellement un gendre et des parentes esseulées. Entre nexus, séparés par plusieurs jours de marche, prévalent des relations de feuding endémique, tempérées par des échanges matrimoniaux (environ 30% des mariages sont exogames) et des liens d'échange de biens dans le cadre d'un partenariat rituel dit *amigri*. S'opposent ainsi un foyer de parentèle spatialement et généalogiquement proche et une parentèle à vendetta plus distante, s'étendant, en principe, jusqu'aux limites de l'unité dialectale. Entre tribus, jadis fort éloignées les unes des autres, régnait une forme de guerre très distincte de celle qui unit les nexus, puisqu'elle supposait la non-parenté et la différence linguistique, conditions *sine qua non* pour la prise de têtes et la captation d'identités ennemies qui motivaient ces aggressions réciproques. En même temps, elle restait strictement endoethnique, et définissait par conséquent les limites de l'ensemble jivaro.

---

2. Font également partie de cet ensemble ethnique, du point de vue sociologique sinon linguistique, les groupes de langue candoa, c'est-à-dire les Kandoshi et les Shapra du Pérou. Sur la question des rapports entre Jivaro et groupes candoa, et plus généralement sur les mécanismes de la différenciation tribale au sein de ce macro-ensemble, voir Taylor 1985 et 1986, Surallès-Calonge 1992.

3. Ces données ont été recueillies par P. Descola et moi-même au cours d'enquêtes de terrain menées de 1976 à 1979, en 1981, 1984 et 1993.

Les Achuar ne disent pas grand'chose, et rien de très original, sur la formation biologique d'un être. Selon l'opinion la plus répandue, l'enfant est formé entièrement par la semence de l'homme, et il doit être nourri par lui *in utero,* sous forme d'apports réguliers de sperme. Le rôle de la mère est également nourricier – son propre sang et plus tard son lait contribuent à former le bébé – mais les femmes sont vues avant tout comme des contenants ; au reste, les métaphores associant l'utérus aux grandes jarres *(muits)* utilisées pour la fermentation de la pâte à bière de manioc sont récurrentes dans les chants rituels[4]. Il est vraisemblable que le sperme est plutôt associé à la formation des os, et le sang maternel aux chairs ; toutefois, cette identification – abondamment glosée dans de nombreuses sociétés amazoniennes – n'est jamais clairement énoncée chez les Achuar, qui semblent accorder un intérêt très limité aux mécanismes de la gestation. En dépit de son abondance, l'ethnographie jivaro n'a d'ailleurs pas fait état jusqu'ici de théories génétiques indigènes cohérentes et explicitement formulées. Au demeurant, cette indifférence à l'égard des processus de formation est tout à fait congruente avec le style et l'orientation de la mythologie, laquelle consiste en une série désarticulée de brèves narrations de métamorphoses, plutôt qu'en la restitution minutieuse et réglée d'un progressif déploiement du monde, tel que le corpus tukano, par exemple, en offre l'image[5]. La grossesse, corollairement, n'entraine guère de tabous ou de mesures prophylactiques pour les parents, et rien qui s'assimilerait à une couvade ; hormis l'obligation de nourrir le foetus en sperme et, par le biais des "envies" exprimées par la mère, en friandises ou aliments de choix (une prescription énoncée plutôt qu'assidument suivie, d'après mes observations), l'attente d'une naissance n'impose pas de contraintes particulières, la mère comme le père vaquant à leurs occupations comme d'habitude jusqu'à l'accouchement. Celui-ci est en revanche assorti d'un certain nombre de prohibitions alimentaires, tant pour la mère que pour le père, fondées sur un principe d'analogie touchant l'apparence ou le comportement de la chose consommée : manger la viande de tel animal induirait chez l'enfant un applatissement du crâne, une inclination vers la paresse etc. Ces déformations physiques et morales seraient imputables à une transmission d'attributs par le biais des substances corporelles : lait de la mère ou sperme du père, dont les qualités se communiqueraient au lait maternel. Cela dit, ces prohibitions relèvent là encore de la théorie énoncée, et même de la fantaisie individuelle, davantage que de la pratique ; de fait, les tabous post-partum sont rapidement abandonnés et autrement moins lourds que les interdits – pour le coup

---

4. Tout particulièrement dans les chants associés aux rituels de la *tsantsa,* ou tête réduite; voir Pellizzaro 1980 et Taylor 1994.

5. Sur ce thème voir Umusin Panlon Kumu et Tolaman Kenhiri 1980.

canoniquement définis et scrupuleusement observés – imposés par un homicide, la fabrication d'une pirogue ou de curare, ou un apprentissage
chamanique.

Par ailleurs, les substances corporelles féminines sont ici tenues pour
moins dangereuses, et traitées avec moins de précautions, que les substances
masculines : la menstruation, en particulier, n'apporte guère de modifications dans le comportement social des femmes, et son apparition n'entraîne
pas de rituel d'initiation féminin, du moins chez les Achuar[6] ; enfin, bien
qu'en théorie les bains de rivière soient interdits aux femmes réglées, la
prohibition est peu respectée. De fait, les émissions de sang sont
considérées, en dépit de leur régularité, comme l'effet d'une maladie
accidentelle, et elles ne sont pas spécialement polluantes. Le sperme, par
contraste, est clairement assimilé à un venin par sa "force" excessive, d'où
une série d'interdits bien plus soigneusement observés que ceux associés
au sang menstruel : la fabrication de curare, par exemple, exige une
rigoureuse abstinence, la déperdition de semence qu'implique le coït
entrainant une dilution et un affradissement du poison ; à l'inverse, on
évite à tout prix un contact quelconque, fût-il visuel, entre la victime d'une
morsure de serpent et des gens susceptibles d'avoir eu récemment des rapports sexuels, tout particulièrement des femmes enceintes, de crainte que
l'odeur de semence dont ils seraient encore imprégnés à leur insu ne vienne
s'ajouter à la virulence du venin.

Ces différents ordres de faits – l'indifférence à l'égard des mécanismes
de formation des corps, une attitude relativement insouciante quant aux
effets corporels des substances physiologiques, lesquelles agissent en revanche puissamment sur des matières ou des supports non humains – sont
à première vue difficiles à conjuguer. Il faut prendre garde cependant à
bien distinguer entre une théorie implicite des substances et une théorie du
corps comme organisme. Pour les Jivaro, les humeurs agissent en effet
indépendemment du fait qu'elles sont produites par un métabolisme
spécifiquement humain ; au reste, les mêmes conceptions et les mêmes

---

6. Il existait chez les Shuar de l'Equateur, selon Karsten (1935) et Pellizzaro
(1978), un rituel dit *nua tsanku* ("tabac de la femme") associé à la maturation des
jeunes filles. S'il s'agit d'un rite d'initiation, il n'en a guère la forme classique;
d'abord parce qu'il semble être optionnel plutôt qu'obligatoire, ensuite parce qu'il
n'implique aucun travail sur le corps : il marque l'accession à une maîtrise
symbolique des champs qui relèvent de la compétence des femmes essentiellement
le traitement des plantes cultivées et la préparation/distribution des aliments et
non la transformation du corps physique et de ses rapports à son environnement.
Chez les Achuar, le rituel prend – quand il a lieu – la forme d une transmission
privée, et généralement secrète, d'ainée à cadette de modes de gestion symbolique
des êtres appartenant à la sphère de pratique des femmes.

pratiques régissent le traitement d'animaux familiers élevés et souvent allaités par les femmes et celui des corps d'enfants. L'origine et la fonction des substances en question est secondaire au regard des caractères qui leur sont attribués en fonction d'une grammaire générale des qualités. Ainsi, les humeurs sont classées et traitées en vertu de leur position au sein d'ensembles incluant bien d'autres éléments que des composantes physiologiques du corps humain, séries construites autour d'une opposition entre l'amer et le pimenté, le chaud, le lourd et le rouge (comme le curare, le sperme, la viande de peccari ou de singe. . .), d'une part. le fade, le frais, le léger, le clair (comme la viande de poulet, les tubercules ou le petit poisson), d'autre part. Ce sont les notions concernant les rapports possibles de ces substances "hors-corps" (en fait des qualités concrétisées) qui déterminent ainsi les prohibitions ou les gestes thérapeutiques relevant de la médecine domestique – d'ailleurs peu développée en pratique chez les Jivaro, en dépit d'un savoir pharmacologique relativement détaillé – plutôt qu'un ensemble de notions sur l'organisme humain en tant que tel, et le rôle qu'y joueraient les substances. Autrement dit. les corps ne sont pas particularisés dans leur épaisseur : tout "métabolisme" fonctionne selon le même modèle physiologique, et rien ne distingue la corporéité d'un homme, d'un oiseau et d'un plant de manioc si ce n'est – j'y reviendrai – la forme et plus précisément l'apparence. C'est bien pourquoi l'asymétrie des genres dans les sociétés jivaro, et la domination des hommes sur les femmes – très réelle et parfois brutale dans son expression – n'est pas fondée sur une association intrinsèque entre le genre féminin et certaines substances polluantes, comme c'est le cas dans des cultures mélanésiennes (cf. Godelier 1982; Bonnemère 1992) : le corps des femmes n'est en tant que tel ni plus ni moins dangereux que celui des hommes. De fait, l'inégalité sociale des sexes dans les groupes jivaro prend sa source dans le système de rapports aux entités invisibles qui contrôlent la reproduction des espèces et du monde, plus exactement dans la répartition par sexe de la gestion de ces rapports, et non pas dans les corps sexués et les matières qui leur sont associées.

Si la corporéité organique ne fait pas l'objet d'une réification conceptuelle pour les Achuar, on peut en dire autant de la "vie" au sens biologique du terme. Le souffle vital – c'est à peu près sous cette forme que la qualité "d'animation" est conçue par les Achuar – n'est qu'une sorte de vapeur, qui se dissout assez vite après la mort, qui n'a pas de forme spécifique, ni par conséquent de limites, et qui surtout n'a rien de spécifiquement humain ni même de "biologique", en ce sens qu'il est la manifestation d'un état plutôt qu'une propriété caractéristique de certains ensembles d'espèces. Les Achuar ne sont évidemment pas insensibles à la différence entre le vivant et l'inanimé – est dit vivant, *iwiak,* ce qui est "éveillé", ce qui bouge ou change, en bref ce qui est doté d'un métabolisme – mais cette grille de classification est subordonnée à celle qui constitue le mode essentiel d'ordonnancement des entités visibles ou invisibles, naturelles ou non naturelles, et qui distingue les *aents,* les êtres de communication quelle que soit leur forme, des êtres "muets" ou non relationnels. C'est dire que la vie, en perspective jivaro, est avant tout l'imputation d'une conscience intersubjective. De cette faculté de communication qui caractérise les *aents* le langage humain est certes le paradigme, mais le champ qu'elle recouvre est bien plus large, puisqu'on appellera également *aents* tous les étants qui interagissent par le regard, l'ouïe, l'odeur ou le toucher ; dans certains contextes le terme est d'ailleurs utilisé quasiment comme un synonyme d'*iwiak*, "vivant". Dans d'autres circonstances, en revanche, la notion d'*aents* s'oppose à celle d'iwiak, lorsqu'il s'agit par exemple de discriminer entre les vivants *nangami*, les étants "pour rien" ou "just-so", de tel plante, animal ou même minéral qu'on crédite d'un avatar communicatif dans un passé mythique. et dont on dira alors qu'il est *aents*. Le caractère distinctif implicitement invoqué dans ce cas relève d'une sorte d'anthropo-morphisation, à ceci près que l'identification ne renvoie justement pas à une forme ou un corps humain mais bien à un mode d'être caracté-ristiquement humain, à savoir l'usage de "signes pour" (bruits, paroles, regards, parures . . .), indépendamment de la nature des "corps" impliqués. Cependant, le terme *aents* peut également dénoter l'homme, en tant qu'exemplaire d'espèce, par opposition à un animal ou un esprit : ainsi, d'une brisée dans la forêt, ou d'une trace, on dira, après examen. qu'elle a été faite par un aents (et non par un cervidé, un sanglier ou un tapir). Dans d'autres usages, cependant, *aents* fait contraste avec "homme", en ce sens qu'il désigne les humains étrangers à l'exclusion des "vrais hommes", c'est-à-dire des Shuar, vocable par lequel s'autodésignent tous les groupes de langue jivaro. Ce dernier terme peut lui-même servir à qualifier l'ensemble des Jivaro, ou encore les seuls Achuar par oppposition aux Shuar du piémont ou aux Huambisa, ou même les Achuar de tel groupe local à l'exclusion des autres, ou enfin "ma parentèle" par rapport à d'autres (cf. Taylor 1985).

Le rapport entre corporéité, "vitalité" et "humanité" (au sens attributif plutôt que générique) est donc loin d'être simple et univoque. On peut être homme sans avoir un corps humain, à condition de vivre en homme ; comme tous les groupes amazoniens, les Jivaro possèdent en abondance des mythes du temps où les animaux étaient des hommes tout en ayant un corps animal. Pour autant. l'existence sociale ne suffit pas à constituer un véritable humain ; la spéciation issue des temps mythiques implique l'émergence de formes physiques particulières, et l'homme en possède une comme toutes les espèces. Bref, si le corps ne fait pas l'humain. la culture ne fait pas l'homme. On peut même avoir à la fois un corps et un comportement communicatif humain sans être pour autant un homme véritable. Cette configuration cararactérise notamment une catégorie d'"esprits" nommés *iwianch* (cf. Taylor 1993a), sortes de fantômes qui apparaissent aux vivants sous un aspect banalement humain afin de les enlever et s'en faire des compagnons familiers. de la même façon que les humains adoptent et socialisent les animaux. On remarquera toutefois que le corps de ces humanoïdes non humains est "normal" non pas en soi mais en vertu d'un défaut de perception de la part du témoin. Si les vivants prennent ces esprits pour des hommes, c'est par un abus de leur sens, puisqu' "en réalité" – c'est-à-dire hors situation d'interaction avec les humains véritables – ils sont d'apparence parfaitement monstrueuse : velus, gigantesques, mutilés, noirs ou boiteux. Le corps humain a donc bien un rapport essentiel et intrinsèque avec le propre de l'humanité, mais ce rapport paraît s'attacher à sa forme particulière plutôt qu'à son organisme, lequel renvoie à un modèle métabolique généralisé. Ce qui distingue les espèces, en définitive, c'est l'habit : non pas la peau ou l'enveloppe en tant que matière, mais l'image ou l'apparence qu'elles offrent au regard, à la communication et plus généralement à la vie en société.

Cette perspective s'éclaire à l'examen des conceptions que se font les Jivaro de la collectivité des hommes. Pour les Achuar, l'idée d'humanité ne renvoie pas à une qualité abstraite mais à un ensemble de groupes territorialisés définis par un certain mode d'existence sociale ; et la variabilité de ces groupements socio-culturels, inscrits dans et sur des corps, est à leurs yeux plus déterminante que la communauté d'apparence et de comportements des hommes en tant qu'espèce naturelle. Ceci explique que la notion de "vrais hommes" s'applique en priorité aux Shuar, c'est-à-dire à l'ensemble des personnes partageant l'existence à la fois corporelle et sociale propre aux cultures jivaro, et même, dans un sens plus restreint, aux gens unis par la même sous-culture tribale. Or, cette collectivité des hommes véritables est perçue comme un ensemble clos et définitif, constitué d'un stock limité de potentialités d'individuation ; l'"humanité" est ainsi formée d'une population donnée une fois pour toutes, et d'ailleurs relativement restreinte (du moins conçue comme telle), incluant la totalité des individus jivaro passés, présents et à venir, plus précisément virtuels ou actualisés. Il s'ensuit que la mise au monde d'un nouvel être humain dépend de façon absolue de la disparition préalable d'un autre humain, plus particulièrement d'un homme véritable : si quelqu'un ne meurt pas, quelqu'un d'autre ne peut pas naître.

Cette conception à la fois fixiste et malthusienne de l'humanité (c'est-à-dire de la société jivaro) transparaît clairement dans l'onomastique indigène. Celle-ci est fondée sur deux principes complémentaires. D'abord un évitement rigoureux de l'homonymie : on ne donnera jamais à un enfant le nom d'un membre vivant du même groupe local, ou de la même aire d'intermariage. Ensuite, une reproduction très contrôlée des noms propres, lesquels sont remis en circulation dès qu'ils sont libérés par la mort du porteur précédent. Ainsi, un nouveau-né héritera généralement du nom (un seul par individu) de l'ascendant maternel ou paternel le plus récemment disparu, idéalement d'un grand-parent. Ceci explique que le corpus des noms propres soit restreint, conservateur et, compte tenu des variations phonétiques liées à la différenciation dialectale, ethniquement homogène.

Cette rareté vitale et onomastique a deux corollaires. En premier lieu, la répugnance qu'inspirent aux Achuar les naissances multiples : dans les cas de gémellité, normalement un seul enfant de l'ensemble est autorisé à vivre. L'attitude des Achuar à l'égard des jumeaux est dictée à la fois par la crainte d'une ressemblance physique trop forte entre germains ("comme si des frères partageaient le même nom", nous a-t-on dit) et par le malaise causé par une fécondité jugée anormale et même franchement bestiale, caractéristique en particulier des chiens. Par ailleurs, on peut imputer à la même origine l'évitement rigoureux des situations ou des rôles impliquant une confusion des identités sexuelles (ce qui n'interdit pas, bien au contraire, de créer dans l'imaginaire des personnages sexuellement ambigus). Si l'homosexualité masculine ou féminine est sévèrement jugée, et tenue d'ailleurs pour impensable chez un adulte jivaro normal, ce sont les comportements transexuels, nullement inconnus chez les voisins Quichua des Achuar, qui provoquent leur indignation la plus vive. La réprobation que leur inspire ces façons d'être tient au fait que l'identité de genre est à leurs yeux une donnée première et incontournable de l'individualité humaine : on naît avec une forme-homme ou une forme-femme, et tel on ne peut que rester. La transexualité est littéralement contre-nature, et c'est bien pourquoi elle est, tout aussi littéralement, anti-sociale.

Par ailleurs, le souci maniaque dont témoignent les sociétés jivaro pour singulariser chaque forme-personne justifie le recours à des procédés "culturels" de particularisation lorsque la nature est jugée trop économe en la matière. C'est le sens des très discrets tatouages opérés sur l'arête du nez des enfants shuar (groupe jivaro voisin des Achuar), éléments visuels censés ajouter un supplément de différenciation au sein d'un ensemble de germains issus des même géniteurs. Ces formes de marquage témoignent de l'importance du visage dans les représentations jivaro et du rôle central qu'il assume dans la définition de la personne. En effet, si l'humanité véritable constitue un ensemble fini de potentialités d'individuation sexuée, elle est par definition conçue sous les espèces d'une collection de singularités. Ceci veut dire que la totalité des réalisations physiques possibles sont déjà données ; penser l'humanité, c'est donc penser d'emblée à un ensemble de silhouettes humaines particularisées, et plus précisément de visages, les Jivaro estimant que c'est la partie du corps la plus apte à la variation combinatoire et le point focal, par conséquent, de la reconnaissance visuelle. Cette vision de la collectivité jivaro comme un assortiment de visages nécessairement différents n'est pas contradictoire, soulignons-le, avec la perception intuitive des ressemblances intra-familiales : comme un jeu de cartes comprend des "familles" différentes, l'humanité inclut des "parentèles" (des shuar, justement, le terme servant également à désigner la famille plus ou moins étendue) dont les membres illustrent un éventail de variations fines à partir d'un moule unique.

L'animation et la forme : jusqu'ici, nous avons sommairement recensé deux composantes de la personne jivaro. Cependant, il manque encore deux éléments essentiels pour constituer un Shuar à part entière. Ces principes supplémentaires – l'un formé progressivement, à mesure de la croissance et de la maturation de l'individu, l'autre acquis – sont, selon nos vues, d'ordre psychique ou "spirituel", mais ils ont néanmoins un rapport essentiel avec la forme-corps, à la fois parce qu'ils la présupposent et parce qu'ils s'inscrivent à sa surface.

La première composante renvoie à une notion à la fois très familière aux ethnologues et très difficile à spécifier, synthétisée par les Jivaro dans le terme *wakan*. Ce vocable désigne tout ensemble le reflet de la personne physique, la forme mentale que prend la conscience de soi, une concrétisation de l'état psychique propre au rêve, à certains états d'hallucination, à certains états rituels, enfin l'image mentale d'autrui et donc certains "esprits". En bref, il renvoie essentiellement à la notion de reflexivité ; c'est ainsi que les organes vitaux (surtout le foie, le coeur et les poumons) sont crédités chacun d'un *wakan*, les sensations synesthésiques locales étant interprétées comme la "conscience" ou l'auto-perception de l'organe concerné. A la mort de l'individu, ces *wakan* organiques poursuivent d'ailleurs une éphémère existence, ordinairement sous forme de papillons ou d'oiseaux, avant de se dissoudre en vapeur et de disparaître.

La destinée post-mortem du *wakan* de la forme-personne est autrement plus complexe, et elle engage les vivants dans un travail psychologique angoissant, douloureux et prolongé. Pendant un certain laps de temps, la conscience du défunt continue en effet à "vivre" sous forme de mémoire visuelle hypostasiée, image qu'il s'agit pour les vivants de déconstruire et d'effacer progressivement afin d'anonymiser le corps du disparu et de rendre sa forme au stock de l'espèce. En effet, s'il est vrai que la conscience du soi est enracinée dans l'image d'un corps-forme à la fois singulier et impersonnel, il est clair qu'elle se construit dans l'intersubjectivité ; et dans la mesure où elle est fondée sur l'introjection du regard d'autrui, la perception subjective du corps générique est d'emblée baignée d'une histoire particulière de rapports sociaux. Or, c'est cette accrétion d'affectivité individualisant le corps qui survit à la mort sous forme de *wakan* et qu'il incombe aux vivants de dissiper. Le processus de dévisualisation des morts se fait en plusieurs phases, encore que celles-ci ne soient pas nécessairement linéaires dans leur déroulement. L'abolition de l'image mentale du défunt passe d'abord par la récitation ou l'évocation sotto voce de chants rituels (dits *anent*) ostensiblement adressés au mort, et destinés à produire une fiction linguistique d'invisibilité des vivants aux yeux des morts (on ne chasse pas les morts, on se dérobe à leur vue). Ces mêmes chants s'orientent par la suite vers une évocation visuelle, obsessive et détaillée, de la décomposition du cadavre, en une sorte de mimesis verbale du pourrissement des chairs[7]. Ces chants funéraires mettent en évidence un trait remarquable du *wakan* post-mortem : ils traitent en effet d' une conscience théoriquement réflexive privée du terme qu'elle est censée réfléchir, autrement dit, d'une conscience de soi sans soi. Ceci explique que les morts récents apparaissent dans les chants funéraires comme frappés d'une irrémédiable imbécilité. Parce que les défunts se trompent tout le temps, les messages que leur adressent les vivants, à certains stades du processus mortuaire, se résument ainsi à une réitération d'injonctions négatives : incapables littéralement de refléchir, les trépassés doivent être sans cesse instruits de leurs erreurs, notamment de celle qui consiste à nommer et à appeler leurs familiers survivants par leur terme de parenté correspondant.

Les corrections pragmatiques adressées aux morts récents, et l'évocation verbale de leur décomposition progressive, sont répétées jusqu'à ce qu'ils se métamorphosent en un autre état de mortalité, celui désigné par le terme d'*arutam*, ordinairement glosé comme "âme ancienne" ou "spectre". L'expression renvoie à l'une des notions les plus complexes et les plus discutées de l'ethnographie Jivaro[8], et on se limitera ici à un aperçu très superficiel des représentations qu'elle implique. Brièvement dit, les *arutam* – des morts métamorphosés, donc – sont les partenaires des humains vivants dans le contexte d'une série de rituels, ordinairement privés, qui constituent les épisodes les plus cruciaux d'une existence jivaro. Le rituel, dit, par euphémisme, "aller sur le chemin", consiste en une quête mystique solitaire, répétée plusieurs fois dans le courant d'une vie normale, induite par la prise d'hallucinogènes puissants. A l'issue de cette quête l'implorant reçoit la vision d'un mort connu de lui, généralement une personne exemplaire, qui s'identifie par son nom mais ne se voit pas nécessairement ; celui-ci transmet au vivant un message (le plus souvent verbal) relatif à sa vie future, plus particulièrement, dans le cas d'un homme, à des faits de guerre à venir. Ces visions sont en effet sexuées ; les femmes rencontrent des *arutam* de femmes, et les révélations qu'elles obtiennent concernent l'existence féminine et ses domaines de compétences. Dans les deux cas, l'identité du "transmetteur", et surtout la teneur de son message, sont frappés d'un secret rigoureux.

L'objet de la transaction entre le revenant et son partenaire vivant n'est pas facile à cerner. Elle n'implique pas l'acquisition d'une nouvelle personnalité ou la métamorphose d'une enveloppe sociale : chez les Jivaro, la

---

7. Pour des exemples voir Taylor 1993b.
8. Sur la question des *arutam,* voir Harner 1972, Pellizzaro s.d., Brown 1985, Descola 1993 et 1994, Taylor 1993a, 1993b.

forme corporelle demeure immuable, puisque c'est elle qui définit la singularité propre à chaque individu. Par ailleurs, rien dans l'expérience d'*arutam* ne permet de le ramener à ce simulacre de gestation et de naissance auquel renvoient communément les rituels d'initiation. Il ne s'agit pas non plus de la captation d'une "énergie vitale" particulière, bien que la rencontre de l'esprit ait pour effet de garantir la plénitude physique et la force de caractère de celui qui en a bénéficié. Enfin, si la vision peut s'assimiler à une âme, c'est sous les espèces d'une prédisposition qualitative plutôt que d'une "substance" qui viendrait s'ajouter aux éléments constitutifs de la personne. En définitive, l'interaction entre les partenaires de ce rituel, donc entre le mort et le vivant, apparaît comme la transmission d'une potentialité d'existence rehaussée ; en d'autres termes, le "message" énoncé par l'*arutam* constitue l'expression métonymique d'une destinée hors du commun, en accord avec les valeurs d'une société dotée d'un ethos guerrier très marqué. Il est l'assurance d'un cours de vie héroïque, la virtualité d'une biographie égale en gloire à celle de ce mort exemplaire qu'est l'*arutam*. Le rituel agit donc comme une sorte d'intensificateur ontologique, source d'une vocation qui, bien qu'elle soit la même pour tous les hommes, offre à chacun la promesse d'un accomplissement unique.

Cette idée de la transmission d'un parcours vital à la fois objectivé et indéterminé recouvre par ailleurs un singulier paradoxe. Afin que les vivants puissent être, les morts sont en effet voués à l'oubli : leur nom et leur apparence sont interdits de souvenir, si bien que les détails de leur existence, faute de tout support mnémotechnique, s'effacent rapidement de la mémoire des vivants. De l'*arutam* rencontré on ne sait à peu près rien, si ce n'est qu'il a été mémorable dans sa vie ; il ne reste de lui que la trace d'une gloire divorcée de la trajectoire existentielle qui l'a permise. C'est dire que l'accomplissement de soi annoncée par cette épiphanie n'apporte pas la garantie d'une postérité narrative ; elle suppose plutôt l'acquisition d'une capacité à la fois à vivre une destinée exceptionnelle et à la dire, l'autobiographie étant la seule forme de narration historique concevable dans cette culture fondée sur une permanente résorbtion des morts.

Une brève comparaison avec les mécanismes d'obtention de noms associés à l'anthropophagie rituelle des anciens Tupinamba permettra d'éclairer l'enjeu de la quête jivaro des *arutam*. On retrouve en effet dans les deux cas un mode similaire d'objectivation de la destinée individuelle, manifestée cependant sous des formes contrastées. On sait que le meurtrier tupi accumulait une sorte de trésor onomastique par le biais de ses victimes, noms qui étaient rituellement énoncés à certaines occasions et constituaient l'une des valeurs essentielles inhérentes à son prestige de guerrier (Carneiro da Cunha et Viveiros de Castro 1985). Ces noms – pléthoriques – fonctionnaient comme une sorte de fiche synthétique de la vie du héros, qui les égrénaient dans certains contextes en guise d'autobiographie, et ils servaient à perpétuer sa mémoire au-delà de la mort. Or l'*arutam* occupe une position à bien des égards assimilable à celle de la victime tupinamba, puisqu'il offre, comme cette dernière, l'accès à une vie digne d'être racontée ; en outre, sa rencontre a les mêmes effets sociaux que l'homicide rituel tupinamba, dans la mesure où elle est nécessaire à l'obtention d'une femme et d'un statut d'adulte. Cela dit, chez les Tupi l'acquisition de la gloire, concrétisée dans la série de noms portés par le tueur, apparaît comme l'aboutissement d'un parcours de vie réussi ; c'est bien pourquoi les noms constituent une histoire et leur énonciation une forme de narration. Chez les Jivaro, en revanche, la vision *arutam* est l'amorce d'une (auto) biographie plutôt que son achèvement ; tournée vers l'avenir plutôt que vers le passé, elle annonce des homicides admirables au lieu d'en résulter. Par ailleurs, le message transmis par le mort jivaro – l'équivalent du trésor livré par la victime tupi – est frappé d'un rigoureux interdit de parole, et il ne peut donc avoir pour expression métonymique l'adoption d'un nom propre.

S'il ne peut être évoqué oralement, sinon indirectement par la force et l'assurance du discours, *l'arutam* peut en revanche s'exhiber sur le corps. C'est précisément le sens des peinture faciales au roucou dont les hommes jivaro s'ornent les pommettes et le contour de la bouche. Ces motifs, apparemment très peu différenciés et relativement variables même pour chaque individu, ont pour fonction d'indiquer que leur porteur a bénéficié de la visitation d'un *arutam,* sans rien dévoiler cependant de l'identité du mort rencontré ni du message transmis : ils exhibent un secret tout en masquant son contenu (Houseman 1993), lequel n'est connu que de celui qui se les applique. Bref, tandis que le meurtrier tupi exhibe sa gloire par de fastueuses décorations onomastiques et un étalage de luxe discursif, le guerrier jivaro la manifeste par des parures muettes et un silence ostentatoire. D'où une configuration à nos yeux étrange, que nous assimilons l'ornementation ou le maquillage à un masque, et tenons le visage nu pour "naturel", révélateur par conséquent de l'intimité ou de la vérité de la personne. Pour les Achuar, c'est exactement le contraire : le visage nu est dans l'individu ce qu'il a de plus générique et impersonnel, puisqu'il est pure singularité formelle, sorte de chiffre qui ne dit rien si ce n'est "celui-ci est différent de tous les autres" ; tandis que la "personnalité", l'existence concrète de la personne ou son individualité existentielle, est inscrite toute entière – mais secrètement – dans ces motifs à peine différenciés tracés sur l'enveloppe corporelle.

Voila qui éclaire, par contraste, le sens des autres types de peintures dont usent les Jivaro, notamment les peintures noires au *genipa* dont se revêtent les hommes au cours d'expéditions guerrières. Ces dessins-là ont justement pour but de masquer à la fois l'humanité singularisée des partici-pants – les tueurs en puissance sont animalisés, assimilés à des prédateurs – et leur trajectoire vitale – les meurtriers se retrouvant, sitôt l'homicide commis, dans la position de morts incomplets vis-à-vis de leur communauté d'origine. Comme bien d'autres sociétés amazoniennes, notamment les Yanomami (Albert 1985) et les Arawete (Viveiros de Castro 1992), les Jivaro identifient en effet l'assassin à sa victime : c'est pourquoi il perd son *arutam* en abattant son ennemi, pourquoi aussi ses familiers doivent s'abstenir de l'évoquer visuellement et se cacher de sa présence mentale, comme ils le feraient d'un mort récent, jusqu'à ce qu'il ait acquis une nouvelle vision.

En résumé, la personne humaine complète, adulte et sexuée, est constituée d'une combinaison d'éléments qu'on peut analytiquement distinguer de la façon suivante : 1/la *vitalité* propre à tout métabolisme réflexif, manifestée par le souffle, composante qui n'est attachée à aucune forme biologique spécifique ; 2/ la *singularité formelle humaine,* dont l'expression la plus condensée est offerte par le visage ; 3/ la *forme mentale réflexive* de la personne, ou le dédoublement de la silhouette sous forme d'image (mentale ou concrète), synthétisée dans le *wakan* ; 4/ la *destinée*, enfin, ou le cours de vie individualisé, soit la capacité acquise de mener une existence exemplaire, aptitude manifestée par la plénitude physique, la force de l'énonciation et le port d'emblêmes hermétiques peints sur le visage. Tout ce qui fonde l'humanité singulière de la personne (donc sa silhouette particulière et sa trajectoire vitale, chacun de ces éléments renvoyant à des ensembles distincts) existe en quantité limitée, par opposition à ces éléments informes et indéfinis que sont l'"animation" d'une part, les "substances" d'autre part, catégorie dans laquelle il convient d'inclure des attributs tels que la chaleur, le sec, le dur, le rouge etc. Cela dit, l'idée que les morts et les vivants conforment un système clos et en principe homéostatique suscite inévitablement la possibilité de son dépassement, l'éventualité d'un accident – heureux ou malheureux – dans l'équilibre de la distribution des virtualités d'individuation. De fait, les Jivaro n'ont pas manqué d'imaginer des procédures d'exception au moyen desquelles cet ensemble vital fini pouvait gagner ou perdre un item.

La perte d'un jeu de potentialités – forme et biographie jointes – peut advenir en cas d'enlèvement d'un vivant par les morts. Ce drame est lié à la rencontre d'un humain esseulé avec une certaine catégorie de fantôme – les *iwianch* mentionnés au début de ce texte –, qui, s'il réussit à piéger le vivant dans sa sphère de communication, l'emporte avec lui pour tromper sa solitude. Le vivant disparaît alors sans laisser de traces, et en particulier sans laisser de corps. Dès lors, le travail du deuil devient impossible, faute d'un visage dont il faut simuler linguistiquement la décomposition pour pouvoir l'oublier. Paradoxalement, l'escamotage du mort rend sa mémoire ineffaçable ; ainsi le disparu n'en finit pas de mourir, et par conséquent jamais il ne libère au bénéfice des vivants la forme-vie qu'il occupe.

Dans ce cas de figure, à l'évidence. ce sont les morts qui gagnent sur les vivants. Mais l'inverse peut également se produire : autrement dit, le rapt d'un mort par les vivants. C'est précisément l'opération qui est au coeur du complexe jivaro de la chasse aux têtes. Celle-ci a en effet pour visée de récupérer au bénéfice du groupe d'ego l'identité synthétisée dans le corps de l'ennemi alter (nécessairement jivaro, mais nécessairement aussi d'une autre tribu). Le rituel complexe et prolongé associé à cette forme de guerre intertribale est construit sur la transformation progressive d'un adversaire anonyme en affin, puis en embryon à naître d'une femme du groupe des meurtriers (cf. Taylor 1994). Il ne s'agit donc aucunement de tuer un ennemi et d'exhiber cette victoire sous les espèces d'un trophée, mais bien plutôt de capturer un autrui mort et de travailler sur les éléments qui le constituent.

Toute la première partie du rituel est ainsi centrée sur la socialisation progressive du mort emprisonné dans son visage, incorporation effectuée par la médiation des femmes, lesquelles servent à créer une relation d'affinité entre les hommes vivants et le mort. Opération inverse, presque terme à terme, de celle réalisée au cours du deuil : au lieu de dissocier graduellement le mort de son nom, de sa forme corporelle (par la perte de mémoire en quoi consiste le deuil), et de son *arutam,* les célébrants du rituel, et plus particulièrement les femmes, par le biais des chants qu'elles entonnent au cours de la cérémonie, lui accordent au contraire un nom, une existence ou une histoire de vie, et surtout un *visage,* puisque le détournement d'une identité revient, par la force des choses, à capturer une enveloppe corporelle singularisée. C'est évidemment ici qu'intervient la *tsantsa.* la fameuse tête réduite, qui est de fait le visage ou la silhouette faciale boucanée d'un mort jivaro anonyme. En effet, l'affin imaginaire – et éphémère – que le rituel s'efforce de créer doit avoir une apparence, visualisable en principe, pour être convoqué à la présence mentale durant le rituel ; or, il ne peut avoir le visage d'un membre vivant du groupe célébrant – souvenons-nous de la répugnance qu'inspirent aux Jivaro l'homonymie et l'identité géméllaire – ni celui d'un mort "endogène" (membre du même groupe tribal), puisqu'il faut justement que les morts soient effacés de la mémoire, au sens littéral du terme. Enfin, ce ne peut être non plus une fiction visuelle ou une invention mentale, entre autres raisons parce qu'il s'agit bien ici du réel, et que le stock des morts, donc des vrais visages, est clos par définition. Bien entendu, le rituel travaille également sur *l'arutam* du mort, par divers procédés visant à annuler l'expérience qu'il a pu en avoir (suture des orifices par lesquels la victime a appelé, perçu et exprimé son *arutam),* et à abolir, par le noircissement du visage réduit, la surface sur laquelle il l'inscrivait. En même temps, les femmes oeuvrent à doter le mort d'une biographie inédite (et donc d'une réplique d'expérience *d'arutam)* au moyen d'un récit de trajectoire existentielle, narration dotée par le contexte rituel d'un coefficient de réalité qui la distingue d'une fiction intentionnelle.

La deuxième partie du rituel, de manière prévisible, consistera à refaire le même parcours, mais cette fois en sens inverse ; autrement dit, à remettre à mort (toujours narrativement) le mort transformé en affin imaginaire, et à lui accorder alors un travail du deuil identique à celui qu'on réserve aux morts de son propre groupe. Il s'agira donc de le (re)séparer progressivement du nom, du visage et de la trajectoire de vie narrative qu'on lui avait donnés, éléments d'identité qui viendront en définitive grossir d'autant le stock de formes vitales individuelles et de biographies virtuelles du groupe ayant rapté le mort. Tout ceci au détriment, bien évidemment, des ennemis tribaux qu'on a ainsi privés d'un mort, et qui se retrouvent en fait dans une position exactement analogue à celle des familiers d'un vivant enlevé par des fantômes, puisqu'ils n'ont plus qu'un cadavre "dévisagé" sur lequel focaliser leur deuil, et ne peuvent donc ni l'effacer mentalement ni le faire devenir *arutam*. Perte sèche à la fois psychologique et ontologique qui permet intuitivement de saisir la force des sentiments – de haine, de pulsion de vengeance – qui alimentait jadis cette guerre des morts intertribale.

Ces conceptions de la personne – et de la place qui revient au corps dans l'ensemble qu'elle forme – relèvent d'une configuration à bien des égards antithétique à celles qui nous sont les plus familières. D'abord par sa manière d'ordonner l'éphémère et l'éternel, le général et le singulier. L'impérissable, du point de vue jivaro, se situe tout entier du côté de l'impersonnel : ce sont les formes particulières de l'individu qui perdurent, en aucun cas l'image de la personne – l'épouse aimée, le père ou le mari qui ancrait la maisonnée, l'enfant tant pleuré – objet bien au contraire d'un rigoureux devoir d'oubli, car il n'est pas de nouvelle vie sans ce travail d'anonymisation de l'apparence. Quant aux *arutam*, s'ils représentent sous forme d'hypostase une trajectoire existentielle unique, celle-ci est dépouillée cependant de tout accident biographique ; ainsi ces Indiens, si fortement attachés à des valeurs de type épique – la prééminence martiale, la belle mort, la force d'âme, la colère maîtrisée – s'interdisent d'avoir des héros, puisque des grands hommes il ne subsiste rien – ni le nom, ni l'image, ni le détail des exploits –, rien qu'une abstraite et communicable exemplarité.

Configuration antithétique, aussi, par sa perspective sur le corps, conçu non comme un organisme spécifique, ni même comme une peau – au sens d'une matière physiologique –, mais comme une pure forme, un tracé néccessairement unique et pourtant générique, bref, le support d'une image. La chair, les organes et leur mode de fonctionnement renvoient pour leur part à une constellation d'idées sur les processus métaboliques généralisés, régis par une combinatoire des substances-attributs et indépendants de la morphologie du "corps" où ils se déroulent. Cette vision foncièrement anti-organiciste justifie bien des traits de l'"ethnomédecine" indigène, en particulier que le malheur physique soit toujours une pathologie de la personne, un trouble de la perception du soi, et jamais l'effet d'un déséquilibre ou d'une défaillance mécanique du système corporel. Corollairement, la thérapie locale porte sur les rapports entre l'individu et son environnement bien davantage que sur une pédagogie du corps et de ses composants physiologiques. La maladie est attribuée à l'intrusion, le plus souvent délibérément provoquée par autrui, de corps étrangers à la fois concrets et invisibles ; du coup, la santé est avant tout une affaire d'incorporation et d'excorporation, plutôt qu'une question d'équilibre entre substances ou parties d'un tout.

Par ailleurs, si nous associons la vieillesse à la dégénérescence physique, les Jivaro la tiennent au contraire pour le témoignage d'une invulnérabilité acquise, la manifestation d'une abondance *d'arutam.* L'affaiblissement et les maux divers que nous jugeons propres à la sénescence n'ont rien pour eux de naturel : l'état "normal" d'un vieillard est une santé hyperbolique, et les atteintes qu'il subit ne peuvent venir que d'une persécution chamanique, ou encore d'un épuisement de la volonté de vivre et de la créativité existentielle conférée par *l'arutam,* lassitude elle-même induite par l'intentionnalité malfaisante d'autrui. En droit, les hommes sont immortels, et s'il périssent malgré tout c'est par l'effet d'une déchirure provoquée dans le tissu des rapports qui les unit au monde. Les Jivaro, comme toutes les sociétés amazoniennes, ont certes un mythe retraçant l'origine de la vie brève et l'avènement de la finitude humaine ; reste que la mort n'est pas vue comme un processus naturel, même si elle est une détermination inhérente à l'existence. Loin d'être une loi biologique, elle est une fatalité de la vie en société : le propre de l'homme est de finir assassiné, clandestinement ou spectaculairement, non de mourir.

Enfin, si les notions jivaro de la personne s'accordent bien par leur anti-organicisme et leur antisegmentarisme, à la teneur générale des conceptions amazoniennes de l'être humain, par d'autres aspects elles font figure d'anomalie, et tout particulièrement par le rôle négligeable qu'elles assignent aux vivants dans la construction de la personne. Ailleurs dans les basses terres, nous l'avons dit, celle-ci est façonnée au travers d'une choréographie élaborée associant divers types de parents, d'amis ou d'ennemis rituels, chacun apportant ou reprenant une pièce de ce puzzle animé qu'est le corps-personne. Chez les Jivaro, cependant, les relations constitutives de l'individu sont basculées entièrement de l'horizontale à la verticale : les vivants ne transmettent rien, si ce n'est l'usufruit d'un nom ou d'une forme, et ils ne fabriquent rien, pas même la vie. Corollairement, la sociabilité ne se fonde pas sur une conception jurale des obligations dues à telle ou telle catégorie de parents : elle s'enracine plutôt dans l'affectivité créée par la nature des rapports de commensalité ou d'inimitié entre individus. On ne vient pas au monde dans une société organisée, constituée de groupes dont les membres intéragiraient en vertu d'une étiquette préétablie ; on naît dans un territoire social, et dans cet espace chacun construit lui-même sa parentèle, à partir des classes sémantiques propres au système de parenté qu'il hérite de sa culture, chacun forge son réseau de proches, trace dans la pratique quotidienne son univers social. C'est dans l'exercice d'une relation partagée qu'on devient "époux" ou "épouse", "père" et "fils", et on apprend à aimer ses proches parce qu'ils vous témoignent de l'affection à travers des soins nourriciers, de la même façon qu'on devient guerrier en réponse à l'hostilité de ses ennemis. Et pourtant la société se reproduit peu ou prou à l'identique, précisément parce que la conscience du soi est faite d'intersubjectivité, parce que l'image de la forme-corps dans laquelle elle prend sa source est tout à la fois abstraite et impersonnelle et saturée d'une mémoire individuelle de rapports sociaux. Ainsi, le soi, construit par introjection de la perception par autrui de son image, incorpore littéralement une histoire de relations sinon préétablies, du moins "pré-disposées", et par conséquent les reproduit : les alliés réels de mes parents seront vraisemblablement les miens, et leurs ennemis le seront aussi, puisqu'ils le sont déjà... Quant au reste, il sera l'un ou l'autre, en fonction des aléas de la guerre et des alliances qu'elle noue et dénoue ; et c'est de cet univers marqué d'incertitude par la labilité des rapports inhérent au système social que vient la maladie, ce vacillement dans la conscience de soi engendré par une ambiguïté par moments insupportable.

Reste que de la vraie vie, ou même de la survie, on n'est redevable qu'à des morts singuliers. Il en résulte une forme de société qu'on qualifierait volontiers d'individualiste, tant les valeurs qu'elle entretient soulignent l'unicité des figures et des parcours existentiels, la créativité sociologique des sentiments, la solitude du guerrier (une attitude plutot qu'un statut, et qui s'étend par conséquent aux femmes) confronté à l'inimitié active ou latente de la majeure partie des hommes à l'exception de ses proches les plus intimes. Mais l'individualisme véritable – tel qu'il a été, dans le domaine anthropologique, défini et analysé par Louis Dumont – se construit par opposition à l'idée de société comme totalité. Or, si les Jivaro partagent avec l'individu classique une posture d'opposition ontologique à l'égard des Autres, il leur manque en revanche une représentation de ces autres comme société : "individualistes" absolument, ils ne peuvent concevoir la collectivité dont ils relèvent autrement que sous les espèces d'un agrégat de singularités subjectives identiques. On voit mal dès lors sur quoi se fonderait une perspective holiste : perçue comme une population close de formes distinctes indéfiniment recyclées et de destinées uniques qui ne s'assimilent que par leur commune exemplarité, la "société" jivaro apparaît tout au plus comme une "espèce culturelle" (*una raza*, comme ils l'expriment pertinemment en espagnol) définie par une identité de comportements et de sentiments et non par la participation à un corps social. Etrangers tant aux schèmes mécanicistes ou organicistes sous-jacents aux représentations classiques et romantiques de la société qu'à toute idée de division segmentaire de la collectivité, sans transcendance fondatrice d'une totalité scindée en ordres ou en états. Les Jivaro se refusent même une eschatologie, puisque les morts, comme les vivants, ne constituent qu'un ensemble de singularités. Etres-pour-les-vivants, ils n'ont pas d'existence propre hors du contexte d'une relation dyadique qui suffit à produire du social, si elle ne suffit pas à engendrer la societé.

BIBLIOGRAPHIE

ALBERT. B.
1985 *Temps du sang, temps des cendres: représentations de la maladie, système rituel et espace politique chez les Yanomami du sud-est (Amazonie brésilienne).* Thèse de 3° cycle, Université de Paris X Nanterre.

BONNEMÈRE, P.
1992 *Le Casoar, le Pandanus rouge et l'anguille. Différence des sexes, substances et parenté chez les Ankave-Anga.* Thèse de 3° cycle, EHESS, Paris.

BROWN, M .
1985 *Tsewa's Gift: Magic and Meaning in an Amazonian Society.* Washington D.C., Smithsonian Institution.

CARNEIRO DA CUNHA, M.
1978 *Os mortos e os outros: uma analisis do sistema funerario e da noçao de pessoa entre os indios Kraho.* Sao Paulo, Hucitec.

CARNEIRO DA CUNHA, M. & E.B. VIVEIROS DE CASTRO
1985 "Vingança e temporalidade: os Tupinambas". *Journal de la Société des Américanistes* 71: 191–208.

CROCKER, J. C.
1977 "Les reflexions du soi", in: C. Lévi-Strauss (ed.), *L'Identité.* Paris, Presses Universitaires de France.

1985 *Vital Souls: Bororo Cosmology, Natural Symbolism and Shamanism.* Tucson, University of Arizona Press.

DA MATTA. R., A. SEEGER & L. B. VIVEIROS DE CASTRRO
1979 "A construcao da pessoa nas sociedades indigenas brasileiras". Rio de Janeiro, *Boletim do Museu Nacional,* 32: 2–19

DESCOLA, P.
1993 "Les affinités sélectives. Alliance, guerre et prédation dans l'ensemble Jivaro". *L'Homme,* 126–128 XXXIII, 171–190.

1994 *Les Lances du Crépuscule. Relations Jivaro.* Paris, Coll. Terre Humaine, Plon.

GODELIER, M.
1982 *La production des grands hommes.* Paris, Fayard.

HARNER, M.
1972 *The Jivaro: People of the Sacred Waterfall.* New York, Doubleday/ Natural History Press.

HUGH-JONES,C.
1979 *From the Milk River. Spatial and Temporal Processes in North-West Amazonia* Cambridge, Cambridge University Press.

HOUSEMAN. M.
1993 "The interactive basis of ritual effectiveness in a male initiation rite", in: P. Boyer (ed.), *Cognitive Aspects of Religious Symbolism,* Cambridge, Cambrige University Press.

KARSTEN. R.
1935 *Head Hunters of the Western Amazonas (Comm.* Hum. Lit. 7:1) Helsingfors, Societas Scientiarum Fennica.

PELLIZZARRO, S., SDB.
1976 *Arutam: mitos e ritos.* Sucua, Mundo Shuar. serie Mitologia Shuar.

1980 *Tsantsa: la celebracion de la cabeza reducida.* Sucua, Mundo Shuar, serie Mitologia Shuar.

PELLIZZARRO.S, SDB., J.Arnalot & S. Broseghini,
1978 *Lamuertylo entierros.* Sucua, Mundo Shuar, serie B, n°13.

SURALLÈS-CALONGE, A.
1992 "A propos de l'ethnographie des Candoshi et des Shapra". *Journal de la Société des Américanistes.* 78: 2. 47–58.

TAYLOR, A.C.
1985 "L'art de la réduction. Les mécanismes de la différenciation tribale dans l'ensemble jivaro". *Journal de la Société des Américanistes.* 71, 159–189.

1993a "Des fantômes stupéfiants. Langage et croyance dans la pensée achuar". *L'Homme,* 126–128, XMII (2–4), 429–447.

1993b "Remembering to forget: identity, mourning and memory among the Jivaro". S 28, N° 4, 653–678.

1994 "Les bons ennemis et les mauvais parents. La symbolique de l'alliance dans les rituels de chasse aux têtes des Shuar de l'Equateur". In: F. Héritier et E. Copet–Rougier, *Les complexités de l'alliance, vol. 4, Economie, Politique et Fondements Symboliques de l'Alliance.* Paris, Editions des Archives Contemporaines.

UMUSIN PANLON KUMU & TOLAMIN KENHIRI,
1980 *Antes o mundo nao existia* Introduçao de Berta G. Ribeiro. Sao Paulo, Livraria Cultura Editora.

VIERTLER R.
1979 "A noçao de pessoa entre os Bororo". Rio de Janeiro, *Boletim do Museu Nacional.* 32: 20–29.

VIVEIROS DE CASTRO, E.B.
1979 "A fabricaçao do corpo na sociedade xinguana". Rio de Janeiro, *Boletim do Museu Nacional,* 32: 40–49.

1992 *From the Enemy's Point of View: Humanity and Divinity in an Amazonian Society.* Chicago, University of Chicago Press.

15

Le corps en Chrétienté

Jean-Claude Schmitt

Au moyen de l'étude historique de textes (scripturaires, narratifs, théologiques, etc.) et d'images peuvent être posées quelques questions relatives au corps dans la Chrétienté médiévale, entendue ici principalement comme le système des croyances, des doctrines et des pratiques rituelles caractéristiques d'une société profondément marquée par l'idéologie chrétienne pendant une quinzaine de siècles. Je retiendrai trois aspects majeurs, pour les mettre en relation : le corps de l'homme individuel, le corps divin et le corps social. Soit, contre la tentation de parler *du* corps, la prise en compte de diverses *modalités* du corps ou même de la *corporéité*, entendue plus largement comme un ensemble de valeurs, actif dans des corps de chair – peinant, souffrant, riant –, dans les humeurs corporelles (sang, sueur, larmes, lait, sperme), dans le ton et la chaleur des voix, comme dans les métaphores du langage, le rendu des images (en deux ou trois dimensions), ou l'imaginaire des corps absents dont on rêve.

Le corps de l'homme

Si l'anthropologue est d'entrée de jeu confronté à des systèmes de classification et un vocabulaire radicalement différents de ceux dont il est familier, l'historien des périodes anciennes de la culture occidentale doit prendre garde à ne pas considérer comme allant de soi une terminologie qu'il lui semble reconnaître, mais dont les valeurs sémantiques ont pu, au fil des siècles, changer plus vite que la forme. Autant l'anthropologue doit éviter de plaquer sur une culture différente ses propres catégories, autant l'historien doit mettre le passé à distance, surtout quand il lui semble proche.

    Selon les représentations les plus communes de la personne dans la chrétienté médiévale, le "corps" y est conçu, dans la tradition de l'hellénisme, comme la part matérielle et périssable de la personne humaine, dont l'existence relève de la volonté créatrice de Dieu, par opposition à l'"âme", elle aussi créée, mais immortelle. Le couple des termes opposés *corpus* et *anima* est omniprésent dans les textes doctrinaux et théologiques, et plus largement encore il appartient au vocabulaire le plus courant de l'époque médiévale, en latin comme dans les langues vernaculaires.

Ce premier sytème d'opposition en croise un autre qui a joui lui aussi d'une très grande faveur, celui de la "chair" (*caro*) et de l'"esprit" (*spiritus*). Ces termes désignent moins les composantes fondamentales de la personne que des valeurs auxquelles celle-ci doit s'attacher ou dont elle doit se détourner. La structure binaire est comparable, mais on passe ici de la considération de l'être de l'homme, composé d'un corps et d'une âme, à celle de ses actions et de son devenir. Le discours qui accueille ces nouvelles distinctions est, pourrait-on dire, moins psycho-physiologique et plus éthique et eschatologique. En témoigne, dans l'Evangile, l'opposition de "la chair qui tue et de l'esprit qui vivifie" (*Jean* 6, 63)

Au coeur de ces oppositions se trouve le lien étroit et tôt établi entre le principe corporel (ou charnel) et le *péché*. Ce lien est définitivement admis à partir d'Augustin (+430). Il pose d'une part que la macule du péché originel, la faute des premiers parents, se transmet par la génération humaine, et d'autre part que le corps, dans ses émotions (la "concupiscence", la "tentation de la chair"), est le lieu et l'instrument par excellence du péché.

C'est dans ce contexte, théologique et moral, qu'il faut considérer une miniature inattendue illustrant une vision de la moniale Hildegarde de Bingen, décrite et commentée par elle-même dans le *Liber Scivias* (XIIe siècle) (fig.)[1]. Cette vision et l'image correspondante concernent l'animation du foetus dans le ventre de sa mère, donc l'association – fondement de toute l'existence terrestre de l'homme- d'une âme et d'un corps. Une sorte de chalumeau doré descend depuis un losange qui figure la Trinité jusqu'au coeur de l'enfant. A hauteur de la tête de celui-ci, un renflement paraît indiquer la position de l'âme en train de descendre. Le foetus, commente Hildegarde, est "comme une forme complète de l'homme" qui, "par l'ordre secret et la volonté cachée de Dieu, reçoit l'esprit dans le ventre maternel, à l'instant adapté et justement fixé par Dieu" au moment où "une apparence de sphère de feu, ne présentant aucun trait du corps humain, prend possession du coeur de cette forme(...)". Ensuite, Hildegarde a la vision des tribulations de l'âme, qui, aux attaques des démons, résiste victorieusement grâce au secours des anges.

Cependant, le christianisme médiéval, même durant le Haut Moyen Age, ne s'est jamais satisfait d'un dualisme rigoureux, qui caractérisa au contraire certains courants hérétiques, les manichéens des premiers siècles et bien plus tard les bogomiles et les cathares. Tout, à commencer par la représentation dialectique et eschatologique que le christianisme s'est donnée de son histoire, militait pour des solutions autrement nuancées et ambivalentes : ni le "corps"

---

1. HILDEGARDE DE BINGEN, *Scivias*, ed. A. Fuhrkotter – A. Carlevaris, Turnholt, Brepols (Corp. Chr. Cont. Med. XLIII–XLIII A), 1978, p. 78 (Ia Pars, Visio 4a, c. 16).

Figure 1: *L'animation du foetus*. Hidegarde de Bingen, Liber Scivias (XIIe siècle) Manuscrit de Wiesbaden, perdu en 1945.

ou la "chair" ne pouvaient être pensés comme des principes entièrement négatifs, ni "l'âme" ou l'"esprit" ne pouvaient bénéficier dans l'absolu d'un préjugé définitivement favorable. Au IIe siècle, Tertullien écrit par exemple que "la chair est le gond du Salut" (*caro salutis est cardo*), montrant ainsi comment les entraves par lesquelles la chair tient l'âme prisonnière (suivant le topos de la "chair prison de l'âme"), peuvent être converties en moyens de Salut grâce aux rituels du baptême et de l'eucharistie institués par le Fils de Dieu *incarné* : "La chair est le gond du salut. C'est par elle que l'âme se lie à Dieu, car c'est elle qui permet que l'âme puisse être liée. L'ablution de la chair rend l'âme immaculée ; l'onction de la chair consacre l'âme ;

l'imposition des mains projette son ombre sur la chair pour que l'âme soit illuminée par l'Esprit ; la chair se nourrit du corps et du sang du Christ pour que l'âme se gorge de Dieu"[2].

Un autre effet de cette représentation dialectique du corps et de l'âme était de passer d'une typologie duelle à une relation de trois termes. De fait, dès que l'on accède au niveau plus élevé des discours médical et théologique, s'impose plutôt une trilogie, avec les termes *corpus* (grec : *soma*), *anima* (au sens de "principe vital", grec : *psychè*) et *spiritus* (au sens de principe pensant, rationnel, grec : *pneumà*). Cette trilogie, autant que les oppositions binaires plus communes, est déjà présente dans les Ecritures, en particulier chez saint Paul, qui a fait entrer dans les conceptions issues du judaisme ancien les notions de la philosophie grecque, mais en les organisant dans la perspective eschatologique de la Résurrection : "Que le Dieu de la paix lui-même vous sanctifie totalement, et que votre être entier, l'esprit, l'âme et le corps, soit gardé sans reproche à l'Avènement de notre Seigneur Jésus-Christ" (I Thess. 5, 23).

Le moment de plus grande faveur de cette trilogie est le XIIe siècle, et son lieu d'expression privilégié est la théologie monastique et mystique, cistercienne aussi bien que victorine. Elle permettait en effet une analyse plus fine des facultés psychiques de la personne humaine dans son ascension vers Dieu[3]. En même temps qu'Alcher de Clairvaux (*De spiritu et anima*, longtemps attribué à tort à saint Augustin) ou Achard de Saint-Victor *(De discretione animae. spiritus et mentis)*, Hugues de SaintVictor en fait usage dans le *De unione corporis et spiritus*, en posant qu'une relation dynamique entre le corps et l'esprit, suppose un troisième terme, l'âme. Evidemment, un modèle divin sous-tend cette "trinité" de la personne humaine, même s'il ne lui est pas réductible et si leur rapport est plus d'homologie structurelle que d'influence. Du reste, c'est au XIIe siècle que se précisent aussi les images de la Trinité des personnes divines.

Cependant, au XIIIe siècle, la mise en cause scolastique des modèles monastiques, tant sur le plan social que sur le plan métaphysique, favorisa la

---

2. TERTULLIEN, *De resurrectione carnis*, 8.

3. P. MICHAUD-QUENTIN, "La classification des puissances de l'âme au XIIe siècle", *Revue du Moyen Age latin*, 5, 1949, pp. 13–34. M.-D. CHENU, "Spiritus. Le vocabulaire de l'âme au XIIe siècle", *Revue des Sciences Philosophiques et Théologiques*, XLI, 1957, pp. 209–232. A ; -M. BAUTIER, "Spiritus dans les textes antérieurs à 1200. Itinéraire lexicographique médiolatin : du souffle vital à l'au-delà", dans *Spiritus*. IVe Colloquio Internazionale. Roma 7–9 gennaio 1983. Atti in cura di M. Fattori e M. Bianchi, Lessico Internazionale Europeo XXXII, Rome, Edizioni dell' Ateneo, 1984, pp. 113–132. J. HAMESSE, *Ibid.*, "*Spiritus* chez les auteurs philosophiques des 12e et 13e siècles", pp. 157–190. M. FROMAGET, *Corps, âme, esprit. Introduction à l'anthropologie ternaire*, Albin Michel, 1991.

réception d'Aristote et de sa conception de l'homme et de la nature. Le corps
en soi devint plus digne d'attention, induisant un certain retour à un schéma
binaire corps/âme. Mais celui-ci, moins que jamais, n'était dualiste. La promotion du corps, la considération joyeuse de sa liberté et de ses pouvoirs, ne
se fit pas – bien au contraire –, au détriment de l'unité de la nature humaine.
M.-D. Chenu l'a parfaitement expliqué à propos de Thomas d'Aquin :
"Contre tout dualisme, l'homme est constitué d'un seul être, où la matière et
l'esprit sont les principes consubstantiels d'une totalité déterminée, sans solution de continuité, par leur mutuelle inhérence : non pas deux choses, non
pas une âme ayant un corps ou mouvant un corps, mais une âme-incarnée et
un corps-animé, de telle sorte que l'âme est déterminée, comme "forme" du
corps, jusqu'au plus intime d'elle-même, à ce point que, sans corps, il lui
serait impossible de prendre conscience de son être propre (. . .)" (Chenu,
1959: 122).

L'approche "naturaliste" voire médicale du corps, imprégnée
d'aristotélisme, est parfaitement illustrée par la réception d'un traité d'un
savant arabe du IXe siècle, Costa ben Luca, traduit au XIIe siècle par Jean de
Tolède et attribué tour à tour à Augustin, Isaac de l'Etoile, Avicenne,
Alexandre Neckam, Thomas de Cantimpré ou Albert le Grand. L'auteur
distingue deux "esprits" dans le corps de l'homme : l'un est dit "vital"
(*spiritus vitalis*), son siège est dans le coeur, il provoque le pouls et la respiration ; l'autre est dit "animal" (*spiritus animalis*), son siège est dans le
cerveau, et de lui dépendent les opérations des sens et les facultés cognitives
(mémoire, connaissance, prudence). De ces deux esprits, dont les sièges
respectifs et les modes d'action supposent toute une topologie corporelle, se
distingue l'âme (*anima*), qui est responsable du mouvement du corps (*movet
corpus*), mais qui, contrairement aux esprits, n'est pas corporelle et ne périt
pas une fois séparée du corps (Thorndike, 1929: 657–660). Deux lettrines
d'un des nombreux manuscrits de cette oeuvre, dépeignent le moment de la
mort et la sortie de l'âme. La première montre deux prêtres aspergeant d'eau
bénite le catafalque, au dessus duquel s'élève l'âme, représentée comme de
coutume sous la forme d'un homoncule que deux anges tiennent dans un
linge, tandis que les deux bras de Dieu sortent de la nuée céleste pour
l'accueillir (fig. 2)[4]. La seconde, infiniment plus originale, montre le corps
du mort couché tout habillé sur le sol, tandis que – conformément au texte-
deux formes d'âme sortent de sa bouche pour s'élever ensemble vers Dieu
qui, du haut du ciel, tend les bras vers elles : il s'agit d'une part, comme
précédemment, de l'*anima* sous forme d'homoncule, et d'autre part du

---

4. Paris, BN, Ms Lat 6323A, fol. 181. *Libri naturales*, attribué à Aristote
(Angleterre, vers 1350–75).

Figure 2: *L'âme se sépare du corps lors du décès. Libri naturales attribués*
à Aristote (Angleterre, v. 1350–1375). Paris, BNF, Ms. Lat. 6323A, fol.
181

spiritus sous la forme d'une blanche colombe (fig. 3)[5]. Il ne fait aucun doute
que l'artiste, surpris de trouver dans le traité aristotélicien l'expression d'une
dualité âme/esprit distincte du corps, a cherché à l'illustrer par les moyens
traditionnels de l'iconographie chrétienne, habituée qu'elle était à dépeindre
l' "âme" sous la forme d'un petit homme nu et l'"esprit" sous la forme de la
colombe du Saint-Esprit.

Il n'est évidemment pas possible de s'en tenir à ces classifications de la
culture la plus savante. Leur intérêt réside pour nous dans le fait qu'elles
renvoient l'écho systématisé des modes d'expression plus largement répandus
dans la société. Or tous, à des degrés divers suivant les milieux et les moments historiques, s'accordent sur la forte ambivalence du corps. Mue
par l'ascèse la plus austère, le fondateur des frères Mineurs, François d'Assise,
hésitait lui-même entre le dénigrement de son corps, qu'il nommait "frère
âne", et la reconnaissance de sa dignité, lorsqu'il le gratifiait du titre

---

5. Paris, BN, Ms Lat. 6323A, fol. 232v.

Figure 3: *L'âme et l'esprit se séparent du corps lors du décès. Libri naturales* attribués à Aristote (Angleterre, v. 1350–1375). Paris, BNF, Ms. Lat. 6323A.

de "frère corps". Chantant les beautés de la nature, dont son "frère loup" ou sa "soeur eau", il ne faisait pas d'exception pour son corps : "Les actes corporels", disait-il, sont nécessaires aux actes spirituels (...) Dans le manger, le boire et le dormir et dans les autres besoins du corps, le serviteur de Dieu doit se satisfaire raisonnablement lui-même afin que la frère corps ne puisse murmurer". Certes, d'un côté le corps, dans la tradition monastique et ascétique issue du Haut Moyen Age, était bien la "prison de l'âme", le lieu par excellence du péché (le "péché de chair") et du vice (la luxure), le vecteur du péché originel, la proie favorite du diable (dans les rêves lorsque la volonté est en sommeil, ou dans la possession démoniaque, paradigme de toute attaque de la maladie) (Schmitt, 1986: 135–150). Il fallait par conséquent, sinon mépriser le corps, du moins se méfier de lui, le dompter par les pénitences et le jeûne (Bynum, 1994), et pour les âmes les plus fortes, s'en échapper dans l'extase, à l'image de saint Paul qui s'interrogeait à la troisième personne sur le sens de son expérience : "Etait-ce en son corps ? Je ne sais. Etait-ce hors de son corps? Je ne sais..." (2 Cor. 12, 2–3). Du reste ne convenait-il pas de rappeler sans cesse que ce n'était pas en tant que corps que l'homme avait été créé "à l'image de Dieu" (Gen. I, 26), mais en tant qu'âme douée de raison (*mens*).

Pourtant, si le christianisme a introduit une rupture dans l'histoire occidentale, si l'Antiquité tardive est à ce titre le moment d'une vraie révolution, c'est bien, en tout premier lieu, parce que le corps en chrétienté a acquis alors une dignité qu'il n'avait jamais eue jusque là (P. Brown, 1988 ; J. Le Goff, 1985: 123–126, 136–148) : n'est-ce pas le corps de l'homme, passible et mortel, qui fut assumé par le Fils de Dieu lui-même, quand "le Verbe s'est fait chair" (Jn. 1, 2) ? Le corps n'est-il pas pareillement promis à une résurrection glorieuse à la fin des temps, quand l'âme séparée se réunira à lui?[6] A cette fin, pour assurer le Salut, il lui faut être oint dans le baptême (qui entend marquer le corps spirituellement et non meurtrir la chair comme la circoncision) et accomplir les gestes et actes rituels prescrits par l'Eglise : le signe de croix, la communion eucharistique et de raisonnables macérations (Schmitt, 1990). Au XIIe siècle, le corps humain semble devenir la mesure idéale de toutes choses, quand l'image du microcosme organise la représentation du macrocosme tout entier.

Cependant, ce corps de plus en plus "désenchanté", vidé d'une partie de ses valeurs symboliques traditionnelles, devient bientôt l'objet d'un nouveau regard, médical ou judiciaire. Il est soumis à l'*experimentum* des nouveaux chirurgiens, et bientôt aux premières dissections (Pouchelle, 1983; Grmek 1993). Simultanément, la torture, réservée dans l'Antiquité aux esclaves, reprend du service, et pour tous les hommes (Ecole Française de Rome, 1986). Pendant un temps, à la faveur de la croissance économique des XIe–XIIIe siècle – avant la dépression et la Peste Noire du XIVe siècle – les corps furent mieux nourris et jouirent de nouvelles libertés. Mais de nouvelles contraintes étaient prêtes à s'abattre sur eux, quand se généralisèrent dans les villes les conceptions et les cadences du travail salarié (Geremek, 1962).

Le corps de Dieu

L'originalité du christianisme ne réside pas tant dans le monothéisme (commun aux autres religions du Livre), que dans la croyance en

---

6. Cf. les art. "Corps glorieux" et "Résurrection des morts" dans le *Dictionnaire de Théologie Catholique* III, col. 1879 et XIII, col. 2501–2571, ainsi que : C. W. BYNUM, "Material Continuity, Personal Survival and the Resurrection of the Body : A Scholastic Discussion in its Medieval and Modern Contexts", dans : *Fragmentation and Redemption. Essays on Gender and the Human Body in Medieval Religion*, New York, Zone Books, 1991, pp. 239–298, et depuis : *The Resurrection of the Body in Western Christianity, 200–1336*, New York, Columbia University Press, 1995.

l'Incarnation du Fils de Dieu et corrélativement en la Trinité divine, dont l'affirmation doctrinale ne prit forme définitivement qu'au début du IVe siècle face à l'arianisme (Concile de Nicée de 325). Cette doctrine est née de la rencontre entre l'attente messianique juive, encore sensible dans les paroles de Jésus évoquant ses relations avec son Père céleste, et la philosophie gréco-romaine (bien présente chez saint Paul lorsqu'il parle de l'Esprit). Dieu n'échappe pas à la structure ternaire qui aide à penser l'homme, qu'il a créé "à son image" et qui est trine lui aussi, par les puissances de son âme (Mémoire, Volonté, Intelligence) ou dans son être tout entier (corps, âme, esprit).

Le mythe chrétien, fixé canoniquement par l'Ecriture, raconte la naissance humaine, la vie et le sacrifice sur la croix, la résurrection puis l'ascension aux cieux du Fils de Dieu. Au coeur de la Passion, la Cène annonce le sacrifice du Christ en donnant pour équivalents les espèces du pain et du vin et les réalités du corps et du sang du Christ : "Ceci est mon corps... Prenez et mangez..." (Matth. 26, 26–27). Ainsi fondé par l'Homme-Dieu lui-même ("Faites ceci en mémoire de moi" Lc 22, 1420 ; I Cor. 11, 24), le sacrifice chrétien se distingue par le fait qu'il n'est pas seulement un sacrifice consenti au dieu, mais le sacrifice sans cesse réitéré du Dieu lui-même. Sur l'autel, le corps et le sang ne sont pas ceux d'une ordinaire victime animale ou humaine : ils signent la Présence Réelle de Dieu, s'offrant volontairement à une forme euphémisée de consommation alimentaire : lors de la célébration eucharistique, le prêtre (substitut du Christ dont il prononce les paroles sacramentelles : *Hoc est corpus meum... Hoc est sanguis meus*), restitue et consomme réellement le corps sacrificiel du Christ, sous les deux espèces du pain et du vin consacrés, puis l'offre aux fidèles qui en principe, dans les siècles centraux du Moyen Age, n'ont accès qu'à la seule espèce du pain et une fois l'an seulement, à Pâques.

Bien sûr, le dogme eucharistique, autant que celui de la Trinité, a une histoire. L'insistance sur la Présence réelle, sur le *corpus verum mysticum*, c'est-à-dire "mystérieusement réel", ne devient forte qu'au XIe siècle, en réponse aux dénégations de Béranger de Tours. L'affermissement doctrinal s'accompagne dans les deux siècles suivants d'importants changements dans les rituels, notamment au tournant du XIIe-XIIIe siècle à propos de l'élévation de l'hostie par le prêtre au moment de la consécration (Schmitt, 1990 : 344–355), ou un peu plus tard à l'occasion de la généralisation de la fête du *Corpus Christi* (la Fête-Dieu), déclarée universelle par la papauté en 1264 (Rubin, 1991 ; à l'échelle locale et dans une perspective ethnologique, voir aussi : Cl. Macherel, J. Steinauer, 1989).

C'est bien parce que l'Incarnation est au centre de la religion chrétienne et que le Corps du Christ est au centre de ses rites, que toutes les représentations et tous les actes des chrétiens sont en permanence placés sous le signe du corps, de ses humeurs (en premier lieu le sang) de ses métaphores et de ses valeurs symboliques. Les corps constituent ainsi des lieux privilégiés de l'intervention du surnaturel : en témoignent dans l'hagiographie et la littérature des miracles, les nombreux cas de guérison (Sigal, 1985), de possession, de miracles eucharistiques, souvent liés à de prétendues profanations d'hosties par des juifs, etc... L'insistance de plus en plus marquée sur le culte eucharistique impose au vocabulaire religieux, à partir du XIIIe siècle, d'importants glissements sémantiques : désormais, le terme *corpus Christi* désigne l'hostie, aussi appelée *corpus verum*, et non plus l'Eglise universelle, qualifiée à présent de *Corpus mysticum* (Moingt, 1986: 47–62). A convoiter toujours davantage la réalité corporelle du Christ, on se mit à rechercher aussi les *reliques* corporelles de son existence historique : non seulement les reliques de la vraie croix (le bois, les clous, la sainte lance, etc.) ou des images portant l'empreinte de son corps et de son visage (telle la Véronique conservée à Saint-Pierre de Rome), mais des fragments du corps enfant (le Saint Prépuce, notamment à Charroux et à Rome) ou des gouttes du Précieux Sang (à Bruges ou à Londres entre autres). Le risque, bien exprimé par le moine Guibert de Nogent au début du XIIe siècle dans son traité *Des reliques des saints*, était à la fois de rabaisser le Christ au rang des saints, de nier la plénitude de son ascension corporelle et de ne pas reconnaître dans l'hostie la seule vraie relique christique possible. Au XIIIe siècle, Matthieu Paris, le très éclairé moine et chroniqueur de l'abbaye de Saint-Alban, en Angleterre, rapporte le sermon de l'évêque de Norwich qui, pour concilier les exigences contradictoires des cultes locaux et du dogme, proposa de distinguer "deux genres de sang du Christ" : d'une part le "sang substantiel", nécessaire à la vie, siège de l'âme (*anima*) et qui a participé totalement à la résurrection et à l'ascension de Jésus. Celui-ci, en effet, est ressuscité "dans l'intégrité de son corps, et non exsangue". "De ce sang du Christ, nous n'avons rien conservé sur terre, fûtce fortuitement". D'autre part le sang "superflu", produit en excès par les aliments et qui parfois s'écoule spontanément par le nez ou se trouve libéré par la saignée : "Nous avons conservé du sang de cette sorte sur terre, bien que Jésus ne fût pas sujet à des hémoragies (*sanguinolentus*)"[7].

Le corps en chrétienté est aussi omniprésent par les représentations figurées dont il est très tôt l'objet. A l'inverse du judaïsme et plus tard de l'islam, le christianisme a non seulement admis, mais légitimé son recours aux images, de type anthropomorphe, attribuant une apparence de corps humains même aux êtres surnaturels et invisibles, tels Dieu le Père, les anges ou les démons. En Occident, à partir du Xe–XIe siècle, s'observe simultanément l'essor d'un culte des images, jusqu'alors bridé par la crainte d'un retour à l'idolâtrie, et le recours, pour ces images insignes dénommées *majestés*, à la troisième dimension. Les premiers exemples sont des crucifix

---

7. Matthieu Paris, 1876, Chronica Majora, ed. H.R. Luard, vol. III, Londres (Rolls Series 57): 143.

sculptés (Gerokreuz de Cologne, Volto Santo de Lucques) ou des statues-reliquaires de la Vierge à l'Enfant, d'un saint ou d'une sainte (telle la *majestas* de sainte Foy de Conques). Ces images et sculptures sont conçues comme des personnes vivantes, qui fixent les hommes de leur regard lumineux, leur parlent, se meuvent, saignent, pleurent, guérissent miraculeusement les malades qui les implorent. Ils attirent les foules et font affluer les dons, sont le but de pèlerinages et à la fin du Moyen Age suscitent l'émotion des mystiques qui rêvent de les tenir dans leurs bras et de s'assimiler à eux. L'adoration du crucifix est surtout un thème majeur de la piété franciscaine, depuis que saint François a reçu du crucifix de San Damiano l'ordre de se convertir, avant, à la fin de sa vie, de bénéficier dans son corps de la réception des stigmates du Christ (Frugoni, 1983: 137–180; 1993; Chellini-Nari, 1992: 227–259).

Le corps social

Seule l'Eglise a pu donner à la chrétienté, pendant plus d'un millier d'années, son unité dans l'espace et le temps. Or, dès l'origine, l'Eglise s'est pensée symboliquement, selon la métaphore paulinienne omniprésente du corps et des membres, comme un "corps" réuni pour la fête du corps, la célébration eucharistique : "Ainsi donc, mes frères, quand vous vous réunissez pour le Repas, attendez-vous les uns les autres " (I *Cor.* 11, 33).

L'Eglise est le "corps du Christ", mais aussi "l'Epouse du Christ", la *sponsa Christi*, suivant la lecture allégorique du *Cantique des cantiques*. Dans l'iconographie, l'Eglise est ainsi dépeinte allégoriquement sous les traits d'une femme couronnée. A ce titre, elle tend à se confondre avec la Vierge, qui pour sa part est tout à la fois la mère terrestre de Jésus, sa fille (en tant qu'elle est un être humain) et son épouse mystique (en tant qu'elle s'identifie à l'Eglise).

Une fois de plus, le langage et les images du corps sont donc sollicités, cette fois pour signifier la relation complexe entre le Christ et son Eglise, c'est-à-dire tous les chrétiens. Dans l'iconographie de la crucifixion, le sang et l'eau qui jaillissent de la plaie du côté droit du Christ sont recueillis dans un calice (en référence au rite eucharistique), soit par un ange, soit par l'*Ecclesia* personnifiée. Dans un nombre plus rare d'images qui mettent en scène les relations typologiques de l'Ancien et du Nouveau Testament, l'Eglise, engendrée par ce sang, sort de la plaie du côté du Christ comme Eve est tirée par Dieu de la côte d'Adam endormi (fig. 4)[8].

---

8. Oxford, Boleian Library, Ms Bodley 270 B, fol. 6 (Bible Moralisée, Paris, XIIIe siècle). Voir aussi une image correspondante dans les Heures de Rohan, Paris, BN, Ms Lat. 9471, fol. 10.

Figure 4: L'Eglise engendrée par le Christ comme Eve par Adam. Bible moralisée (Paris, XIIIe siècle) Oxford. Bodleian Library. Ms. Bod. 270B, fol. 6 (détail)

Cet engendrement de l'Eglise par le Christ (son époux et sa mère) peut-être dit "spirituel", dans la mesure où il n'est pas assimilable à un engendrement physique[9]. Il n'en met pas moins en oeuvre des attributs qui

---

9. Sur le thème de "Jésus Mère" dans la spiritualité monastique puis la mystique, voir : C. W. BYNUM, 1982.

sont ceux des corps biologiques, mais en inversant leurs relations de manière à signifier justement qu'il est d'une tout autre nature. Même si le Christ fut pleinement homme, sa "sexualité" n'eut rien de commun avec celle des hommes (Steinberg, 1987). En lui se cumulent symboliquement les relations d'alliance et de filiation : à l'égard de la Vierge et de l'Eglise, il est tout à la fois père, fils, époux et mère. Même quand il est nu sur la croix, il n'exhibe aucun organe sexuel humain, car, bien que mâle, il est au-dessus du partage des sexes (*genders*). Sa plaie semble à l'image d'un sexe féminin qui donne naissance à la petite figure de l'Eglise, mais ce "sexe" sanglant est situé en haut, sur la poitrine, et non au bas de son corps (Wirth, 1989: 301–341). Le liquide qui s'en écoule et qui symbolise la puissance d'engendrement spirituel du Christ n'est pas du sperme, mais bien du sang, le sang du sacrifice reproduit quotidiennement par le sacrement de l'eucharistie.

Dans l'Eglise engendrée spirituellement comme "corps du Christ", les clercs occupent une place privilégiée. Ils la gouvernent et tendent à s'identifier seuls à elle. La Réforme grégorienne (XIe siècle) a consacré le partage entre clercs et laïcs. Pour marquer ce qui les distingue des autres, les clercs ont recours une fois encore au langage du corps et de la sexualité. C'est en fonction des interdits et des comportements sexuels que sont placés, du haut en bas d'une stricte hiérarchie des mérites, les *virgines*, les *continentes* et les *conjugati*.

Les uns doivent rester chastes comme le Christ, afin de poursuivre son oeuvre d'engendrement spirituel, par le rite sans cesse réitéré de l'eucharistie. Les autres doivent par nécessité s'adonner à une sexualité réglée, au sein du mariage monogame et stable que l'Eglise prescrit et consacre (Flandrin, 1983 ; Brundage, 1987). Comme le Christ, les prêtres sont pleinement hommes (dès le VIe siècle, Grégoire le Grand s'est soucié d'écarter de la prêtrise les boiteux et les eunuques). Mais comme le Christ, les "époux" de l'Eglise doivent rester vierges, ou au moins chastes. Le signe distinctif de leur état est, outre l'habit, une double marque corporelle qui, en affectant leur pilosité, les oppose aux simples baptisés : d'une part la "corona", la tonsure du crâne, d'autre part – du moins pour les clercs séculiers – l'obligation de rester glabre.

Cependant, la métaphore du corps n'est pas restée limitée dans ses usages à l'Eglise, ni même au clergé. Dès le XIIe siècle, à la faveur du morcellement de la chrétienté en un grand nombre de royaumes distincts et souvent rivaux, il devient évident que les individus ne peuvent être identifiés seulement par référence au "corps" de l'Eglise. Dans les écoles parisiennes s'élabore la métaphore organiciste du royaume, à laquelle Jean de Salisbury donne sa première expression cohérente : le roi est la tête du grand corps du royaume, dont les officiers, les clercs, les chevaliers, les marchands sont les différents membres, sans oublier les paysans qui en sont les pieds (Schmitt, 1990: 191–192). Un tel modèle accompagne l'essor de la notion abstraite de l'Etat, qui s'incarne dans le "second corps du roi", le corps abstrait, dynastique et immortel du souverain, par opposition à son corps individuel et périssable (Kantorowicz, 1989). Cette conception mystique de la royauté, largement conquise contre la sacralité de l'Eglise, s'exprime dans de nouvelles pratiques corporelles qui consacrent la sacralité du souverain : c'est par exemple le cas du toucher des écrouelles par les rois de France et d'Angleterre à partir du XIIIe siècle (Bloch, 1983). Elle s'exprime aussi dans des rituels, notamment funéraires, soucieux de distinguer les "deux corps du roi" : lors des obsèques royales, la "représentation" du roi, c'est-à dire l'effigie funéraire de bois ou de cire couchée sur un catafalque vide, est totalement distincte de la bière contenant réellement le cadavre du défunt ; les tombeaux de Saint-Denis, au début du XVIe siècle, disposent sur deux étages, en bas la sculpture du cadavre nu du roi-homme, en haut l'effigie vivante et en prière du souverain (Giesey, 1987).

Au-delà de l'Eglise et du royaume, la symbolique du corps n'a eu de cesse de se répandre, de se démultiplier, dans une infinité de "corporations", professionnelles, universitaires, religieuses, au gré d'une extension presque sans limite de la parenté spirituelle. A chaque fois, le corps entre en jeu, comme image organiciste d'unité et de cohésion sociale, et comme instrument et objet de rituels, depuis l'adoubement chevaleresque (Flori, 1986) jusqu'à l'admission solennelle des nouveaux membres des confréries (Vincent, 1994).

Dans tous les cas, la prise de corps, l'Incarnation, celle des hommes comme celle de Dieu, était bien le paradigme efficace donnant sens et cohésion à toute une société, à toute une culture.

BIBLIOGRAPHIE

BLOCH, M.
1983 *Les rois thaumaturges. Etude sur le caractère surnaturel attribué à la puissance royale particulièrement en France et en Angleterre* (1924), réed. Paris, Gallimard.

BROWN, Peter.
1995 *Le renoncement à la chair. Virginité, célibat et continence dans le Christianisme primitif,* Paris, Gallimard.

BRUNDAGE, J. A.
1987 *Law Sex and Chrsitian Society in Medieval Europe*, Chicago-Londres, The University of Chicago Press.

BYNUM, C. W.
1982 *Jesus as Mother. Studies in the Spirituality of the High Middle Ages*, Berkeley/Los Angeles/ Londres, University of California Press.

BYNUM, C. W.
1994 *Jeûnes et festins sacrés. les femmes et la nourriture dans la spiritualité médiévale* (1987), trad. fr. Paris, Le Cerf.

BYNUM, C.W.
1995 *The Resurrection of the Body in Western Christianity, 200–1336,* New York, Columbia University Press.

CHELLINI NARI, M.
1992 "La contemplazione e le immagini : il ruolo dell' iconografia nel pensiero della beata Angela da Foligno", in E. MENESTO (ed.), *Angela da Foligno, terziara francescana*, Spolète, Centro Italiano di Studi sull' Alto Medioevo, pp. 227–259.

CHENU, M.-D.
1959 *Saint Thomas et la théologie*, Paris, Seuil.

ECOLE FRANÇAISE DE ROME.
1986 *L'aveu. Antiquité et Moyen Age.* Actes de la table ronde organisée par l'Ecole Française de Rome avec le concours du CNRS et de l'Université de Trieste (Rome, 28–30 maris 1984), Rome, Ecole Française de Rome (Collectionn de l'Ecole Française de Rome, 88).

FLANDRIN, J.-L.
1983 *Un temps pour embrasser. Aux origines de la morale sexuelle occidentale (VIe-XIe siècle)*, Paris, Le Seuil.

FLORI, J.
1986 *L'essor de la chevalerie. XIe–XIIe siècles*, Genève, Droz.

FRUGONI, Ch.
1993 *Francesco e l'invenzione delle stigmate. Una storia per parole e immagini fino a Bonaventura e Giotto*, Turin, Einaudi.

FRUGONI, Ch.
1983 "Le mistiche, le visioni e l'iconografia : rapporti ed influssi", dans : *Temi e problemi nella mistica femminile trecentesca*, Convegno del Centro di Studi sulla Spiritualità Medievale (Todi, 14–17 oct. 1979), Todi, pp 137–180.

GEREMEK, B.
1962 *Le salariat dans l'artisanat parisien aux XIIIe–XVe siècles. Etude sur le marché de la main d'oeuvre au Moyen Age*, Paris/La Haye, Mouton – Ecole Pratique des H autes Etudes, VIe Section (Coll. Industrie et artisanat, V).

GIESEY, R. E.
1987 *Le roi ne meurt jamais. Les obsèques royales dans la France de la Renaissance* (1960), Paris, Flammarion.

GRMEK (ed.), M. D.
1993 *Storia del pensiero medico occidentale, vol. 1 : Antichità e Medioevo*, Bari, Laterza.

KANTORIOWICZ, E.
1989 *Les deux corps du roi. Essai sur la théologie politique au Moyen Age* (1957), Paris, Gallimard.

LE GOFF, J.
1985 "Corps et idéologie dans l'Occident médiéval" et "Le refus du plaisir", réed. dans : *L'imaginaire médiéval. Essais*, Paris, Gallimard, pp. 123–126, 136–148

MACHEREL, Cl.- J. STEINAUER.
1989 *L'état de ciel. Portrait de ville avec rite. La Fête-Dieu de Fribourg (Suisse)*, Fribourg.

MATTHIEU PARIS.
1876 *Chronica Majora*, ed. H.R. Luard, vol. III, Londres (Rolls Series 57).

MOINGT, J.
1986 "Polymorphisme du corps du Christ", *Le Temps de la réflexion*, VII "Corps des dieux", pp. 47–62.

POUCHELLE, M.-Ch.
1983 *Corps et chirurgie à l'apogée du Moyen Age. Savoir et imaginaire du corps chez Henri de Mondeville, chirugien de Philippe le Bel*, Paris, Flammarion.

RUBIN, M.
1991 *Corpus Christi. The Eucharist in Late Medieval Culture*, Cambridge, Cambridge University Press.

SCHMITT, J.-Cl.
1986 "Religion et guérison dans l'Occident médiéval", dans : *Historiens et sociologues aujourd'hui*. Journées d'Etudes annuelles de la Société Française de Sociologie. Université de Lille I (14–15 juin 1984), Paris, Editions du CNRS.

SCHMITT, J.-Cl.
1990 *La raison des gestes dans l'Occident médiéval*, Paris, Gallimard.

SIGAL, A.
1985 *L'homme et le miracle dans la France médiévale (XIe–XIIe siècle)*, Paris, Cerf.

STEINBERG, L.
1987 *La sexualité du Christ dans l'art de la Renaissance et son refoulement moderne* (1983), Paris, Gallimard.

THORNDIKE, L.
1929 *A History of Magic and Experimental Science*, New York, Columbia University Press, T. 1 (2e ed.).

VINCENT, C.
1994 *Les confréries médiévales dans le royaume de France. XIIIe–XVe siècle*, Paris, Albin Michel.

WIRTH, J.
1989 *L'image médiévale. Naissance et développements (VIe–XVe siècle)*, Paris, Méridiens Klincksieck.

16

Le corps de la parenté *

Christiane Klapisch-Zuber

Lorsque civilistes ou canonistes, laïcs ou religieux s'interrogent au Moyen Age sur la parenté, une caractérisation revient souvent sous leur plume : la référence à la nature physique, corporelle, du groupe de parenté – le lignage – ou de la descendance – la lignée. A l'égal d'autres communautés, telles que la "République" ou l'Eglise, la parenté se conçoit comme un organisme; et de l'organisme vivant, elle tient ses caractères de cohérence et hiérarchie, d'une part, de croissance vitale, de l'autre.

Je voudrais explorer certaines implications de ce rapprochement entre la parenté et le corps – le corps masculin – , en m'interrogeant sur l'impact qu'a eu cette métaphore sur l'un des plus riches ensembles de représentations de la parenté que, dans le très long terme, de la basse Antiquité jusqu'en pleine époque moderne, le Moyen-Age n'a cessé de travailler, réinterpréter et mettre à jour, le tirant à hue et à dia : celui des schémas de parenté théoriques – *stemmata* – qui permettaient aux civilistes de déterminer les droits à succéder, et aux canonistes d'établir, comme en négatif, les prohibitions de mariage entre consanguins. A côté des "*arbores iuris*" élaborés sur les schémas des civilistes du droit romain tardif, des *Institutiones* de Justinien en particulier, se développe la tradition née des illustrateurs d'Isidore de Séville (570–636) qui, aux VIIIe-IXe siècles, s'efforcèrent de présenter visuellement ses définitions des termes de parenté en accommodant les tableaux civils de la parenté (Isidore, 1911: IX, 5). A mesure que l'Eglise affina et étendit ses propres interdits matrimoniaux regardant les parents consanguins – et l'on sait par de nombreux travaux comment elle élargit l'aire d'alliance matrimoniale prohibée et glissa d'un comput à un autre au fil du temps (Esmein et Genestal, 1929–35; Brundage, 1987) – , elle remodela de tels schémas. Elle se borna le plus souvent à adapter des formules anciennes, mais en explicitant les métaphores porteuses et en trouvant matière, dans les images ainsi rénovées, à nouvelles réflexions et gloses.

Sans qu'ils en aient le monopole – car une tradition civiliste se maintint et réapparut aux XIVe-XVe siècle avec force –, la production des "*arbores*

---

* Ce texte a été publié dans la revue : Micrologus. Natura, scienze e società medievali, I ["I discorsi dei corpi"], 1993: 43–60.

consanguinitatis" échut longtemps aux clercs. Le sommet de leur vogue fut atteint entre la fin du XIe siècle et le milieu du XIVe siècle. C'est aussi la période où apparurent les premiers exemplaires de généalogies "concrètes", représentant de façon graphique ou figurative les liens généalogiques entre des personnages qui pouvaient appartenir à la fiction, à l'histoire ou à la réalité. Il sera donc utile d'examiner si les images voulant représenter des groupes de parenté réels se sont référées aux mêmes métaphores et conceptions que les catalogues figurés de la parenté théorique objets des "*arbores iuris*" ou "*consanguinitatis*".

1. Au XIe siècle, alors que s'élabore le grand renouvellement de la doctrine de l'Eglise en matière de sacrement du mariage, l'usage est déjà installé de renvoyer de façon explicite la parenté au corps, par au moins deux de ses aspects. L'architecture du corps humain et l'interdépendance de ses membres permettent par exemple à Pierre Damien de montrer cette *unitas* des groupes de parenté sur quoi se fonde la *charitas*, lien social universel que, selon saint Augustin, Isidore de Séville et plus tard Pierre Damien, l'alliance de mariage doit restaurer. "La parenté continue aussi longtemps que durent les termes désignant les successibles. C'est de là qu'est né l'usage de représenter sur le modèle du corps humain cette description de la parenté. En effet, le corps de l'homme comporte six articulations (*articula*) inférieures et autant de supérieures, qui sont aussi dites latérales – c'est pourquoi le nom du sexe, qui est au centre, évoque le nombre de six, ce qu'on peut vérifier sans peine en partant des deuxièmes doigts des mains ou des pieds – et de la même manière ce modèle de la succession humaine s'arrête de tous côtés, en remontant et en descendant comme aussi en ligne collatérale, au sixième degré ..." (Pierre Damien, 1853: col. 191–208 ; Smith, 1988: 135). Laissons de côté pour l'instant le problème du comput pratique de la parenté que paraît évoquer ce passage, et remarquons simplement que les subdivisions de ce corps marquées par des articulations rendent possibles tout un jeu d'équivalences, fondées sur la métaphore d'une parenté construite, aux fins de la description, comme un corps. Dans un autre passage, Pierre Damien reprendra Isidore de Séville qui avait poussé loin le réseau des correspondances : dans ses "Etymologies", les Ages de l'univers, les Ages de la vie – et par suite la croissance même du corps – , enfin les degrés de la parenté successible s'aggloméraient en un système de références convergentes fondé sur le chiffre 6 – avant les interpolations qui le firent passer à 7 – : "La consanguinité va jusqu'au 6e degré de parenté, de sorte que, de même que la génération du monde et la vie de l'homme se limitent à six âges, de même la parenté de naissance trouve son terme au même nombre de degrés" (Isidore, 1911: IX, 6, 29).[1]

---

1. "Ideo autem usque ad sextum generis gradum consanguinitas constituta est, ut sicut sex aetatibus mundi generatio et hominis status finitur, ita propinquitas generis

L'architecture du corps humain qui structure métaphoriquement la parenté humaine confère à celle-ci ses qualités, en particulier l'indéniable interdépendance et la solidarité nécessaire entre les membres. "Quiconque veut donc libérer des liens de parenté avant le dernier degré ceux qui des deux côtés descendent d'un même aïeul, doit aussi professer que les membres du côté droit de l'homme sont tout à fait indépendants de ceux du côté gauche." Impossible en effet, dit Pierre Damien, d'isoler les parties symétriques d'un même corps, bref les collatéraux : "Que celui qui juge le *trinepos* libre de tout lien de parenté à l'égard de la *trineptis* de l'autre branche prétende qu'il n'est aucune unité entre les doigts qui écrivent ces lignes et les articulations de ma main gauche" (Smith, 1988: 135 et 137). Et, citant Paul (I Cor., 12,12), il poursuit : "Et donc, de même que des membres nombreux s'unissent dans la participation à leur tout pour être dits incontestablement un seul corps, de même différentes personnes issues ensemble d'un même ancêtre sont indubitablement une seule famille."

L'indissociabilité des membres rappelle de façon irrésistible la fable antique à laquelle recourut Menenius Agrippa pour convaincre la plèbe de renoncer à faire sécession. Pourtant, il faut noter que les métaphores médiévales du corps de la parenté évitent les références aux viscères, parties assez dégradantes ou honteuses du corps pour que soit écartée l'assimilation d'un membre particulier d'une parenté, d'une position quelconque sur l'"arbre de la consanguinité", avec l'estomac, l'intestin ou même le foie et le coeur – ce qu'une utilisation davantage politique de l'apologue n'interdit pas, puisque la société est plus inégalitaire qu'un ensemble de parenté et comporte des classes méprisées[2]. La parenté théorique des canonistes et des théologiens se réfère plutôt à la hiérarchie dans la

---

tot gradibus terminaretur" ; le texte sera interpolé sur de nombreux manuscrits aux VIIIe-IXe pour faire passer de 6 à 7, en accord avec les illustrations élaborées aux VIIe-VIIIe s., soit les degrés de parenté représentés (par ex. dans le *Poenitentiale Martenianum*, 2e moitié du VIIIe ou début IXe s. ; chez Jonas d'Orléans, *De institutione laicali*, début IXe s. ; et au Concile de Doucy en 874), soit les systèmes de référence, Ages du monde ou Ages de l'homme, qui passeront à 7 sur le modèle des 7 jours de la Création. Sur ces interpolations de textes et d'images, Schadt, 1982: 100–104.

2. Cf. la fable "Les membres et l'estomac" de La Fontaine (1991, III, 2: 108–109 et 1098). Sur la dialectique de la tête et du coeur dans les représentations médiévales du siège du pouvoir, Le Goff, 1989. Le principe d'harmonie et d'adéquation entre les parties d'un même corps politique inspire jusqu'à l'exclusion : à Florence, par ex., les nobles appelés "magnats" sont exclus du priorat en avril 1293, après l'avoir été quelque temps avant des conseils citadins "cum membra capiti et caput membris debeat convenire" (Salvemini, 1974: 170). Même conception chez Christine de Pisan (1967), pour qui le personnel royal, membres du corps, doivent agir en harmonie avec la tête, le roi.

symétrie qui caractérise l'ossature humaine. Avant même que la métaphore globale du corps ait pris place dans l'arsenal des images dont le Moyen Age dispose pour parler de la parenté, des termes évoquant l'anatomie humaine (*caput, truncus, membra, genu, genicula*) désignent une partie ou l'autre de l'"*arbor iuris*". Ne croyons pas cependant qu'ils détaillent l'image préexistante du corps humain, pas plus, on le verra, que les désignations végétales ne renvoient à une image constituée d'arbre ou que le vocabulaire là encore anatomique de l'héraldique ne signifie que l'écu est vu comme un corps (Pastoureau, 1979: 99).

Sans doute les parties d'un corps représentées par la terminologie insistent-elles sur les césures et flexions plutôt que sur le métabolisme de ce corps. Pourtant, la métaphore corporelle de la parenté ne se contente pas de soutenir une image de la parenté régie par la même harmonie qui gouverne en théorie le corps politique; elle rend également présents le fonctionnement même d'un corps, et d'abord sa tendance à croître et à vieillir, mais aussi la circulation de ses humeurs et de ses fluides. Certes, la "*copula carnis*" qui fonde le mariage n'exclut pas toute idée de subordination et de soumission d'une partie à l'autre : saint Paul, bien sûr, pèse ici de toute son autorité. Elle introduit cependant une dimension nouvelle dans les métaphores corporelles latentes d'un "corps de la parenté". La fusion en une seule chair et l'unité conquises par le mariage sur la division et la pluralité, le partage du même sang qui en résulte pour la descendance justifient sans aucun doute des choix et des conceptions juridiques, supports abstraits de la solidarité et de la communauté familiales ; elles invitent également à une reconnaissance très physique et sensorielle de la parenté commune. Lorsque Pierre Damien reprend à son compte la vision du rapport entre les différents niveaux de l'ordre du monde qu'Isidore de Séville avait transmise au XIe siècle, il y ajoute une notation importante : " Parce que c'est aussi en six âges que se déroule l'histoire du monde et que la vie de l'humanité arrive à son terme, c'est un fait que le pouvoir de la nature lui-même permet que, jusqu'au sixième degré de parenté, l'amour fraternel garde sa saveur dans les entrailles de l'homme et dégage en quelque sorte un parfum de communauté naturelle" (Smith, 1988: 139). Damien enrichit ici par l'expérience de l'odorat – le sens le plus immédiatement physique, le plus animal – la reconnaissance intellectuelle du corps de la parenté. La bonne odeur de celle-ci, cet "olore" ou "profumo" qui accompagnent le "dolce senso della consanguineità" et le "sommo amore della carne", comme l'écriront des Florentins au XIVe siècle (Morelli, 1986: 155 et 206 ; da Certaldo, 1986 : 266)[3], ce signal sensoriel permettent aux chrétiens d'éviter l'inceste en identifiant leurs parents (Héritier, 1981: 166, n. 2) !

---

3. De même Boccace, dans le *Decameron*, II, 6, 67, quant à la mère, ou dans la

Emile Champeaux avait jadis mis en relation certaines particularités du droit coutumier germanique avec une théorie indigène implicite de la parenté qu'il dénommait "parenté fraternelle" (Champeaux, 1933 et 1937), le discriminant entre fraternité et conjugalité étant la quantité de sang partagé. Dans les traités sur la consanguinité et les prohibitions de mariage, les théologiens et canonistes des XIIe-XVe siècles font pourtant moins allusion au sang commun qu'on ne l'attendrait. C'est le cas de l'un des plus célèbres spécialistes de ces problèmes, Johannes Andreae, qui après avoir enseigné à Padoue, Pise et Bologne mourut de la peste noire en 1348 ; son traité, encore dit "Lectura", fut constamment recopié ou réédité jusqu'en plein XVIe siècle (Giovanni di Andrea, 1472, 1477, 1505)[4]. L'auteur y met bien plus souvent en valeur le lien de filiation depuis un ancêtre que la présence d'un sang commun justifiant les interdits canoniques. Le sang partagé n'est remémoré qu'à travers la couleur – le rouge – traditionnellement adoptée pour les chiffres du schéma qui indiquent le degré canonique, alors que la couleur noire des chiffres de la parenté romaine civile, dont le comput est observé dans les successions, est censée évoquer la mort (Giovanni di Andrea, 1505, f ° a IIIv °).

Cependant, l'idée la plus forte qu'engendre la conception organiciste de la parenté est celle du développement, de la croissance du corps vivant à laquelle elle est comparée ou assimilée. C'est surtout sur le plan spirituel que cette idée fructifie. Elle soutient la représentation de la parenté mystique en tirant, là encore, son autorité de saint Paul : "Mais vivant selon la vérité et dans la charité, nous grandirons de toutes manières vers Celui qui est la tête, le Christ, dont le corps tout entier reçoit concorde et cohésion, par toutes sortes de jointures qui le nourrissent et l'actionnent selon le rôle de chaque partie, opérant ainsi sa croissance et se construisant lui-même dans la charité" (Eph., 4, 15–16)[5]. Le corps mystique de l'Eglise, qui doit réunir au Christ l'humanité dans son entier, la totalité fraternelle des hommes, transpose sur le plan spirituel la relation qui soude les parentèles et les cousinages réels. Animée par cet élan vital qui, au niveau spirituel, tourne la Chrétienté vers le salut, l'idée

---

Fiammetta, III, 12, 3, quant à l'amante. Boccaccio, *Decameron*, II, 6, 67, pour la mère ; *Fiammetta*, III, 12, 3 pour l'amante. Sur les liens entre parfum et immortalité, cf. aussi Albert, 1990.

4. La première édition imprimée du *Tractatus* sort en 1472 ; j'ai consulté l'édition de 1477 et celle de 1505 qui comporte diverses additions, dont un *Arbor consanguinitatis cum suis enigmatibus et figuris*.

5. De même Col. 2, 19 : "Celui-là donne toute son attention aux choses qu'il a vues, bouffi qu'il est d'un vain orgueil par sa pensée charnelle, et il ne s'attache pas à la tête, dont le corps tout entier reçoit nourriture et cohésion par les jointures et ligaments, pour réaliser sa croissance en Dieu".

du corps mystique de l'Eglise se propose comme un modèle de la croissance harmonieuse d'un corps de la parenté dont les liens sont légitimés par la loi. Nous noterons tout de suite, cependant, que la métaphore corporelle est comme dédoublée et que l'image du corps n'en émerge pas de façon immédiate et irréfutable.

2. De fait, si les références au corps existent bel et bien dans la littérature concernant la parenté, les a-t-on traduites visuellement en représentant la parenté civile ou canonique théorique ou les généalogies de groupes de parenté concrets ?

On serait tenté de répondre de façon positive en s'en tenant à deux points. D'une part, certaines manières de compter la parenté ont paru à certains confirmer qu'il existe une relation directe entre la structure du corps humain et l'étendue ou les subdivisions assignées à sa description. D'autre part, la plupart des *stemmata* entre XIIe et XIVe siècle comportent une figure humaine, la "figure de présentation" comme l'appelle Hermann Schadt. Il vaut la peine d'y regarder de plus près.

L'existence et la pratique d'un comput de la parenté fondé sur les articulations du corps humain qui serait né dans le domaine germanique, ont été abondamment débattues par les historiens allemands du droit au tournant du siècle ; certains d'entre eux y ont retrouvé un reflet du *Volksgeist*. Leurs collègues français ont largement accueilli et diffusé l'idée d'un comput "germanique", une idée véhiculée tant par A. Esmein que par E. Champeaux ; ces auteurs admettent qu'au moins depuis le XIe siècle, à la suite notamment de Burchard de Worms, ce type de comput s'était imposé aux canonistes et avait contribué de façon décisive à fixer à des limites aussi extrêmes qu'absurdes la définition que l'Eglise donnait de l'aire de consanguinité interdite au mariage. C'est en accord avec cette conception que les dessins accompagnant le Sachsenspiegel rédigé par Eike von Repgow peu après 1220, ont été interprétés comme l'illustration d'une doctrine et d'une pratique juridiques: dans le droit allemand, on aurait énuméré les degrés de parenté en s'appuyant physiquement sur les articulations comptées depuis le cou jusqu'à la dernière phalange du majeur. La tradition attestée par P. Damien ainsi que Burchard fut appelée à la rescousse pour conforter cette thèse et lui donner une certaine profondeur historique en montrant que ce comput était connu et pratiqué au moins depuis le XIe siècle (Schadt, 1982: 219–221).

Hermann Schadt a eu beau jeu de démonter cette interprétation du Sachsenspiegel en se livrant à une analyse plus serrée de la tradition de ses manuscrits et de ses figures (Schadt, 1976). Les illustrations du Sachsenspiegel qu'a éditées Karl von Amira au début de ce siècle sont en effet très postérieures (vers 1291–95) à la rédaction même du "Miroir" (von Amira, 1902–26) ; elles n'illustrent pas directement le texte et ne montrent pas comment on prouvait la parenté[6], moins encore comment on la prouvait à l'époque où Eike rédigeait le "Miroir". Ces dessins ne seront pas repris sur des manuscrits ultérieurs, qu'un arbre de consanguinité de type canonique viendra illustrer plus classiquement (Schadt, 1976: 413–414, 430–435, ill. 43 et 48). Schadt, surtout, insiste sur la préexistence de personnages contribuant à illustrer la parenté, ces "figures de présentation" dont nous reparlerons plus loin et qui apparaissent, depuis le Xe siècle, exclusivement dans les *arbores* des manuscrits des "Etymologies" d'Isidore ; figures reprises par le Décret de Burchard puis par Gratien, et dont la tradition se transmet, par une voie assez tortueuse, jusqu'aux illustrateurs du "Miroir" (Schadt, 1982: 90–100, 154–10, 341–343)[7] .

Cette savante analyse effrite sérieusement la thèse "germanique" d'un comput pratiqué dans les terres d'Outre-Rhin et directement représenté à la fin du XIIIe siècle par l'enlumineur du "Miroir" ; du même coup, la vision d'une élaboration "populaire" spontanée de l'image est encore plus sérieusement mise à mal (Schadt, 1976: 431–435)[8]. Ajoutons que ce n'est probablement pas davantage au niveau de la technique du comptage des degrés ou des distances entre parents, ni d'une pratique juridique permettant de faire la preuve de la parenté, que se place Pierre Damien au XIe siècle lorsqu'il parle des *articula* : l'image globale du corps mystique scripturaire semble plutôt le catalyseur qui suscite un terme ne renvoyant pas nécessairement au réel. De même – fait remarquer Schadt (1976: 414) –, l'hypothèse d'un système de représentation de la parenté organisé par le corps humain, en se fondant sur le seul emploi des mots *Knie* ou *geniculum*, ferait un peu vite l'économie des nécessaires relais langagiers ou métaphoriques. Répétons à ce propos qu'il en va de même, pour la méta-

---

6. En particulier, sur le dessin représentant une dispute en justice, l'une des parties, qui montre sa parenté, porte sept ronds sur son bras gauche qui ne correspondent en rien aux articulations.

7. Les canonistes tardifs interpréteront en termes de microcosme/macrocosme les rapports entre *stemma* et figure de présentation ; Schadt, 1982: 198 n. 16.

8. Je n'entre pas dans le détail de la belle démonstration que Schadt consacre ici à la réélaboration, marquée de confusion, que fait le manuscrit de Dresde (lequel serait, en 1291–5, le premier manuscrit du *Sachsenspiegel* illustré) des images dont la logique a été bouleversée par le concile de Latran IV : ce dernier pousse les enlumineurs à placer *Ego* là où *Pater/Mater* figuraient auparavant. L'auteur des illustrations de la fin du XIIIe s. doit en conséquence assimiler cahin-caha des modèles, abondamment produits au cours du XIIIe s. mais différents de ceux que Eike avait sous les yeux lorsqu'il travaillait à son Miroir vers 1220. Des images astronomiques –des images savantes, donc– plaçant des points plutôt que traçant des liaisons, et en particulier la figure des Gémeaux, auraient par exemple servi à l'illustrateur de 1291–5.

phore concurrente de l'arbre, avec les termes *ramusculi* ou *rami* qu'employait isolément le latin sans pour autant construire l'image globale d'un arbre de parenté.

J'ai plusieurs fois évoqué les "figures de présentation" des *stemmata*. Nous renvoient-elles avec plus de certitude à une métaphore du corps dans les représentations civiles ou canoniques des positions de parenté ? Apparue dans les manuscrits occidentaux au début du Xe siècle, la figure imberbe d'un homme est dessinée derrière le tableau des termes de parenté qui affecte grosso modo la forme d'un triangle (comprenant ascendants et collatéraux) posé sur un pilier (les descendants directs) ; de ce personnage, on ne voit généralement que la tête, les mains et les pieds qui dépassent de derrière le schéma. Les plus anciennes images de ce type ornent des manuscrits espagnols des "Étymologies". Mais ces figures, parfois nimbées, souvent couronnées au XIIe siècle, puis volontiers barbues et vénérables, passent dans l'illustration-type du Décret de Burchard et dans Gratien (Schadt, 1982: fig. 32 et suiv.) et deviennent le thème dominant des tableaux de la parenté consanguine. De leurs mains, elles saisissent le plus souvent les pointes extérieures du triangle que forment les collatéraux, comme si elles voulaient enserrer toute la parenté dans cette étreinte, jusqu'à ce sixième ou ce septième degré que les *stemmata* décrivent aux XIe-XIIe siècles, comme si leur fonction était de la circonscrire entre les extrémités de leurs membres et leur tête – "membres" et "tête" qui, débordant le tableau des consanguins, suggèrent irrésistiblement un corps, un "tronc" qu'on ne voit pas ou qu'on ne perçoit que comme s'il était situé derrière le damier ou le semis de cercles portant les termes de parenté.

L'interprétation de ces figures fait problème. Les plus anciennes, imberbes, sont les plus mystérieuses, les plus proches, sans doute, de l'intuition qu'il existe un "corps de la parenté" (Patlagean, 1966: pl. 7)[9]. Certaines d'entre elles seront par la suite désignées comme Adam, d'autres, barbues et solennelles, semblent elles aussi faire allusion à l'ancêtre originel de la race humaine. Mais les figures couronnées, plus fréquentes au XIIe siècle, paraissent surtout vouloir signifier la fonction d'autorité – dans tous les sens du mot – qui justifie ou garantit le *stemma* : l'Empereur, Justinien surtout, l'auteur ou le commanditaire des *stemmata* – Gaius, Théodose ou Isidore – ou enfin, de façon très générale, le *"DominusArboris"*, l'*auctoritas* qui présente un ensemble de connaissances, une science (Schadt, 1982: 93 et fig. 35–38).

Si l'intention est donc bien de représenter un personnage humain, il semble qu'il s'agisse entre XIIe et XIVe siècle, époque où ce type d'image

---

9. E. Patlagean a montré comment le schéma "en croix" n'a été diffusé à partir de l'Italie du Sud et de modèles latins que sous sa forme élémentaire, sans figure d'accompagnement, dans le domaine byzantin.

triomphe, d'une figure du pouvoir – et aussi du savoir qui donne à celui-ci son assise – ; une figure de l'autorité civile plutôt que religieuse, car c'est l'Empereur, et non pas le Pape ou un Père de l'Eglise, qui confère force de loi au tableau de la consanguinité ou de l'affinité. Il est clair que le personnage ainsi connoté ne peut être que masculin : il ne s'agit pas d'une *Virtus* ni d'une Science, ni de l'Eglise triomphante. L'autorité, ici, n'est pas abstraite ou philosophique, elle entraîne contraintes et sanctions bien réelles ; seule une image d'homme est autorisée à en exprimer la fonction.

J'ajouterai que les plus anciennes généalogies "réelles", qui viennent illustrer un texte biblique ou historique, ne tirent guère partie de la métaphore du corps. Lorsqu'apparaît un personnage, c'est généralement l'ancêtre, ou le couple des ancêtres d'une descendance signifiée par des ronds, dans lesquels sont inscrits des noms ou des portraits. Cela vaut autant pour les généalogies bibliques de l'école mozarabe que pour les généalogies impériales des dynasties carolingienne, ottonienne ou souabe. Tout au plus remarquera-t-on que, dans le cas de la descendance d'Otton ou de Liudolph, la configuration générale de l'image rappelle, dans l'étagement des générations et leur épaississement progressif vers le bas du dessin, la forme plus ou moins triangulaire des tables de consanguinité ordinaires, à la différence des généalogies hispaniques des patriarches de la Bible, où les descendances s'entremêlent et s'enroulent sur elles-mêmes, sans respecter les hiérarchies de générations ou de lignées. Peut-être devons-nous voir dans l'influence que les *stemmata* ont exercée sur l'organisation des images de dynasties impériales un reflet de cette autorité juridique présente dans les *arbores iuris* ou les *arbores consanguineitatis*, une autorité si souvent rappelée par la "figure de présentation".

3. Si Adam ou l'Empereur représentent d'abord l'origine et la loi, faut-il renoncer à trouver dans le corps une métaphore médiévale active de la parenté ?

La métaphore corporelle ne se prête évidemment que de façon parcimonieuse à la représentation figurée d'un groupe de parenté. Le corps humain se développe également dans toutes ses parties, mais cette croissance homogène est justement ce qui lui interdit de représenter avec vraisemblance le développement sans limite ou inégal d'un ensemble. A l'époque de la Renaissance, on cherchera à rendre cette idée de croissance d'une descendance en faisant pousser ongles ou cheveux à la figure emblématique, solution, à vrai dire, qui laisse à désirer! On appellera à la rescousse Daphné. Fort à propos pour nos illustrateurs, Daphné a vu son corps de femme devenir arbre. Or, la métaphore concurrente de l'arbre répond assurément à l'objection qu'on peut soulever quant aux capacités du corps à représenter le développement d'une descendance. Aussi s'est-elle très tôt imposée aux schémas de parenté, et beaucoup plus tard, aux généalogies de familles bien concrètes.

Considérons les schémas de parenté : ce fut d'abord le vocabulaire même que le latin utilisait pour parler de certains aspects de la parenté (*rami, ramusculi, suboles*), puis la forme générale, triangulaire ou trapèzoïdale, des *stemmata* aidant les juristes à mémoriser les termes et les différentes positions de parenté, qui ont entraîné les plus anciens illustrateurs à traduire et développer iconographiquement en arbres complets les suggestions du vocabulaire et du graphisme.

Quant aux secondes, les généalogies de familles réelles, elles ont bénéficié de cette expérience, mais aussi de la vogue croissante des arborescences utilisées pour transcrire visuellement subdivisions et hiérarchisations conceptuelles, embranchements, engendrements ou subordinations de qualités ; plus encore, elles ont tiré parti des techniques pédagogiques et mnémotechniques, en particulier des graphiques en forme de séries généalogiques qui accompagnaient le déploiement d'un discours historique. Enfin, à partir du XIIe siècle, la représentation généalogique a reçu une grande impulsion de l'arbre de Jessé, image d'un pedigree porteur de salut. L'arbre de Jessé a certainement offert un modèle prestigieux et chargé de significations très riches à l'élaboration de l'arbre généalogique, mais je pense qu'il a aussi intimidé les utilisateurs potentiels de ce modèle : tout le monde n'a pas les ancêtres du Christ dans sa lignée (Klapisch-Zuber, 1993). Du XIIe siècle déjà nous viennent cependant les premiers vrais "arbres" généalogiques qui ne soient pas de simples arborescences assignant à l'ancêtre la place d'honneur au sommet du dessin. Le fameux arbre des Welf, à la Bibliothèque de Fulda, et l'arbre des Carolingiens qu'un dessinateur audacieusement retourne par rapport à ses devanciers, à la Bibliothèque universitaire d'Erlangen (Köllner, 1976: 122 ; Ladner, 1979: fig. 19), témoignent des potentialités de l'arbre comme métaphore de la croissance à la fois imprévisible et infinie d'un ensemble de descendants.

Mais l'arbre non plus n'est pas une métaphore parfaite pour transcrire visuellement des généalogies humaines qui sont dites en termes de "descendance" ou d'ancêtres (*antecessores*) et situent les places d'honneur en haut, non pas en bas, de l'espace d'une image : un auteur du XVe siècle, Carolus da Gonda, marquera fortement cette disposition hiérarchique des images de la parenté où se répète la suprématie divine (Schadt, 1982: 324 n. 91)[10]. Longtemps, ce qu'on appelait déjà "*arbor genealogiae*" s'est satisfait de la contradiction : sur les simples graphiques généalogiques couramment gribouillés, l'ancêtre fondateur garde la position éminente, l'arborescence se déploie à ses pieds. Prenant au pied de la lettre le mot "*arbor*", Boccace est peut-être le premier à la Renaissance à en transcrire littérairement et visuellement toutes les conséquences. Au début de sa "Généalogie des dieux"

---

10. "Et quoniam a parente carnali atque a deo parente omnia sumunt inferiora ... deus ideo in altissimis habitat".

(liv. 1 : 13), il écrit :*"In arbore signata desuper ponitur in culmine Demogorgon versa in celum radice, nec solum infra descripte progeniei sed deorum omnium gentilium pater, et in ramis et frondibus ab eo descendentibus describuntur eius filii et nepotes"* (Boccace, *Genealogia*, lib. I : 13). Et les dessins de sa main qui accompagnent son ouvrage ou les copies ultérieures, témoignent de la séduction que la métaphore de l'arbre a exercée sur les images qu'il s'est faites des parentèles divines.

Quant au tableau de l'*arbor consanguinitatis*, on s'en tint globalement à la disposition traditionnelle ; les clarifications apportées dans le sillage du concile de Latran IV, qui permirent de distinguer décidément entre *stips* ou *truncus* (l'*Ego*, objet du calcul des degrés de parenté), et ancêtre commun, origine des descendants concernés, ne remirent pas en cause cette structure. En effet, une image aussi cristallisée, et qui suscitait même des procédures de déchiffrement héraldique (Schadt, 1982: 212, 314)[11], semblait peu susceptible d'accueillir des réinterprétations.

Pourtant, une profusion de solutions au problème de la combinaison d'une figure réelle d'arbre avec la nécessité de maintenir l'ancêtre originel en haut de l'image – solutions partielles ou radicales, ingénieuses ou bâtardes, convaincantes ou franchement drôles – se fait jour après 1350. Dans un processus peut-être typique du Moyen Age, la réflexion des canonistes s'attache alors à clarifier le sens qu'ils trouvent à des images, elles-mêmes entendues comme devant clarifier le sens des textes qu'elles accompagnent. Pourquoi, de si grande antiquité, parler de la parenté par ce terme d'*arbor* ? se demandent nos auteurs (Schadt, 1982: 313–315 et 321). Et si c'est un arbre, pourquoi ne pas représenter vraiment par un arbre cet *arbor* ? Et si on a commencé à représenter l'arbre dans l'*arbor*, quel sens donner et comment interpréter les différentes caractéristiques de cet arbre ? Ainsi, l'image n'est plus seulement outil mnémotechnique, elle devient objet de spéculation. La démultiplication des interrogations entraîne la découverte de nouvelles significations dans et par l'image ; elle incite à retravailler celle-ci et à en explorer méthodiquement et rationnellement les suggestions.

Au cours de ce travail de réflexion et de réélaboration iconographique, l'arbre ne cesse de croiser la figure humaine. La figure de présentation, dominante jusqu'au début du XIVe siècle, commence à reculer tandis que réapparaissent les images de rameaux ou d'arbres ; et la rencontre des deux thèmes se fait toujours plus fréquente. Au XIVe siècle, beaucoup d'enlumineurs,

---

11. Un signe de cette cristallisation semble être le fait qu'on blasonne les *stemmata* aux XIVe-XVe siècles (entreprise inspirée par le fait qu'on présente parfois, au XIIIe s., le *stemma* par une seule de ses moitiés, qui évoque la forme d'un "vexillum") ; on glose par exemple que la partie dextre (à la gauche de l'image) est la partie honorable, comme sur l'écu porté par le chevalier, et que pour cette raison les termes désignant les parents de l'homme, ou les parents masculins d'Ego, sont inscrits dans cette partie du *stemma*.

italiens en particulier, combinent l'habillage végétal, arborescent, de *l'arbor consanguinitatis*, avec le traditionnel personnage présentant le tableau : l'homme se superpose au tronc d'un arbre ou s'installe dans ses branches, ses pieds en touchent les racines et sa chevelure se confond avec les frondaisons, il empoigne ou brandit les branches de l'arbre qui encadrent ou passent derrière le tableau (Schadt, 1982: 290, 317–319 et 341–343)[12] ; mieux, les branches qu'il étreint sortent parfois d'un vase qu'il tient, et parfois même de sa bouche, au dessus du premier ancêtre (Schadt, 1982: 318, 323–324 et Abb. 151 ; Ladner, 1979, fig. 13 et 17).

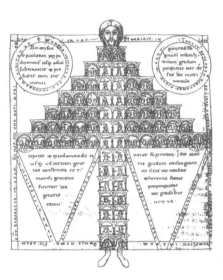

Sans aucun doute, cette superposition ou ce mélange des deux thèmes iconographiques témoignent de la vigueur et de l'irréductibilité des deux représentations de la parenté, celle qui use de la métaphore de l'arbre et celle qui utilise les références au corps. Ces images suggestives ne peuvent être vraiment confondues, ni jamais totalement subordonnées à l'organisation du schéma de parenté. Persiste la contradiction inhérente à cet arbre, dont la racine se situe au bas de l'image, à l'opposé de l'ancêtre, "racine" du *genus*. Mais rien ne décourage nos penseurs de la parenté. Et pour réduire cette irréductibilité même, les voilà qui recourent à une nouvelle comparaison, qui va au coeur du conflit entre ces métaphores affrontées, l'arbre et le corps.

---

12. Le "Gruppe 1" de Schadt comprend les représentations italiennes du XIVe siècle, tandis que les autres se rapportent au même type de miniatures pour le XVe ou aux images imprimées au XVIe siècle.

"*Homo arbor conversa*", l'homme arbre inversé : uni en un seul corps par les vertus de la rhétorique, l'homme-arbre est alors promu au rôle de médiateur dans la longue quête de l'image idéale par laquelle représenter la parenté.

On connaît l'origine littéraire de cette très antique métaphore, le passage du "Timée" où Platon parle de l'âme donnée à chacun par le Dieu, principe qui "demeure dans la partie la plus élevée du corps" (Platon, 1970: 225). Or, continue-t-il, "cette âme nous élève au dessus de la terre, en raison de son affinité avec le ciel, car nous sommes une plante non point terrestre, mais céleste. Et en effet c'est du côté du haut, du côté où eut lieu la naissance primitive de l'âme, que le Dieu a suspendu notre tête, qui est comme notre racine, et, de la sorte, il a donné au corps tout entier la station droite". Si, pour Aristote, c'est la fonction végétative de cette âme qui fait grandir le corps humain, Varron à son tour établit le réseau des équivalences entre les "membres" de l'arbre et ceux de l'homme (cit. in Bettini, 1986: 181–182)[13]. Se feront l'écho de ces conceptions, au XIVe siècle, des agronomes et des médecins : Corniolo della Cornia évoquera "la peau, la chair, les nerfs, les veines, les os, la moëlle et le gras" qu'on peut reconnaître dans le corps des arbres (della Cornia, 1982: 38 et 41), Pier dei Crescenzi assignera la même fonction aux racines et à la bouche (dei Crescenzi, 1784: 43 et 48). De Hildegarde de Bingen à Henri de Mondeville, la médecine médiévale n'est pas moins fascinée par les analogies entre le "corps" de l'arbre ou l'épanouissement des végétaux et l'anatomie humaine (Pouchelle, 1983: 277–283)[14]. "Si l'arbre métaphorique se rapporte de façon privilégiée à la croissance et à la génération humaine" – conclut Marie-Christine Pouchelle – "ainsi qu'aux trajets de la matière vitale dans le corps (ou hors de lui), il a aussi permis à Mondeville de décrire d'autres aspects du corps": le traitement de la pathologie humaine, par exemple, est envahi par les métaphores végétales (Pouchelle, 1983: 282–284 et 356–357).

La métaphore de l'homme/arbre inversé possède une dimension spirituelle qui renouvelle le thème de l'arbre, porteur, depuis le XIIe siècle surtout,

---

13. "Pedes cruraque arboris ramos appellat, caput stirpem atque candicem". Je remercie Allen Grieco de son aide sur ces textes et sur la tradition agronomique que j'évoque plus loin.

14. Pierre de Tarentaise, le futur Innocent V, compare à la fin du XIIIe s. non pas le sang mais la semence humaine à la sève pour mieux comprendre ce qu'impliquent la consanguinité et ses *rami* : "Sicut in vegetabilibus ab uno stipite ad multos ramos humor diffunditur, quo partes arboris invicem colligantur, ita in hominibus, ab uno, ad multos semen generationis derivatur. Unde et origo humanae generationis ipsius stipes vel truncus vocatur : Ab ipso vero ducentes originem rami appellantur : habitudo vero ramorum inter se, consanguinitas appellatur" (cité par Schadt, 1982: 218).

d'une symbolique très riche – qu'on pense seulement aux arbres des vices et vertus, à l'arbre de Jessé, et à l'Arbre de vie ou à l'Arbre de la Croix autour desquels se tissent légendaire chrétien et pensée doctrinale (Ladner, 1979, et 1962). Est-il étonnant que, au XVe siècle surtout, les théologiens s'approprient cette nouvelle métaphore pour mieux lire et présenter leurs schémas de consanguinité ? Les commentateurs plus tardifs de la *"Lectura"* de Johannes Andreae insisteront sans doute sur le caractère métaphorique, non naturel, des rapprochements entre l'homme et l'arbre (Schadt, 1982: 324–325)[15]. Dans l'intervalle, cependant, l'idée que l'homme tire du ciel ce qui fait de lui une créature unique, toute tournée vers Dieu – autrement dit le rêve de ses "racines" célestes – jette un pont entre des images indépendantes et permet d'unifier les systèmes de représentation de la parenté.

On l'a vu, certains enlumineurs de schémas de consanguinité choisissent dès le XIVe siècle de représenter, plutôt que l'homme même, l'arbre métaphore de l'homme ou l'arbre avec l'homme, en plantant cet arbre dans le ciel ou le faisant descendre du haut de l'image ; ils accordent de la sorte la direction générale de la lecture du stemma et l'étagement de ses générations avec la prolifération des rameaux et le rappel de la métaphore platonicienne. Mais d'autres vont admettre que l'homme vaut un arbre inversé et le représenteront lui et non pas l'arbre, suggérant simplement par la prolifération de la chevelure ou les prolongements végétaux des membres de cette figure humaine le sens spirituel sous-jacent. Dans ce cas, la référence privilégiée tire bien parti de l'homme et son corps ; c'est lui que les lecteurs de l'image sont invités à voir comme porteur des significations essentielles ; mais la référence implicite nous ramène encore à l'arbre, l'image qui bientôt dominera toutes les représentations de la parenté.

Dans ce long débat entre l'autorité de l'ancestralité et le vitalisme des générations humaines, on notera en effet la diffusion, à partir du XVe siècle, de l'arbre généalogique à proprement parler pour représenter les descendances réelles de lignages illustres, puis de moindres dynasties nobles ou bourgeoises. A la différence des enlumineurs d'"arbres de consanguinité", leurs dessinateurs ne se sont pas astreints à combiner l'homme et l'arbre et ils n'ont pas eu recours à la métaphore de l'homme/arbre inversé. Quelques rares illustrateurs ont choisi, autour de 1400, de retourner l'arbre, racines

---

15. Parmi les textes des XIIe–XVIe s., depuis Alain de Lille et Bonaventure à Carolus de Gonda et Olivier Textor, cf. par exemple, un texte de Textor, au XVIe s. : "Et ita fatendo deberet dici arbor consanguinitatis, non habendo respectum ad arborem naturalem, prout habetur communiter : sed comparando hanc arborem consanguinitatis ad arborem humanam, scilicet hominem, quia est arbor eversa, et habet radices in capite, hinc appellatur arbor consanguinitatis."

plantées au ciel, pour mieux suivre le fil des générations de descendants ; ces images témoignent de l'influence des réflexions menées par les clercs de l'époque sur la métaphore de l'*arbor conversa*. Mais le procédé préféré pour "spiritualiser" à bon compte ces lignées bien humaines a plus souvent consisté à installer l'ancêtre de la famille, à l'image de Jessé, aux racines d'un arbre. Après tout, pour des lignées décimées par la peste, l'arbre, qui ne souffre pas du bacille de Yersin, offre à l'espoir de survie et de croissance une image bien préférable à celle d'un corps fragile et menacé… Mais il aura fallu près de mille ans pour découvrir ce qu'il voulait dire.

Entre XIe et XVIe siècles, le corps humain, figure de l'autorité, de l'origine du lien social, ou de la génération humaine, apparait donc comme un élément tenace et récurrent des "arbres de consanguinité". Longtemps, il a apporté à la parenté contrôlée par la loi sa garantie et son efficace. Cependant, lorsqu'ils se sont interrogés sur les images dont ils faisaient accompagner leurs *stemmata*, les clercs de la fin du Moyen Age ont voulu allier la charge spirituelle et symbolique intense de la figure de l'arbre et la prestance du souverain ou du législateur. Le long détour métaphorique par les "veines" et les "rameaux" de l'arbre a conféré à ce personnage, débarrassé des oripeaux du pouvoir, une dimension spirituelle toute neuve. Il est probable que l'insistance des théologiens et des canonistes de la fin du Moyen Age à interpréter désormais la figure humaine de leurs schémas comme un "arbre inversé" aux racines célestes entend placer la régulation du mariage et les représentations de la parenté dans l'éclairage d'une spiritualité plus intime ou plus intense. D'Empereur, la figure de présentation s'est faite simplement homme. Parce que le corps de cet homme est comparable à un arbre, il est devenu possible de s'approprier pleinement et la signification secrète de l'*arbor* et la présence énigmatique de l'homme, créature non plus de la Loi mais de Dieu.

BIBLIOGRAPHIE DE RÉFÉRENCE

ALBERT, J.-P.
1990 *Odeurs de sainteté. La mythologie chrétienne des aromates*, Ed. de l'EHESS, Paris.

AMIRA, K. VON.
1902–26 *Die Dresdener Bilderhandschrift des Sachsenspiegels*, Leipzig.

BETTINI, M.
1986 *Antropologia e cultura romana. Parentela, tempo, immagini dell'anima*, La Nuova Italia Scientifica, Rome.

BRUNDAGE, J. A.
1987 *Law, sex and Christian society in medieval Europe*, The University of Chicago Press, Chicago.

CERTALDO, P. da.
1986 *Libro di buoni costumi*, nouv. éd. in: V. Branca, *Mercanti scrittori*, Rusconi, Milan.

CHAMPEAUX, E.
1933 *Jus sanguinis. Trois façons de calculer la parenté au Moyen Age*, Revue historique du droit français et étranger, 4e série, 12: 241–290.

CHAMPEAUX, E.
1937 *La parenté fraternelle et la 'prima stemma' d'Isidore*, ibidem, 16: 1–19.

CORNIA, C. DELLA.
1982 *La divina villa*, éd. L. Bonelli Conenna, Accademia dei Fisiocritici, Sienne.

CRESCENZI, P. DEI.
1784 *Trattato della agricoltura*, Bologne, Istituto delle Scienze, 1784.

ESMEIN, A., ET GENESTAL, R.
1929–1935 *Le mariage en droit canonique*, Paris, 2e éd., 2 vols., Sirey, Paris.

GIOVANNI DI ANDREA.
1477 *Tractatus magistri Johannis Andreae super arboribus consanguinitatis, affinitatis necnon spiritualis cognationis*, Nuremberg ; H. Höltzel, Nuremberg, 1505.

HÉRITIER, F.
1981 *L'exercice de la parenté*, Gallimard/Le Seuil, Paris.

ISIDORE DE SÉVILLE.
1911 *Etymologiarum sive originum libri XX*, éd. W. M. Lindsay, Clarendon, Oxford, livre 9, chapitre 5.

JOHANNES ANDREAE :
cf. GIOVANNI di Andrea.

KLAPISCH-ZUBER, C.
1993 *La genèse de l'arbre généalogique*, in: Cahiers du Léopard d'or, 2 ["L'arbre. Histoire naturelle et symbolique de l'arbre, du bois et du fruit au Moyen Age"] : 41–81.

KÖLLNER, H., éd.
1976 *Die illuminierten Handschriften der hessischen Landesbibliothek Fulda. Teil 1 : Handschriften des 6. bis 13. Jahrhunderts*, Stuttgart.

LADNER, G.
1979 *Medieval and modern understanding of symbolism: A comparison*, Speculum, 54: 223–256 (réimpr. en 1983 in: *Images and ideas in the middle ages. Selected studies in history and art*, Rome, Edizioni di Storia e letteratura ["Raccolta di studi e testi", 155], pp. 239–282).

LADNER, G.
1962 *Vegetation symbolism and the concept of Renaissance*, in: *De artibus opuscula XL. Essays in honor of Erwin Panofsky*, New York University Press: II, 303–322.

LA FONTAINE, C. de.
1991 *Fables*, éd J.-P. Collinet, Gallimard, Paris.

LE GOFF, J.
1989 *Head or heart? The political use of body metaphors in the middle ages*, in: "Zone 5. Fragments for a history of the human body, Part three", Urzone, New York, 13–26.

MORELLI, G.
1986 *Ricordi*, nouv. éd., in: V. Branca, éd., *Mercanti scrittori*, Rusconi, Milan.

PATLAGEAN, E.
1966 *Une représentation byzantine de la parenté et ses origines occidentales*, L'Homme, 6: 59–81.

PASTOUREAU, M.
1979 *Traité d'héraldique*, Picard, Paris.

PIERRE DAMIEN.
1853 "*De parentelae gradibus, ad Johannem episcopus caesenatensem*", in: *Patrologia Latina*, CXLV, Paris, col. 191–208.

PISAN, CHRISTINE DE.
1967 *Le Livre du corps de policie*, éd. R. H. Lucas, Genève.

374   *Le corps de la parenté*

PLATON.
1970 *Timée*, in: *Oeuvres complètes*, X, éd. A. Rivaud, Soc. Budé, Paris, (Coll. "Les Belles Lettres").

POUCHELLE, M.-C.
1983 *Corps et chirurgie à l'apogée du Moyen Age. Savoir et imaginaire du corps chez Henri de Mondeville, chirurgien de Philippe le Bel,* Flammarion, Paris: 277–283.

SALVEMINI, G.
1974 *Magnati e popolani in Firenze dal 1280 al 1295*, Feltrinelli, Milan, 2e éd. 1974.

SCHADT, H.
1982 *Die Darstellungen der Arbores Consanguinitatis und der Arbores Affinitatis*, Wasmuth, Tübingen, 100–104.

SCHADT, H.
1976 *Zum Verwandschaftsbild und der Weltalterlehre des Sachsenspiegels. Kunstgeschichte als Hilfwissenschaft der Rechtsgeschichte*, in: Frühmittelalterliche Studien. Jahrbuch des Instituts für Frühmittelalterforschung der Universität Münster, X, éd. K. Hauck, W. de Gruyter, Berlin/New York: 406–436.

SMITH, M.
1988 *Le droit canonique. Les lettres de Pierre Damien et la décrétale d'Alexandre II*, in: P. Legendre, *Le dossier occidental de la parenté. Textes juridiques indésirables sur la généalogie*, Fayard, Paris: 123–220.

www.ingramcontent.com/pod-product-compliance
Ingram Content Group UK Ltd.
Pitfield, Milton Keynes, MK11 3LW, UK
UKHW020435010325
455677UK00029B/1158